문화이미지론 비교문화연구의 이론적 기초

김윤상 저

문화이미지론

비교문화연구의 이론적 기초

씨아이알

머리말

이 책의 기본 관점은 20세기 말 21세기 초에 전개된 다양한 논의들의 담론지형이 포스트모더니즘 담론 이후에 급작스럽게 출현하게 되었다거나, 역사적으로 19세기 중엽 이래로 이미 맹아적으로 존재해왔던 것이라고 주장하는 것이 아니라, '모던'이라는 말이 본격적으로 쟁점화된 이래로 항상 '원리의 양태'로 작용해왔던 것이라고 넌지시 전제하는 것이다. 넌지시 전제한다 함은 논증을 통해 나중에 추후적으로 구성되리라는 절반의 책임전가 태도이다. 그리고 책임전가의 소재는 필자가 자신의 글쓰기와 거리를 두면서 필자의 글쓰기와 씨름을 벌이는 접전의 공간이다. 따라서 이 책의 기본 관점이 얼마만큼 설득력을 얻을 수 있는가는 이러한 공간이 얼마만큼 치열하게 달구어졌는가에 달려 있을 것이다.

치열한 접전의 공간을 체화시키고자 하였던 필자는 이미 여러 형태의 곡예 과정을 거쳐왔다. 서문과 IV부 1장 '악/법'의 내용은 「'법은 악처럼 아무 말도 하지 않는다.' 계몽의 기획에 대한 재평가 I」(『뷔히너와 현대문학』 24집, 2005)에서, II부 4장의 4.3 '이미지적 전환과 시각적 전환'은 「노발리스의 이미지론」(『독일문학』 107집, 2008)에서 부분적으로 차용하였다. II부 4장의 4.4 '인간학적 전환'은 「뇌의 메타포로부터 고대의 변형」(『뷔히너와 현대문학』 33집, 2009)의 일부를 재구성하였으며, III부 몇몇 단락은 「글로벌리제이션의 시대에 개인들의 소통과 공존」(『실천문학』 99호, 2010)에 부분적으로 포함되어 있다. 또한 III부 3장 '지각의 패러다임'은 「지각학Aisthetik으로서의 미학Ästhetik?」(『독일문학』 97집, 2006)의 일부를 차용하였고, III부 5장 '*animal* rationale?: 헤르더와 인간학적 전환'은 「헤르더와 인간학적 전환 I」(『카프카연구』 20집, 2008)에 해당하며, IV부 2장 '욕망'은 「헤겔과 라캉에 있어 욕망의 문제」(『서강인문논총』 18집, 2004)에서 유래하였다. 그리고 IV부 3장 '이미지: 플라톤적 이미지론'은 「아름다움은 무엇을 통해 아름답다고 할 수 있는가?」(『서강인문논총』 19집,

2005)를 사용하였고, IV부 4장 '타나토-에로스적인 미'는 「타나토-에로스적인 미의 이념」(『헤세연구』 16집, 2006), IV부 5장 "아키-텍토닉'으로서의 표현'은 「근대적 문화공간의 '아키-텍토닉Archi-tektonik'」(『독일어문학』 30집, 2005), IV부 7장 '주체/몸/예술'은 「생리학으로서의 예술의 논의를 위한 문화사적 배경」(『헤세연구』 21집, 2009)을 사용하였다.

본 서의 모태는 『완성될 수 없는 모던의 기획』(서강대출판부, 2011)이다. 책 전반에 걸쳐 표현이 매끄럽지 못한 부분들을 수정하였고, 이해를 돕기 위한 많은 그림과 사진을 추가하여 본 서를 출간하였다. 또한 책의 전체적인 근거와 배경이 될 수 있는 서문을 대폭 보강하고, 최근 철학적 현상학의 영역만이 아닌, 융합적 연구에서도 중요한 이론적 토대로 논의되고 있는 '체화된 인지'에 관한 논의로 III부 6장 '체화된 인지의 현상학'을 새롭게 추가하였다.

끝으로 한 가지 더 밝혀둘 점은 이 책이 '포스트-포스트모던 담론의 가능성 조건'으로 읽혀지길 바란다는 것이다. 비선형적이고 비위계적이며 탈구조적인 사회문화적 상황들에 부합되는 논의양태는 전통적인 논의양태와는 다르게 동의나 의견합의 또는 전제된 초월적 원리에 근거하는 것이 아니라 필연적으로 차이와 불일치에 기초해 있다. 차이와 불일치에 기초한 논의양태는 담론을 특정한 형태로 구조화시키는 것이 아니라, 담론을 작용 간의 형태로 구성한다. 따라서 본 서가 그리고자 하는 '포스트-포스트모던 담론의 지형'은 차이와 불일치에 기초한 담론의 실재적 가능성조건들이 형성하는 의미작용맥락을 통해 비로소 구성되는 것이며, 이 책은 이러한 실재적 가능성조건들을 해명하려는 시도인 것이다.

| 목차 |

IV 완성될 수 없는 기획: 문화적 이미지들의 그물망

I. 서문: 미완의 기획 vs. 완성될 수 없는 기획

1. '미완의 기획'으로서 계몽(주의)
2. 완성될 수 없는 기획
3. 포스트모던 이후 담론으로서 문화이미지론

I
서문: 미완의 기획 vs. 완성될 수 없는 기획

1. '미완의 기획'으로서 계몽(주의)

계몽이라는 말은 나라마다 달리 표현되어왔다. 독일어 'Aufklärung', 영어 'enlightenment', 프랑스어 'les lumières', 이탈리아어 'illuminismo', 스페인어 'ilustración'이라는 말은 우리말에서는 무지의 상태나 구습의 상태를 자각하고 깨우치게 한다는 의미를 지니는 '계몽啓蒙'이라는 말로 번역되어 사용되고 있다. 서양어의 계몽을 뜻하는 단어에는 '빛을 비추다'라는 동사의 활용이 그대로 남아 있는데, 이것은 소위 철학적 이성의 시대라고 할 수 있는 18세기 계몽주의 시대에 이성의 빛이 사람들로 하여금 자신이 예전부터 전해 내려오는 관습과 종교적인 신앙을 맹목적으로 추종하고 있다는 사실을 깨닫게 해주는 동시에 자신이 이러한 자각을 스스로 수행하고 있다는 사실을 비춰주기도 하기 때문이다. 그렇기 때문에 독일 계몽주의 시대의 중요한 사상가 중의 하나였던 비일란트Ernst Karl Wieland(1755-1828)는 1794년 어느 짧은 글에서 사람들이 "한 시대로부터 다른 시대로 빛의 작용을 점점 더 명확하게 봄으로써, 야만Barbarei과 암흑Verfinsterung의 시대"를 뒤로하게 되며, 결국에는 "'인간화Humanisierung'와 '계몽Aufklärung'과 시민사회적 삶의 '미화Verschönerung'의 황금시대"에서 살게 될 것이라고 말하였다. 이처럼 서양어 표현에서 계몽이라는 말은 인간이성의 빛에 의한 인간의 자기각성 혹은 시민사회적 삶의 개선 등을 함축하고 있었다. 물론 프랑스와 이탈리아에서 계몽이라는 말은 인간이성이 지배하게 된 시대와 같이 좀 더 시대적인 규정을 담고 있기도 했다. 한 가지 흥미로운 점은 러시아에서도 계몽의 이념이 중요한 역할을 하였는데, 우크라이나 출신의 러시아 작가였던 고골Nikolai Wassiljewitsch Gogol(1809-1852)은 계몽이라는 말이 오직 러시아어에만 있다고 하면서 그 말이 인간을 각성시키고 스스로 깨우치게 하다는 의미를 갖는 것이 아니라 '인간의 가장 내부로까지 들어가 인간의 힘과 능력들로 인간을 두루 비추다'는 의미를 갖는다고 주장하였다는 사실이다. 어찌되었건 유럽의 거의 모든 나라들에서 18세기 계몽의 시대는 지금껏 구습과 맹목적 신앙에 매몰되어 있던 자신의 모습을 바라보게 해주고 아울러 이로부터 벗어날 길을 모색하도록 해주는 것은 다름 아닌 자기 자신이라는 사실을 일깨워주기 시작하였던 시대였다.

정서와 지성의 도덕적 함양을 목표로 공동체의 안녕과 행복을 추구하였던 18세기 유럽의 사상가들은 저마다 고유한 계몽주의적 이념을 설파하였지만, 한 가지 공통의 목표에 근거하고 있었던 것 같다. 그것은 바로 더 이상 나누어질 수 없는 최소단위로서 '개인Individuum'이 고립된 개체가 아니라 유기체적인 전체의 보편성을 담지하는 존재로 파악되도록 하는 것이다. 이 점은 18세기 말 당시까지 다양하게 진행되고 있었던 계몽주의적 운동에 대해 명확한 규정이 없던 상황에서 처음으로 계몽 개념을 정의하였던 독일 근대철학자 칸트에게서 드러난다. 1783년 『베를린 월간지*Berlinische Monatsschrift*』 12월 호에서 요한 프리드리히 쬘러Johann Friedrich Zöllner 목사가 던진 "계몽이란 무엇인가?Was ist Aufklärung?"라는 물음에 대해 이듬해인 1784년 칸트Immanuel Kant(1724-1804)는 『계몽이란 무엇인가라는 물음에 대한 답변*Beantwortung der Frage: Was ist Aufklärung?*』에서 계몽을 다음과 같이 정의한다.

> 계몽은 인간이 자기잘못의 무지몽매로부터 벗어나는 것이다. 여기서 무지몽매란 타인의 지도 없이 자신의 지성을 사용할 수 없는 무능력을 말하며, 자기잘못이란 그러한 무지몽매의 원인이 지성의 결여에 있는 것이 아니라 타인의 지도 없이 자신의 지성을 사용할 결단과 용기의 결여에 있을 경우에 그렇다는 것이다. '너 자신의 지성을 사용할 용기를 가져라!'라는 함의를 갖는 Sapere aude!는 바로 계몽주의의 표어인 것이다.
>
> Aufklärung ist der Ausgang des Menschen aus seiner selbstverschuldeten Unmündigkeit.

> Unmündigkeit ist das Unvermögen, sich seines Verstandes ohne Leitung eines anderen zu bedienen. Selbstverschuldet ist diese Unmündigkeit, wenn die Ursache derselben nicht am Mangel des Verstandes, sondern der Entschließung und des Muthes liegt, sich seiner ohne Leitung eines anderen zu bedienen. Sapere aude! Habe Muth, dich deines eigenen Verstandes zu bedienen! ist also der Wahlspruch der Aufklärung.[1]

인간으로 하여금 구습과 맹목적 신앙에 얽매이도록 한 것은 그 어떤 절대자나 권력자가 아니라 바로 인간 자신이며, 보다 구체적으로는 자신에게 이미 있는 지성적 능력을 사용할 용기와 결단의 부재인 것이다. 일상을 살아가는 과정에서 혹은 행동거지와 태도에서 규범으로 지켜지는 예절과 규칙, 종교적 생활에서 전제되는 절대적 믿음 등이 인간을 전통적 관습과 친근하게 하고 종교적 믿음에 자신을 기꺼이 내맡기게 만들지 않고 오히려 인간에게 굴레로 여겨지게 되었다면, 그 잘못은 타인이나 종교에 있는 것이 아니라 바로 인간 자신에게 있다는 것이다. 왜냐하면 인간은 자신의 지성에 의거하여 주체적으로 전통적 관습과 종교적 믿음을 자신의 것으로 만들어야 함에도 불구하고, 타인이나 자기 이외의 권위에 자신을 내맡겨 전통적 관습을 그저 따르기만 하고 종교적 믿음을 맹목적으로 간직하기만 하는 소극적이고 안일한 태도를 취하였기 때문이다. 고민과 반성 없이 전통과 구습을 따르고 맹목적으로 종교적 근본주의를 신봉하는 현대인들에게도 유효한 칸트의 'Sapere aude!'는 계몽의 중심에 계몽되어야 할 존재이자 계몽을 이끌어가야 할 주체로서 인간이 위치해 있다는 것을 명심하도록 해주는 계몽주의의 핵심적 모토인 것이다.

계몽의 대상이자 계몽의 주체로 인간을 한가운데에 위치시킨 계몽주의 인간학의 이념은 이제 역사적으로 18세기에 국한된 시기로만 규정되지 않게 되었다. 따라서 20세기 가장 중요한 독일의 사회학자이자 철학자 중 한 명이었던 위르겐 하버마스Jürgen Habermas(1929-)는 계몽주의 인간학에 기초한 계몽의 기획을 현재에도 여전히 수행되어야 할 '미완의 기획ein unvollendetes Projekt'[2]으로 평가하였던 것이다. 그러나 칸트에게서 '인간의 자기반성능력의 자각'의 형태로 제기된 계몽의 기획은 다른 누구도 아닌 칸트 자신에게서 운명적 비행을 시작

---

1 Immanuel Kant: Beantwortung der Frage: Was ist Aufklärung, in: Kant Werke Bd. XI, hrsg. v. W. Weischedel, Frankfurt a.M. 1964, S. 53.

2 Jürgen Habermas: Die Moderne - Ein unvollendetes Projekt. Philosophisch-politische Aufsätze, Leipzig 1990.

한다. 이러한 비행이 운명적일 수 있는 이유는 비행의 궤적이 비행의 주창자였던 칸트 자신에게서 처음부터 예시되어 있었기 때문이다. 인간의 무한한 이성적 능력과 역사의 진보를 설파한지 10년만인 1793년에 칸트는 인간 내부에 본성적으로 '근본악das radikale Böse'이 자리를 잡고 있다고 시인해야만 했던 것이다.[3] 이러한 노년의 칸트 모습은 18세기 말 동시대 사상가들에게는 전통적인 종교적 관점으로의 회귀로 비춰질 수 있었지만, 계몽의 기획의 궤적을 직간접적으로 경험한 21세기의 우리에게는 오랫동안 설파해온 계몽의 원리들이 처음부터 파멸의 위험을 담지한 근대적 교리로 굳어질 수도 있다는 점에 대해 고심하는 모습으로 여겨질 수도 있다. 칸트의 이러한 고심의 징후는 20세기 초 독일의 사회학자인 베버Max Weber(1864-1920)와 20세기 중엽 아도르노Theodor Wiesengrund Adorno(1903-1969)와 호르크하이머Max Horkheimer(1895-1973)에게서 나타난다.

베버는 19세기 말 20세기 초에 광범위하게 이루어지는 지성화와 합리화의 양면성을 조심스럽게 진단하며 다음과 같이 주장하였다:

> 점차 증대되는 지성화와 합리화는 사람들이 처해 있는 삶의 조건들에 대한 점증하는 보편적 이해를 의미하지 않는다. 그것이 의미하는 것은 뭔가 다른 것이다. 즉 그것은 사람들이 원하기만 하면 항상 경험할 수 있다는 사실, 사람들 사이에서 몰래 개입되는 은밀하고도 범접할 수 없는 권력들이란 원칙적으로 존재하지 않는다는 사실 그리고 모든 일들은 원칙적으로 계산을 통해 지배될 수 있다는 사실 등에 대한 믿음과 이것들에 대한 지식을 의미한다. 한마디로 말해 그것은 세계의 탈마법화이다. 그러한 범접할 수 없는 권력들이 작용하고 있었던 비문명의 야생적인 사람들과는 달리 오늘날 사람들은 사람들의 정신들을 지배하거나 간청하기 위해 더 이상 마술적인 수단들을 사용할 필요는 없다. 오늘날에 사용되는 수단은 바로 기술적 수단들과 계산인 것이다. 이것이 바로 지성화 그 자체를 의미하는 것이다.
>
> Die zunehmende Intellektualisierung und Rationalisierung bedeutet also nicht eine zunehmende allgemeine Kenntnis der Lebensbedingungen, unter denen man steht. Sondern sie bedeutet etwas

---

3 계몽주의적 이성과 역사의 진보에 관한 담론의 모태가 되는 글인 「계몽이란 무엇인가?*Was ist Aufklärung*」가 발표된 시점인 1784년으로부터 10여 년만인 1793년(재판은 이듬해인 1794년에 출간됨)에 『이성 그 자체의 한계 내에서의 종교*Die Religion innerhalb der Grenzen der blossen Vernunft*』에서 칸트는 '인간 내부의 본성적인 악'에 관해 언급한다. 이에 대해서는 이 책의 IV장 1절에서 상세히 논의된다.

anderes: das Wissen davon oder den Glauben daran: daß man, wenn man nur wollte, es jederzeit erfahren könnte, daß es also prinzipiell keine geheimnisvollen unberechenbaren Mächte gebe, die da hineinspielen, daß man vielmehr alle Dinge – im Prinzip – durch Berechnen beherrschen könne. Das aber bedeutet: die Entzauberung der Welt. Nicht mehr, wie der Wilde, für den es solche Mächte gab, muss man zu magischen Mitteln greifen, um die Geister zu beherrschen oder zu erbitten. Sondern technische Mittel und Berechnung leisten das. Dies vor allem bedeutet die Intellektualisierung als solche.[4]

19세기 말과 20세기 초 기술의 진보와 합리화로 인해 서구사회는 절대권력의 마법으로 인해 사람들 스스로가 자신이 원하는 것을 마음대로 할 수 없고 주체적으로 사물들을 지배할 수 없던 소위 마법화된 상황으로부터 벗어나 계산적 이성이 지배하는 탈마법화된 사회로 진입하게 해줄 수 있었다. 그렇지만 이것이 의미하는 것은 사람들 스스로가 기술적 수단과 계산적인 이상에 자신을 다시금 옭아매는 결과를 야기할 수도 있다는 것이다. 베버는 명시적으로 이야기하지는 않았지만, 기술적 수단과 계산에 기초한 지성화와 합리화라는 모더니즘 시대의 이상은 과거 보이지 않고 범접할 수 없는 마법에 근거한 지배와 마찬가지로 자신이 추구한 합리화에 종속되는 모순을 배태하고 있다는 점을 암시하였던 것이다.

베버보다 더 결정적으로 계몽주의적 이성의 자기파멸 가능성을 주장한 이들은 바로 호르크하이머와 아도르노였다. 호르크하이머와 아도르노는 20세기 사회비판과 문화비판의 이정표가 된 공동의 저서에서 20세기 들어 극단적인 형태로 출현한 파시즘과 무분별한 자연파괴에서 절정에 달한 기계화되고 도구화된 이성의 지배에 대해 날카로운 철학적 지성으로 진단하였다. 그들이 수행한 '도구적 이성instrumentale vernunft'에 대한 비판은 자연지배에 대한 비판이자 자연에 대한 (서구)문화의 도구적 관계에 대한 비판이기도 하다. 호르크하이머에 따르면, 동물과 식물을 포함하여 자연은 오늘날 "인간의 단순한 도구"로 여겨지게 되었고 따라서 어느 때고 인간이 원하는 경우에 "착취의 대상"으로 사용될 수 있게 되었다고 한다. 그러면서 이처럼 자연을 종속시키고 착취하는 형태가 인간을 지배하고 억압하는 형태와 닮아 있다는 사실을 주목한다. 자연을 자신의 도구적 이용의 대상으로 삼아

4 Max Weber: Wissenschaft als Beruf, in: MWG I/17, Tübingen 1992, S. 87.

무분별한 착취를 일삼아온 인간의 모습은 인간이 다른 인간을 종속시켜온 역사 속에서 그대로 투영되어 있으며, 그 결과 자연에 대한 인간의 지배는 인간에 대한 인간의 지배를 포함한다는 것이다. 신의 섭리하에 있다가 근대에 들어 독사적 주체로서 자리매김한 이래로 인간은 자기 이외의 자연존재에 대해 좌지우지할 권한을 스스로 부여해왔지만, 자연에 대한 지배가 자연적 존재인 인간의 지배를 정당화시키고 이러한 지배의 논리에 자기 역시 포함됨으로써 결국에는 인간 스스로가 자신의 인간성마저 말살시켜버리는 결과를 초래하는 것이다. 그리하여 호르크하이머와 아도르노에 따르면,

> 인간은 자신의 해방과정에서 자기 이외의 세계와 운명을 같이 하게 되었던 것이다.
> Der Mensch teilt im Prozeß seiner Emanzipation das Schicksal seiner übrigen Welt.[5]

인간과 자연이 하나가 된 세계의 미몽으로부터 깨어나 자연을 자기 이외의 세계로 대상화시켜 지배대상으로 삼았던 인간은 독립적 주체로서 해방되기는 했지만, 이러한 해방은 자연적 존재인 타인에 대한 지배를 정당화시킴으로써 자신과 동등한 존재인 타인을 지배하는 자신의 인간성을 자기 스스로 말살시켜, 결국에는 자기해방이 자기말살과 동시적으로 이루어지는 진퇴양난의 상황이 벌어지는 것이다.

그렇다면 지배와 종속, 자기와 타자, 자기해방과 자기파멸의 진퇴양난의 상황으로부터 벗어나 자기의 자유가 타인을 종속시키지 않고 자기를 찾는 과정이 타자를 이해하는 과정이 되며 결국에는 자기의 완전한 해방이 이기적인 것의 흔적을 완전히 제거하는 과정이 되는 것은 과연 가능하며 그것은 어떤 것일 수 있을까?

---

5 Max Horkheimer und Theodor W. Adorno: Dialektik der Aufklärung, Amsterdamm 1947, S. 110.

2. 완성될 수 없는 기획

만일 계몽(주의)의 기획에 대한 지금까지의 해석과 문제제기가 타당하다고 한다면, 우리는 '근대die Moderne'와 '탈근대die Postmoderne'의 접전을 매개로 다양한 이론적 지형을 형성해왔던 20세기 사상가들의 논의들을 재검토할 필요가 있다고 절실히 느끼게 될 것이다. 우선 포스트모던 진영에 선 사상가들과 모던 진영에 선 사상가들의 논리의 논의를 핵심적 쟁점들에 따라 정리해보자면 다음과 같을 것이다.

20세기 중후반부터 포스트모던 진영의 사상가들은 대략 두 가지 뒤얽힌 축을 기초로 논의를 진행시켜왔다. 즉 20세기의 포스트모던 담론의 진영은 근원과 의미에 대한 물음, 인식의 통일적 가치로서의 미에 대한 물음, 그리고 조화로운 보편적 인간가치에 대한 추구를 통해 형성된 근대의 '통일 철학적' 담론이 물음을 제기하는 방식에 대해 치열한 접전을 벌이는 가운데 이러한 방식의 기능양태에 대한 물음, 개별 예술영역에서 다양하게 이루어지는 표현양태들에 대한 물음, 무정형의 개별자들의 연쇄적 작동원리에 대한 추구를 통해 형성된 탈근대의 '문화 정치적' 담론을 구축해왔던 것이다. 이 같이 서로 착종된 축을 기초로 20세기 중반 프랑스 후기구조주의자의 선구자인 데리다Jacques Derrida (1930-2004)는 차이와 부정의 작용영역에 대한 억압을 통해 인식의 가능성 근거를 찾고자 한 전통형이상학을 '해체 구성de-construction'하고자 하였고,[6] 거의 같은 시기에 포스트모던 사상을 주창한 료타르Jean-Francois Lyotard (1924-1998)는 자기 스스로에 의해 멈춰지게 된 근대의 기획과의 접전을 통해 포스트모던적 사회형성의 가능성

자크 데리다의 초상화(Jacques Derrida portrait) by Paul Loboda be.net/Loboda_Paul

6 Jacques Derrida: De la Grammatologie, Paris 1967; Jacques Derrida: L'Écriture et la différence, Paris 1967; Jacques Derrida: La dissémination, Paris 1972.

을 타진하였다.[7] 앞서 언급된 바 있는 아도르노는 비록 직접적으로는 포스트모던 사상가라고 규정되지는 않지만 이미 포스트모던 사상가들의 주요 이념들을 선취하면서, 이성의 꿈에서 깨어날 뿐만이 아니라 무시무시한 괴물을 만들어내기도 하였던 근대의 자기파괴에 대해 반성적 재구성을 시도하였다.[8] 그러나 이들에게 내재한 포스트모던의 '구성적 파괴'의 논리는 한편으로는 논증적인 근거 규정의 요구에 대한 알리바이의 모색과 독자적인 논증절차의 계발 사이에서, 다른 한편으로는 기존의 의미지평의 역사성에 대한 평가와 이러한 지평에로의 '비-역사적'이거나 '다-역사적'이고 임의적인 개입의 정당화 사이에서 동요할 수밖에 없었다.

반면 20세기 모던 진영은 포스트모던 진영과는 다른 논의의 축을 중심으로 진행되어왔다. 모던의 입장에 선 진영 역시 형태상으로는 두 가지 서로 착종된 축에 기초되어 있었는데, 그 하나는 역사 발전사적 시각과 다른 하나는 기능주의적인 원리론적 시각이었다. 하버마스가 거시적으로 근대 계몽주의의 기획을 미완의 기획으로 보면서 이것을 계속해서 추구되어야 할 과제로 삼았다면,[9] 20세기 최고의 헤겔철학 해석가인 헨리히Dieter Henrich(1927-)는 '논증-분석적이고 재구성적인 방법론argument-analytische und rekonstruktive Methode'에 의거하여 기존의 이념들이 형성할 수 있는 이념공간을 드러내고자 한 짜임새연구를 수행하였다.[10] 또한 역사의미론의 대가인 코젤렉Reinhart Koselleck(1923-2006)이 사회 및 문화사에 잠재되어 있는 역학을 드러내고자 하였다면,[11] 체계이론가 루만

라인하르트 코젤렉(Reinhart Koselleck)

---

7 Jean-François Lyotard: La condition postmoderne, Paris 1979; Jean-François Lyotard: Le différend, Paris 1984.

8 Max Horkheimer und Theodor Wiesengrund Adorno: Dialektik der Aufklärung, Amsterdam 1947.

9 Jürgen Habermas: Die Moderne - Ein unvollendetes Projekt. Philosophisch-politische Aufsätze 1977-1992, Leipzig 1992.

10 Dieter Henrich: Konstellation, Stuttgart 1991.

11 Reinhart Herzog und Reinhart Koselleck (Hg.): Epochenschwelle und Epochenbewusstsein, München 1987; Reinhart Koselleck:

Niklas Luhmann(1927-1998)은 자기생산과 차이코드에 의거한 체계이론을 정립하였다.[12] 그러나 이들이 추구한 근대의 거대담론은 한편으로는 현실 정치적인 대안의 요구에 대한 모색과 이론의 현실성에 대한 이론적 정교화 사이에서, 다른 한편으로는 역사적 담론의 역사성 자체에 대한 재평가와 이러한 재평가를 수행하는 주체성의 기능지평의 정당화 사이에서 동요해야만 했다.

모던과 포스트모던 두 진영에서 이루어진 이러한 동요는 다양한 생산적 자극을 야기했다. 일반화의 위험을 무릅쓰고 이러한 자극의 지형을 개괄하자면 다음과 같을 것이다. 룩셈부르크 태생으로 미국에서 활동한 비교문예학자 가쉐Rodolphe Gasché(1938-)는 포스트모던 담론의 이론적 기반을 헤겔에게서 찾고자 하였으며,[13] 독일의 문예학자 프랑크Manfred Frank(1945-), 벨기에 태생으로 미국에서 활동한 비교문예학자 드 만Paul de Man(1919-1983), 독일의 낭만주의 문학연구자 벨러Ernst Behler(1928-1997), 프랑스 후기구조주의자 라쿠-라바르트 Philippe Lacoue-Labarthe(1940-2007)와 낭시Jean-Luc Nancy(1940-) 등은 포스트모던 사상의 징후를 낭만주의에서 찾고자 하였다.[14] 모던과 포스트모던 두 진영에서 끊임없는 동요의 과정이 이루어지는 동안 하버마스의 경우 초기 헤겔에 대한 재평가를 통해 전통형이상학의 완성자라는 기존의 헤겔 이미지를 달리 보도록 해주었으며,[15] 대표적인 독일관념론 해석자들인 독일의 헨리히와 라우트Reinhard Lauth(1919-2007) 그리고 프랑스 신학자이자 철학자인 틸리에트Xavier Tilliette(1921-)와 슬로베니아 철학자인 지젝Slavoij Žižek(1949-) 등은 헤겔의 그늘에 가려져왔던 독일관념론의 다른 사상가들에 대한 재해석을 통해 독일관념론의 완성자라는 기존의 헤겔의 위상을 상대화시키고자 하였다.[16] 20세기 말 가장 영향력 있는 페미니즘 이론가들이었던 프랑스

Vergangene Zukunft, Frankfurt a.M. 1989.

12 Niklas Luhmann: Soziale Systeme. Grundriss einer allgemeinen Theorie, Frankfurt a.M. 1984.

13 Rodolphe Gasché: The Tain of the Mirror. Derrida and the Philosophy of Reflection, Cambridge, Mass.: Harvard Uni. Press, 1986.

14 Manfred Frank: Unendliche Annäherung. Die Anfänge der philosophischen Frühromantik, Frankfurt a.M. 1997; Paul de Man: Romanticism and the Contemporary Criticism, Baltimore, Md.: Johns Hopkins Uni. Press, 1993; Philippe Lacoue-Labarthe and Jean-Luc Nancy: The Literary Absolute. The theory of literature in German romanticism, Albany: St. Uni. of New York Press, 1988.

15 Jürgen Habermas: Wahrheit und Rechtfertigung. Philosophische Aufsätze, Frankfurt a.M. 2004.

16 Dieter Henrich: Grund im Bewusstsein. Untersuchungen zu Hölderlins Denken, Stuttgart 1992; Xavier Tilliette: L'absolu et la philosophie. essais sur Schelling, Paris 1987; Reinhard Lauth: Transzendentale Entwicklungslinien von Descartes bis zu Marx und Dostojewski, Hamburg 1989; Slavoij Žižek: Der nie aufgehende Rest, Wien, 1996.

후기구조주의자 이리가레Luce Irigaray(1930-)와 미국의 비교문예학자인 버틀러Judith Butler(1956-)는 전통형이상학적 이념들에 대한 해체구성을 통해 페미니즘 철학의 가능성 조건을 마련하였고,[17] 이 밖에도 니체Friedrich Nietzsche(1844-1900)와 하이데거Martin Heidegger(1889-1976)의 철학에 대한 재평가 과정에서 포스트모던 사상의 문제의식들이 이미 오래전부터 존재해왔었다는 사실이 입증되었다. 또한 짐멜Georg Simmel(1858-1918)과 캇시러Ernst Cassirer(1874-1945)와 벤야민Walter Benjamin(1892-1940)의 문화사회학을 비롯하여 보링어Wilhelm Worringer(1881-1965)와 파노프스키Erwin Panofsky(1892-1968)의 예술사방법론 저작들에 대한 재수용 및 재해석 작업이 광범위하게 이루어짐으로써 소위 '문화학Kulturwissenschaften'의 이론적 토대들이 다양하게 다져질 수 있었다. 이러한 이론적 지형은 작용영역의 포괄성 및 전문성으로 인해 그리고 80년대 말, 90년대 초의 변화된 이데올로기 상황과 그동안 표출되지 못했던 다양한 문화적 욕구들의 발현으로 인해, 모던/포스트모던 논쟁으로부터 탈피하여 '문화적 전환cultural turn'[18]으로 지칭될 만한 새로운 담론 영역의 기반을 마련하게 되었다.

에른스트 캇시러(Ernst Cassirer)

이제 20세기 말 '문화적 전환' 이래로 그동안 개별적으로만 다뤄져왔던 언어, 신화, 종교, 윤리, 철학적 반성 그리고 예술 등은 학제적인 시각에 따라 다각도로 다루어질 수 있었다. 이러한 움직임은 아마도 현실적인 삶과 가장 밀착해 있는 영역들이 기존의 지배적인 '거대담론들'[19]의 관철 과

17 Luce Irigaray: Speculum. Spiegel dea anderen Geschlechts (Speculum de l'autre femme, Paris 1975), Frankfurt a.M. 1980; Judith Butler: Bodies that matter. On the discursive limits of sex, New York: Routledge, 1993.

18 이에 대해서는 다음을 참조. Fredric Jameson: The Cultural Turn: Selected Writings on the Postmodern, 1983-1998. Verso: London 1998; Doris Bachmann-Medick: Cultural Turns. Neuorientierungen in den Kulturwissenschaften. 5. Auflage mit neuem Nachwort, Reinbek bei Hamburg 2014.

19 거대담론(grand discourse): 사회를 이해하는 데 있어 역사적이고 심리적이며 경제적이고 이념적인 커다란 틀이 우선적으로 중요한 역할을 하는 거시적인 이론화 형식을 말한다. 자본주의의 역사를 노동의 착취에 기반을 둔 잉여가치의 창출의 역사로 보는 맑시즘, 사회와 문화를 인문학적 지식들에 근거하여 비판적으로 재평가하고자 하는 20세기 중반 독일 프랑크푸르트학파의 비판사회학, 문화의 양태를 사고와 지각의 기저에 놓여 있는 일반적 구조

정에서 부차적으로만 혹은 도구적인 측면에서만 고려되어왔다는 사실에 대한 반성의 결과인 동시에, 더 나아가 개별 학문들 간의 고립화 및 학문 자체의 고립화에 대한 자기반성의 산물이라고 할 수 있다. 그리하여 언어 및 신화와 관련해서는 '재현representation', '이데올로기ideologies', '기능가치functional worths', '행동양태behavioral modes' 등의 문제들이, 종교 및 윤리와 관련해서는 '악the evil', '법the law', '회의주의scepticism', '개체individual', '자유freedom'의 문제들이, 철학적 반성과 관련해서는 '주체(성)subject(ivity)', '몸soma', '타자the other', '원칙principles'의 문제들이 그리고 예술과 관련해서는 '기억 내지 망각memory or oblivion', '표현효과representational effects', '감각의 유희play of senses', '형태shapes'의 문제들이 다양하게 논의될 수 있었다.

이처럼 다양한 논의들이 다양한 관점에서 논의되고 있는, 언뜻 보기에 다원주의적인 현재의 상황에서 다시금 계몽의 기획에 관한 논의를 시작하는 것은 시대착오적인 시도로 여겨질 수 있을지도 모른다. 그러나 자연과 인간의 조화의 분열을 한탄하면서 미적인 영역에서의 혁명을 추구하였던 18세기 말 '초기 낭만주의Frühromantik'와 '독일관념론Deutscher Idealismus' 철학의 이념적 기초에서 그리고 19세기 말 돌이킬 수 없는 파편화된 인간상에 대한 모더니즘의 극단적 미학화에서 윤리의 문제가 중심적인 테마였다는 사실을 반추해 볼 때, 아나키즘적인 극단적 개인주의와 감각주의가 팽배한 이 시대에 "모든 부분들에서 자신의 이성을 공적으로 사용할 자유"[20]의 실현이라는 초창기 계몽주의의 파롤은 여전히 유효할 수 있다. 물론 이러한 파롤이 현재의 변화된 상황에서 그대로 적용될 수는 없을 것이다. 현실의 관계들이 기만과 미혹으로 가득 차 있기 때문에, 혹은 보다 정확히 규정하자면, 직접적인 의미화 작용의 사슬로부터 벗어나 비재현적인 차이들로 이루어져 있기 때문에, 이에 대한 접근 역시 보들리야르Jean Baudrillard(1929-2007)의 말대로 일정 정도 '기만적인 방식',[21] 즉 '현상들의 이미지들이 작용하는 관계를 다루는 방식'으로 이루어져야 할 것이

에 대한 해명을 통해 파악하고자 한 제네바 출신의 소쉬르의 구조주의 언어학, 프랑스의 레비-스트로스의 구조주의 문화인류학 등이 그 예이다.

20 Immanuel Kant: Beantwortung der Frage, 'Was ist Aufklärung?', in: Immanuel Kant Werkausgabe Bd. XI, Frankfurt a.M. 1956, S. 55.

21 Jean Baudrillard: The Transparency of Evil (La Transparence du Mal, Paris 1990), tr. by James Benedict, London: New York, Verso, 1993, p.1.

다. 결국 현재의 변화된 상황에서 계몽주의의 기획은 영원히 완성될 수 없는, 계속해서 추구되어야 할 원리적 기획으로 정초될 필요가 있을 것이다.

3. 포스트모던 이후 담론으로서 문화이미지론

포스트모더니즘 논의가 20세기 초반부터 이루어져서 1960, 70년대에 활발하게 이루어졌지만, 사실 시대적인 구분과 단계적인 발전 자체에 대해 의문을 제기하는 특성이 포스트모더니즘 자체에 내재되어 있기에, '포스트모던 이후'라는 말에 어패가 있다고 할 수 있을 것이다. 그러나 포스트모던 이념들에 대한 논의가 서서히 자취를 감추고 다양한 문화담론들이 활개를 펴기 시작한 1990년대부터 앞서 언급된 바 있는 새로운 이론적 지형의 발판이 마련되면서 '포스트모던 이후'의 담론지형에 대한 논의가 이루어졌기에, 논의의 발전과정상 '포스트모던 이후'라는 말이 그리 잘못된 것은 아닐 수 있을 것이다.

1990년대 상황을 단정적으로 규정하기는 힘들지만, 몇 가지 핵심적인 특징들을 통해 어렴풋이 문화적 지형을 그려볼 수 있을 것이다. 무엇보다 이 시기를 규정짓는 가장 중요한 현상은 상호 학제적인 학문연구의 필요성을 야기한 '뇌과학Brain Science'의 발전일 것이다. 자연과학과 인문과학의 통합적 연구에 기초하여 서서히 진행되기 시작하였던 뇌과학 연구는 위계적이고 단선적인 논리로는 이해될 수 없고 네트워크적이고 융합적인 논리에 의거해서만 파악될 수 있는 뇌 작용의 특성을 해명함으로써, 자연과학과 인문과학의 분리뿐만이 아니라 자연과학과 인문과학 각각의 영역 내에서 존재해온 학문적 위계질서의 한계를 타파하는 계기를 마련해주었다. 여기에 fMRI를 통한 뇌 작용의 이미지화는 네트워크적 논리와 이미지 개념 간의 상호작용의 필요성을 추가적으로 부가시켰다.

이와 더불어 일상생활 및 산업계 전반에 걸쳐서 일대 변혁을 가져온 기술적 진보로서 인터넷 테크놀로지의 개발을 들 수 있다. 패킷 스위칭 커뮤니케이션 시스템에 의거한 인터넷이라는 가상공간의 마련은 연쇄와 치환과 중첩을 반복하며 끊임없이 재생산되는 이미지들의 범람을 야기하면서 ID로서만 존재하는 사람들에게 고정된 의미가 아닌 감각적 의미화 효과를 가져다줌으로써, 비위계적이고 비선형적이며 그물망적인 '가상적 실재'라는 패러독스적인 현실의 존재가 느껴질 수 있도록 해주었다.

학문세계 내에서의 위계질서의 타파 및 네트워크적이고 융합적인 논리의 대두 그리고 일상생활의 영역과 산업계 전반에 걸쳐 연쇄와 치환과 중첩을 반복하며 끊임없이 재생산되는 가상적 실재로서의 이미지들의 체제의 정착과 더불어 일상적인 삶에 첨단의 과학기술이 깊숙이 침투하게 되고, 여러 예술영역들에서 탈예술의 다양한 몸짓들이 보이게 되며, 세계경제의 초경제적 징후들이 여기저기에서 나타나게 되고, 남녀로 이분된 기존의 생물학적인 성관계 내에서 다양한 이행의 징후들이 모습을 드러내게 되었다. 이러한 변화들과 극단적인 현상들은 전통적인 의미론이나 사회분석 혹은 기호학적 방식에 기초한 기존의 테마화 방식을 통해서는 적절하면서도 유효하게 다뤄지기 힘든 문제들이다. 여기서 바로 이미지의 문제가 제기되는 것이다.

그리스어로는 'eidolon', 'eikon', 라틴어로는 'imago', 'species', 'simulacrum', 영어로는 'image', 독일어로는 'Bild'로 표기되는 이미지라는 말은 이미 고대 그리스 철학에서부터 다각도로 논의된 개념이다. 플라톤Platon(B.C. 428/427-B.C. 348/347)의 경우 이미지 개념에 부합되는 개념으로 'icon(εικών)'이라는 말을 사용하였는데, 이 말은 이데아의 세계와 구분된 단순한 감각적 사물들의 세계를 의미하기도 했고, '태양은 선의 아이콘'이라는 규정에서처럼, 이데아를 나타내는 은유적 방식으로 기능하기도 했다. 특히 『티마이오스*Timaios*』에서 플라톤은 우주 전체가 영원한 '근원상Ur-Bild'의 가장 완전한 '모상Ab-Bild'으로서 '신적인 것의 현현'[22]이며, 시간이라는 것도 '영원성의 이미지'[23]라고 말하였다. 여기서 주목할 점은 플라톤의 이미지 규정에서 현대에도 유효한 이미지 개념의 핵심이 암시되고 있다는 사실이다. 즉 우주 전체가 영원한 근원상의 모상이라고 할 때, 유한한 인간인 우리는 영원한 근원상이 무엇인지 알 수 없고 오직 영원한 근원상이 현상된 것인 자연적 우주만이 우리의 지각범위에 있지만, 어디까지나 끊임없이 변화하는 현상세계로서 자연적 우주는 변함없이 영원히 존재하는 영원한 근원상과는 유사하기는 하지만 다른 것이라는 점이다. 마찬가지로 시간이 영원성의 이미지라고 할 때, 우리는 영원성을 알 수는 없고 오직 영원성이 일정하게 움직인 형태인 현상하는 시간만이 우리에게 지각되지만, 끊임없이 움직이는 현상으로서의 시간은 불변의 영원성과는 유사하기는 하지만 다른 것이다. 이렇듯 근원상 내지 영원한 진리와 유사하면서도 다르며, 유한한 존재인 인간으로 하여금 근원상 내지 영원한 진리와의 유사성만을 감지하도록 해줄 뿐인 이미지는 처음부터 불변의 영원한 진리와의 유

22 Platon: Timaios, 29b und 92c.

23 Platon: Timaios, 37c.

사성을 간직한 채 끊임없는 변화와 생성으로 가득 찬 현상세계를 구성하는 핵심적 요소로서 자리매김되었다.

그러나 중기의 플라톤에게서 이미지 개념은 더 탈감각화된다. 그리하여 비육체적이고 비가시적인 이념들은 소위 '각인상刻印像, Prägebild'[24]으로서, 동전을 주조하거나 도장을 새길 때처럼, 각인의 재료인 물질을 일정하게 형태화한다고 여겨지게 되었다. 말하자면 감각의 사물은 각인상의 이미지라는 것이다. 물론 이러한 이미지 개념의 탈감각화에도 불구하고 여기서도 이미지 개념이 그 자체로는 현상세계에서 작용하면서 근원과 현상을 매개하는 주요한 기제로서 간주되고 있다는 사실이 넌지시 암시되고 있는 것이다. 그 전형적인 예가 바로 플라톤이 이데아의 세계와 현상적 사물세계의 관계를 거울이미지의 유비를 통해 이야기하고 있다는 점이다.

이후 이미지 개념은 일정한 궤적을 그리며 발전되어나간다. 신플라톤주의자인 플로티누스Plotinus(205-270)는 플라톤에게서 암시된 이미지 개념에 기초하여 이미지가 사태 자체를 묘사해주기는 하지만, '모상模像'으로서 이미지는 오리지널과는 다른 존재방식을 갖는다고 한다. 말하자면 원상과 감각사물을 매개시켜주는 것으로서 이미지는 모든 사물들이 원상과 내적으로 결부되어 있으면서도 원상과는 다른 고유한 사물들로서 그 자체로 차이를 지니는 사물들로 나타나게 해주는 것이다.

플라톤주의 및 신플라톤주의에서와는 달리 기독교사상에서 이미지 개념은 현격한 변화를 겪게 된다. 성서의 영향하에서 이미지 개념에는 보다 특별한 기능이 부여된 것이다. 말하자면 신의 창조물인 인간이 다름 아닌 신의 이미지라고 할 때, 신의 이미지로서 인간은 두 가지 상호 모순된 관계들을 가지게 되는데, 한편으로 인간이 신과 유사한 이미지를 갖는다는 점에서 둘 사이에는 유사성관계가 존재하며, 다른 한편으로 인간은 신을 모방하는 가운데 존재하게 된다는 점에서 둘 사이에는 근원적 관계성이 존재하는 것이다.

고대로부터 중세기독교를 지나면서 이미지 개념은 일정하게 형상화된 모방이라는 의미와 끊임없이 이루어지는 창조적인 산출이라는 의미를 갖게 된다. 보다 정형화시켜 규정해보자면, 한편으로 이미지는 지각과 표상작용의 물질적인 혹은 형식적인 능력으로 이해되

---

24 Platon: Timaios, 50c.

며, 다른 한편으로 이미지는 소위 지각과 표상이라는 거울 속에서 비춰지는 이중화된 대상으로 이해되는 것이다. 지각과 표상작용능력이자 지각과 표상작용 속에서 비춰지는 이중화된 대상으로서 이미지는 근대 이후 현대까지 이어지는 고유한 양태를 지니게 된다. 즉 이미지는 확실하고 참된 '존재'에 비해서는 '모방된 존재'이자 '모방 그 자체'로서 복제된 것 혹은 거울상의 함의를 갖게 되며, '무'에 비해서는 '모방된 것의 현상'으로서 가상 혹은 기만적인 것의 함의를 갖게 된 것이다. 복제된 것 내지 거울상은 이미지가 참된 존재에 의존적인 위상을 갖는다는 것을 의미하는 반면, 가상 내지 기만적인 것은 참된 존재와는 별도로 이미지가 끊임없이 변화하는 현상이자 항시 부정적인 것으로서만 존재한다는 것을 의미하는 것이다.

근대에 들어 이미지 개념은 보다 도식적이고 체계적으로 정립된다. 근대철학자 칸트Immanuel Kant(1724-1804)는 그의 주저인 『순수이성비판*Kritik der reinen Vernunft*』의 '도식론Schematismus' 장에서 이미 시간과 공간에 의해 구성되어 있는 물질적 소재인 감각적 지각의 재료에 범주들을 적용시키는 것을 상상력의 능력으로 묘사한다. 칸트는 개념에 그것의 이미지를 마련해주는 상상력의 이러한 보편적 방식을 개념에 대한 '도식Schema'이라고 규정한다. 말하자면 "이미지는 생산적 상상력의 경험적 능력의 산물이다."[25] 결국 칸트에게서 이미지는 '감성Sinnlichkeit'과 '지성Verstand'을 매개시켜주는 것으로서, 도식을 매개로 하여 개념 속으로 포착된 감각지각으로 규정되는 것이다.

칸트보다 이미지 개념을 확대·발전시킨 철학자는 바로 피히테Johann Gottlieb Fichte(1762-1814)이다. 이미지 개념과 관련된 다양한 논증들 가운데 가장 핵심적인 것은 바로 다음과 같은 논증이다. 즉 "자아를 형성하는 이러한 이미지(이것의 '~이다'는 '나는 존재한다'라는 내용이다)는 스스로를 감춘다. 그렇지만 의식되고 이해된 이미지는 자아를 산출하게 된다. 그리하여 자아의 이미지는 사실적인 직관과 사고의 새로운 이중성 속에 있게 되며 이 둘은 불가분의 통일을 이루는 것이다."[26] 감각적이고 유한한 존재인 인간은 자아를 그 자체로 파악할 수 없고 항상 '~하다'라는 현재적 상태로만 지각된다. 예를 들면 철수는 '영희

25 Immanuel Kant: Kritik der reinen Vernunft, B 181.

26 Johann Gottlob Fichte, Werke Bd. 9, Berlin 1971, S. 395.

를 사랑한다', '걸어가고 있다', '바쁘다' 등과 같이 현상의 순간적 표현들에 의해서만 지각된다. 하지만 이러한 현상의 개별지각들이 철수 자체라고 확신될 수는 없는 것이며, 이러한 불확실성으로 인해 철수라는 존재 뒤로 모습을 감추게 되는 것이다. 그렇지만 이러한 철수의 개별현상들을 통하지 않고는 철수 자체에 이를 길이 없으며 오로지 철수의 개별현상들에 의거해서 철수 자체가 일정하게 형성될 수 있는 가능성이 생겨나는 것이다. 따라서 철수의 이미지와 같이 자아의 이미지는 그때그때의 개별현상들에 대한 직관과 이에 대한 사고가 통일을 이루는 관계 속에 있다고 할 수 있는 것이다. 이러한 피히테의 이미지 개념은 헤겔Georg Wilhelm Friedrich Hegel(1770-1831)에게서 일종의 '작용맥락'의 함의를 추가로 부여받게 됨으로써, 보다 정교화된다. 헤겔은 자신의 미학강의에서 이미지 개념을 은유와 비유 사이에 위치시키면서, 일정하게 규정되어 있지 않은 일반적이고 실재적인 것 자체를 나타내주는 상징과는 달리 이미지 속에서 "확고하게 규정된 구체적인 실존형태가 그 자체로 판명된다."라고 한다. 그리하여 "오직 은유와 이미지가 출현하는 맥락만이 이러한 은유와 이미지를 통해 원래 말하고자 하는 것이 무엇인지를 드러내주는 것이다."[27]

19세기 말, 20세기에 들어서게 되면 근본적으로 새로운 입장 대신에 서로 이질적으로 다양한 이미지 이론들이 다양하게 대두된다. 인간의 감각과 의식을 외부세계의 모사로 보는 유물론적 반영론자인 레닌Wladimir Iljitsch Lenin(1870-1924)의 입장으로부터 이미지를 근원이미지의 특성들의 재현으로 규정하고자 하였던 니콜라이 하르트만Nicolai Hartmann(1882-1950)을 지나, 유사한 것을 위해 이미지의 대리자인 유사한 것을 이용하는 표상적 자아의 능력에서 이미지의 가능성 조건을 보았던 현상학자 후설Edmund Husserl(1859-1938)에 이르기까지 이미지 논의의 스펙트럼은 다양하게 전개된다.

그러나 20세기 말에 들어서게 되면 근본적으로 다른 양상이 문화 영역 전체에 걸쳐 전개되기 시작한다. 앞서 이야기된 바 있듯이, 1990년대 학문적 융합의 견인차 역할을 하였던 뇌과학의 발전으로 인해 단선적인 사고로부터 그물망적인 사고로의 이행이 이루어졌으며, 연쇄와 치환과 중첩을 반복하며 끊임없이 재생산되는 이미지들의 범람 속에서 고정된 의미가 아닌 감각적 의미화 효과를 가져다주는 비위계적이고 비선형적이며 그물망적

---

27 Georg Wilhelm Friedrich Hegel: Ästhetik, Bd. 1, hrsg. v. Fr. Bassenge, Frankfurt a.M. 1955, S. 395ff.

인 '가상적 실재'로서의 인터넷 공간이 창출됨으로써, 한편으로는 학문 내의 위계질서 및 학문들 간의 경계가 허물어지게 되었으며, 다른 한편으로는 개인의 삶의 영역에서 절대적 진리나 신조 혹은 절대절명의 윤리적 가치들이 지녀온 위상이 효력을 상실하게 되었다. 게다가 1980년대 말부터 시작된 좌우 이데올로기의 대립과 갈등의 붕괴는 사람들이 새로운 삶의 형태를 모색하도록 해주었다.

이러한 문제 상황에서 앞서 언급된 바와 같이 예술영역에서의 탈 예술의 다양한 현상들, 세계경제의 초경제적 징후들, 기존의 생물학적인 성관계 내에서의 다양한 이행의 모습들처럼 경계와 구획을 넘나들며 융합과 분리를 끊임없이 반복하는 다종다기한 문화현상들이 나타나기 시작하였는데, 이러한 현상들은 전통적으로 맥락화되어 온 이미지 개념과 유사한 양태를 지닌다는 의미에서 '문화이미지들'이라고 불릴 수 있을 것이다. 더욱이 이러한 문화적 이미지들은 개념사적인 측면에서 이미지 개념과 유사하지만, 내용적인 측면에서 칸트 이래로 현재까지 유효성을 발휘하고 있으며 일정한 맥락에서 재평가될 필요가 있는 계몽의 기획의 맥락과도 통해 있다. 그러한 문화적 이미지들을 계몽의 기획에 대한 재평가의 의도와 매개시킬 수 있는 쟁점들은 바로 그러한 문화적 이미지들의 역사적 구성과 작용원리 및 현재적 의미형성맥락의 문제들이다. 현대의 극단적인 현상들은 그 자체로 볼 때에 아무런 관련성이 없어 보일 정도로 다원주의적이고 원자론적으로 고립된 것으로 여겨질 수 있지만, 그것들을 움직이는 그것들 고유의 이미지들을 통해 살펴볼 경우 서로 긴밀한 그물망을 형성하고 있다는 사실이 드러난다. 그리고 선악의 구분을 가능케 해주었던 기존의 종교적이고 윤리적인 잣대의 유효성 대신 개체의 생존윤리가 사이사이에 자리하고 있다는 사실 역시 드러난다. 결국 문제는 그러한 문화적 이미지들의 그물망의 유동적인 전체윤곽을 염두에 두면서 그러한 그물망의 역사적이고 동시대적인 생성 근거를 정초하고, 이를 기반으로 개별 이미지들의 역사적 문제 상황과 작용메커니즘을 해명하는 가운데 현재 진행 중이며 앞으로 다가오게 될 새로운 문화담론의 가능성 조건들을 규정하는 일일 것이다. 이러한 문제의식하에서 본 저서가 문화이미지들을 다루는 방식은 크게는 문화비판의 관점에서, 작게는 생존윤리 비판의 관점에서 계몽주의 시기부터 현대까지 진행되고 있다고 여겨지는 '모던'의 기획을 재평가하면서 기존의 전통적 이성담론과 이에 대한 비판이 이루는 긴장 내지는 충돌관계를 악/법, 욕망, 이미지, 미, 표현, 형태, 예술, 베일 등과 같은 현대의 중심적인 문화적 이미지들의 리트머스시험지를 통해 '재생기화Revitalization'시키는 것이다.

결국 미완의 기획으로서 계몽의 기획에 대한 재평가 과정에서 울긋불긋 솟아 있는 다양한 문화적 이미지들의 고원들을 하나의 일관된 맥락으로 묶어 소위 미래진행형의 '완성된 모습'을 추론하려는 시도 자체가 이미 무의미한 일이라는 점이 밝혀지게 되며, 이와 더불어 하나의 새로운 가능성 공간이 어렴풋이 모습을 드러내게 될 것이다. 말하자면 미완의 기획으로 시작된 계몽의 기획은 완결될 수 없는 무한한 전이와 이행의 가능성 공간을 모색하는 '완성될 수 없는 기획'으로 실현될 수밖에 없는 것이다.

본 서는 포스트모더니즘 담론을 시간적 흐름에 제약된 것으로 규정하지 않으면서 동시에 그러한 담론을 넘어설 수 있는 새로운 패러다임의 모색에 초점을 맞춰 우선 인문학의 지형변화부터 근대의 이념적 발전지형과 탈근대의 이념적 발전지형을 지나 최근 다양하게 제기되고 있는 학문적 패러다임 '전환'의 퍼레이드와 '포스트모던 이후의 담론'이라는 담론 자체의 새로운 가능성 조건을 살펴보면서 '모던과 포스트모던의 교차'를 재규정하는 작업을 수행하게 될 것이다. 그리고 이를 기초로 변화된 실재적 삶의 모습들과 학문적 지형들의 지각변동의 기저를 이루는 다양한 실재적 조건들을 '포스트 - 포스트담론들'의 조건들로 위치시키는 작업이 이루어질 것이다. 결국 새로운 담론패러다임의 모색에 밑거름으로 작용하는 이러한 두 가지 작업들에 기초하여 본 서는 소위 '완성될 수 없는 계몽의 기획'의 가능성 공간으로서 시공간적으로 작용하는 다양한 문화이미지들의 개별적 양태와 이러한 이미지들이 이루고 있는 작용 공간과 연결방식들에 대한 해명을 통해 새로운 문화학적(혹은 문화연구적) 패러다임을 모색하고자 한다.

Ⅱ. 모던과 포스트모던의 교차

II
모던과 포스트모던의 교차

1. 인문학의 지형변화

19세기 말부터 20세기 초 그리고 20세기 중반을 거쳐 20세기 말까지 20세기 유럽과 미국 그리고 한국의 인문학은 대략 다음과 같은 지형을 그리면서 발전해왔다. 도식화의 위험을 무릅쓰고 각 지형을 개략적으로 묘사하면 다음과 같을 것이다.

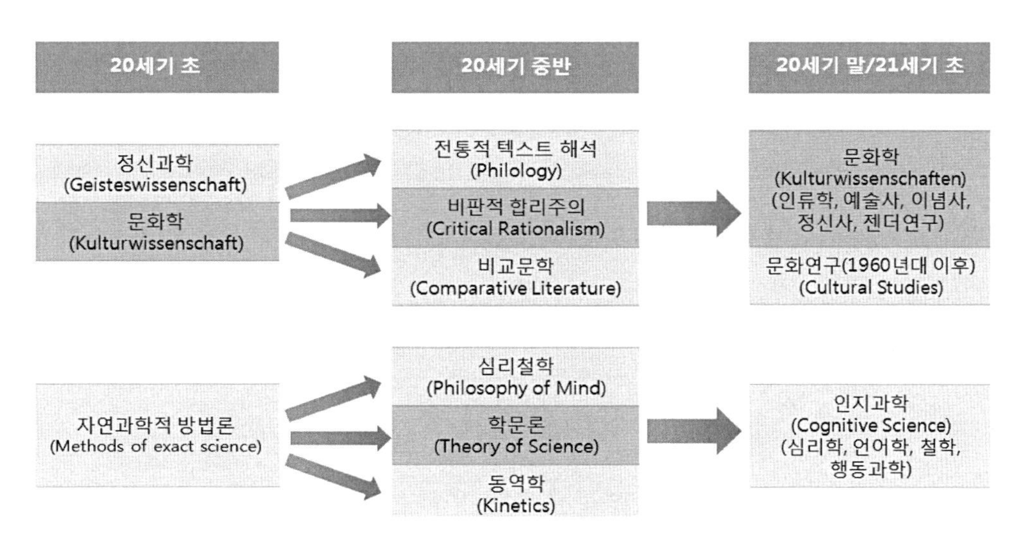

1.1 현대 유럽 인문학의 지형

20세기 초까지의 소위 정신과학과 문화학은 20세기 중반을 향해 진행해나가면서 분과학문으로 세분화되어 전통적 텍스트 해석을 유지하는 '문헌학적 텍스트 해석', 프랑크푸르트학파의 전통을 이어받아 사회비판적이고 문화비판적인 '비판적 합리주의', 역사철학적 해석학의 토대 위에서 상호 학제적인 문학연구를 시도한 '비교문학'과 같은 커다란 줄기들을 형성하다가, 그 이후부터 20세기 말에 이르기까지 대략 두 가지 커다란 학문 군으로 재편된다. 즉 한편으로는 전통적인 문화학의 영역에 속해 있었던 경제학, 법학, 행정학 등이 이탈하고 대신 새로운 의미의 문화학 및 문화연구를 중심으로 인문학의 통합화 움직임이 생긴다. 다른 한편으로는 20세기 초부터 꾸준히 이어져온 자연과학적 방법론에 입각한 논의들을 기초로 하는 인문학의 통합화 움직임이 인지과학 내지는 신경과학의 형태로 이루어졌다. 그리하여 이제 거시적인 의미의 문화학과 거시적인 의미의 인지과학적 인문학은 21세기 초 학문지형 전체의 재편 움직임 속에서 인문학의 현 상황과 기반을 형성하고 있는 두 가지 커다란 토대로 자리 잡게 되었다.

1.2 현대 미국 인문학의 지형

미국의 인문학은 19세기 말 심리주의와 초월주의를 지나 20세기 초 신화적 상징, 인상, 텍스트의 내적인 구조 및 구성성분 등에 대한 정밀분석방법을 20세기 중엽까지 사용해왔다. 현재까지도 이 전통은 여전히 굳건하게 유지되고 있다. 반면 프랑스의 격동기에 탄생하여 미국으로 유입된 후 다양한 형태로 활성화되어 다시금 전 세계로 퍼져나갔던 포스트구조주의는 학제 간 연구의 초석을 다지며 많은 파생연구들을 야기했지만, 90년대 초 오리엔탈리즘과 탈식민지주의 등의 영향으로, 그리고 유럽의 전통적인 문화학적 담론들과의 만남으로 보다 고양된 층위에서 초학제적인 비교문화연구를 수행할 가능성이 마련되었다. 또한 이미 20세기 중반 건축 영역에서 제기된 포스트모더니즘적인 경향은 90년대에 들면서 '포스트-포스트모더니즘'에 대한 논의에 의해 비판적으로 반성되기 시작한 이래로 다각도의 문화적 연구형태들로 변화되고 있다.

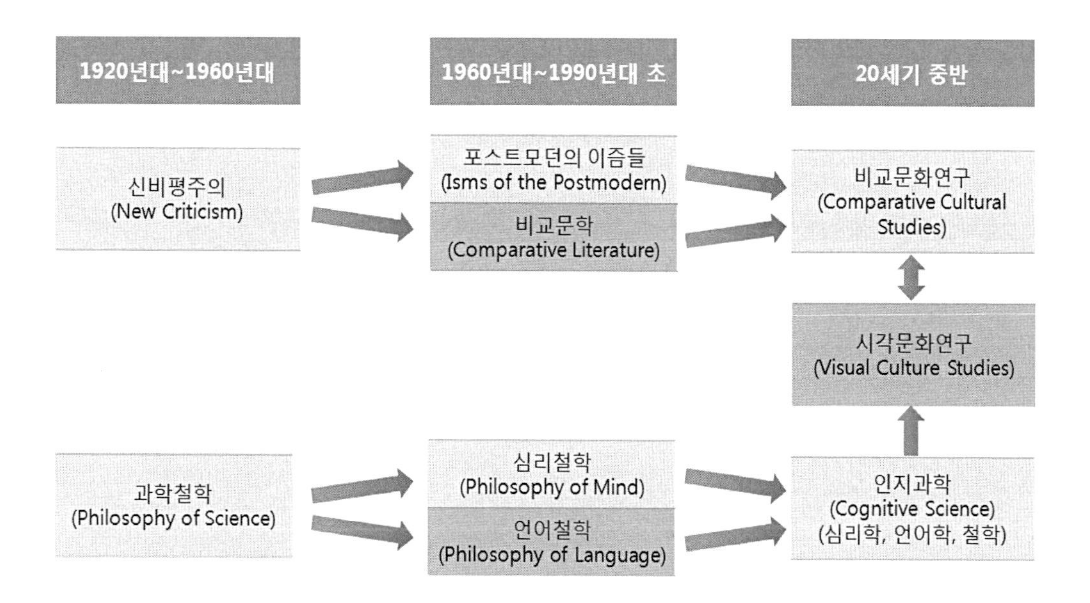

이와는 달리 20세기 초부터 유럽에서 이주해온 과학철학 및 과학적 방법론자들의 영향으로 발전한 심리철학 및 언어철학의 전통은 방법론적 통합화 경향이 필수적으로 요구되기 시작했던 80년대 말부터 인지과학영역으로 통합되어갔다. 인지과학적 인문학은 신경과학이 생물학 및 심리학 등과 결합하여 새로이 형성된 신경생물학 및 신경심리학과 긴밀한 관련을 가지며 진행되고 있다.

또한 미국 인문학의 발전에서 특이하면서도 두드러지는 업적은 시각문화연구이다. 물론 이러한 시각문화연구 역시 19세기 말 유럽의 예술사와 모더니즘에 대한 재전유에 힘입은 바가 크다.

1.3 근현대 한국 인문학의 지형

한국의 인문학은 모더니즘의 지배적인 영향하에 민족주의적인 성향과 사회비판적인 리얼리즘적 성향이 80년대 말까지 유지되어 오다가 90년대에 들어서면서 포스트모더니즘의 영향이 지배적인 양상을 나타내게 된다. 아울러 이러한 포스트-이즘들의 다양한 모습들 역시 우리 것으로 전유하려는 경향도 대두되게 되는데, 이러한 경향은 다양한 포스트-포스트-주의들로 구체화된다. 유럽 및 미국과 다른 점은 문화학 및 문화연구의 이론적 영향이 존재하기는 하지만, 실제적인 적용의 예들은 전혀 다른 양상을 보인다는 것이며, 자연과학과의 통합 움직임은 인문과학의 진영 내에서는 아직 뚜렷한 전조를 보이지 못하고 있다.

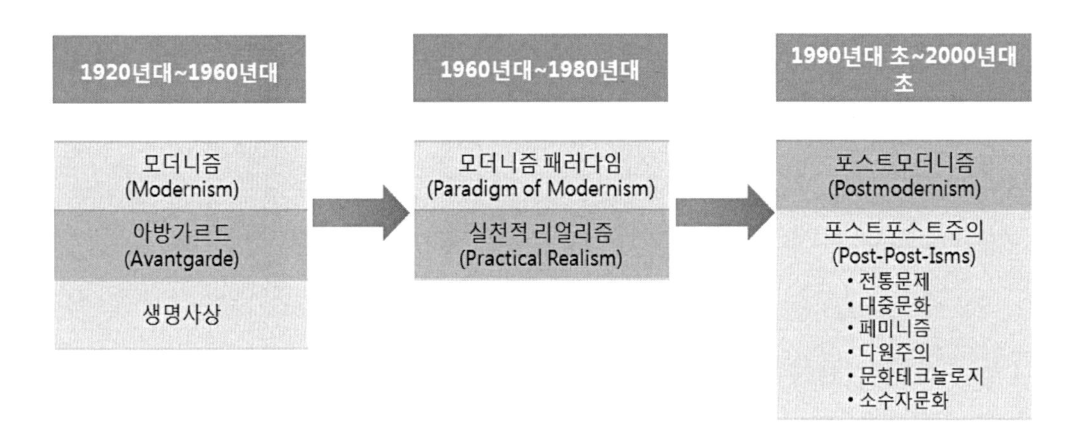

1.4 20세기 말 21세기 초 인문학의 쟁점

이상에서 알 수 있듯이 유럽과 미국 등에서 인문학은 이제 인류학, 예술사, 이념사, 정신사 및 젠더연구 등을 포괄하는 문화학 그리고 비교문화연구 및 시각문화연구를 비롯하여 인지과학적인 학제적 연구경향 등이 21세기 연구의 흐름을 형성하고 있으며, 그 기저에는 19세기 말 모더니즘 시기부터 진행된 예술과 기술의 통합, 다학제적 연구, 인문과학과 자연과학의 통합의 문제가 존재하고 있었다.

그러나 이 같은 19세기 말 모더니즘 시기의 다양한 노력들은 이미 18세기 말 계몽주의 이래로 진행된 '근대의 기획'의 한 과정이었으며, 이러한 근대의 기획은 세기말을 거치면서 본격화되다가 20세기 중반부터 모던의 기획에 대한 적극적 문제제기로서의 포스트모던의 자유로운 행보를 거치는 과정에서 '문화적 전환' 이후에 다시금 '미완의 모던적 기획'으로, 하지만 이번에는 '원래부터 완성될 수 없는 모던의 기획'으로 전환하게 되었던 것이다. 20세기 말 21세기 초에 인문학 진영이 19세기 말 모더니즘에 대한 근본적인 재성찰로의 전향을 감행한 것은 현재 제기되고 있는 쟁점들, 즉 감각적 실재론, 문화의 학문적 접근, 다학제적 경향, 실재를 둘러싼 다층적 접근 등의 문제들이 이미 19세기 말 20세기 초에 지배적 경향으로 자리 잡고 있었다는 사실에 기인하는 것 같다. 그러나 본인의 현재까지의 연구결과에 따르면, 이보다 더 거슬러 올라가 훨씬 더 근본적인 접근과 다각도의 분석이 요구된다. 왜냐하면 이미 19세기보다 한 세기 이전에 이러한 문제들이 동일하게 제기되었을 뿐 아니라 보다 더 조직적이고 보다 더 긴밀하게 서로 결부되어 있었기 때문이다.

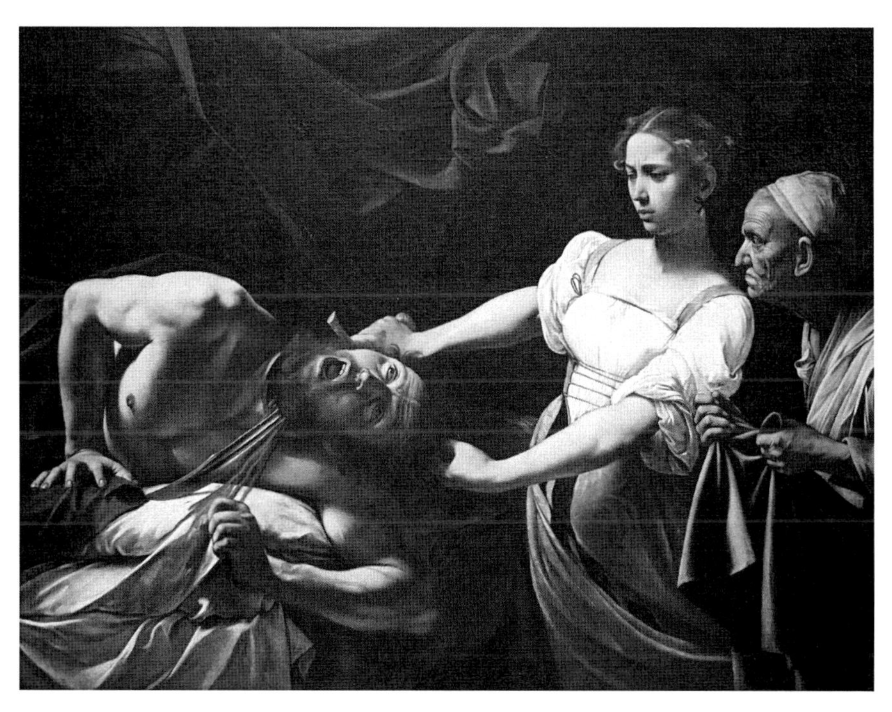

홀로페르네스의 목을 베는 유디트(Judith Beheading Holofernes), 미켈란젤로 다 카라바조(Michelangelo da Caravaggio), 이탈리아 로마의 국립회화관(Galleria Nazionale d'Arte Antica, Rome) (출처: wikimedia commons)

따라서 20세기 말/21세기 초 인문학의 쟁점들로서 다음과 같은 문제들이 해결되기 위해서는, 그리고 더 나아가 포스트-이즘들의 다양한 양태들을 전유하려는 우리의 인문학의 현재적 노력에도 불구하고 다시금 '포스트-포스트-주의들'의 홍수와 자연과학주의의 위협 속에서 자기좌표를 찾아 앞으로 나아갈 길을 모색하기 위해서는 새로운 패러다임의 구축이 필요하며, 이것의 구축을 위해 '모던-포스트모던-포스트포스트모던'이라는 단선적 도식이 아닌 보다 통일적이고 입체적인 반성이 이루어져야 하는 것이다.

- 메타/거대담론의 붕괴 이후의 방법론
- 학제적 연구의 토대 마련

- 문화적 다원주의와 문화적 아이덴티티
- 자연 및 기술의 인문학적 적용
- 전통적 인식패러다임 비판을 통한 새로운 인식패러다임 모색
- 시지각의 문화적 해석

2. 근대의 이념적 지표들과 원칙적 의미

시대사적인 근대의 규정과 진단은 서구의 굵직한 사상가들, 예컨대 독일의 사회학자인 막스 베버Max Weber,[1] 독일의 법철학자인 칼 슈미트Carl Schmitt(1888-1985),[2] 독일의 철학적 인간학의 기초자인 아놀드 겔렌Arnold Gehlen(1904-1976),[3] 이탈리아 태생으로 독일에서 종교철학자로 활동하였던 로마노 구아르디니Romano Guardini(1885-1968),[4] 독일의 철학자 한스 블루멘베르크Hans Blumenberg(1920-1996), 프랑스의 철학자 장-프랑수아 료타르[5] 등에 의해 이미 다각도로 이루어진 바 있다. 이들은 모두 각기 기본적인 세계관적 특성에 따라 다소 다른 뉘앙스를 가지고 근대를 규정한다. 그러나 일반화된 테제의 형태로 근대의 핵심적 지표들을 규정하고자 한 시도는 다른 사상가에 의해 이루어지는데, 그는 다름 아닌 의미론적 역사학의 영역을 구축한 로베르트 슈패만Robert Spaemann(1927-)이었다.

2.1 근대의 지표: 슈패만의 입장을 중심으로

1985년 10월 24일부터 27일까지 독일 하노버에서는 'CIVITAS'라는 뮌헨의 '학문과 예술 진흥회' 주최로 '근대 혹은 탈근대Moderne oder Postmoderne'라는 테마의 심포지엄이 열렸다. 여기에서는 국내에는 잘 알려지지 않았으나, 독일을 비롯하여 유럽 내에서는 역사학, 철학, 이념사, 종교학, 사회학 등의 분야에서 명망 있는 학자로 인정받는 여러 학자들이 모여 '20세기 말을 과연 근대와 탈근대의 대립구도로 진단해볼 수 있을까' 하는 물음을 제기하면서 다각도로 시대사적 규정을 시도하는 작업이 이루어졌다. 역사학자 로베르트 슈패만, 철학자 오도 마르크바르트Odo Marquard(1928-2015), 철학자 쿠르트 휘브너Kurt Hübner (1921-2013), 철학자 라인하르트 뢰브Reinhard Löw(1949-1994), 법철학자 에른스트-볼프강 뵈켄푀르데Ernst-Wolfgang Böckenförde(1930-), 철학자 헤르만 크링스Hermann Krings(1913-2004), 사회학자 클라우스 오페Claus

---

1 Max Weber: Die protestantische Ethik und der Geist des Kapitalismus, in: Gesammelte Aufsätze zur Religionssoziologie I, Tübingen 1988 (8. Auflage).

2 Carl Schmitt: Die Diktatur: Von den Anfängen des modernen Souveränitätsgedankens bis zum proletarischen Klassenkampf, Berlin 1994 (7. Auflage).

3 Arnold Gehlen: Ende der Geschichte?, in: Einblicke, Frankfurt a.M. 1975.

4 Romano Guardini: Das Ende der Neuzeit, Basel 1950.

5 Jean-François Lyotard: La condition postmoderne. Rapport sur le savoir, Paris 1979.

Offe(1940-), 경제철학자 페터 코슬로브스키Peter Koslowski(1952-2012), 문화철학자 볼프강 벨쉬Wolfgang Welsch(1946-)와 같은 당대의 쟁쟁한 학자들은 근대의 개념 규정을 비롯하여 탈근대의 정당성 문제, 근대극복의 문제 등을 어느 심포지엄이나 연구서에 논의되었던 것보다 더 깊이 있고 통찰력 있게 다루었다. 그중에서도 이념사 영역에서 현대의 탁월한 사상가로 알려져 있는 로베르트 슈패만은 「근대성의 종말?*Ende der Modernität?*」이라는 논문에서 우리가 지금껏 근대라고 일컬어왔던 시기의 전형적인 지표들과 이러한 지표들에 의해 규정되어왔던 근대의 종말이라는 문제를 탈근대를 논하기 위한 토대로서 형태화시키고자 하였다.[6]

슈패만은 우선 '근대의 종말'이라는 말이 갖는 모호성을 지적하는 것으로부터 시작한다. 그에 따르면, 르네상스 시기가 '고전적 고대의 재탄생'으로 이해되는 것과는 달리 근대는 그것이 '근대적modern'이라는 사실을 통해서만, 즉 '근대의 본질이 근대적이라는 사실'을 통해서만 규정된다고 한다. 말하자면 근대는 언제나 항상 근대적이기 때문에 그 자체로 '열려져 있는, 결코 완결될 수 없는 기획'[7]으로서, 이러한 기획이 종말된다거나 근대라는 시대가 다른 시대로 대체된다거나 하는 것은 근대의 기획이 좌초된다는 것과 동일한 의미를 지니는 것이기에, 이것은 결코 가능하지 않다는 것이다. 그럼에도 불구하고 '근대의 극복'이라는 말이 의미 있으려면, 그것은 바로 근대의 전형적인 징표로 규정될 수 있는 '인간의 자기실현의 진정한 내용들을 일정한 통찰들 속에 고정시키고, 이러한 통찰들을 모더니즘적인 해석과 자기지양의 내재적 경향에 대항하여 옹호하려는 의지'[8]일 수 있다고 한다. 슈패만의 말을 좀 더 풀어서 이야기해보자면 다음과 같다. 근대라는 시대와 그 개념은 그 자체 내에 모순을 가지고 있다. 즉 한편으로 근대라는 말은 'modern'하다는 형용사로 본질적으로 규정되는 말이듯이 근대라는 규정이 생긴 이후로 항상 'modern'하고 항상 'modern'해야만 한다. 일정한 시기가 되면 낡게 되고 사멸하게 된다면 그것은 근대가 아니다. 그러나 다른 한편으로 근대의 모던적인 것은 끊임없이 스스로를 업데이트해서 'modern'해져야 하기 때문에 근

---

6 필자는 슈패만이 그 어느 누구보다도 근대를 깊이 있고 통찰력 있게 규정하고 있다고 여기기 때문에 우선 슈패만의 규정을 따라가 보고자 한다.

7 Robert Spaemann: Ende der Modernität?, in: Moderne oder Postmoderne? Zur Signatur des gegenwärtigen Zeitalters, hrsg. v. Peter Koslowski, Robert Spaemann und Reinhard Löw, Weinheim 1986, S. 20.

8 Ibid. S. 20.

대는 자기지양의 내재적 속성을 가진다. 말하자면 근대는 본질적 특성상 항상 'modern'해야 하지만 자기지양이라는 내재적 속성상 그럴 수가 없는 모순을 가지고 있는 것이다. 이러한 상황에서 '근대의 극복'이 이야기되어야 한다면, 그것은 두 가지 서로 구분되는 작업이 이루어져야 한다는 것이다. 즉 한편으로는 근대의 전형적인 징표인 '인간의 자기실현의 진정한 내용들을 일정한 통찰들 속에 고정'시켜 이러한 통찰들을 항상 변함없이 추구하는 작업이 이루어져야 하며, 다른 한편으로는 이러한 통찰들을 근대의 속성인 자기지양의 내재적 경향에 대항하여 옹호하려는 노력이 이루어져야 하는 것이다. 결국 슈패만이 말하고자 하는 근대 개념은 근대 고유의 전제들에 역행하지 않는, 혹은 이러한 전제들을 안정적으로 유지시키는 원칙적인 의미의 근대인 것이다. 어찌 보면 비현실적이고 원론적인 입장으로 비춰질 수 있는, 그럼에도 불구하고 그 어느 입장보다 가장 원칙적인 입장으로 여겨질 수 있는 이 같은 근대 개념은 과연 어떠한 지표들로 특징지을 수 있을까?

슈패만은 다음과 같은 일곱 가지 지표들을 통해 근대 개념을 규정한다.

1) 첫 번째 지표: 해방으로서의 자유라는 개념의 이해

슈패만에 따르면, 기원전 5세기경 고대 그리스에서 '자유eleutheria'라는 말은 '습관적인 방식으로 살아가는 것'을 뜻했으나, 그리스 철학과 기독교의 영향하에서 그 말은 '자연적이고 본질적인 것의 사상으로부터 참된 것과 올바른 것을 스스로 찾아나서는 것'으로 확대되었으며, 소위 근대에 들어 이러한 '자기규정Selbstbestimmung'은 '해방'으로 이해되었고, 기존의 속박들로부터 벗어나 가능한 한 다양한 길을 가고자 하는 것이라는 함의를 얻게 되었다고 한다.[9] 결국 슈패만에 따르면, 근대를 나타내는 첫 번째 지표는 참과 진리를 스스로 찾아나서는 자기규정의 자리에 들어서서 해방의 함의와 다양한 가능성의 발현이라는 함의를 부여받은 자유인 것이다.

2) 두 번째 지표: 필연적이고 무한한 진보의 신화

근대 이전에도 진보에 관한 다양한 이념들이 존재했지만, 그 어떠한 대가도 갖지 않고

9 Ibid. S. 21.

바라지 않는 보편적인 의미의 진보 그 자체의 이념이 대두된 시기는 바로 근대이다. 말하자면 근대에 전형적인 것은 진보의 사상이 아니라 진보 이념의 필연성과 무한성이라는 사상인 것이다. 슈패만에 따르면, "보편적이고 필연적인 진보의 개념은 근대의 신화"[10]이다.

3) 세 번째 지표: 진보적 자연지배

필연적이고 무한한 진보 내지는 보편적 진보의 개념이 가능할 수 있었던 것은 이 같은 이념을 뒷받침해주고 있었던 (자연)과학의 급속한 발전 때문이다. 삶의 영역과는 직접적인 연관이 없었던 과학이 이제는 삶의 과정들의 변화에 직접 기여하게 된 것이다. 말하자면 '인간의 행동이 작용하는 자연적인 틀'이라고 여겨져 왔던 자연이 인간에 의해 지배 가능해지게 된 것이다. 그리하여 인간의 자연지배 사상 자체가 근대적이라기보다는 자연이 인간에게 점차 종속되어 갔다는 '점진적인 자연종속의 사상'이 근대적인 것이라고 할 수 있다. 이처럼 자연이 인간에게 종속됨으로써 얻게 된 결실은 바로 인간의 "행동선택들의 점차적인 증대"[11]인 것이다. 슈패만은 이러한 자연종속의 극단적인 형태를 맑시즘에서 찾는데, 왜냐하면 맑시즘은 "인간을 통한 인간의 모든 지배를 제거하고자 하는 아나키즘적인 꿈을 실현시키고자"[12]하였기 때문이다.

슈패만에 따르면, 인간의 자연지배에는 과학의 도구화가 직접적으로 기여하였으며, 자연지배에 기여한 과학의 도구화는 다음과 같이 두 가지 전제들에 기초해 있었다고 한다. 첫째는 자본주의라 불리는 사회경제적 지세이고, 두 번째는 탈가치적이고 탈목적론적인 특성과 양적이고 수학적인 특성을 가지면서 인간의 생활조건들을 혁명적으로 변화시키는데 복무하는 과학유형이다.[13] 슈패만이 보다 구체적으로 설명하고 있지는 않지만, 첫 번째 전제인 자본주의라는 사회경제적 지세와 두 번째의 특정한 과학유형이 갖는 공통점이라고 한다면, 특정한 이데올로기나 가치관에 종속됨 없이 자기 이외에는 그 어느 것과도 관계되지 않고 그 어느 것에 의해서도 영향을 받지 않는 일종의 '자기 조절적 욕망self-regulatory desire' 내지

---

10 Ibid. S. 23.

11 Ibid. S. 23.

12 Ibid. S. 23.

13 Ibid. S. 24.

는 '절대적 욕망absolute desire'이라고 할 수 있을 것이다. 그 무엇에 의해서도 그 누구에 의해서도 컨트롤되지 않는다는 의미에서 자기 조절적이고 절대적인 욕망일 수 있는 자본주의의 욕망은 근대의 가장 핵심적인 지표라고 할 수 있다.

이러한 세 번째 지표의 귀결이라고 할 수 있는 "근대 자연과학에 의해 그리고 자연과학의 모델에 따라 구상된 '인간과학Humanwissenschaften'을 통해 이루어진 삶의 재구조화"[14]는 결국 근대의 나머지 네 가지 지표들을 형성하는 결정적인 계기가 된다.

4) 네 번째 지표: 객관주의

슈패만에 따르면, 고대의 자연철학에서 인간은 자연의 일부로 여겨졌으며, 자연의 과정들은 인간의 행동들과 유비적으로 파악되었다고 한다. 그러나 근대 자연과학은 이러한 이해과정, 즉 자연과 인간의 유비에 근거한 자연과 인간의 이해과정을 포기하고서 소위 "인과적이고 법칙적인 설명형식"[15]을 추구하였다고 한다. 그 결과 자연 고찰과정에서 자연적인 것은 인간의 목적을 실현시키기 위한 수단으로 격하되었으며, 전체 자연은 대상으로서 인간의 정신적 지배를 받게 되었다고 한다. 그러나 이러한 관념론적인 인간정신 우월주의는 '생물학적 인간학', '심리학', '사회학' 등과 같은 소위 인간과학들에 의해 흔들리게 되었다. 말하자면 이러한 인간과학들에 의해 "인간 자신 역시 과학적 객관성의 형식하에서 고찰될 수 있다"[16]는 생각이 이루어진 것이다. 자연을 우리 인간의 자기경험과의 유사성 속에서 고찰하는 '인간동형론Anthropomorphismus'을 부정하였던 근대적 의식의 소유자가 인간이 자연의 일부라는 사실을 깨닫게 되었을 때, 인간에 대한 자연적 고찰은 예전에 인간이 자연적 사물들에 부여하였던 단순한 대상의 위치에 인간 자신을 환원시키는 것이나 다를 바 없는 것이 되었던 것이다. 그 결과 인간 자신은 스스로 '인간동형론적 존재'가 된 것이다.

---

14 Ibid. S. 24.

15 Ibid. S. 25.

16 Ibid. S. 25.

5) 다섯 번째 지표: 경험의 동질화

통상적인 의미의 '경험'은 독일어 단어인 'Erfahrung'에서도 알 수 있듯이, 'fahren', 즉 '타고가다'의 함의를 지니며, 이는 다시 '세상에서 배회하는 과정에서 배우게 된 것'이라는 의미를 갖는다. 교육의 과정은 인간의 변화를 동반하며, 이를 통해 경험의 가능성 확대가 이루어지게 되는 것이다. 그러나 '경험과학empirical science'이라고 불리는 근대의 학문들은 이 같은 경험의 함의와 다소 거리가 있다. 슈패만에 따르면, 근대의 경험학문들에서 경험은 "계획되고 동질화된 경험, 즉 실험Experiment"[17]으로 이해된다는 것이다. 실험은 '경험의 자기내재화Domestizierung der Erfahrung'로서, 여기서 경험주체는 이미 사전에 경험의 틀을 고정시키고 예/아니오라는 답변만이 이루어질 수 있는 문제들을 선정해놓았기 때문에 항시 경험상황의 주인으로 존재하게 된다. 그러나 이러한 동질화된 경험의 주체는 실험이라는 속성상 특정경험들을 배제하게 되고, 이를 통해 일정하게 계획되고 일정한 모습으로 동질화되는 경험인 실험은 비로소 객관성을 얻게 된다는 아이러니가 생겨나게 된다. 말하자면 경험주체가 특정경험들을 주관적으로 배제시킴으로써 자신의 실험을 객관적으로 만든다는 아이러니가 바로 그것이다.

이처럼 동질화된 경험이 객관성을 획득하게 되면, 경험의 주인으로 여겨졌던 경험주체 역시 더 이상 주인의 위치에 남아 있지 못하고 경험의 과정에서 사라지게 된다. 이제 실험적으로 계획될 수 있고 반복될 수 있는 경험들만이 학문의 대상이 된다고 할 때, 사실상 '새로운 것'이란 존재할 수 없으며, 동일한 의미에서 '놀라움' 내지는 '경이로움' 역시 불가능한 것이 된다. 왜냐하면 새로운 '발견'이나 놀라운 '발견'은 동질적인 경험의 작용 내에서 가능하지만, 원칙적으로 '새로움'과 '놀라움'은 동질적인 경험의 대상이 될 수 없기 때문이다.

6) 여섯 번째 지표: 가설화

근대의 학문들은 보다 더 잘 입증되거나 보다 덜 입증되는 상대적 입증과정에 기초한 가설들의 체계라고 할 수 있다. 논증 역시 고전적 의미에서의 본질적 진술이 아니라, '~하

---

17 Ibid. S. 26.

다면, ~하다'라는 가설적 진술에 의해 이루어지며, 이러한 진술방식은 협소한 의미의 과학을 넘어서 근대적 의식을 특징짓는 기본적 사유형태로 굳어지게 되었다. 이러한 가설적 사유형태는 슈패만에 따르면, "등가적 지표들에 따른 사유"인 기능적 사유와 동일한 작용을 한다고 한다. "하나의 사태를 기능에 따라 규정하는 것은 그 사물이 무엇인지를 묻는 것이 아니라, 그것이 어떠한 기능적 연관 속에 있으며 어떠한 기능들을 수행하는지를 묻는 것을 의미"하지만, 더 나아가 "그것이 이러한 기능 속에서 어떠한 등가물에 의해 대체될 수 있는지를 묻는 것을 의미하기도"[18] 한다. 이 같은 가설적이고 기능적인 구조연관은 상호주관성의 영역, 도덕적 인륜성의 영역, 종교적인 것의 영역 모두를 포괄하면서도 그 자체로는 의미가 결여되어 있는 순수한 규칙들의 세계와 같은 것이다.

7) 일곱 번째 지표: 자연주의적 보편주의

동질화된 경험인 실험은 언제고 어디서고 그리고 누구에 의해서고 반복될 수 있으며, 특정한 시공간과 독립해 있다. 따라서 보편성은 근대적 의식의 기본적인 지표라고 할 수 있다. 슈패만에 따르면, "서구문명의 보편주의는 근대 과학의 원칙적 개방성을 비춰주고 있다"라고 하면서, 이러한 보편주의는 "특정한 확신들의 도그마화에 의존해 있는 것이 아니라, 모든 공적인 타당성요구들이 원칙적으로 제한되지 않은 담론 속에서 주장되고 합의 능력이 있는 것으로서 제기되어야 한다는 점에 의거해 있다"[19]라고 한다. 그러나 이러한 제한 없고 동의 가능한 담론의 파롤 이면에는 암묵적인 전제가 작용하고 있다. 보편적인 담론에서 어떤 논증이 허용되고 어떤 종류의 결과가 보편적인 타당성을 얻게 되는지에 대해서는 사전에 이루어진 결정사항이 존재하는 것이다. 그것은 다름 아닌 "자연주의적 논증"으로서, 인간의 경험적 요구의 본성과 관계되는 논증이다. 같은 맥락에서 종교의 정당화 역시 소위 종교적 욕구와 관계를 맺는 특이한 형식을 취했던 바, 이는 종교 자체에는 전적으로 낯선 형식인 것이다.

---

18 Ibid. S. 27.
19 Ibid. S. 30.

2.2 슈패만에 대한 보충

이상 일곱 가지 지표들은 근대에 대한 기존의 사상가들의 시대규정들과 부분적으로 중첩되기도 하고 부분적으로 새로운 측면을 가지고 있기도 하지만 근대라는 역사적 시기이자 이념적 원칙으로서의 근대에 대한 가장 보편적인 규정들이라고 할 수 있을 것이다. 그럼에도 불구하고 각 지표들과 관련하여 몇 가지 사항들이 보충될 경우 그 보편성의 유효성이 보다 확충될 수 있을 것 같아 보인다.

우선 제약과 속박으로부터 벗어나 다양한 길을 가기로 결정하는 '자기규정'으로서의 자유라는 지표는 '자기 잘못의 무지몽매로부터의 벗어남'이라는 칸트의 '계몽'의 규정과 맥을 같이 한다. 칸트는 이러한 무지몽매가 자기 잘못인 이유를 다음과 같이 설명한다: "그것(자기 잘못의 무지몽매)의 원인은 지성의 결여에 있는 것이 아니라, 다른 이의 지도 없이 자신을 사용하고자 하는 용기와 결단력의 부재에 있다."[20] 자기 잘못의 무지몽매로부터 벗어나기 위해서는 다른 사람이나 이미 숙고된 다른 사상에 의존함 없이 과감히 스스로 사유하고 스스로를 행동의 주체로 정립하려는 결단, 즉 "자유"가 필요한 것이다. 그것도 무분별한 자유가 아닌 "모든 부분들에서 자신의 이성을 공적으로 사용할 자유"[21]말이다.

이러한 이성의 공적인 사용에 내재된 자유의 지표는 보편적인 의미의 진보이자 필연적이고 무한한 진보의 이념과 결부되어 있다. 그 어떤 대가도 갖지 않는 진보 그 자체로서 필연적이고 무한한 진보 개념은 근대적 의식을 특징짓는 헤겔의 '철학의 욕구'와 프리드리히 슐레겔Friedrich Schlegel(1772-1829)의 '무한히 완전한 예술의 이념'에 맞닿아 있다. 헤겔은 근대인의 의식이 갖는 위기의식의 기본모습을 다음과 같이 기술한 바 있다:

> 통일의 힘이 인간의 삶으로부터 사라져버렸다면, 그리고 대립들이 자기들 간의 생동적인 관계 및 상호작용을 상실하게 되었고 그리하여 각각 외따로 존재하고 있다면, 철학의 욕구는 생겨난다. (철학의 이러한 욕구는) […] 굳어져버린 주관성과 객관성의 대립을 지양하면서, 지적인 세계와 실재세계의 '이미 생성되어져 있는 상태(das Gewordenseyn)'를

---

20 Immanuel Kant: Beantwortung der Frage: Was ist Aufklärung, in: Immanuel Kant Werke Bd. XI, hrsg. v. Wilhelm Weischedel, Frankfurt a.M. 1964, S. 53 (A 481).

21 Ibid. S. 55.

'하나의 생성(ein Werden)'으로, 그러한 세계의 존재를 산물 내지는 하나의 생산과정으로서 파악하고자 하는 필연적인 노력인 것이다.

> Wenn die Macht der Vereinigung aus dem Leben der Menschen verschwindet und die Gegensätze ihre lebendige Beziehung und Wechselwirkung verloren haben und Selbständigkeit gewinnen, entsteht das Bedürfnis der Philosophie. Es ist […] der notwendige Versuch, die Entgegensetzung der festgewordenen Subjektivität und Objektivität aufzuheben und das Gewordensein der intellektuellen und reellen Welt als ein Werden, ihr Sein als Produkte als ein Produzieren zu begreifen.[22]

근대의식의 기저에 놓여 있는 이 같은 근본적 위기의식은 근대적 의식에 가장 전형적인 철학의 모습을 나타내주는 것이며, 위기에 대한 철학적 의식은 위기의 극복에 초점을 맞추고 있기보다는 '위기의식의 필연성에 대한 의식'에 주안점을 두고 있다. 따라서 헤겔의 철학적 모토는 이미 생성되어 이루어져 있는 상태와 그것의 발전양태를 그대로 인정하고 단지 그 결과로부터 사후적으로 되밟아보자는 결정론적인 필연적 역사관을 주장하는 것이 아니라, 오히려 인간의 삶에서 이미 상실되어져버린 조화와 통일의 힘을 회복시킬 수 있는 가능성을 대립과 분열에 대한 현실적인 대응 속에서 찾고자 하는 것이다. 즉 대립과 분열은 지양되고 부정되어야 할 것이 아니라 통일된 전체에로 이르게 해주는 주요한 매개과정이며, 대립상과 분열상을 지각하고 대립과 분열을 인식하는 주체의 의식 내에는 무한한 진보의 역동적인 과정전체의 운동 메커니즘이 자리 잡고 있다는 것이다. 이러한 헤겔의 위기의식에서 우리는 근대의식의 전형을 볼 수 있다. 그것은 바로 한정과 제한의 지양을 가능케 해주는 "전제된 무제약성die vorausgesetzte Unbeschränktheit"과 "총체성으로부터의 의식의 이탈das Herausgetretenseyn des Bewußtseyns aus der Totalität"[23]에 대한 동시적인 파악인 것이다.

'전제된 무제약성'과 '총체성으로부터 의식의 이탈'에 대한 동시적 파악으로 특징지어진 헤겔의 근대적 의식의 양태는 낭만주의 사상가 슐레겔의 '무한히 완전한 예술unendlich

---

22 Georg Wilhelm Friedrich Hegel: Differenz des Fichte'schen und Schelling'schen System der Philosophie, in: Gesammelte Werke, Bd. 4, hrsg. v. H. Buchner und O. Pöggeler, Hamburg 1968, S. 14.

23 Ibid. S. 15.

perfektible Kunst'의 이념과 맥을 같이 한다. 고대와 근대를 보편적 교양의 관점에서 전체적 연관을 구성하는 각 계기들로서 조명하고자 슐레겔은 고대세계를 인류역사의 '완결된 첫 부분'으로, 근대 유럽의 역사를 "미완의 두 번째 부분"으로 규정하며, 더 나아가 고대의 사유체계를 '자연적 교양'을 근간으로 하는 "원환운동"의 체계로, 근대의 사유체계를 '인위적 교양'을 근간으로 하는 "무한한 진보의 체계"로 파악한다. 각각이 "완성된 상호개념들처럼 서로에게 가장 완전하게 부합되는"[24] 체계들로서 이해되어야 하기에, 고대의 원환운동의 체계의 완전성은 그 이상의 완전성을 생각할 수 없다는 의미의 완전성이 아니라, 지속적인 발전을 위한 기초로서 이해되어야 하며, 따라서 고대적 교양의 최고 단계에서 드러났던 인류의 "원상Urbild"은 전체 근대적 교양의 유일하게 가능한 "기초Grundlage"[25]로서 규정될 수 있는 것이다. 전체 체계의 부분들로 이해된 고대와 근대는 '시문학Poesie'이라는 보편적 작용기제를 가지고 있다. 슐레겔에 따르면, 그리스 시문학은 "보편적인 인간본성을 가장 힘 있고 가장 순수하며 가장 명확하고 가장 단순하며 가장 완전하게 나타내주는 것"[26]이라고 하면서 고대인들에 대한 연구는 "이러저러한 사람을 위해서가 아니라 인류 전체를 위해 그리고 전체 시대를 위해서도 무조건적인 가치를 지닌다"[27]라고 한다. 마치 "만들어지거나 생성된 것이 아니라, 영원히 존재했거나 저절로 생겨난 것처럼 여겨지는"[28] 그리스 시문학은 "자유로운 미의 최정점을 실제로 달성하였다"[29]는 것이다. "최상의 미das höchste Schöne"라고 부를 수 있는 이러한 최정점은 "그것을 넘어서서 더 아름다운 것이 생각될 수 없을 만큼 아름다운 것이 아니라, 도달될 수 없는 이념, [···] 즉 예술과 취미의 근원상의 완벽한 예"[30]에 다름 아니며, "그리스 시문학의 최정점의 가치를 평가할 수 있는 유일한 척도는 모든 예술의 한계"[31]라고 한다. 다시 말해 그리스 시문학이 미의 최정

---

24 Friedrich Schlegel: Studien des klassischen Altertums, hrsg. v. Ernst Behler, Kritische Friedrich-Schlegel-Ausgabe(KA) Bd. I, Paderborn 1979, S. 631.

25 Ibid. S. 638.

26 Ibid. S. 276.

27 Ibid. S. 639.

28 Ibid. S. 298.

29 Ibid. S. 287.

30 Ibid. SS. 287-288.

31 Ibid. S. 288.

점을 실제로 달성하였다는 말은 한편으로 시문학이라는 것은 달성될 수 없는 이념에 기초해 있다는 것을 의미하며, 다른 한편으로 보편적 시문학의 척도는 모든 예술의 한계에 대한 인식에 놓여 있다는 사실을 의미하는 것이기도 하다. 그리하여 "보편적인 예술"[32]로서 시문학은 "'무한히 완전하며unendlich perfekt', 예술은 끊임없이 발전을 이루어나가기 때문에, '절대적 최대치ein absolutes Maximum'는 불가능하지만, 조건적이고 상대적인 최대치, 즉 뛰어넘을 수 없는 '항구적인 근사치fixes Proximum'"[33]만은 유일하게 가능할 수 있는 것이다. 결국 고대 세계의 자연적 교양의 기본적 사유체계인 원환운동 체계의 완전성이 지속적인 발전을 위한 기초로서 생각됨으로써만 완전성일 수 있듯이, 원환운동 체계를 작동시키는 기제인 그리스 시문학이 달성한 최상의 미 역시 무한히 추구되어야 하는 도달될 수 없는 이념으로 생각됨으로써만 최상의 미일 수 있기 때문에, 고대와 근대의 사유체계를 아우르는 보편적 사유체계 및 각각의 작동기제로서 고대와 근대의 시문학을 아우르는 '무한히 완전한 예술'은 패러독스한 절대적 모범성을 패러독스적인 방식으로 파악하고자 하는 기획인 것이다.[34]

무제약성과 자기초월의 동시적 파악이라는 도식을 갖는 헤겔의 근대적 의식과 한계의 인식을 척도로 삼아 '무한히 완전한 예술'을 추구하는 슐레겔의 근대예술 체계는 슈패만이 규정하는 보편적인 동시에 필연적이고 무한한 진보의 이념을 입증해주는 전거이다. 이렇듯 슈패만이 규정한 근대의 지표 중 첫 번째 지표와 두 번째 지표인 자유의 이념과 필연적이고 무한한 진보의 신화는 칸트와 헤겔 그리고 슐레겔 등의 근대규정과 유사한 지평을 형성하고 있다.

하지만 세 번째 지표인 진보적 자연지배의 귀결로서 '근대 자연과학을 통해 그리고 자연과학의 모델에 따라 구상된 인간과학을 통해 이루어진 삶의 재구조화'와 이를 통해 정교화될 수 있는 나머지 네 가지 지표들인 '객관주의', '경험의 동질화', '가설화' 그리고 '자연주의적 보편주의' 등은 19세기 중엽 이후 20세기 초까지의 시대적 특성과 관계된다. 물론 세 번째 지표인 진보적 자연지배를 뒷받침해주었던 심리학, 인간학, 생물학 등의 인간

32 Ibid. S. 265.

33 Ibid. S. 288.

34 김윤상, "프리드리히 슐레겔의 패러독스에 관한 패러독스적 사유", 독일언어문학 33집, 2006, pp.208-211 참조.

과학 분야들의 발전은 이미 18세기부터 시작되어 19세기 초에는 광범위한 영향력을 미치고 있었으며,[35] 그중에서도 특히 미학의 발전은 이러한 경향을 두드러지게 반영해준다. 이와 관련해서는 뒤에 가서 사세히 다루게 될 것이기 때문에, 이 자리에서는 미학의 탄생시기에 철학과 인간학 그리고 심리학이 중첩을 이루었던 특수한 지형을 간략히 묘사하는 것에 만족하기로 한다.

독일 계몽주의의 후반부 시기로서 대략 1750여 년부터 1790년까지 소위 '칸트 이전 시대die vorkantische Epoche'[36]에는 인간영혼의 실재적 삶을 순전히 경험에 의거하여 연구하는 영역과 감각의 작용들에 의해 주도되는 인간정신의 활동형태들을 새로이 평가하는 영역이 미적인 지각과 판단 및 체험을 다루는 철학적 미학과 만나게 됨으로써, 철학적 미학은 미의 형이상학으로 규정되어온 과거의 모습에서 탈피하여 근본적으로 새로운 옷을 걸치게 된다. 말하자면 '감성적 인식의 학Aesthetica'으로서의 미학의 탄생시점인 1750년부터 '취미판단의 이론'으로서의 『판단력비판*Kritik der Urteilskraft*』의 출간시기인 1790년에 이르기까지 40여 년의 기간에 미적인 것에 관한 이론은 인간의 '감성Aisthesis'에 기초한 소위 '미적인 인간학ästhetische Anthropologie'[37]의 맥락에서 인간의 육체적인 동시에 정신적인 본질을 해명하는 분야로 발돋움하게 된 것이다. 그 후로는(물론 신플라톤주의적인 미의 이념이 지배하였던 독일관념론이라는 특수한 시기를 제외한다면) 인간학적으로 특징지어진 주체에게, 즉 '지각하며 감각하는 주체das wahrnehmende und empfindende Subjekt'에게 이론적 관심이 집중되었으며, 미학의 궁극적인 목표는 인간의 '심리물리적 사태die psychophysischen Tatsachen'의 전체 지형과 이것의 작동원리를 해명하는 것이었다. 결국 미학은 심리학 및 인간학과 자매관계를 이루게 되었으며, 아마도 최초의 철학적 미학사가라 할 수 있는 그루버J. G.

---

35 18세기에 '인간학'은 철학과 의학이 겹쳐지는 지점으로부터 발전되었으며, 17세기 프랑스의 도덕학, 스코틀랜드와 영국의 영향을 받은 대중철학 그리고 새로이 생겨나기 시작한 생명철학 등과 유사한 사유형식을 가지고 있었다. 18세기 '인간과학'에 관한 보다 상세한 논의는 니스벳H. B. Nisbet 등에 의해 편집된 『*Anthropologie und Literatur um 1800*』(München 1992), 한스-위르겐 쉉스Hans-Jürgen Schings가 편집한 『*Der ganze Mensch. Anthropologie und Literatur im 18. Jahrhundert*』(Stuttgart 1994), 볼프강 리델Wolfgang Riedel의 저서 『*Homo Natura. literarische Anthropologie um 1900*』(Berlin 1996) 등을 참조하라.

36 Daniel Jenisch: Über Grund und Werth der Entdeckungen des Herrn Prof[essor] Kant in der Metaphysik, Moral und Aesthetik. Nebst einem Sendschreiben des Verf[assers] an Kant über die bisher günstigen u[nd] ungünstigen Einflüsse der kritischen Philosophie, Berlin 1796, S. 27.

37 Ernst Stöckmann: Anthropologische Ästhetik. Philosophie, Psychologie und ästhetische Theorie der Emotionen im Diskurs der Aufklärung, Tübingen 2009, S. 3.

Gruber는 급기야 미학을 "인간학의 특수한 부분"[38]으로 규정하게 되었던 것이다.

그러나 '인간학적 미학Anthropologische Ästhetik'의 대두는 인간과학이 전적으로 근대 자연과학의 모델에 따라서만 구상되었다는 것을 의미하는 것은 아니다. 오히려 미의 형이상학으로부터 인간학적 미학으로의 전환은 심리적이고 육체적인 것의 경험에 대한 정신적 정교화작업의 필요성을 야기했으며, '객관성', '경험의 동질화', '가설화' 그리고 '자연주의적 보편주의'와 같은 과학적 세계관의 핵심적 지표들의 정립에 기여하는 중요한 단초로서 기능할 수 있었다.

19세기와 20세기 초 중엽에 걸쳐 과학적 세계관의 핵심적 지표들로서 작용한 이러한 네 가지 지표 중 특히 '객관주의' 내지 '객관성'은 근대 논의의 핵심적인 지점에서 그리고 근대와 탈근대 논의의 접경지점이 이야기될 때마다 일종의 시금석처럼 중요한 역할을 해왔다. 그도 그럴 것이, 통상 객관적이라 함은 그 어떤 주체의 흔적도 드러내지 않는 지식의 상태, 말하자면 개인적인 편견이나 판단 혹은 그 어떤 희망이나 열망도 개입되어 있지 않은 지식의 상태를 말하는 것으로 이해되어왔으며, 따라서 객관적 시선은 어떤 특정한 주체의 시선이 아니라 주체성이 소거되어 있는 '과학적 시선'을 의미하는 것이었다.[39]

38 Johann Gottfried Gruber: Wörterbuch zum Behuf der Aesthetik, der schönen Künste, deren Theorie und Geschichte, und Archäologie. Ersten Theiles Erster Band, Weimar 1810, S. 118.

39 객관성 개념은 18C－19C－20C를 거치면서 변화한다(본 서 44-45쪽 '객관성 개념의 역사적 변화과정' 참고).

◎ 18세기: Truth to Nature

- 린네의 식물분류학 이미지
- 얀 반델라르Jan Wandelaar(1690-1759)가 새긴 그림
- 자연과학자와 예술가의 세밀한 관찰에 의거하여 그려진 이 그림은 특정한 식물을 나타내고 있다기보다는 식물류들의 바탕에 놓여 있는 기본 타입을 나타내는 것에 목적을 두었음
- 이러한 식물이미지는 전형적이고 본질적이며 보편적인 것의 이미지로서, '자연에 대한 진리'를 나타내는 것

◎ 19세기: Mechanical Objectivity

- 윌슨 벤틀리Wilson Bentley(1865-1931)가 촬영한 눈꽃 이미지
- 개별적인 특수성과 비대칭성을 가지고 있는 눈꽃을 기계적인 도구인 사진기로 포착
- 자연사물인 눈꽃을 기계적 도구인 사진기로 포착하려는 것은 가능한 한 최소한도로 인간의 개입을 배제한 채로 자연을 포착하고자 하는 것
- 인간의 개입을 배제하면서 자연을 그 자체로 포착하려는 태도가 바로 기계적 객관성임

◎ 20세기: Trained Judgement

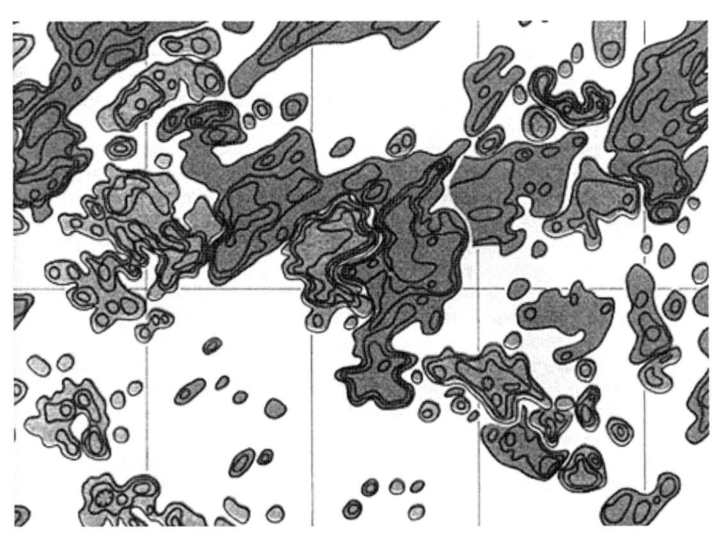

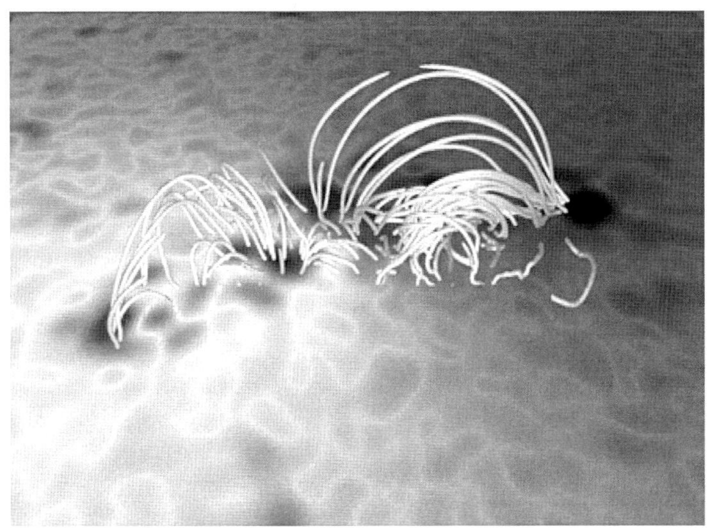

- 워싱턴의 카네기 관측소에 의해 관측된 태양의 자기장 이미지
- 이러한 태양의 자기장 이미지는 정밀한 측정도구와 주관적으로 완만하게 변형된 데이터를 합성한 것
- 과학자들은 과학적 데이터들에 대한 인간의 이러한 개입을 도구에 의한 인위적 가공을 제거하는 데 필수적이라고 생각함

그리하여 "객관성은 '규제적 이상regulative ideal', 즉 결코 완전히 달성될 수 있는 이상이라기보다는 과학자의 연필과 석판인쇄공의 석회석의 섬세한 움직임들에까지 시종일관 작용하는 그러한 이상이있던 것이다."[40]

그러나 이러한 규제적 이상의 유효성이 문제시되기 시작하는 순간, 즉 진보적 자연지배의 이상이 문제시되고 주체와 객체 그리고 사실과 허구의 경계가 의문시되는 순간에 객관성은 자연과 지식과 지식주체 사이의 거리를 없애고 그들 간의 상호교섭의 상태를 나타내주는 지표로 작용하게 되는 것이다. 이러한 문제의식은 다름 아닌 근대의 한복판에서 일어난다. 세기말 독일의 물리학자이자 생리학자인 헤르만 폰 헬름홀츠Hermann von Helmholtz(1821-1894)는 1869년 오스트리아 인스부르크에서 개최된 자연과학자 회의에서 다음과 같은 놀랄 만한 주장을 한다: "빛의 혼합물들의 객관적 다양성은 감각과정에서 단지 세 가지 종류로, 말하자면 세 가지 기본색들의 다양성으로 환원된다. 수많은 차이들의 이러한 환원 때문에 매우 다양한 종류의 빛의 혼합들이 똑같아 보일 수 있는 것이다. [⋯] 결국 우리의 감각들은 그 특성상 외부 대상들을 나타내주는 기호들일 뿐이지 그 어떤 유사성을 갖는 모상이 아니다. [⋯] (우리의 감각들은) 우리가 그것들을 읽는 것을 배워왔던 기호들이며, 우리의 유기체조직을 통해 우리에게 함께 주어지게 된 언어로서, 이 속에서 외부사물들은 우리에게 말을 하게 되는 것이다. 우리는 우리의 모국어와 마찬가지로 연습과 경험을 통해 이 언어를 이해하는 방식을 배워야만 한다."[41] 전통적인 입장에 따르면, 그저 주관적인 감각인상에 불과한 것으로서 확실성이나 신빙성의 측면에서 폄하되거나 소위 객관적 논의의 단순한 재료로서만 인정될 수 있을 뿐이었던 감각들이 당대 최고의 자연과학자에 의해 우리로 하여금 외부사물과 소통할 수 있도록 해주는 언어적 기호들로서 규정됨으로써, 외부세계와 내부세계라는 이분법 내지는 주체와 객체라는 전통적인 이분법적 사고의 유효성이 의문시되는 동시에 관념론과 실재론의 구분 역시 재고될 필요가 있게 된 것이다. 심지어 칸트가 초월적 관념론에서 논술한 '공간의 종합적인 선험적 직관' 역시 헬름홀츠에

40 Lorraine Daston and Peter Galison: Objectivity, Zone Books: New York 2007, p.143.

41 Hermann von Helmholtz: Ueber das Ziel und die Fortschritte der Naturwissenschaft. Eröffnungsrede für die Naturforscherversammlung zu Innsbruck, in: Gesammelte Schriften Bd. V.1, Vorträge und Reden, Hildesheim · Zürich · New York 2002 (Nachdruck der 4. Auflage, Braunschweig 1896), SS. 392-393.

게서는 "붉은색, 단맛, 추위와 같은 감각특질들처럼 주관적인 직관형식"[42]으로 규정된다. 이제 과학적 객관성은 자연을 있는 그대로 바라보거나 묘사하는 것에 있지 않으며 우리의 감각들에 충실하기만 해서 얻어질 수 있는 것도 아닌 것이 된다. 그것은 그 어떤 다른 것으로서, 마치 웅얼거림처럼 혹은 이름과 기능 없이 그저 존재하는 물리적 사물들처럼 아직 언어적으로 정교화되어 있지 않은 외부 사물들의 다양한 정보들과 우리의 감각하는 신경들이 마주치는 순간 정교화된 형태로 모습을 드러내는 언어구조 같은 것이라고 해야 될 것이다. 다시 말해 우리의 감각신경들과 외부사물들이 접촉을 이룸으로써 감각이라는 정교화된 언어기호가 생겨나지만, 이러한 언어기호를 통해 외부세계와 우리의 감각체계가 일정하게 정교화되는 것이기에, 언어구조처럼 정교화되어 있는 감각들 간의 구조적 관계인 객관성은 실재적으로는 나중에 생겨나는 것이라고 할 수 있지만, 이것을 통해 외부세계와 우리의 감각체계를 파악할 수 있기 때문에 논리적으로는 선행하는 것으로 이해되어야 하는 것이다.

결국 이러한 과학적 객관성의 이념은 슈패만이 규정한 근대의 조건, 즉 '자기 고유의 전제들에 역행하지 않을 뿐 아니라 이러한 전제들을 안정적으로 유지시켜주는 원칙으로서 근대의 조건'에 부합되는 것으로, 결코 완결될 수 없는 열려진 기획으로서의 근대의 기획의 기저에 놓여 있는 철학적 전제인 것이다. 세계에 대한 투명한 파악으로서의 감각은 세계를 바라보는 나의 지각방식에 대한 파악이며, 세계에 대한 감각과 나의 지각방식에 대한 파악은 동시에 세계와 내가 일정하게 구조화되는 방식이기도 하다. 여기에 바로 근대의 과학적 객관성의 핵심적 함의가 들어 있는 것이다. 또한 세계에 대한 감각이 세계의 정교화이자 동시에 나의 신경체계의 구조화라고 할 때 미래로 투사된 합목적적 진보나 보편적 진리의 요청 혹은 이성적 통일체로서의 독자적 주체의 유효성 등이라든가 메타적 층위에서 작용하는 거대서사의 효력은 무화되고 대신 그 자체의 본질상 '절대적 자기 관계성'의 특징을 지니는 '세계와 나의 전체 구조의 순간적 드러남', 혹은 세계의 정교화와 나의 신경체계의 구조화의 전체 모습이 감각의 매개로 '임재parousía'하게 되는 '순간의 미학'이 효력을 발휘하게 된다. 여기에 바로 열려진 근대가 배태하고 있는 탈근대의 '편평성'

42 Hermann von Helmholtz: Ueber das Ziel und die Fortschritte der Naturwissenschaft. Eröffnungsrede für die Naturforscherversammlung zu Innsbruck, in: Gesammelte Schriften Bd. V.2, Vorträge und Reden, SS. 224-225.

의 함의, 즉 이성과 감성, 존재와 비존재, 실재와 가상, 정신과 육체 등과 같은 대립적 쌍개념들 사이에 존재해왔던 위계관계가 사라지고 모든 것이 편평하게 균일화되어 있는 차원에서 이야기될 수 있는 단일 차원적 투명성으로서의 새로운 객관성의 함의가 들어 있는 것이다. 결국 근대 이후에 탈근대라는 새로운 시대가 오는 것이 아니라 근대 자체에 이미 탈근대의 가능성이 배태되어 있기에 포스트모던은 모던의 의미맥락 내지 작용 공간에서 이해되고 발전되어야 하는 것이라고 할 수 있다.

3. 탈근대의 이념적 발전지형

3.1 포스트모던의 이념적 근간

1870년대에 프랑스 인상주의회화보다 더 모던한 회화스타일을 가리키는 말로 처음 사용된 이래로[43] 1970년대 말 프랑스 사상가인 장-프랑수아 료타르에 의해 이질적인 것을 배제하고 개별적인 것을 일반적인 것 아래에 종속시키는 '거대서사의 종말'[44]의 함의를 지니는 말로 규정되기에 이르기까지 '포스트모던'이라는 말은 유행처럼 잠시 논쟁을 달구다가 지나가는 일시적 사조를 지칭하는 말도 아니고 그렇다고 일정한 체제를 지니고서 통일적으로 진행되었던 일관된 운동을 나타내는 개념으로 여겨지지도 않았다. 한마디로 뭉뚱그려 말하자면 다양한 논쟁들이 경합을 벌이는 공론의 장 내지는 여러 빛깔을 지니는 문화적 스펙트럼이라고 하는 편이 불편하지만 그나마 외연적 정의로서 가능한 표현들일 것이다. 지금까지 포스트모던과 관련된 수많은 저서들과 논문들이 쏟아져 나왔지만, 정전이라고 할 만한 또는 전체를 아우르는 저서나 논문이 없는 것도 같은 맥락에서 이해될 수 있을 것이다.

그럼에도 불구하고 21세기의 현시점에서 '이제 포스트모던의 이념적 근간을 이야기해 볼 수 있지 않을까?'라는 막연한 물음이 제기될 수 있는 것은 다양하게 전개되어온 '포스트-이즘들Post-Isms'에 관한 논쟁이 포화상태에 이르렀거나 포스트모던에 관한 논의 자체가 마비된 것으로 여겨지고 있기 때문이다. 그 대표적인 현상들이라고 한다면, 지금까지 다뤄지지 못하거나 다뤄졌더라도 부수적으로만 취급되어왔던 개별 문화현상들을 특정한 담론적 위계질서에 구애받지 않고 다층적으로 혹은 복합적으로 분석하는 가운데 소위 문화연구라는 거시적 흐름을 형성하고 있는 모습이라든가, 철학과 예술을 비롯하여 신화와 일상생활에 이르기까지 고대의 다면적인 모습을 새로이 발굴하거나 현재적 맥락에서 재해석하려는 '고대의 변형transformation of the ancient'이 그것이다. 물론 정치철학적인 측면이

---

43 Wolfgang Welsch: Unsere postmoderne Moderne, Weinheim 1987, S. 12ff.

44 "포스트모던이라는 말은 우리가 메타서사들에 더 이상 그 어떠한 신뢰도 선사하지 않는다는 것을 의미한다", Jean-François Lyotard: Das postmoderne Wissen (La condition postmoderne: Rapport sur le savoir, Paris 1979), Wien 1999, S. 14.

나 정치경제학적인 측면에서 글로벌리제이션 이후의 복합적인 현상들을 전제된 방법적 틀에 의거함 없이 표층적 의미사슬의 연계관계 속에서 분석하려는 시도들 역시 이루어지기는 했다. 그러나 이러한 시도들 대부분은 과거 소위 후기 구조주의자들이라고 일컬어지는 일군의 사상가들의 철학적 논리들에 기대어 이루어진 것들이기 때문에 그다지 새로울 것이 없다. 결국 이러한 탈경계적이고 부유적인 일종의 게릴라적 정치담론들은 말할 것도 없고 다양한 색조의 문화연구의 흐름이나 고대의 메타포적 전유의 시도들이 이루어지는 과정을 놓고 볼 때 일정정도 포스트모던의 위상학적 규정이 가능할 수 있으리라고 추측해 볼 수 있을 것 같다.

이러한 문제의식에 부합되게 암스테르담 대학 예술철학 및 문화철학 교수인 요제프 프뤼히틀Josef Früchtl(1954-)은 의미 있는 제안을 한다. 그에 따르면, 우선 장-프랑수아 료타르를 제외하고는 대부분의 사상가들이 포스트모던 개념에 유보적인 태도를 취했다고 한다. 즉 근대의 담론 자체 내에는 포스트모던적으로 실재 모습을 드러낸 대항담론이 이미 내재해왔으며,[45] 따라서 근대라는 개념의 연장으로서 '두 번째 근대'[46]라는 개념이 이야기될 필요가 있다는 것이다. 그러나 이러한 유보적 태도는 지나친 일반화와 미온적인 규정의 위험을 안고 있다. 그리하여 프뤼히틀은 이러한 태도와 다소 거리를 두면서 근대 개념의 규정을 "시간의 축으로부터 공간의 축으로 전환시켜 근대를 일정 정도 고고학적인 의미에서 하나의 층위화된 현상으로 고찰할 필요가 있다는 제안"[47]을 한다. 말하자면 근대라는 현상은 '자아가 자기 자신과 벌이는 투쟁'이라는 함의를 지니는 "투쟁적 층위die agonale Ebene", '자아가 근대 자체의 원리로 근거 규정되어 있다'는 함의를 지니는 "고전적 층위die klassische Ebene" 그리고 '자아가 자기 고유의 요소들과의 자유로운 유희 속에서 자신의 현재 모습을 발견하게 된다'는 함의를 지니는 "혼종적 층위die hybride Ebene" 등과 같은 여러

---

45 이에 대해서는 포스트모던의 대표적 사상가들의 글들을 참조할 수 있다. Michel Foucault: Was ist Aufklärung?, in: Ethos der Moderne–Foucaults Kritik der Aufklärung, hg. v. Eva Erdmann, Frankfurt a.M. 1990; Wolfgang Welsch: Vernunft–Die zeitgenössische Vernunftkritik und das Konzept der transversalen Vernunft, Frankfurt a.M. 1995; Jürgen Habermas: Der philosophische Diskurs der Moderne-Zwölf Vorlesungen, Frankfurt a.M. 1985.

46 Ulrich Beck: Risikogesellschaft–Auf dem Weg in eine andere Moderne, Frankfurt a.M. 1986; Heinrich Klotz: Die Zweite Moderne–Eine Diagnose der Kunst der Gegenwart, München 1996.

47 Josef Früchtl: Ästhetische Subjektivität und gespaltene Moderne, in: Schillers Natur. Leben, Denken und literarisches Schaffen, Sonderheft 6 der Zeitschrift für Ästhetik und Allgemeine Kunstwissenschaft, hg. v. Georg Braungart u. Bernhard Greiner, Hamburg 2005, S. 5.

층위들로 이루어져 있으며, 각 층위에는 각 층위에 고유한 사상가들이 포진해 있는바, 즉 투쟁적 층위에는 낭만주의자들이, 고전적 층위에는 헤겔과 하버마스가 그리고 혼종적 층위에는 니체와 니체를 추종하는 포스트모던 사상가들이 속한다고 한다.[48] 이러한 층위화의 장점은 근대 개념을 획일적이고 단순명료한 통일체로 간주하거나 아니면 다소 부풀려진 포스트모던 개념 내지는 미온적이고 허점이 많은 '두 번째 근대'라는 개념과 대조를 이루도록 하는 극단적인 입장들로부터 자유로울 수 있다는 것이다.

근대의 담론과 관련하여 많은 시사점들을 제시하였던 프뤼히틀의 이 같은 입장과 기본적으로는 같은 맥락에 있지만, 보다 더 근본주의적인 입장을 제시한 이는 바로 오도 마르크바르트Odo Marquard이다. 프뤼히틀의 논의보다 20여 년 정도 앞선 1980년대 중반에 이미 그는 근대세계의 '다국면성'을 주장하였다. 그는 모더니즘을 대체하려는 혹은 대체를 통해 부정하려는 시도가 결국에는 모더니즘으로부터 떨어져나가려는 시도의 전통에 속하며 이를 "반모더니즘의 전통Tradition des Antimodernismus"[49]으로 규정한다. 이러한 반모더니즘의 전통과 연관된 것이 바로 포스트모더니즘이다. 마르크바르트에게서 모더니즘은 그 역사적 맥락에서나 어의적 맥락에서 볼 때 "우리에게 역사적으로 달성될 수 있는 세계 중에서 가장 보존될 만한 가치가 있는 것"[50]으로 규정된다. 이런 맥락에서 '모더니즘 이후' 내지는 '탈모더니즘'의 함의를 갖는 포스트모더니즘은 패러독스이다. 왜냐하면 우리에게 최상급의 가치로서 인정될 수 있는 것이 모더니즘인데, 이러한 최상급 이후라든가 최상급을 넘어선다는 말 자체는 역설이기 때문이다. 따라서 글자 그대로 모더니즘의 대체 내지는 부정으로서의 포스트모더니즘은 반유토피아적이고 반역사주의적이며 반미래주의적이지만, 최상급 이후라든가 최상급을 넘어선다는 패러독스로서의 포스트모더니즘은 패러독스적인 의미에서 유토피아적이고 역사주의적이며 미래주의적일 수 있는 것이다. 마르크바르트의 표현에 따르면, 포스트모던의 패러독스는 "'포스트모던Postmoderne'의 구호와 '포스트역사Posthistoire'로부터 '근대의 종말Ende der Neuzeit'을 지나 '포스트구조주의Poststrukturalismus'에

---

48 Ibid. S. 5.

49 Odo Marquard: Nach der Postmoderne. Bemerkungen über die Futurisierung des Antimodernismus und die Usance Modernität, in: Moderne oder Postmoderne?, S. 52.

50 Ibid. S. 49.

이르는 모든 '포스트-주의들Post-Ismen'의 구호를 포함하고 있는 과정, 즉 다시 말해 '반모더니즘의 미래화 과정Futurisierung des Antimodernismus'이 주목받게 될 때 경감된다"[51]라고 한다. 그렇다면 반모더니즘의 미래화 과정으로서의 패러독스가 경감되어 있는 포스트모더니즘은 모더니즘과는 어떤 연관을 지니는 것일까?

마르크바르트는 근대세계의 시작과 더불어 현재를 인식하는 지성들에게서 근대의식은 다음과 같이 세 가지 국면들을 형성해왔다고 한다. 한 가지 특이한 점은 이 세 가지 국면들이 정적인 세 국면들이 아니라 발전적인 도정에 있는 세 국면들이라는 사실이다.

첫 번째 국면은 "과거의 대가로 이루어지는 친모더니즘적인 현재긍정",[52] 즉 '친모더니즘Promodernismus'의 입장으로서, 볼테르로부터 헤겔에 이르는 고전적 계몽주의의 기본태도이다. 소위 고전적 계몽주의자들에게서 현재라는 시점은 계몽된 시점이고 중세시기를 의미하는 과거는 계몽되지 않은 암흑기이기에 미래는 현재를 일관되게 이끌고 나아가게 될 때 마주하게 되는 시기가 된다.

두 번째 국면은 첫 번째 국면과는 정반대되는 특성을 지닌다. 즉 "과거의 이름으로 이루어지는 반모더니즘적인 현재부정",[53] 즉 '과거적인 반모더니즘der präteritale Antimodernismus'의 입장으로서, 여기서는 문명화된 문화이전의 자연이라든가, 기독교의 출현 이전의 고대 또는 근대이전의 중세로의 회귀가 주장된다. 이러한 입장에는 기본적으로 낭만주의자들의 입장이 포함되며, 일반적으로는 루소로부터 노발리스와 니체를 지나 오늘날의 녹색운동에 이르는 흐름이 속한다. 근대적인 현재는 '몰락의 역사Verfallsgeschichte'를 통해 규정되기에 현재는 부정되고 미래는 기준이 되는 과거가 회귀될 경우에만 긍정된다.

세 번째 국면은 과거의 이름으로 이루어지는 반모더니즘적 현재부정과 대립된 국면이다. 다시 말해 "미래의 이름으로 이루어지는 반모더니즘적인 현재부정"[54]으로서 '미래화된 반모더니즘der futurisierte Antimodernismus'은 현재를 '완성된 죄성die vollendete Sündhaftigkeit'의 시대로 규정하였던 피히테로부터 출발하여 근대적인 현재를 자본주의적 착취와 기술관료

---

51 Ibid. S. 52.
52 Ibid. S. 52.
53 Ibid. S. 52.
54 Ibid. S. 53.

주의적인 소외의 시대로 보면서 혁명을 통한 부르주아 사회의 소외를 극복하고자 한 마르크스에게서 정점을 이룬다. 미래화된 반모더니즘의 관점에서 현재는 더 이상 손상받지 않은 과거를 통해서가 아니라, 행복과 안녕을 기약하는 미래를 통해 문제제기되는 것이다.

이러한 세 가지 국면들은 내적인 논리의 측면에서 볼 때 변증법적인 발전의 구조를 지닌다. 즉 친모더니즘이 소위 '정'에 해당되고 과거적인 반모더니즘이 소위 '반'에 해당된다면, 이러한 '반'에 대한 '반'으로서의 '합'이 바로 '미래화된 반모더니즘'인 것이다. 말하자면 세 가지 국면들이 아무런 관련 없이 모더니즘의 정적인 세 국면을 이루는 것이 아니라 변증법적인 다국면성을 형성하고 있는 것이다. 마르크바르트는 이러한 모더니즘의 변증법적 다국면성에서 '합'의 국면에 해당되는 미래화된 반모더니즘에 바로 포스트모던의 프로그램이 포함된다고 한다. 그러나 미래화된 반모더니즘의 경우와는 달리 포스트모던의 경우에는 '행복과 안녕을 기약하는 미래'라는 투사된 미래의 기준이 존재하지 않는다. 포스트모던에는 근대에 대한 저항만이 있을 뿐, 혹은 근대에 대한 저항이라는 지지대에 의거해서만 존재할 수 있다는 의미에서 근대를 자신의 이면에 놓아두고자 하는 기본적인 욕구만 있을 뿐, 미래로 투사된 현재부정의 그 어떤 새로운 모습도 존재하지 않는 것이다. 더 나아가 마르크바르트의 생각대로 이미 다양하게 전개된 포스트모던 예술을 고찰해볼 경우 "프로그램, 즉 강령으로서의 포스트모던은 실재 예술형식으로서의 포스트모던에 의해 부정된 지 오래다."[55] 포스트모던 예술의 가장 뚜렷한 징표인 '양식다원주의Stilpluralismus'는 이미 모더니즘 예술의 기본경향이었으며, 포스트모더니즘에서 보인 신역사주의 경향은 모더니즘의 진정한 가능성이 발현된 것이라고 볼 수 있는 것이다. 이런 의미에서 볼 때, "포스트모던 이후에 오는 것-아니 이미 오래 전에 도래한 것은 다름 아닌 모더니즘"[56]이라고 규정될 수 있을지도 모른다.

포스트모던을 층위화된 근대적 공간의 '혼종적 층위'라는 특정 영역을 점유하는 것으로 규정하는 프뤼히틀의 층위화 논의나 역사 전체를 하나의 변증법적 발전국면으로 보면서 그 속에서 상호 긴밀한 유기적 관계를 형성하는 개별국면들의 합의 상태인 '미래화된 반

---

55 Ibid. S. 53.

56 Ibid. S. 53.

모더니즘'으로 포스트모던을 규정하는 마르크바르트의 변증법적 다국면성 논의는 모두 근대를 '매개된 전체das vermittelte Ganze'로 보는 반면 포스트모던을 '매개되지 않은 직접성의 유동적 공간der schwebende Raum der Unvermitteltheit'으로 파악하는 것 같다. 매개되지 않은 직접성이란 개별의미들이 작용하도록 해주는 '보편적 의미화 지평의 근거'라든가 부분들 간의 관계를 규정하도록 해주는 '차후적 전체' 또는 현존적 삶의 형태들을 이끌어주는 '보편적 삶의 근원성' 등과 같이 처음부터 원리로서 일관되게 관류하면서 부분들을 매개시키는 작용이라든가 매개의 지형을 그려나가는 이중화된 매개성 등으로부터 벗어나 비선형적이고 탈경계적인 결합과 치환의 끝없는 연쇄를 형성하는 주체를 말한다. 그렇다면 매개의 근거 내지는 매개성 자체가 없는 이러한 비선형적이고 탈경계적인 결합과 치환의 끝없는 연쇄는 과연 어떻게 규정될 수 있을까?

3.2 포스트모던적인 직접성 사유의 근거로서 헤겔의 사유

놀랍게도 이러한 매개되지 않은 직접성, 아니 보다 정확히 규정해보자면 매개성의 논리가 가능할 수 있게 해주었던, 그 자체로는 매개되지 않은 매개성의 작용 공간의 양태는 매개성의 사유가 시작되는 지점에서 이미 감지된 바 있다. 1800년대 초 근대의식의 전형을 제시한 헤겔은 근대의식의 전형으로서 '매개의 사유가 작용하는 공간'을 자신의 논리체계인 『논리학*Wissenschaft der Logik*』 마지막에 넌지시 암시한 것이다:

> "지금까지 고찰된 부정성이야말로 개념의 운동에 있어서 전환점을 이룬다. 말하자면 이러한 부정성은 자기와의 부정적인 관계의 단순한 점이고, 모든 활동성의, 즉 생동적이고 정신적 자기운동의 가장 내면적인 원천이며, 더 나아가 모든 참다운 것을 참다운 것 자체에서 가지며 모든 참다운 것으로 하여금 진리로 존재하도록 해주는 변증법적인 영혼인 것이다. 왜냐하면 개념과 실재의 대립의 지양뿐만이 아니라, 진리이기도한 통일은 바로 이러한 주관성에만 기초해 있기 때문이다. 그리하여 두 번째 부정적인 것, 즉 우리가 도달하게 된 부정적인 것의 부정적인 것은 그와 같은 지양으로서 모순의 지양인 것이다. 그러나 이것은 외적인 반성의 행위도 아니고 모순도 아니다. 그것은 주체, 개인, 자유로운 것 등을 존재케 해주는 삶과 정신의 가장 내적이고 가장 객관적인 계기인 것이다. [⋯]

Die betrachtete Negativität nacht nun den Wendungspunkt der Bewegung des Begriffes aus. Sie ist der einfache Punkt der negativen Beziehung auf sich, der Innerste Quell aller Tätigkeit, lebendiger und geistiger Selbstbewegung, die dialektische Seele, die alles Wahre an ihm selbst hat, durch die es allein Wahres ist; denn auf dieser Subjektivität allein ruht das Aufheben des Gegensatzes zwischen Begriff und Realität und die Einheit, welche die Wahrheit ist. – Das zweite Negative, das Negative des Negativen, zu dem wir gekommen, ist jenes Aufheben des Widerspruches, aber ist sowenig als der Widerspruch ein Tun einer äußerlichen Reflexion, sondern das Innerste, objektivste Moment des Lebens und Geistes, wodurch ein Subjekt, Person, Freies ist. […]

부정적인 것이 자기 자신과 갖는 관계는 […] 종합적인 것으로서, […] 구별된 것 그 자체가 자신의 구별된 것과 갖는 관계이다. […] 이제 부정적인 것은 매개자로서 나타난다. 왜냐하면 그것은 자기 자신과 직접적인 것을 자체 내에 포함하고 있기 때문이다.

Die Beziehung des Negativen auf sich selbst ist […] als die synthetische […] die Beziehung des Unterschiedenen als solchen auf sein Unterschiedenes. […] Als das Vermittelnde erscheint das Negative, weil es sich selbst und das Unmittelbare in sich schließt.

이러한 방법의 전환점에서 인식의 진행은 자기 자신으로 회귀한다. 이러한 부정성은 스스로를 지양하는 모순으로서 첫 번째 직접성, 즉 단순한 일반성의 산출이다. 왜냐하면 타자의 타자이자 부정적인 것의 부정적인 것은 긍정적인 것이고 동일한 것이며 일반적인 것이기 때문이다. 이러한 두 번째 직접적인 것은 수로 셈해보자면, 전체 진행과정에서 첫 번째 직접적인 것과 매개된 것에 대해 세 번째에 해당될 것이다. 그리고 이것은 첫 번째 형식적인 부정적인 것과 두 번째 절대적인 부정적인 것에 대해 세 번째에 해당하는 것이기도 하다. 그러나 이런 첫 번째 부정적인 것이 이미 두 번째 항인 한에서, 세 번째로 셈해진 것은 네 번째라고 셈해질 수 있으며, 그리하여 삼원성 대신 사원성이라는 추상적인 형식이 취해질 수 있는 것이다. 그리고 이러한 방식에 따르면 부정적인 것 혹은 차이는 이원성으로 셈해진다. […]

세 번째는 […] 자신을 자신과 매개시키는 운동이자 활동이다.

In diesem Wendepunkt der Methode kehrt der Verlauf des Erkennens zugleich in sich selbst zurück. Diese Negativität ist als der sich aufhebende Widerspruch die Herstellung der ersten Unmittelbarkeit, der einfachen Allgemeinheit; denn unmittelbar ist das Andere des Anderen, das Negative des Negativen das Positive, Identische, Allgemeine. Dies zweite Unmittelbare ist im ganzen Verlaufe, wenn man überhaupt zählen will, das Dritte zum ersten Unmittelbaren und zum Vermittelten, Es ist aber auch das Dritte zum ersten oder formellen Negativen und zur absoluten Negativität oder dem zweiten Negativen; insofern nun jenes erste Negative schon der zweite Terminus ist, so kann das als Drittes gezählte auch als Viertes gezählt und statt der Triplizität die abstrakte Form als eine Quadruplizität genommen werden; das Negative oder der Unterschied ist auf diese Weise als eine Zweiheit gezählt. […]: das Dritte ist […] die sich mit sich selbst vermittelnde Bewegung und Tätigkeit."[57]

헤겔의 전체 논리학 체계의 마지막 백미를 이루는 곳이지만 지금까지 집중적인 조명을 받지 못했던 이 부분에서 헤겔은 자신의 논리학을 전체적으로 이끌고 왔던 핵심개념인 '부정성Negativität' 개념을 두 가지로 고찰한다. '자기와의 부정적인 관계의 단순한 점'이고, '정신적인 자기운동의 내면적인 원천'이며, '진리를 진리로서 존재케 해주는 변증법적 영혼'으로서 부정성 개념은 이것의 부정, 즉 부정적인 것의 부정 내지는 그러한 부정적인 것의 지양과 변증법적인 관계를 지니는바, 이러한 부정적인 것의 부정적인 것은 '주체, 개인, 자유로운 것 등을 존재케 해주는 삶과 정신의 가장 내적이고 가장 객관적인 계기'가 된다.

첫 번째 부정적인 것과 두 번째 부정적인 것의 관계는 그 자체로 조망될 경우 '종합적인 것'으로서 '구별된 것이 자기 자신의 구별된 것과 갖는 관계'와 같은 것이 된다. 말하자면 부정적인 것이 자신의 부정적인 것과 맺는 관계는 구별된 것이 자신의 구별된 것과 맺는 관계와 같으며, 부정과 구별의 관계가 전체적으로 보일 때 부정적인 것은 자기 자신과 직접적인 것을 포함하는 매개자로서, 즉 첫 번째 직접성으로서의 부정적인 것 혹은 구별된 것과 이것의 부정으로서의 매개성인 두 번째 부정적인 것 혹은 구별된 것을 서로 매개시키는 매개자로서 나타난다.

그러나 변증법적 방법의 전환점이기도 한 이러한 부정의 부정의 지점 혹은 직접성과 매개성의 매개의 지점에서 부정의 부정 내지는 구별의 구별이 그 자체로 보이게 됨으로

---

57 Georg Wilhelm Friedrich Hegel: Wissenschaft der Logik, Zweiter Band, Die subjektive Logik (1816), in: Gesammelte Werke, Bd. 12, Hamburg 1981, SS. 246-248.

써, 매개자로 보인 부정적인 것 자신이 드러나게 되는데, 이러한 두 번째 직접성은 산술적 논리에 따르면 '정'으로서의 첫 번째 직접성과 '반'으로서의 매개된 것에 비해 '합'이 될 것이다. 그러나 '정'으로서의 직접성인 첫 번째 형식적인 부정적인 것의 부정이 그 자체로 보이게 되어 부정적인 것이 매개자로 드러나게 될 때, 부정적인 것의 이중화가 일어난다. 즉 '반'으로서의 매개된 것이 '정'으로서의 직접성 내지는 형식적인 부정적인 것과 부정적인 관계 속에 정립됨으로써, 첫 번째 직접성 내지는 형식적인 부정적인 것은 부정적인 것으로서의 자기 자신과 직접적인 것으로서의 자기 자신을 포함하는 '배가된' 부정적인 것이 되는 것이다. 그리하여 이렇게 배가된 부정적인 것은 첫 번째 부정적인 것이 아니라 이미 두 번째 항이 되며, 부정의 부정 내지는 구별의 구별 혹은 직접성과 매개성의 매개의 드러남인 '합'으로서의 세 번째 항은 네 번째 항이 되어, '삼원적 통일Triplizität, triplicity'이 아니라 '사원적 통일Quadruplizität, quadruplicity'이 성립되는 것이다. 말하자면 첫 번째 직접성 내지는 형식적 부정성과 두 번째 매개성 내지는 절대적인 부정적인 것은 이원성의 관계에 놓여 있다면, '정'과 '반'의 종합으로서 '합'에 이르자마자 방법적 역전의 인식과 더불어 부정적인 것과 직접적인 것으로 이중화된 두 번째 직접성 내지는 배가된 부정적인 것과 이러한 배가된 부정적인 것의 부정으로서의 또 다른 '합' 혹은 더 이상 세 번째 항으로 머물 수 없는 네 번째 항은 앞서 언급된 이원성 관계에 놓여 있는 부정적인 두 항들과 더불어 사원성의 체계를 형성하는 것이다. 정립과 반정립 그리고 이러한 지절들에 선행하는 합으로서의 통일이라는 삼원적 구조는 사실상 부정성내지는 부정적 매개성의 자기관계라는 네 번째 '장Feld, field'(네 번째는 지절이나 관계항이라기보다는 작용-기반의 함의를 갖는 장이라고 해야 할 것이다)의 실체를 드러내기 위한 발판의 구실을 할 뿐이다. 구조적 지표들 간의 관계에 따르자면 세 번째 항이지만, 전체적인 진행과정 자체를 놓고 보면 이러한 진행과정 자체의 작용-기반으로서의 네 번째 작용 공간이라고 할 수 있는 '절대적인' (여기서 절대적이라고 함은 오로지 자기 자신과만 관계하고 자기 스스로 자기를 자기와 매개시킨다는 것을 의미한다) 부정성의 장에서 개념은 "구체적인 동시에 전적으로 집중적인 총체성die concrete, eben so schlechthin intensive Totalität"[58]으로서의 존재가 되는 것이다. 결

---

58 Georg Wilhelm Friedrich Hegel: Wissenschaft der Logik, Zweiter Band, S. 252.

국 헤겔체계의 종결은 개념의 자유로운 작용 공간의 개시인 동시에 이러한 공간에서의 자유로운 활동을 뒷받침해주는 개념의 내적인 집중성인 '집중적 총체성intensive Totalität'의 형성을 의미하는 것이기도 하다.[59]

이 같은 개념의 자유로운 작용 공간의 개시는 헤겔의 이성철학의 체계완결성을 폐쇄된 자족성 내지는 체계와 역사적 발전의 모순성으로 이해해서는 안 되는 결정적인 지점이면서 매개성의 논리를 가능케 해주는 동시에 그 자체로는 매개되지 않은 매개성의 작용 공간의 양태를 전형적으로 지시해주는 지점이기도 하다. 말하자면 새로운 세기의 시작인 1801년, 자신의 시대를 '통일의 힘이 사라져버려 대립들이 생동적인 관계를 맺지 못하고 각 부분들이 외따로 존재하게 되어버린 역동적 매개성과 통일이 없는 시대'로 규정하였던 헤겔이 '지적인 영역에서나 실재의 영역에서 이미 현존하는 것을 생성으로 재인식할 뿐 아니라 역동적인 생산과정으로 파악하기 위한 필연적인 노력'[60]으로서 1816년에 생동적인 매개를 가능케 해주는 직접성의 공간으로서 개념의 자유로운 작용 공간의 개시와 이러한 작용 공간 내에서의 활동근거로서 개념의 내적인 집중성의 형성을 제시하였던 것과 같은 맥락에서, 포스트모던 사상가들은 매개된 전체로서 근원과 절대적 주체에 의거하여 단선적이고 구획화된 진보의 이념을 추구하는 근대를 생동하는 실재의 생산과정으로 파악하기 위한 일환으로 비선형적이고 탈경계적인 결합과 치환의 연쇄가 이루어지고 있는 매개되지 않은 직접성의 유동적 공간과 마주하여 인위적인 결합과 질서로부터 자유로운 이러한 공간 내에서의 이완작용이 야기시킬 수 있는 새로운 가능성 조건들을 모색하고 있는 것이다.

만일 헤겔의 주장이 도식화된 매개성에 기초한 모더니즘의 거대서사들에 대해 그 출발점에 위치해 있었던 본래적인 의미의 생생한 매개성 내지는 역동적 매개성의 사유로서 형식화된 매개성을 극복하고자 하는 계기로 작용할 수 있다면, 새로운 의미의 매개성의 사유를 주창한 헤겔에게서 매개의 근거 내지는 매개성 자체가 없는 비선형적이고 탈경계적인 결합과 치환의 끝없는 연쇄작용의 공간인 포스트모던적인 직접성 사유의 원론적 근거가 찾아질 수 있을 것이다.

---

59 김윤상, 『존재의 모험』, 인간사랑, 서울: 2004, pp.162-165 참조.

60 각주 49 참조.

3.3 뷔르거와 함께 뷔르거에 대립하여

헤겔의 이러한 역동적 매개성 내지는 매개를 가능케 해주는 직접성의 공간에 대한 사유를 파악하지는 못했지만 헤겔의 매개성 사상에서 근대의 사유의 원형을 보았던 독일의 문예학자 페터 뷔르거Peter Bürger(1936-2017)는 우연치 않게도 포스트모던 사상가들의 기본적인 사유태도를 '직접성의 사유'로 규정한다. 비록 반대의 전제로부터 출발하여 동일한 귀결에 이르렀을지라도 그의 논증적 귀결이 갖는 유의미성이 본인이 입장과 유사한 지평에 놓여 있기에, 그의 소위 '포스트모던적 사유의 근원적 지표로서 직접성의 사유'를 살펴볼 필요가 있을 것이다. 뷔르거는 무엇보다 포스트모던적 사유가 기본적으로는 헤겔의 사유형태의 도움을 받아 헤겔로부터 벗어나고자 한다고 한다. 즉 헤겔의 '주인과 노예의 변증법Dialektik von Herr und Knecht'의 기본논리 자체를 거부하는 것이 아니라 바로 이러한 논리에 의거하여 포스트모던적 사유는 소위 '노동과 진보 또는 해방 등과 같은 끝없는 매개의 과정으로서 근대의 자기이해를 형성하는 노예의 사유로부터 벗어나 근대의 범주들 자체에 문제를 제기하면서 죽음과 직접 대면하는 직접성의 사유로서의 주인의 사유로 향하고자 한다'[61]는 것이다.

헤겔의 주인과 노예의 변증법은 한 마디로 간략히 요약할 수 없을 만큼 헤겔 변증법의 전체체계와 연관을 가지지만, 본 논의의 맥락을 위해 위험을 무릅쓰고 그 핵심적 논증을 요약하자면 다음과 같을 것이다. 헤겔의 주인과 노예의 변증법은 그의 『정신현상학*Phänomenologie des Geistes*』의 '자기의식Selbstbewusstsein' 장에 등장하는 개념장치이다. 헤겔은 자기의식 개념을 세 가지 계기들로 설명한다. 그 첫 번째 계기로서, 자기의식의 최초의 직접적 대상은 '구별되지 않은 순수한 자아rein ununterschiedenes Ich'로 규정되며, 두 번째 계기에 따르면, 이러한 직접성은 그 자체로 '절대적 매개absolute Vermittlung', 즉 독자적 대상의 지양으로서만 존재하는 것 혹은 '욕망Begierde'이 된다. 세 번째 계기에서는 자기의식의 '이중화Verdopplung', 즉 자기 자신에게서 자신의 타자 내지는 차이를 정립하고 이러한 정립 속에서 독자적인 존재가 되는 이중화가 일어난다.[62] 여기서 헤겔은 은유적인 표현방식으로 후자를 '주인

---

61 Peter Bürger: Ursprung des postmodernen Denkens(이후로는 Bürger UpD로 약칭), Velbrück Wissenschaft: Weilerswist 2000, S. 153.

62 Georg Wilhelm Friedrich Hegel: Phänomenologie des Geistes(이후로는 Hegel PG로 약칭), in: Gesammelte Werke, Bd. 9, Hamburg 1980, S. 108.

Herr'으로 전자를 '노예Knecht'로 규정한다. '자기 스스로 존재하는 의식für sich seyendes Bewußtseyn' 혹은 '대자적 존재의 직접적 관계unmittelbare Beziehung des Fürsichseyns'인 주인은 다른 '대자적 존재Fürsichseyn'를 통해서만 존재하는 '매개된 대자적 존재'이기도 하다. 그리하여 주인은 욕망의 대상인 '사물Ding'과 이것에 대한 의식인 '사물성Dingheit'에 대해 직접적인 관계를 가지는 동시에 자신의 타자를 통해 각각에 대해 매개적인 관계를 갖게 된다. 말하자면 "주인은 독자적 존재를 통해 노예와 매개적인 관계를 갖는 것이다"(Hegel PG 113). 또한 주인은 노예적 존재를 좌우하는 권력이고 노예적 존재는 다른 존재들을 좌우하는 권력이기에 주인은 이러한 다른 존재들을 자기 밑에 두는 것이다. 마찬가지로 "주인은 노예를 통해 사물과 매개적인 관계를 갖는 것이다"(Hegel PG 113). 그리하여 사물과 자기 자신 사이에 노예를 위치시킨 주인은 사물의 비독자성과 결부되며 사물의 독자성은 사물을 직접 다루는 노예에게 위임된다.

그러나 이러한 주인과 노예의 관계가 '인정Anerkennen'의 관계에서 고찰될 경우 새로운 이해가 이루어진다. 즉 노예는 주인이 인정되도록 해주는 계기로서 대자적 존재의 위상을 지양하고 주인이 자신에게 했던 바로 그러한 행위를 수행하게 되는 것이다. 그 결과 노예의 행위는 주인의 고유한 행위라는 사실이 이해되며 주인은 '순수한 부정적 권력die reine negative Macht'으로 그리고 노예는 '비본질적인 행위unwesentliches Thun'로 규정되게 된다. 이 같은 비본질적 행위의 주체인 비본질적 의식으로서의 노예는 본질적인 혹은 독자적인 의식으로서의 주인이 작용한다는 것을 확실하게 드러내주는 "주인 자신의 확실성의 진리die Wahrheit der Gewißheit seiner selbst"(Hegel PG 114)인 것이다. 그 결과 주인의 본질은 주인이 갖추고자 하는 모습과는 정반대되는 모습이라는 사실이 드러나듯이, 노예의 본성은 노예의 실질적인 수행과정에서 노예의 직접적인 존재형태와 반대의 것이 되는 것이다.

"세계형성적인 주체"(Bürger UpD 153)로서의 이러한 노예의 사유에서 근대의식 전체는 아니지만 근대의식의 전형을 발견할 수 있다고 생각한 뷔르거는 노예의 사유를 근대 스스로가 만들어낸 이미지, 즉 "죽음이 세계의 형상화를 가능케 해주는 추동력으로서 존재하고 있는 이미지"(Bürger UpD 154)로 규정한다. 그도 그럴 것이 헤겔에 따르면, 비본질적인 의식으로서 노예의 의식은 "이러저러한 본질에 대해서도 아니고 이러저러한 순간을 위해서도 아닌 오직 자신의 전체 본질에 대해서 공포를 가지고 있었다. 왜냐하면 그것은 절대적 주인인 죽음의 공포를 감지해왔기 때문이다. 그것은 그러한 죽음의 공포 속에서 내적으로 용해되어 자기 자신 안에서 두려움에 떨어 왔으며 모든 고정된 것 역시 전율하였던 것이다. 이러한 '순수한 보편적 운동, 모든 존속의 절대적 유동화die reine allgemeine Bewegung, das absolute Flüssigwerden alles Bestehens'는 자기의식의 순전한 본질이자 절대적 부정성이며 순수한 대자존재이다"(Hegel PG 114). 노예적 의식이 감지하고 있는 죽음의 공포는 노예적 의식의 본질인 주인에 대한 공포이며 더 나아가 절대적 주인이라고 할 수 있는 죽음에 대한 공포이기에 죽음은 노예의 노동을 가능케 해주는 가능성 조건인 것이다. 뷔르거가 말한 근대의 자기 이미지는 바로 자신의 전체 본질에 다름 아닌 죽음의 공포라는 가능성 조건하에서 이루어지는 노예적 의식의 전율, 즉 죽음으로부터 죽음을 향해 진행되는 매개 작용의 끝없는 전율의 모습인 것이다.

죽음에 대한 전율과 공포 자체를 존재기반으로 하고 있는 이러한 근대의 사유와는 달리 탈근대적 사유에서는 대립관계들이 서로 매개됨 없이 직접 용해되어 있다고 하면서 뷔르거는 바타이유Georges Bataille(1897-1962), 블랑쇼Maurice Blanchot(1907-2003), 데리다와 같은 프랑스 사상가들이 이러한 직접성의 이념을 근거로 하여 포스트모던적 사유의 기초를 닦았다고 주장한다. 예컨대 블랑쇼의 경우, 직접성 양태는 글쓰기 과정에서 가시화된다고 한다. 그에 따르면, 글 쓰는 자는 사태에 가장 가까이 머물면서도 언어를 통해 사태로부터 분리되는바, 구분할 수 없을 정도로 가까이에 있는 사태는 우리가 그것을 언어로 표현할 수 있다고 생각하자마자 우리로부터 벗어나게 된다는 것이다. 그리하여 블랑쇼에게서 글쓰기란 직접적 사태가 현존하는 동시에 부재하는 무한한 유예의 공간을 창출하는 것으로 여겨진다. 말하자면 글쓰기란 우리가 직접성을 경험할 수 있는 유일한 통로가 되는 것이다. 글쓰기 공간에서는 세계와의 관계가 언어에 의해 차단되어 글 쓰는 자를 살아 있는 죽은 자로 만들게 된다:

> "글 쓰는 자로서 작가는 자신을 노동하는 무로 경험해왔으며, 그가 글을 쓴 후에는 자신의 작품이 사라진다는 경험을 하게 된다. 작품은 사라진다. 그러나 사라짐의 사실은 유지되며 본질적인 것으로서 현상한다. 말하자면 사라짐의 사실은 작품으로 하여금 역사의 진행과정으로 진입함으로써 자기 자신을 실현시키며, 사라짐으로써 자기 스스로를 실재화시키도록 해주는 운동으로 현상하는 것이다.

(écrivant), il a fait l'épreuve de lui-même comme d'un n'eant au travail et, après avoir écrit, il fait l'épreuve de son œuvre comme de quelque chose qui disparaît. L'œuvre disparaît, mais le fait de, disparaître se maintient, apparaît comme l'essentiel, comme le mouvement qui permet à l'œuvre de se réaliser en entrant dans le cours de l'histoire, de se réaliseren disparaissant."[63]

블랑쇼에게서 글 쓰는 자와 글 쓰는 자의 글은 노동하는 무와 사라짐의 관계에 부합된다. 노동하는 무의 작용은 죽음을 죽이는 작용이며, 노동하는 무에 의해 생산된 작품은 자신의 죽음을 통해 대립이 없이 대립 관계들이 직접적으로 놓여 있는 실재의 세계로 나아가게 되는 것이다. 이 같은 직접성의 사유는 소위 포스트모던 사상가들의 기초자들에 다양하게 규정하는 "사유공간 내지는 경험공간Denk-und Erfahrungsraum"(Bürger UpD 163)으로서, 하이데거에게서는 "인간에게 자기화의 길을 열어준 실존적 공포"로서, 브르통에게서는 "매번 유예되는 미래의 기대"로서, 바타이유에게서는 "위반의 경험 가운데서 이루어지는 죽음의 가장행위"로서, 그리고 블랑쇼에게서는 "글쓰기의 행위 속에서 이루어지는 자기상실"(Bürger UpD 164)로서 나타나는 것이다.

뷔르거는 프랑스 철학자이기는 하지만 직접성의 사상가들의 무리에 포함시키기 어려운 사람으로 데리다를 든다. 뷔르거에 따르면, 데리다는 오히려 직접성 내지는 현전의 사유를 비판하면서 비현전성의 사유를 주창하였다고 한다. 데리다에 따르면, 기존의 의식의 철학에서 의식은 스스로를 현재화시키기 위해 항상 언어적 기호를 필요로 하지만, 각각의 언어적 기호는 현존하지 않는 다른 기호들, 즉 기호들 간의 음성적 차이들에 의존한다고 한다. 직접적인 현존의 경험이 다른 기호들과의 차이를 통해서만 의미를 갖게 되는 언어적 기호들을 통해 매개되는 한에서, 의식의 현재성은 항상 일정한 비현재성을 통해 이미 매개되어 있다고 할 수 있다. 말하자면 의식의 현재성이란 환영일 뿐인 것이다. 이러한 환영은 기호들의 끝없이 전개되는 유예과정들에 대립하여 확고한 지지대를 마련하고서 이로부터 의미생산을 컨트롤해야 한다는 요청으로부터 생겨나는 것이다(Bürger UpD 165 참조). 따라서 데리다는 언어의 무한한 유예를 지배한다고 여겨져 온 직접적 현재성을 추구하는

63 Maurice Blanchot: La Littérature et le droit à la mort, in: ders. La Part du feu, Paris: Gallimard 1972, p.299f.

것에 맞서 확고한 '지지대의 보장이라는 가상을 제공해주는 현존성을 파괴시키는'[64](Bürger UpD 166 참조), 지배될 수 없는 언어적 유예의 유희작용을 정립시키고자 한다.

그러나 이 같은 비현전성의 사상가인 데리다는 뷔르거가 보기에 초현실주의자의 통찰에 못 미치는 사상가에 불과하다. 그 이유는 데리다가 『마르크스의 유령*Spectres de Marx*』에서 "기대지평이 없는 기대"로서의 "가상적 사건들의 가능성"[65]을 언급하는 데 그치고 있을 뿐, 초현실주의자들이 주장한 '항상 목전에 있으면서 항상 유예되는 직접적 사건'을 보지 못했기 때문이라는 것이다. 물론 뷔르거의 이 같은 데리다 평가는 피상적이다. 왜냐하면 데리다는 우선 자신의 '문자gramma' 개념을 통해 더 이상 "현존/부재라는 대립쌍으로부터 생각될 수 없는" 새로운 의미의 "구조 내지는 운동"[66] 혹은 기호들 간의 상호작용이 이루어지는 '비-장소'를 해명하고자 하였기 때문이다. 더 나아가 데리다는 로고스의 죽음이 통고되고 있는 장소로서 기능하는 동시에 한 요소와 다른 요소 간의 지시작용의 "능동성 내지는 수동성과 관련하여 미결정 상태를 지시하고 있으며, 또한 아직 이러한 대립으로부터 규정될 수는 없지만 이러한 대립 속으로 정렬될 수 있는 것을 지시하는"[67] 차이와 유예의 동시적 작용 공간인 '차연Différance' 개념을 통해 "차이들의 유희 작용 내에서의 발생적 운동"[68]을 규명하고자 하였던 것이다.

어쨌건 헤겔의 매개성 사상에서 근대의 사유의 원형을 보았으며 이러한 근대의 사유와의 긴장관계 속에서 포스트모던 사상가들의 기본적인 사유태도를 '직접성의 사유'로 규정하였던 뷔르거는 근대의 지표인 '분리가 강제 없이 견지되는 상태'(Bürger UpD 168 참조)를 그나마 포스트모던 사상가들에게서 건질 수 있는 긍정적인 측면이라고 생각한다. 그러나 만일 뷔르거가 포스트모던 사상가들로부터 건져낸 '분리의 강제가 없는 견지'의 이념이 헤겔의 역동적 매개성 내지는 매개를 가능케 해주는 직접성의 공간에 대한 사유와 결부되어 내포와 외연의 측면에서 확장된다면, 포스트모던 사상의 지형 내에서 새로운 의미화 가능성을 구축하는 것이 가능할 것이다. 말하자면 헤겔의 바람대로 굳어져 있는 대립들이

---

64 Jacques Derrida: L'Écriture et la différence, Paris: Seuil 1979, p.426.

65 Jacques Derrida: Spectres de Marx, Paris: Galilée 1993, pp.267-268.

66 Jacques Derrida: Positionen (Positions, Editions de Minuit, Paris 1972), Graz · Wien · Böhlau 1986, S. 67.

67 Ibid. S. 68.

68 Ibid. S. 68.

서로 팽팽한 긴장관계를 이루면서 서로 상호작용하는 관계의 장이자 대립관계요소들이 대립의 근거나 기준에 구애받지 않고 서로 어우러져 있는 중력장, 또는 치환과 전이의 끝없는 연쇄관계 속에 있는 다양한 차이들의 힘들이 작용하고 있는 은유의 장이 구축된다면, 모던과 포스트모던의 단절이냐 아니면 결절적인 결합이냐 혹은 연속이냐의 논란이라든가 앞서 논의된 바 있듯이 혼종적 층위화냐 아니면 변증법적 다국면성이냐의 논란은 보다 생산적인 국면으로 모아지게 될 수 있을 것이다.

4. '전환'의 퍼레이드

20세기 말/21세기 초에 인문학 영역의 글로벌한 층위에서 근본적인 '전환turn'의 목소리들이 다양하게 제기되어왔다. 예컨대 문화연구 및 문화학적 연구경향으로의 전환을 의미하는 '문화적 전환cultural turn', 정신사적이고 선적인 연구경향으로부터 동시대적이고 지형학적인 연구경향으로의 전환을 의미하는 '공간적 전환spatial turn' 혹은 '지형학적 전환topographical turn', 이성적 시선과 감각적 시선 간의 이중적 관계 및 이미지 작용의 독립과 관련된 연구경향으로의 전환을 의미하는 '시각적 전환visualistic turn', 이미지, 그림, 매개 등이 갖는 문화사적 연구경향으로의 전환을 의미하는 '아이콘적 전환iconic turn' 혹은 '회화적 전환pictorial turn' 그리고 마이너리티, 이민자, 디아스포라, 문화적 혼융, 인종학 및 문화인류학적 측면들에 대한 연구경향으로의 전환을 의미하는 '인간학적 전환anthropological turn' 등이 주창되어왔다. 이러한 전환들은 통시적이고 발생사적인 연구와 공시적이고 문제사적인 연구, 위계적 질서체계에 의거한 방법적 접근과 유비적 질서체계에 의거한 방법적 접근, 심층적 의미탐구와 표면적 이미지 연구 내에 존재한다고 여겨져 왔던 이분법적 (위계)질서를 단순히 해체하거나 서로의 위치를 전환하는 식이 아니라 그 두 인자들이 이루어 왔던 역사적 작용 공간과 그 둘이 이루고 있는 역동적 긴장관계로부터 새로운 패러다임을 모색하는 것에 중점을 두고 있다.

4.1 문화적 전환

우선 위의 다양한 '전환들' 중 가장 포괄적인 개념이라 할 수 있는 '문화적 전환'은 독일어권의 의미맥락과 영어권의 의미맥락의 구분하에 고찰될 필요가 있다. 독일어권에서 '문화적 전환'을 이야기할 수 있는 시기는 최근의 논의에 한정될 수 없을 정도로 긴 역사를 지니고 있다. 비록 '사회적으로는 주변부적 위치에 처해졌고, 인식론적으로는 은폐되어 있었으며, 정치적으로는 박해받기까지 한 지성사적 흐름'[69]으로서 이미 백여 년 전부터 논의

---

69 Lutz Musner, Gotthart Wunberg und Christina Lutter (hrsg.): Cultural Turn. Zur Geschichte der Kulturwissenschaften, Wien 2001, S. 7.

되기 시작한 '문화학Kulturwissenschaften'은 1980년대 이래로 소위 '정신과학Geisteswissenschaften'의 계승자이자 개혁프로젝트인 동시에 '학제 간 및 초학제 간 연구영역inter-und transdisziplinäres Forschungsfeld'으로 파악되기 시작하였다. 기존의 전통적 인문학인 정신과학이 역사와 문학 및 개별예술들에서 인간정신이 객관화되어온 양태들을 연구하는 것에 초점을 맞추고 있었다고 한다면, 문화학은 자문화 및 타문화의 다원적 표현 형태들을 다양한 각도에서 분석하는 것에 집중하고자 하였다.

이처럼 다원주의적 성격을 갖는 문화학의 기본적인 지향점을 '문화적 전환die kulturelle Wende' 혹은 '문화학적 전환die kulturwissenschaftliche Wende'[70]이라고 할 수 있다면, 이 같은 문화학적 전환은 다음과 같은 세 가지 지표들로 특징지어질 수 있을 것이다.

첫 번째 지표는 '사회분석과 문화분석의 결합'[71]이다. 사회연구를 위한 주도적인 모티브로서 상징적 형식들과 문화적 실천양태들이 주목받기 시작함으로써, 한편으로 근대화 과정과 관련하여 도시사회학적인 새로운 인식들이 이루어질 수 있었으며 (게오르그 짐멜과 카밀로 지테의 경우), 다른 한편으로 문화를 사회적 갈등의 장으로 파악하는 정치이론들(오스트리아 맑시즘)이 발전될 수 있었다. 뿐만 아니라 엘리트 문화와 대중문화의 관계를 테마화하는 새로운 형태의 문학 및 사회과학이 모습을 드러낼 수 있었다(예컨대 문화연구).

두 번째 지표는 '문화적 전환의 자기반성적 차원'[72]이다. 인식론적 측면에서 주체와 객체의 관계에 대한 새로운 규정의 필요성은 일차적으로는 대상규정에 직접적으로 관여하여 논증에 앞서 논증의 토대를 반성하게끔 하였으며, 이와 더불어 모더니즘 시기에 이루어진 텍스트적 유희에 대한 재반성을 통해 재현의 문제를 다시금 비판적 논의의 대상으로 삼도록 함으로써 후기구조주의 및 젠더연구 그리고 신역사주의 등의 이론적 경향들과 생산적인 교류를 하도록 하였다.

세 번째 지표는 '겉보기에 서로 연관이 없어 보이는 미디어들과 담론들 그리고 텍스트들 간의 상호작용에 대한 새로운 시선'[73]이다. 기존의 전통적 담론이 고정된 의미나 사물

---

70 Doris Bachmann-Medick(Hrsg.): Cultural Turns. Neuorientierungen in den Kulturwissenschaften, Hamburg 2006.

71 Lutz Musner, Gotthart Wunberg und Christina Lutter (hrsg.): Cultural Turn, S. 8.

72 Ibid. S. 8.

73 Ibid. S. 9.

을 지시해주는 표기 등과 같이 일의적이고 단선적인 의미화 작용에 주목하였다면, 문화적 전환의 경향은 사물들 간의 관계라든가 '사이공간' 내지는 '사이관계' 등에 주목하여 텍스트와 텍스트 해석 및 이미지와 이미지 해석 간의 관계에 새로운 독해 방식들을 가능케 해주었다. 이러한 새로운 시선은 '주해' 및 '인용'의 기저에 놓여 있는 끝없는 의미생성사슬구조를 작용시킴으로써 결국 문화적 위계질서에 대한 근본적인 재성찰을 야기할 수 있었다.

이러한 독일어권에서의 '문화적 전환'에 비해 영어권에서의 '문화적 전환'은 다소 차이를 보인다. 사회문화적인 차원에서 그 누구보다도 민감하게 '문화적 전환'의 징후를 간취한 프레드릭 제임슨Fredric Jameson(1934-)은 포스트모던한 사회의 전형으로서 '이미지 사회 image society'[74]를 이야기한다. 제임슨에 따르면, 이미지 사회에서 "하루에도 수천에 달하는 이미지들의 […] 폭격에 노출되어 있는 인간주체들은 […] 시공간 및 실존적 경험만이 아니라 문화적 소비에 대해서도 매우 상이한 관계를 형성하며 살아가기 시작한다"[75]라고 한다. 정량화된 시공간 개념의 변형, 이미지의 가상적 체험이 가져다주는 짜릿함의 경험, 필요가 아닌 소비 자체로부터 야기되는 소비욕구 등은 끝없는 이미지들의 연쇄 메커니즘 내에서 산출되는 효과들인 것이다. 제임슨은 바로 이러한 이미지 사회의 작동구조 속에서 문화적 전환의 징후를 감지한다. 즉 바로 새로이 모습을 드러내는 이미지적 사회구조에서 "문화영역 자체는 시장사회와 동일한 외연을 가지면서 확장되어왔던 바, 이러한 과정에서 문화적인 것은 이전의 전통적이거나 실험적인 형식들에 한정되는 것이 아니라, 일상적인 삶 자체를 통해 쇼핑, 직업 활동, 종종 텔레비전에 의존한 다양한 여가형태들, 시장을 위한 생산, 시장생산물의 소비, 일상의 가장 은밀한 접경지역들과 모서리들 속에서 소비되는 것이다. 이제 사회적 공간은 완전히 이미지의 문화로 가득 차게 되었다."[76] 포스트모던한 미국사회에서 이미지의 범람을 야기했던 '뉴 미디어'는 인종과 연령대를 막론하고 거의 모든 이가 참여하는 새로운 문화를 가져왔으며, 1980년대 이래로 이러한 뉴 미디어와 현대예

---

74 Fredric Jameson: The Cultural Turn. Selected Writings on the Postmodern, 1983-1998, Verso: London and New York 1998, p.110.

75 Ibid. pp.110-111.

76 Fredric Jameson: The Cultural Turn, p.111.

술은 미국적인 포스트모던한 문화를 이끌게 될 문화적 전환을 창출하는 데 결정적인 기여를 하였던 것이다. 그리하여 전반적으로 '문화화된culturalized' 일상적 삶의 현실은 정치를 문화로 포섭되도록 이끌 수 있었으며, 여기에 문화적 전환은 지배적인 경향으로서 관철되었던 것이다.

4.2 공간적 전환

사회문화 전반에 걸쳐 소위 '역전의 역전'[77]의 모습으로 진행된 문화적 전환은 사회과학 및 인문과학의 영역에서 패러다임 전환의 문제의식과 맞물려 또 하나의 '전환'을 야기하게 된다. 거칠게 말해 기존의 전통적 담론 혹은 모더니즘의 담론이 시간적 계열을 근간으로 역사철학적 발전 내지는 진보의 이데올로기를 주창하였다고 한다면, 소위 포스트모더니즘 담론은 '문화적이고 사회적이며 미적인 공간'을 비롯하여 이러한 공간을 구성하는 개별 지표들 간의 '지형학적 위상'을 근간으로 하는 탈이데올로기적인 생성과 은유의 사유를 모색하였으며, 이 같은 모색의 한 가운데에 '공간적 전환spatial turn'의 경향이 자리잡고 있는 것이다.[78]

'공간적 전환'이라는 개념은 광범위한 파급력을 지닌 고유의 잠재력에도 불구하고 다소 다른 맥락에서 처음 사용되었다. 미국의 인문지리학자인 에드워드 소자Edward Soja(1940-2015)가 맑시즘의 역사적 유물론에서 경시되었던 공간적 사유가 60년대 이래로 특히 앙리 르페브르Henri Lefebvre(1901-1991)[79]를 통해 새로이 시도되었다고 주장하면서 공간담론의 필요성을 역설하였을 때, '공간적 전환'이라는 표현이 처음 사용되었는데, 유감스럽게도 그의 체계 내에서 '공간적 전환'이라는 개념은 사유패러다임의 전환을 가져올 만큼 결정적인 역할을 하지는 못했다.[80]

---

77 역전의 역전(reversal of reversal): 지식과 언어라는 기존의 문화적 업적이 현실적 삶 자체가 아닌 그것의 역전의 모습으로서 기능해왔다고 할 때, 문화적 전환이 지향하는 바는 그것의 역전인 '역전의 역전'인 셈이다. 물론 기존의 문화적 업적을 단순히 역전시키는 일 자체가 가능하지도 않으려니와 설사 그것이 가능하다고 해도 기존의 문화적 업적을 역전시키는 작업 자체가 다른 패러다임에 의거하지 않는 한 기존의 문화적 업적과 동일한 효과를 낼 수밖에 없는 문제가 여전히 존재한다. 따라서 여기서 의도하는 '역전의 역전'은 순전히 '전략적으로 취해진 역전효과'의 의미로만 이해될 필요가 있을 것이다.

78 Fredric Jameson: Postmodernism, or The Cultural Logic of Late Capitalism, Duke University Press, 1991, p.154ff.

79 Henri Lefebvre: La Production de l'espace, Edition Anthropos, Paris 1974.

80 Edward Soja: Postmodern Geographies. The Reassertion of Space in Critical Social Theory, Verso: London/New York 1989. 소자

그러는 사이에 사회과학을 비롯하여 인문과학과 심지어 종교학의 영역에서조차 공간담론과 관련한 다양한 논의들이 전개되었다.[81] 이 같이 공간담론이 학문의 각 영역들에서 영향력을 발휘하게 된 것은 공간을 연구대상으로 삼기 때문이라기보다는 '공간적으로 사유하기'라는 새로운 사유패러다임이 가능하게 되었기 때문이다. 말하자면 '인간집단이나 문화양태들이 담겨져 있는 저장고 내지는 그릇'이 아니라 개별인간들이나 문화들의 행동양태들로부터 생겨나는 '사회적 관계망'의 함의를 지니는 공간 개념에 의거하여 상징적 체계들과 네트워크들, 문화 지리학과 지리정치학, 아카이브의 질서체계와 문서학, 커뮤니케이션과 교통의 공간질서, 전통의 전수통로, 이민과 여행, 문화적이고 문학적인 과정들의 중첩과 집중, 자문화 영역과 타문화 영역, 세계문학과 글로벌리제이션, 그리고 마이너리티와 지역화 문제들을 다루는 소위 '공간적 사유'가 가능해지게 된 것이다.

'공간적 전환'과 같은 맥락에서 보다 구체화된 형태로 문화학의 현대적 가능성 조건을 제시한 또 다른 '전환'은 바로 '지형학적 전환topographical turn'이다. 독일의 여류 문예학자이자 문화학자인 지그리트 바이겔Sigrid Weigel(1950-)은 『문화시학*KulturPoetik*』이라는 저널에서 공간적 전환의 방향을 제시해주는 중요한 논문을 발표한다. 「지형학적인 전환에 대하여*Zum topographical turn. Kartographie, Topographie und Raumkonepte in den Kulturwissenschaften*」[82]에서 바이겔은 영미권의 문화연구에서 논의된 공간담론들에 대해 일정한 비판적 거리를 취하면서 '공간적 전환'의 좌표를 새로이 규정하고자 한다. 무엇보다 바이겔은 영미권의 문화연구 논의들이 유럽에서 유래된 논의들을 "역사적이고 문화적으로 중립적인 도구들로 사용"[83]하여 본래적인 함의들을 놓치고 있다고 비판하면서, 철학적이고 사회학적이며 인

는 이 책에서 두세 번 '공간적 전환' 개념을 언급하고 있지만(p.16, 50, 154), 결정적인 함의를 지니는 맥락하에서 사용하지는 않고 있다.

81 Daniela Ahrens: Grenzen der Enträumlichung. Weltstädte, Cyberspace und die transnationalen Räume in der globalisierten Moderne, Opladen 2001; James S. Duncan (ed.): A Companion to Cultural Geography, Malden/Oxford/Carlton 2004; Jörg Dünne/Stephan Günzel(Hrsg.): Raumtheorie. Grundlagentexte aus Pilosophie und Kulturwissenschaften, Frankfurt a.M. 2006; Jesper Falkheimer/André Jansson(ed.): Geographies of Communication. The Spatial Turn in Media Studies, Göteborg 2006; Stephan Günzel(Hrsg.): Topologie. Zur Raumbeschreibung in den Kultur- und Medienwissenschaften, Bielefeld 2007; Karl Schlögel: Im Raume lesen wir die Zeit. Über Zivilisationsgeschichte und Geopolitik, München 2003; Sigrid Weigel: "Zum 'topographical turn'. Kartographie, Topographie und Raumkonzepte in den Kulturwissenschaften", in: KulturPoetik, Jg. 2, Heft 2, 2002.

82 Sigrid Weigel: Zum topographical turn. Kartographie, Topographie und Raumkonepte in den Kulturwissenschaften, in: KulturPoetik Bd. 2, 2 (2002).

83 Sigrid Weigel: Zum topographical turn, S. 159.

간학적인 공간담론을 근거 규정하고자 한다. 이러한 비판과 근거 규정의 의도는 한편으로 공간적 전환이 인종성에 관한 대응담론의 의도를 담고 있는 정치적 프로젝트에 다름 아니라는 사실을 입증하는 동시에, 다른 한편으로는 지형학적 전환이 공간적 전환의 뿌리라는 사실을 드러내는 것이다. 물론 영미권의 문화연구에 대한 바이겔의 이러한 비판적 거리두기는 그 자체로 논리적 모순을 범하고 있기는 하다. 왜냐하면 지형학적인 전환의 핵심이 단선적 발전에 대립되는 동시에 문화적 동일성과 지리적 규정성 간의 미끄러짐을 보여주는 데에 놓여 있는 반면, 그녀는 자신이 옹호하고 있는 유럽적인 전통적 이론들을 지리적으로 규정하고 있으며 또한 그러한 지리적으로 규정된 이론들이 다른 문화들로 이주해간 형태를 의심의 눈초리로 바라보고 있기 때문이다.

그러나 공간적 전환의 맥락에서 바이겔의 '지형학적 전환'이 갖는 의미는 다른 곳에 있다. 말하자면 그녀의 '지형학적 전환'은 문화학 내지는 문화연구의 공간분석에 좌표를 제시해줄 방법론적 단초를 제공해주고 있는 것이다. 그녀에 따르면, "공간은 더 이상 어떤 사건들이나 이 사건들에 대한 설명의 출발점이 되는 원인이나 근거가 아니라, 일종의 텍스트로서, 즉 그것의 기호들이나 흔적들이 기호학적이고 문자학적으로 또는 고고학적으로 해독될 수 있는 그러한 텍스트로서 고찰"[84]되어야 한다고 한다. 말하자면 공간은 텍스트로 혹은 언어처럼 해독 가능한 것으로 변화된 곳에서 비로소 문화분석의 대상이 될 수 있다는 것이다. 따라서 공간들은 문자적인 작동들의 산물로서만 이해될 수 있다는 점에서 '지형학Topographie'은 가장 기준이 되는 문화학적인 연구대상이라는 것이다.

바이겔의 이 같은 '지형학적 전환'의 방법론적 함의를 포괄하면서 '문화적 지형학'이 갖는 일반적 함의를 제시한 이는 바로 독일 문화학계의 대표적 학자인 하르트무트 뵈메 Hartmut Böhme(1944-)이다. 그는 문화학적 지형학을 다음과 같이 열한 가지로 요약한다.[85]

1. 지형학적 지세들은 공간들이 행동에 직접 관여적인 것으로 표기되도록 해주는 공간적 질서체계들이다. 따라서 지형학적 지세들은 일정하게 방향 지어진 운동을 가능케

84 Sigrid Weigel: Zum topographical turn, S. 160.

85 Hartmut Böhme: Einleitung: Raum–Bewegung–Topographie, in: Topographien der Literatur. Deutsche Literatur im transnationalen Kontext, hrsg. v. Hartmut Böhme, Stuttgart und Weimar 2005, SS. XIX-XX.

해주는 '기호학적으로 조직화된 공간'을 나타내준다.

2. 지형학적 지세들의 행동 관여성은 이러한 지형학적 지세가 현존하는 행동들의 기록일 뿐 아니라 가능한 행동들의 예시이기도 하다는 것을 의미한다. 따라서 지형학적 지세들은 행동들의 예비적 형상화이며, 행동의 공간을 수행하는 것이다.
3. 지형학적 지세들은 공간 내의 사물들과 생명체들 및 인간들의 분할과 재발견 내지는 지향적 운동을 위한 기록체계들이다. 이를 통해 지형적 지세는 사회의 신진대사를 가능케 해준다.
4. 지형적 지세들은 이중적 의미의 묘사들이다. 즉 그것들은 존재하는 것에 대한 묘사인 동시에 묘사과정 자체에서 비로소 산출되는 것에 대한 묘사이다. 그리하여 지형적 지세 내에는 모든 지형적 지세들의 재현적 차원과 수행적 차원이 동시에 들어있는 것이다.
5. 지형적 지세들은 방향을 코드화 하고 가능한 운동들을 통해 방향을 설정하며 진행루트들을 미리 가리켜주며, 가능한 목표들과 위치들을 나타내주고, 각종 위험들과 사건들에 관한 내러티브를 포함할 수 있는 장소 및 경로규정들로 이루어져 있다.
6. 방향의 공간성은 육체의 방향설정을 규정해주는 상징적 귀속체계들(좌우, 앞뒤, 위아래, 여기저기 등)과 인간의 육체에서 출발한다. 이 같은 방향의 공간성은 탈주체적이고 이행적인 지형적 지세들을 공간적인 함의를 지니는 육체적 운동으로 옮겨놓을 수 있는 능력이다.
7. 장소 및 경로규정 그리고 방향공간성 등은 지형적 지세 내에서 지도, 그림이미지, 격자 그물망, 좌표, 동역학적 기록체계, 공간기술 등을 통해 문화적으로 기호화되어 있는 동시에 매체화되어 있다.
8. 지형학적 지세들은 삼중적인 독해능력을 요구한다. 한편으로 우리는 2차원적인 그래픽 지형 내지는 언어적 지형지세를 공간적으로 표상할 수 있어야 한다. 다른 한편으로 우리는 실재공간 안에서 기록된 장소와 경로들을 재인식할 수 있어야 한다. 마지막으로 지도상의 정보는 육체적인 방향공간성으로 옮겨질 수 있어야 한다.
9. 지형적 지세는 문화적으로 방향 지어진 공간이다. 이와 대립된 것이 카오스 내지는 야생의 상태라 할 때, 지형적 지세는 카오스와 야생적 상태를 길들이기 위한 공간질서체계이다.
10. 지형적 지세는 행동들을 확장하고 운동을 정례화하는 기능들이다. 지형적 지세는 권력과 통제를 증대시키는 것이므로, 권력은 공간 내에서 사물들과 생명체들의 위치와 운동을 일정하게 조절하는 작용이라고 할 수 있다.

11. 서로 겹쳐져 있고 결합되어 있거나 중첩되어 있는 수많은 지형적 지세들이 존재한다. 지형적 지세들은 육체적 공간과 실재 공간 간의 사이공간으로부터 야기되는 고유한 객관성을 가진다.

결국 이러한 문화적 지형학의 지표들에서 볼 수 있듯이, 문화적 공간질서들은 다차원적인 특성을 지니는 물질적이고 상징적인 실재들의 병치를 비롯하여 그것들의 상호교섭과 중첩을 일정하게 조직화시키고 있는 것으로 밝혀지며, 아울러 인간의 신경생리학적인 능력들 자체 역시 지형학적으로 조직화되어 있다는 사실이 드러나는 것이다. 특히 이러한 신경생리학적인 능력들은 주체들로 하여금 이미 객관화되어 있는 지형적 지세들에 적응하고 상황에 부합되게 변화하며 새로운 방향들을 개척해나가도록 해주는 복합적인 문화적 습득과정들의 결과물로 이해되어야 한다고 할 때, 지형학적 전환을 핵심으로 하는 공간적 전환은 동시에 비선형적이고 그물망적이며 관계생산적인 지각작용에 기초한 새로운 사유패러다임의 가능성 조건이기도 한 것이다.

4.3 이미지적 전환과 시각적 전환

20세기 말부터 진행되고 있는 문화적 변동의 중심코드로서 '시각적 전환visualistic turn'[86]은 '언어적 전환'[87] 이후 '기호학적 전환'[88]의 못다 이룬 기획을 시각적 차원의 보충을 통해 보다 심도 깊게 추구하고자 하는 일련의 움직임들을 나타내주는 기표로 작용하고 있으며, 이러한 시각적 전환의 맥락에서 논의의 중심을 이끌고 있는 기본 개념은 바로 '그림', '가

86 여기서 '시각적 전환'은 현상학자 펠만Ferdinand Fellmann의 '이미지적 전환'(Symbolischer Pragmatismus: Hermeneutik nach Dilthey, Hamburg, 1991), 뵘Gottfried Boehm의 '아이콘적 전환ikonische Wende'(Die Wiederkehr der Bilder In: Was ist ein Bild?, hrsg. v. Gottfried Boehm, München, 1994), 미첼William J. T. Mitchell의 '회화적 전환pictorial turn'(Picture Theory, University of Chicago Press, 1994) 등을 비롯하여 최근 자연과학에서 '시지각의 신경과학neuroscience of vision'(이와 연관하여 교과서로 사용되는 저서로는 Stephen E. Palmer의 『Vision Science. Photons to Phenomenology』 The MIT Press, 1999)이 있다)과 관련된 광범위한 연구경향 역시 포함하는 개념으로 규정된다.

87 '언어적 전환'이라는 개념은 1967년 미국 철학자 로티Richard Rorty에 의해 처음 사용되었다. 로티는 자신이 편집한 책(『The Linguistic Turn. Recent Essays in Philosophical Method』 University of Chicago Press, 1967)에서 슐릭Moritz Schlick, 카르납Rudolf Carnap, 치좀Roderick Chisholm, 콰인Willard v. O. Quine 등에 의해 철학적 지형의 언어적 전환이 이루어졌다고 주장하였다. 그러나 이 같은 언어적 전환의 현상은 언어비판의 맥락에서 이미 19세기 말과 20세기 초 니체, 비트겐슈타인, 마우트너, 호프만슈탈 등에게서 나타났다.

88 기호적 전환은 언어적 전환과 같은 맥락에서 이야기될 수 있지만, 좁게는 아펠Karl Otto Apel의 'Transzendentaler Pragmatismus', 바르트와 데리다의 작업들을 포함한다고 할 수 있을 것이다.

상', '비존재', '이미지', '비유', '영상' 등의 의미를 담고 있는 'Bild' 혹은 'image' 개념[89]이다. 고대 그리스 철학 이래로 최근까지 이 개념은 '원상Urbild', '진리', '존재', '본래적 의미' 등을 단지 재현해주는 도구로서만 이해되어왔으며, 학문적인 담론들 역시 '원상/모상', '실재/가상', '진리/허구', '존재/비존재', '본래적 의미/의미의 전달수단으로서 메타포'라는 이원적 구도하에서 진행되어왔기에, Bild 개념 고유의 담론을 다루는 학문적 틀은 존재하지 않는다. 그러나 현실의 다양한 문화생활영역들을 비롯하여 문화학 및 문화연구영역들에서 그리고 심지어 신경과학 및 뇌과학 영역에서조차, 위에서 언급된 이미지의 개별 의미들이 실재적인 삶의 일부를 이루면서 문화예술을 추동시켜나가는 중심적 기제이자 학문적 패러다임의 재구성을 위한 매개로서 작용하고 있으며, 인터넷과 모바일 폰으로부터 영상매체와 각종 문화매체들 전반에 이르기까지 현실의 삶은 이미지 개념을 떠나서는 생각될 수 없을뿐더러 자기반성과 변화를 모색하는 인문학의 영역에서도 인문학적 사유와 현실적 삶 간의 중요한 매개 고리로서 이미지 연구에 대한 필요성이 절실히 요구되고 있는 상황이다.

이러한 상황에 부합되게 최근 '시각적 전환'의 맥락에서 이미지와 관련하여 활발한 연구를 수행해온 연구 진영은 영미권의 문화연구진영이다. 그중에서도 대표적인 연구자들로는 미첼William J. T. Mitchell(1942-)과 크레이리Jonathan Crary를 들 수 있다. 미첼은 로티에 의해 규정된 '언어적 전환' 이래로 철학의 영역뿐만 아니라, 인문과학 및 대중문화 영역 전반에 걸쳐 복합적인 움직임이 일고 있다고 하면서 이를 "회화적 전환pictorial turn"[90]이라고 부른다. 그에 따르면, 이러한 '회화적 전환'은 비언어적 상징체계의 기저에 놓여 있는 관습들과 코드들을 탐구하였던 퍼어스Charles Peirce(1839-1914)의 기호학과 굿맨Nelson Goodman(1906-1998)의 예술철학에서 이미 시작되었고, 넓게는 상상력과 시각적 경험을 탐구하였던 후설의 현상학과 시각적인 것에 주목하면서 음성 중심적 언어모델을 해체하고자 하였던 데리다의 '문자학Grammatologie'에 닿아 있으며, 시간적으로 거슬러 올라가면 근대성과 대중문화를 연구한 프랑크푸르트학파와도 연결된다고 한다. 이러한 이론적 배경하에서 그는 인문학과 예술의 각 영역을 분석하기 위한 방법으로서 '이미지/텍스트 복합체'[91]를 제시한다. '이미지/텍

---

89 'Bild' 혹은 'image' 개념의 의미 스펙트럼에 대해서는 숄츠의 다음 글을 참조하라. Oliver R. Scholz: 'Bild'. In: Ästhetische Grundbegriffe, Bd. 1, hrsg. v. Karlheinz Barck u.a., Stuttgart und Weimar 2000, SS. 620-623.

90 William J. T. Mitchell: Picture Theory. Chicago: The University of Chicago Press, 1994, p.11.

스트 복합체'는 개별적인 재현방식들 간의 관계 및 작용방식들을 설명하는 것을 목표로 하기 때문에, 고유한 의미에서의 방법이라기보다는 역사적인 담론들에서 시각적인 것과 언어적인 것이 만나는 곳을 드러내주는 도구로 이해될 필요가 있는 것이다.

미첼의 이러한 문화이론적인 접근과는 달리, 콜롬비아대학 예술사 교수인 크레이리는 시각적인 것의 사회사적이고 정치적인 측면에 초점을 맞춰 논의를 전개시킨다. 그는 일종의 '지각의 권력사'라고 칭해질 수 있는 자신의 주저[92]에서 20세기 말 이래로 지배권을 획득한 시각적 문화는 "주체로 하여금 보게 만들 필요성 위에 기초되어 있는 것이 아니라, 개인들을 고립시키고, 분리시키는 전략들과 시간의 권리를 박탈하여 그 자리에 대신 들어선 전략들에 기초되어 있다"[93]라고 주장한다. 이 같은 관점하에서 한편으로 그는 근대화의 징표가 가장 두드러졌던 19세기 말 이래로 시선이 외적인 기제들에 의해 어떻게 포획되고 형성되며 통제되어왔는지를 되짚어보려고 시도하며, 다른 한편으로 바로 그러한 시선이 야말로 제도적인 통제를 탈피하여 새로운 형태와 효과를 창출할 수 있는 기제라는 점을 입증하고자 하는 것이다.

미첼의 '회화이론'과 크레이리의 사회사적 시각비판이 현재의 이미지 연구에 하나의 이론적 단초를 제공해준다면, 또 다른 단초는 최근 독일에서 진행되는 '이미지학'에 관한 연구 성과라고 할 수 있다. 20세기 말부터 '이미지학Bildwissenschaft'에 관한 연구를 진행시켜온 작스-홈바흐Klaus Sachs-Hombach(1957-)는 현재로서는 하나의 연구영역이지만, 점차로 고유한 학문 분야가 되어야 한다고 하는 '이미지학'에 대한 야심찬 기획을 설정한다. 우선 이러한 학문분야의 토대가 되는 하위분야들로 그는 한편으로 "인지과학, 신경과학, 심리학" 등의 지각현상들을 다루는 학문들을 정립시키고, 다른 한편으로 "의사 소통학, 매체학, 기호학" 등의 기호현상들을 다루는 학문들을 정립시킨다. 그리고 이러한 학문들 간의 관계를 구조적으로 규정하는 상위의 학문들로 "수학과 철학"이 추가되고, 역사적인 측면을 다루기 위해 "예술사와 예술학"뿐만이 아니라, "고고학, 인류학, 역사학, 박물관학" 등

---

91 Ibid. p.104.

92 Jonathan Crary: Suspensions of Perception. Attention, Spectacle, and Modern Culture, Cambridge and London: The MIT Press, 1999.

93 Ibid. p.3. 시선에 대한 반시각적 설명은 스타로뱅스키에 의해 탁월하게 분석된 바 있다. Jean Starobinski: The Living Eye, trans. by Arthur Goldhammer, Cambridge: Harvard University Press, 1989, pp.2-7.

이 부가적으로 함께 다뤄져야 한다고 한다. 물론 이러한 문화사적인 측면 외에도 사회사적이고 담론적인 맥락 역시 고려될 필요가 있기 때문에 "교육학, 사회학, 문화학, 법학, 수사학, 정치학" 등도 연구의 한 측면을 이룬다. 마지막으로 가장 실제적인 수행과 관련하여 "컴퓨터 공학, 디자인, 인쇄학" 등의 실용학문분과들도 간과될 수 없다고 한다.[94] 마치 거대한 이론산맥처럼 여겨질 수 있는 '이미지학'은 작스-홈바흐에 따르면, 사실 현실적으로나 학문적으로 다양하게 제기되는 수많은 문제들 내지는 현상들에 대해 집중적인 연구를 수행하도록 해주는 탄력적인 "이론 틀"[95]로 이해되어야 한다고 한다. 이를 통해 결국 그는 '시각적 전환'의 개별 기획들에 그리고 이러한 기획들 사이에 이루어져 있는 관계들에 일정한 방향을 제시해줄 수 있는 '일반 이미지학'을 정초하고자 하는 것이다.

그밖에 로잴린드 크라우스Rosalind Krauss(1941-)는 모더니즘 시기에 두드러지게 나타났던 시선의 '무의식화' 내지는 '시각적 무의식the optical unconscious'[96]을 주장하면서 정신적 시선의 의식과 구분되는 이러한 시각적 무의식을 육체적 욕망의 문제와 연결시키고자 하였으며, 로우즈Jacqueline Rose(1949-)는 새로운 담론의 공간구성을 제안하는 포스트모더니즘 내에서 시선의 논의와 관련하여 성적이고 심리적인 차이들의 정제를 통해 순수한 시선 그 자체를 파악하고자 하는 특정한 수사적 어법이 작용하고 있음에 주목하면서 정신분석학적 시선 논의의 정치적 함의를 비판적으로 분석한다.[97]

크라우스와 로우즈의 논의가 후기구조주의와 정신분석에 기대어 서구 형이상학의 '시선중심주의ocularcentrism'에 대한 비판적 거리두기 작업의 일환이라고 한다면, 플루써Vilém Flusser(1920-1991)[98]와 비릴리오Paul Virilio(1932-)[99] 등의 매체 이론적 연구 성과들에서는 이미지, 가상 등의 개념에 새로운 함의를 부여하면서 새로운 인식 패러다임 논의에 대한 가능성이 제공되고 있다. 이러한 매체이론 분야의 이미지 문제는 다른 개별 학문분과들에서의 이미지 논의들과 더불어 문화학의 궤도를 다변화시키고 있다. 예를 들면 예술학 분야에서는

---

94 Klaus Sachs-Hombach: Das Bild als kommunikatives Medium. Elemente einer allgemeinen Bildwissenschaft, Köln, 2003, S. 69ff.

95 Ibid. S. 71.

96 Rosalind Krauss: The Optical Unconscious, The MIT Press, 1993.

97 Jacqueline Rose: Sexuality and Vision. In: Vision and Visuality, ed. by Hal Foster, Dia Art Foundation: Seattle, 1988.

98 Vilém Flusser: Ins Universum der technischen Bilder, Göttingen 1985.

99 Paul Virilio: War and Cinema: The Logistics of Perception, trans. by Patrick Camillier, Verso: London 1997, und Ästhetik des Verschwindens, aus dem Französischen von Marianne Karbe und Gustav Rossler, Berlin 1986.

특히 벨팅Hans Belting(1935-)[100]이 1990년대 초부터 문화학의 인간학적 전환이라는 거시적 맥락에서 이미지의 인간학적 함의를 연구해오고 있으며, 철학에서는 올리버 숄츠Oliver Scholz[101]와 크라우스 레캠퍼Klaus Rehkämper[102] 등에 의해 묘사와 유사성 개념과 관련된 이미지 논의가 이루어졌고, 기호학 영역에서는 토마스 세베옥Thomas Sebeok[103]과 괴랜 소네손Göran Sonesson[104] 등이 기호학적 전환의 연장선상에서 시각적 전환의 함의를 해명하고자 하였다. 인문학과 예술 분야와는 달리 비교적 일찍부터 이미지와 관련된 연구가 시작된 분야는 인지과학이다. 영미권의 대표적 연구자인 네드 블록Ned Block(1942-)[105]은 뇌의 정신적 작용이 수행하는 이미지형성기능을 인지의 측면에서 연구하였다. 이외에도 지금까지의 개별적 연구들로부터 벗어나 의사소통학과 매체이론 분야, 그리고 디자인과 인쇄학 분야의 연구진들이 함께 모여 학제 간 연구를 시도한 예도 존재한다.[106]

이러한 전환들 외에도 '소여성givenness'의 원리를 궁극적인 귀결로 여기며 현상학의 기초자인 후설에 의해 배척된 과잉의 현상들을 현상학 자체의 원리들에 의거하여 '사건', '아이콘', '살', '아이돌' 같은 일상의 현상들에 초점을 맞춰 새로이 부각시키고자 하는 '신학적 전환theological turn',[107] 실증주의가 지배하던 19세기 말 이래로 심리적인 것의 학문적 기초를 자연과학적 토대, 특히 엄밀한 이론적 기초에 근거하고 있는 물리학의 토대 위에 두었던 경향이 신체기관들의 기능들에 대한 경험적 입증에 주목하는 경향으로 이행하는 과정에서 생겨난 '생물학적 전환biological turn'[108] 등이 열거될 수 있을 것이다. 물론 세부 분야에서

---

100 Hans Belting: Bild und Kult. Eine Geschichte des Bildes vor dem Zeitalter der Kunst, München 1991, und Bild-Anthropologie. Entwürfe einer Bildwissenschaft, München 2001.

101 Oliver R. Scholz: Bild, Darstellung, Zeichen. Philosophische Theorien bildhafter Darstellung, Freiburg I. Br./München 1991.

102 Klaus Rehkämper: Bilder, Ähnlichkeit und Perspektive. Auf dem Weg zu einer neuen Theorie der bildhaften Repräsentation, Wiesbaden 2002.

103 Thomas A. Sebeok and J. Umiker-Sebeok (Hg.): Advances in Visual Semiotics: The Semiotic Web 1992-93, Berlin 1995.

104 Göran Sonesson: Pictorial Concepts. Inquiries into the Semiotic Heritage and its Relevance for the Analyses of the Visual World, Lund University Press: Lund 1989.

105 Ned Block (ed.): Imagery, The MIT Press: Cambridge MA, 1981, and Mental Pictures and Cognitive Science, in: Philosophical Review, 92, pp.499-541.

106 Hans Dieter Huber, Bettina Lockemann, Michael Scheibel (Hg.): Bild, Medien, Wissen. Visuelle Kompetenz im Medienzeitalter, München 2002.

107 Jean-Luc Marion: Being Givenness: Toward A Phenomenology of Givenness, Standford Univ. Press, 2002; In Excess: Studies in Saturated Phenomena, Fordham Univ. Press, 2004; John D. Caputo and Michael Scanlon (ed.): God, the Gift and Postmodernism, Indiana Univ. Press, 1999.

108 Cynthia Macdonald and Graham Macdonald (ed.): Philosophy of Psychology. Debates on Psychological Explanation, Basil Blackwell: Oxford UK and Cambridge USA 1995.

새로운 패러다임이 모색되면서 각 분야에 부합되는 새로운 '전환들'이 일어나고 있을 것이다.

결국 이러한 일련의 '전환들'은 전통적 학문패러다임을 극복하고자 하는 노력을 훨씬 뛰어넘어, 20세기 말 21세기 초 인문학의 학문적 환경을 이루는 문화학 및 문화연구, 비교문화연구, 고전연구, 인지과학적 연구, 학제 간 예술연구, 미디어이론, '기술과 테크놀로지 연구Science and Technology Studies' 등에서 쟁점이 되는 핵심 테마들이자 동시에 계몽주의 이래로 '근대의 기획'을 구성하는 기초요소들이었던 '문화적 이미지들', 즉 '자유로운 넘나듦과 이질적 자아를 기반으로 하면서 공감각적 인지와 공간적 사고에 기초하여 개별 학문 프레임들 간의 입체적 구성과 시공간적으로 위치 지어져 있는 유동적 쟁점들의 의미 효과를 야기시키는 이미지들'의 작용 공간과 연결방식들을 해명해줄 수 있는 새로운 문화학적 (혹은 문화연구적) 패러다임 모색의 단초들로 작용하는 것이다.

4.4 인간학적 전환

1980년대 중반 이래로 포스트모던 문화에 대한 이론적 논의들이 다양한 문화적 실재들에 적용되기 시작하면서 마이너리티, 이민자, 디아스포라, 문화적 혼융, 인종학 및 문화인류학적 측면들에 대한 관심이 다각도로 표출되기 시작하였으며,[109] 이에 따라 여러 연구 성과들이 이루어질 수 있었다. 그 대표적인 연구 성과들로는 1991년 "1800년경의 인간학과 문학 Anthropologie und Literatur um 1800"이라는 주제로 아일랜드의 더블린에서 개최된 콜로퀴엄과 1992년 독일의 볼펜뷔텔에서 "18세기의 인간학과 문학Anthropologie und Literatur im 18. Jahrhundert"이라는 주제로 개최된 심포지엄을 들 수 있다.

그러나 이러한 문제의식은 문학의 영역에만 한정된 것은 아니었다. 이미 과학사와 철학적 인간학 그리고 문화학적 논의들 내에서 인간에 대한 관념적인 접근이 아니라 실재적인 접근의 필요성이 광범위하게 대두되었으며, 각 영역에서의 연구가 진행되면서, '인간에 관한 학문Wissenschaft vom Menschen'이라는 모개념하에 그간 도외시되어왔던 인간에 대한 실증적인 이해의 필요성과 이를 수행하기 위한 학제적 패러다임의 모색의 필요성이 제기되

109 Doris Bachmann-Medick: Kultur als Text. Die anthropologische Wende der Literaturwissenschaft, Frankfurt a.M. 2001.

기 시작하였다. 이러한 움직임은 단지 이미 존재하긴 했지만 아직까지 다뤄지지 않았던 테마를 다룬다는 의미를 갖는 것이 아니라, 학문적 패러다임을 전체적으로 재검토하고 아울러 본격적인 학제적 연구의 틀을 고민하도록 해주는 결정적인 계기로 작용하게 되었다.

우선 논의의 출발은 '인간학' 논의가 21세기 초에 갑작스럽게 학문의 주요한 영역에서 제기된 것이 아니라, 이미 18세기부터 본격적으로 문제 지형을 형성하기 시작했다는 점을 다각도로 해명하는 일이었다. 그리하여 18세기 유럽의 사상가들의 인간학적 입장들에 대한 근본적인 재고찰이 이루어졌다. 예컨대 독일의 고전주의 시기의 대표적 사상가인 헤르더Johann Gottfried von Herder(1744-1803)는 "우리의 전체 철학은 인간학이 되어야 한다"라고 하면서 "인간을 중심에 놓는 철학"[110]을 주창하였으며, 영국의 시인 포우프Alexander Pope(1688-1744)는 1773년 "인간이란 학문의 제일 목표이다"[111]라는 모토를 내세웠다. 프랑스 계몽주의 사상가인 디드로Denis Diderot(1713-1784)는 자신의 거대한 지식의 나무의 줄기를 '인간 과학la Science de l'Homme'으로 장식하였다. 이들 모두는 감각과 인식, 몸과 영혼, 감성과 이성, 자연과 문화의 불가분의 통일체인 '전체인간der ganze Mensch'을 논의의 중심에 놓으면서 이를 담지할 새로운 학문적 패러다임에 대한 다양한 논의들을 진행시켰다.

비교적 이름이 잘 알려진 이러한 사상가들의 사상들에 비해 적지 않은 영향력을 미쳤음에도 불구하고 지금껏 거의 조명 받지 못해왔던 이념적 흐름 역시 존재했는데, 그것은 다름 아닌 '철학의사die philosophischen Ärzte'의 프로그램이었다. 철학의사의 프로그램은 한편으로 육체와 영혼이 능동적인 상호작용관계를 형성한다는 입장에 근거하고 있었으며, 다른 한편으로는 인간을 창조의 위계질서 내에 위치시키고자 하였다. 철학의사운동은 당대 대중적인 인기를 누리기도 했는데, 예를 들면 「인간*Der Mensch*」(1751-1755), 「철학의사*Der philosophische Arzt*」(1775-1782), 「의사*Der Arzt*」(1759-1764) 같은 잡지들이 쏟아져 나오기도 했다. 예를 들면 함부르크의 의사였던 '운쩌Johann August Unzer(1727-1799)'는 당시 '심신의학die psychosomatische Medizin'으로 명성을 날리던 할레 대학Universität Halle에서 익힌 전문지식들을 「의사」라는 잡지에 대중적으로 보급하였다. 운쩌만이 아니라 할레 대학을 중심으로 형성된 학파의 일

---

110 Johann Gottfried Herder: Werke in zehn Bänden, Bd. 1, hrsg. v. Martin Bollacher u.a., Frankfurt a.M. 1985, S. 134, 125.

111 Alexander Pope: Vom Menschen/Essay on Man, hrsg. v. Wolfgang Breidert, Hamburg 1993, S. 39.

원들에 의해 다양한 저술들이 출간되었는데, 그 테마는 꿈, 정감의 운동, 유령으로부터 실험적 영혼론, 동물의 영혼 등에 이르기까지 다양했다. 무엇보다 놀라운 사실은 미학의 창시자로 알려져 온 바움가르텐Alexander Gottlieb Baumgarten(1714-1762)이 이 학파의 영향하에 자신의 미학을 '감각생리학Sinnesphysiologie'으로부터 추론해내었다는 점이다.[112] 미학을 '하위의 인식능력의 논리'로, 즉 이성에 유비적인 감각체계로 근거 규정하는 것은 18세기에 이루어진 중요한 학문적 업적 중의 하나이다.

이 같은 흐름을 '인간학Anthropologie'의 형태로 체계화시켜 18세기 이래로 인간학적 패러다임의 이론적 기초를 닦은 이는 바로 '에른스트 플라트너Ernst Platner(1744-1818)'이었다. 의학과 철학 분야 모두에서 교수직을 수행하고 있었던 플라트너는 『의사와 세계지성을 위한 인간학*Anthropologie für Aerzte und Weltweise*』(1772)이라는 책에서 해부학과 생리학을 심리학과 도덕철학으로부터 분리하여 다루는 대신, "육체와 영혼을 대립적인 관계와 한정적인 관계 그리고 상호 관계 속에서 함께 고찰"[113]하고자 하였다. 이러한 입장이 대두됨과 더불어 인간을 영혼 없는 기계 혹은 『기계인간*L'homme machine*』(1748)으로 이해하였던 라메트리Julien Offray de La Mettrie(1709-1751)와 같은 철학적 유물론자들의 입장들이나 정신과 영혼을 비현실적인 추상들로 이해하였던 사변적 형이상학자들의 입장들이 반박되었다.

플라트너 못지않게 중요한 영향력을 행사하였던 사람은 베를린의 계몽주의학자인 모리츠Karl Philipp Moritz(1756-1793)와 고전주의 사상가 쉴러Friedrich Schiller(1759-1805)였다. 철학의사들이 경험을 강조한 것처럼, 모리츠 역시 「경험영혼론을 위한 잡지*Magazin zur Erfahrungsseelenkunde*」에서 "정신적 수다가 아니라 사실들"[114]을 서술하고자 한다고 주장하였다. 모리츠는 '심리학소설 ein psychologischer Roman'이라는 부제를 달고 있는 자신의 자전적 소설 『안톤 라이저*Anton Reiser*』(1785)에서 논리적 추론을 피하고 심리상태를 정확히 관찰을 하려고 했다. 이미 「인간의 동물적 본성과 정신적 본성의 연관에 관한 연구*Versuch über den Zusammenhang der tierischen Natur des Menschen mit seiner geistigen*」(1780)로 박사학위를 받았던 쉴러는 사랑 개념의

---

112 Vgl. Carsten Zelle: „Vernünftige Ärzte". Hallesche Psychomediziner und die Anfänge der Anthropologie in der deutschsprachigen Frühaufklärung, Tübingen 2002, S. 5-24.

113 Ernst Platner: Anthropologie für Aerzte und Weltweise, Leipzig 1771, Nachdruck hrsg. v. Alexander Košenina, Hildesheim 1998, S. XVII.

114 Karl Philipp Moritz: Werke in zwei Bänden, Bd. 1, hrsg. v. Heide Hollmer und Albert Meier, Frankfurt a.M. 1999, S. 811.

자연적인 힘에 주목하여 사랑을 당대의 과학적 성과들과 비교하였다. 그는 때로 사랑을 뉴턴Isaac Newton(1642-1726)에 의해 발견된(1686) 중력과 비교하기도 했고, 때로는 샤를르 쿨롱Charles Augustin de Coulomb(1736-1806)에 의해 발견된(1785) 자기력과 비교하기도 했으며, 때로는 윌리엄 하비William Harvey(1578-1657)에 의해 발견된(1618) 혈액순환체계와 비교하기도 했다.

이외에도 개별 사상가들에 대한 다양한 학문적 재발굴 작업들이 이루어졌다. 이러한 18세기 유럽의 사상가들의 인간학적 입장들에 대한 근본적인 재고찰은 다양한 함의를 지니지만, 그중에서도 무엇보다 다음과 같은 두 가지 중요한 함의를 지닌다고 할 수 있다. 첫째, 육체와 정신의 이분법적 사유를 극복하려는 움직임이 포스트모더니즘 진영에서 다각도로 제기되긴 했지만, 어떠한 토대에서 어떠한 근거들을 가지고 수행해야 하는지가 불분명한 상황에서, 그리고 소위 포스트모더니즘이라든가 포스트구조주의와 같은 거대담론이 갖는 실증적 전거의 한계가 문제시되는 상황에서 18세기 인간학적 전환의 역사적 전거는 다양한 학문 분야들에서 새로운 패러다임 모색을 위한 파급효과를 가져다줄 수 있는 것으로 인식되었다. 둘째, 18세기 인간학의 기초는 위기에 봉착한 인문학 진영에 실증적 토대에 기반을 둔 자체의 역사적 토대를 재확인토록 해줄 뿐 아니라 자연과학과의 통섭을 위한 실재적 가능성 조건들을 제공해줄 수 있으리라고 기약된다. 이러한 맥락에서 이미 몇몇 중요한 작업들이 이루어졌으며,[115] 앞으로도 보다 더 광범위하고 포괄적인 논의들이 이러한 방향에서 이루어지게 될 것으로 보인다.

---

115 H. B. Nisbet u.a. (hrag.): Anthropologie und Literatur um 1800, Iudicium 1992; Hans-Jürgen Schings: Der ganze Mensch. Anthropologie und Literatur im 18. Jahrhundert, Stuttgart 1994; Wolfgang Riedel: Homo Natura. literarische Anthropologie um 1900, Berlin 1996; Alexander Košenina: Ernst Platners Anthropologie und Philosophie, Würzburg 1989.

5. 포스트모더니즘 이후?: Bullshit or Atony?

역사적 진보, 계몽주의적 인간해방, 맑시즘 등과 같은 '거대서사grand narrative의 종언'[116]이 고해지고 신, 이성, 주체 등과 같은 절대적인 설명원리들과 마르크스주의와 같은 지배적인 사회이론의 자리에 서로 통합될 수 없는 다종 다기한 진리개념들과 정당성 개념들이 들어서게 되었으며, 통일과 동질성 내지는 절대성 대신에 차이와 이질성 내지는 상대성이 중심적인 지표들로 부각되었던 소위 포스트모던 담론들의 각축장이 일정한 거리에서 조망될 수 있게 된 시점에 흥미로운 책 한 권이 출간되었다. 그것은 다름 아닌 프린스턴 대학 철학과 명예교수인 해리 프랭크퍼트Harry Frankfurt(1929-)의 『*On Bullshit*』[117]이었다. 1986년에 쓰였으나 2005년에 책으로 출간되어 베스트셀러가 된 『*On Bullshit*』에서 프랭크퍼트는 "현재 우리 문화의 가장 뚜렷한 특징 중 하나가 바로 수많은 헛소리들이 존재한다는 사실"(Frankfurt OB, 1)이라고 말한다. 'Bullshit'이라는 말은 보통 '그건 말도 안 되는 소리야!', '헛소리 하지 마!'라는 뜻으로 말할 때 사용되는 비속어이다. 프랭크퍼트가 논의대상으로 삼는 헛소리라는 것은 사실 우리 모두가 너무도 잘 인식하고 있고 심지어 아무런 문제없이 잘 모면될 수도 있는 것이다. 때문에 헛소리에 대한 집중적인 논의나 문제제기가 이루어져 왔을 리 만무하다. 그럼에도 불구하고 쉽게 간과해버릴 수 없는 이유는 너무도 많은 헛소리들이 현재 우리 문화를 구성하고 있기 때문이라는 게 프랭크퍼트의 문제의식이다.

프랭크퍼트는 이처럼 헛소리들이 무성해진 이유를 다음과 같이 조심스레 진단한다: "우리 시대에는 온갖 종류의 커뮤니케이션들이 그 어느 때보다도 더 많이 존재한다"(Frankfurt OB 62). 커뮤니케이션은 본래 사람들 간의 의사소통을 기본으로 하는데, 오히려 커뮤니케이션의 종류가 많아져서 헛소리들이 무성해졌다니! 일단 이 말의 의미를 글자 그대로 유추해석해보자면, 커뮤니케이션이라는 말 자체에 문제가 있거나 아니면 커뮤니케이션 종류가 많아져서 혼선이 빚어지고 있다는 추론이 가능하다. 그러나 프랭크퍼트는 보다 근본적으로 파고드는 것처럼 논증을 펼친다:

---

116 Jean-François Lyotard: Das postmoderne Wissen (La Condition postmoderne: Rapport sur le savoir, Paris 1979), Wien 1999.
117 Harry G. Frankfurt: On Bullshit(이후로는 Frankfurt OB로 약칭), Princeton Univ. Press, 2005.

헛소리는 자신이 무엇에 관해 말하는지 모르는데도 말을 하도록 요구받는 상황이 될 때마다 불가피하다. 그리하여 누군가가 특정한 토픽에 관해 말할 의무나 기회들이 그 토픽에 대해 중요한 역할을 하는 사실들에 대한 그의 지식의 한계를 넘어설 때마다 헛소리가 야기되도록 해주는 자극제가 마련되는 것이다. 이러한 모순적인 상황은 사람들이 그들 자신의 성향들에 의해서건 아니면 다른 이들의 요구들에 의해서건 자신들이 잘 알지도 못하는 것들에 관해 포괄적으로 말을 하도록 강요받는 일반 대중의 삶 속에서 통상적으로 일어난다.

Bullshit is unavoidable whenever circumstances require someone to talk without knowing what he is talking about. Thus the production of bullshit is stimulated whenever a person's obligations or opportunities to speak about some topic exceed his knowledge of the facts that are relevant to that topic. This discrepancy is common in public life, where people are frequently impelled－whether by their own propensities or by the demands of others－to speak extensively about matters of which they are to some degree ignorant(Frankfurt OB 63).

헛소리를 야기시키는 상황인 자신이 잘 알지도 못하는 것들에 관해 말하도록 강요받는 상황이 우선은 커뮤니케이션 종류가 많아져서 빚어지게 되는 상황이라면, 일단은 커뮤니케이션의 종류가 너무 많아 사람들의 인지능력의 범위를 벗어날 정도가 되었다고 생각해 볼 수 있다. 반면 그러한 헛소리를 야기시키는 상황이 다른 이유에서 벌어진다고 한다면, 즉 그런 커뮤니케이션들 자체가 헛소리들이라고 한다면, 문제는 심각해질 수 있다. 사람들이 사용하는 커뮤니케이션들 자체가 문제가 있음에도 불구하고, 그러한 커뮤니케이션들이 특정한 주제들에 대해 중요한 역할을 하는 사실들을 파악하고 인식하는 데에 있어 사람들로 하여금 스스로 한계가 있다고 여겨지게 만든다면, 그리하여 헛소리를 하도록 강요하는 것은 실재하는 사실들에 대해 무지한 사람들 자신이 아니라 사람들로 하여금 실재하는 사실들에 대해 무지하다고 생각하게끔 만드는 바로 그 커뮤니케이션들이라고 한다면, 커뮤니케이션들 자체에 대해 보다 근본적인 해부가 이루어져야 하는 것이다.

그러나 프랭크퍼트는 그렇게까지 근본주의자는 아닌 듯싶다. 그는 무엇보다 "객관적 실재에 대한 신뢰할 만한 접근이 가능하다는 것을 부정하며 따라서 사물들이 진정 어떤지를 알 수 있는 가능성마저 거부해버리는 다양한 형태의 회의주의"(Frankfurt OB 64)에서 헛소리 증식의 보다 깊은 원인을 찾기는 한다. 하지만 그는 "진위를 결정지을 무관심적인 노력들의 가치에 대한 확신 내지는 객관적 질문의 개념에 대한 이해 가능성에 대한 확신"의 상실에 대한 한 가지 뚜렷한 반응 형태를 "정확성correctness의 이상에 대한 헌신이 요구하는 규율로부터 완전히 다른 종류의 규율, 즉 진실함sincerity이라는 대안적 이상의 추구에 의해 과해지는 규율로의 후퇴"(Frankfurt OB 65)로 규정한다. 외부 사물이 정확히 어떠한 물리적 특성을 지니고 있고 어떠한 크기와 무게와 부피를 가지는지를 정확히 측정하며 그것이 어떠한 기능을 가지고 존재하는지 등에 대해 정확히 알아나가는 과정이 외부세계의 객관적 실재에 대해 접근하는 기존의 모습이었다면, 20세기 말 내지 21세기 초인 지금에는 나 스스로가 외부 사물을 지각하고 있는 나 자신을 진정하게 재현하는 것이 중요한 문제가 되었다는 것이다. 실재하는 외부세계를 정확하게 아는 것이 아니라 외부세계를 지각하는 나 자신을 진정으로 재현하는 것이 문제인 이 같은 소위 '반실재론적인 이론들antirealist doctrines'은 사람들로 하여금 사물의 객관성에 대한 확신을 상실하게 만들었으며, 이로 인해 사람들은 외부세계에 대한 정확한 재현에 이르고자 하는 대신 자신에 대한 진실한 재현을 이루고자 하게 되었다는 것이다. 그 결과 한편으로 "실재란 사물들에 관한 진리로 동일시될 수 있을 만한 본래적 본성을 가지고 있지 않다"(Frankfurt OB 65)는 확신이 사람들 가운데서 성립되며, 다른 한편으로 "사실들에 충실하는 것이 무의미하기 때문에 그 대신 자기 자신에게 충실해야만 한다"(Frankfurt OB 66)는 대안적 결론이 도출된다는 것이다. 여기서 프랭크퍼트는 결국 자신이 의도한 결론을 이끌어낸다. 현시대에 헛소리의 무성한 증식의 보다 깊은 원인이 객관적 실재에 대한 회의에 놓여 있으며, 이에 대한 반작용으로 자신에 충실한 자신의 재현을 수행하고자 하는 노력들이 이루어지고 있지만, 우리의 본성 자체가 불안정하고 본래적으로 고유한 것이 아니기에 자기 자신에 대해 진실한 것, 말하자면 '진실함'이라는 것 역시 "헛소리"(Frankfurt OB 67)가 되는 것이다.

시간적 계열에서 탈피하여 마치 밖으로 드러난 '초월적 시니피에'[118]처럼 언제고 출몰할 태세를 갖추고서 전통 형이상학의 개념적 지표들을 낱낱이 해부하는 동시에 전일적 이데올

118 '기표signifiant'와 '기의signifié'는 기호의 두 가지 측면으로, 예컨대 '나무'라는 소리상이 기표라고 한다면, 나무의 의미는 기의이다. 후기구조주의에서는 이러한 기표/기의의 관계 이면에 형이상학적인 근본원리가 자리 잡고 있다고 주장되었으며, 그것은 '초월적 기의transcendental signifier'라고 불렸다. 초월적 기의란 진리, 신, 이성, 존재 등과 같이 '자체의 기표가 없는 채로 존재하면서 기호의 작용 자체를 가능케 해주는 것'으로서 형이상학적이고 위계적인 원리로 규정되며, 후기구조주의에서는 이에 대한 근본적인 회의가 이루어졌다.

로기의 효력을 문제시하였던 포스트모던의 담론들조차 한 시대를 풍미하였던 일시적인 시대 비판적 구상들로 치부되는 듯한 상황에서 프랭크퍼트의 '헛소리 논의'는 많은 시사점을 제공해준다. 그가 현시대의 상황에 올바른 혹은 정확한 분석을 가하고 있다는 것이 아니라 현시대의 상황을 바라보는 그의 태도에 현시대의 벌거벗은 모습이 드러난다는 것이다.

그의 관점에서 볼 때, 보편적 학문이상 내지는 실재에 대한 새로운 이해에 근거한 과학적 객관성의 이상에 기대었던 모더니즘의 사상가들의 입장에 비해 전통적 가치들의 해체 구성과 유동적이고 분산적인 의미효과의 구성에 주목하였던 후기구조주의 사상가들의 주장은 그야말로 '헛소리Bullshit!'라는 말을 들을 만하며, 공시적이고 문제사적인 연구, 유비적 질서체계에 의거한 방법적 접근, 표면적 이미지 연구 등과 같은 새로운 패러다임을 모색을 위한 노력들 역시 '헛소리!'라는 말을 들을 만하다. 전자는 '뜻을 알 수 없는 말jargon'들로 구성된 그야말로 소수의 무리들을 위한 이론적 장치들에 의해 지탱되고 있으며, 후자는 통시적이고 발생사적인 연구와 위계적 질서체계에 의거한 방법적 접근 그리고 심층적 의미탐구 등과의 긴장관계가 없이는 그 자체의 모습을 그려볼 수 없는 불분명한 그 어느 곳에 정박되어 있기 때문이다. 그러나 이것은 어디까지나 후기구조주의와 최근의 전환의 퍼레이드에 대한 몰이해나 무지 혹은 무관심에서 비롯되는 혹은 실재의 인식에 대해 숭배적일 정도로 굳건한 믿음을 갖는 프랭크퍼트적 태도의 표현이다. 문제는 실재의 인식에 대한 그런 근거 없는 굳건한 믿음과 '진실함'에 대해 용감하게 '헛소리'라고 외치는 그의 주장 역시 동일한 논리에 따라, 즉 자신이 무엇에 관해 말하는지도 모르는데도 말을 해야만 하는 상황에서 '헛소리!'라는 말을 들을 위험에 처해지게 되는 것이다. 결국 수많은 헛소리들의 증식을 분석하고자 했던 프랭크퍼트는 또 하나의 헛소리를 덧붙인 셈이다. 그리고 이와 동시에 그의 주장은 자신의 이해의 한계를 넘어서거나 해체와 유동의 몸짓만을 보여주는 입장들에 대해 서슴없이 '헛소리!'라고 외치는 '참을 수 없는 존재의 가벼움'과 일상의 영역에서나 학문적 담론의 영역에서 객관적 실재의 인식에 대한 회의로부터 추동되어 인간 자신의 충실한 재현을 진지하게 모색하는 소위 '반실재론적인 동시에 개체주의적인 인간이해'가 현재의 문화 내에서 작용하고 있는 중요한 지표들임을 역으로 드러내주고 있기도 하다. 그렇다면 수많은 헛소리들이 난무하는 시대이자 과감히 무언가를 헛소리로 단정 짓는 시대, 더 나아가 자신의 주장 역시 언제고 헛소리로 불릴 수 있는 시대인 소위 포스트모던 시대는 헛소리라고 외치는 편안함에 안주하는 자기모순적 시대라고 할 수 있는 것인가?

프랭크퍼트적인 태도와는 근본적으로 입장을 달리하면서 그리고 프랑스 현대철학자인 바디우Alain Badiou(1937-)에 의거하여 지젝Slavoj Žižek(1949-)은 포스트모던한 현대세계를 다음과 같이 규정한다: "우리의 '포스트모던한' 세계의 기본적인 특징은 '지배자-시니피앙Master-Signifier'의 작용 없이 존속하고자 한다는 것이다. 말하자면 세계의 '복잡성'은 무조건적으로 옹호되어야 하며, 세계에 일정한 질서를 부과한다고 하는 모든 지배자-시니피앙은 '해체구성되고', 분산되며, '흩뿌려져야 한다'는 것이다."[119] 지배자-시니피앙의 효력이 더 이상 유효하지 않은 세계를 바디우는 '무조적 세계monde atone, atonal world'라고 규정하는데, 그 한 예가 바로 정치적으로 올바른 성의 비전이다. 이러한 비전에 부합되는 세계는 더 이상 남녀라는 이중성도 남자와 여자를 가르는 그 어떠한 결정도 그리고 성과 관련된 그 어떠한 평가도 허용되지 않는 세계로서 여기서는 미세하게 구분되고 여러 갈래로 나누어져 있는 다중적인 성적 실재들만이 작용하고 있다.[120] 지배자-시니피앙의 작용 없이 단지 다양한 육체들과 말들만이 존재하며 젠더의 구성들이 연속적으로 다중적 계열을 이루고 있는 이 세계에서 지젝은 우리의 삶을 조절하는 유일하고도 궁극적인 명령기제를 발견하는데, 그것은 다름 아닌 "향유jouissance"이다. "자신에게 잠재되어 있는 것을 깨닫고, 강력한 성적 쾌락들로부터 사회적 성공을 지나 정신적 자기충족에 이르기까지 모든 종류의 방식으로 즐기는 것"(Žižek DLC 30), 이것이 바로 포스트모던 시대에 유일하게 작용하는 궁극적인 명령기제라는 것이다.

그러나 지젝에 따르면, 지배자-시니피앙 없이 살아가는 것은 나름의 대가를 치러야 한다. 왜냐하면 주체로 하여금 향유하도록 해주는 것이 다름 아닌 '초자아superego'이며, 라캉의 말에 따르면 초자아는 바로 향유의 명령어 형태인 '즐겨라enjoy!'이기 때문이다. 그리하여 "지배자-시니피앙의 몰락은 주체를 온갖 종류의 덫에 그리고 더 나아가 다음과 같은 초자아의 애매모호한 언술에 노출시킨다. 말하자면 향유하라는 명령은 향유에 대한 허가

119 Slavoj Žižek: In Defense of Lost Causes(이후로는 Žižek DLC로 약칭), Verso: London · New York, 2008, p.30.

120 Alan Badiou: Logics of Worlds (Logiques des mondes, Paris 2006), trans. by Alberto Toscano, Continuum: London · New York, 2009, p.420.

로부터 사보타지 향유를 즐기라는 명령(혹은 의무)으로의 (종종 감지될 수 없는) 이행을 의미한다. 그리하여 역설적이게도 우리가 초자아의 명령에 복종하면 할수록 우리는 더욱 더 죄책감을 느끼게 되는 것이다"(Žižek DLC 30). 철학적으로는 이성의 목소리가 더 이상 들리지 않는 시대, 정치적으로는 노동의 질곡으로부터의 해방이라는 파롤이 더 이상 유효성을 상실한 시대, 경제적으로는 '보이지 않는 손'과 '보이는 손' 중에 어느 것이 현실의 아나키에 대한 적절한 대처방안인지 불분명한 시대, 사회적으로는 전통적 가치관들이 정신적 지주의 위상을 상실해버린 시대, 그리고 일상적으로는 통제 불가능한 욕망의 분출과 절대적 자기감시체제가 서로 묘한 균형을 이루고 있으면서도 점점 더 의도하지 않는 욕망의 분출로 치닫는 시대, 바로 이러한 시대에 우리는 우리의 삶을 영위하는 동시에 내맡기고 있는 것이다. 그렇다면 자기목적 이외에는 그 어떤 목적도 가지고 있지 않는 '절대적 즐김'만이 작용하고 있는 시대, 말하자면 이렇듯 '절대적 즐김' 이외에는 그 어떤 규정적 요소도 존재하지 않으며, 그 어떤 삶의 좌표도 존재하지 않는 소위 '무조적 세계', 또는 "결정적인 조성성調聲性, tonality이 없는 다중성들의 세계"(Žižek DLC 31)에 거주하는 우리에게 남아 있는 주체적 삶의 가능성은 무엇인가?

지젝은 이러한 물음에 대해 다음과 같은 강한 테제를 제시한다: "우리는 그러한 무조적 세계가 스스로를 조성화시키도록 만들며, 그러한 무조성을 유지시키고 있는 은밀한 음조를 공개적으로 인정하지 않을 수 없게끔 만드는 방식으로 그 같은 무조적 세계에 저항해야만 한다. 예컨대, 우리가 관용적이고 다원주의적이며 중심 없이 분산되어 있는 형태로 자기 자신의 모습을 드러내는 세계와 대면하고 있을 때, 우리는 이러한 무조성을 유지시키고 있는 기층적인 구조화 원리, 가령 특정한 비판적 문제제기들을 '비관용적'이라고 배제해버리는 '관용'의 은밀한 자질들이라든가 현존하는 다양한 자유형태들의 한계에 관한 문제제기들을 '자유에 대한 위협'이라고 배제해버리는 또 다른 은밀한 자질들과도 같은 그러한 기층적인 구조화 원리들을 공격해야만 하는 것이다"(Žižek DLC 31). 우리는 이 같은 기층적 구조화 원리를 도처에서 만나고 있다. 예컨대 공공장소에 설치된 장치들에 대한 불편함을 호소하는 왼손잡이 사람들의 태도가 대다수의 오른손잡이 사람들에게는 관용적이지 못하다고 비판하는 관용의 태도라든가, 생태계의 특정 자연사물들이 처해 있는 위협적인 상황들에 대한 호소나 성적 소수자들 내지는 각종 NGO 단체들의 개별적인 자유의 몸부림들이 소위 '대다수에게 보장되어야 하는 자유'를 해칠 수 있다고 반응하는 구속적 자유의 논리 등이 바로 그런 예라고 할 수 있다. 문제는 과연 이러한 '은밀한 음조'에 대해 어떻게 저항할 수 있는가 하는 점이다.

우리는 역사적으로 그 어느 때보다도 훨씬 더 곤란한 시대에 살고 있다. 말하자면 우리는 통제되거나 조절될 수 있는 것이 아니라 통제와 조절처럼 규정적으로 작용하는 동시에 통제와 조절과는 달리 목적 없이 작용만 하기도 하는 '절대적 향유' 이외에는 아무런 기준점도 존재하지 않는 시대이자 자신의 변화무쌍한 욕구에 따라 무언가를 쉽게 헛소리로 단정 지으며 동시에 자신의 주장 역시 언제고 헛소리로 불릴 수 있는 시대에 살고 있다. 그리고 이러한 시대에 우리는 '은밀한 음조'에 대한 저항과 '실재에 대한 무한한 신뢰'에 기초한 진리의 추구라는 극히 까다로운 과제의 수행에 내맡겨져 있다. 그러나 이처럼 까다로운 과제가 수행되어야 할 시대가 지젝이나 바디우 그리고 프랭크퍼트에 의해 진단되고 규정된 것과 같이 포스트모던 시대라고 할 수 있을까? 이들에 의해 진단되고 규정된 시대는 반세기 이상 다양한 영역들에서 논의의 중심을 차지해왔던 포스트모더니즘의 담론만으로는 포괄될 수 없는 무언가 다른 시대인 것 같다. 더구나 개인의 욕구들이 가상적 공간에서 익명의 형태로 이합 집산되면서 통제 없는 권력 내지는 중심 없는 권력을 창출하기도 하는 인터넷 시대에 이루어지는 체험의 양태로서 소위 '실재하는 세계'에서 체감할 수 없는 새로운 '육체적 체험'은 과거 포스트모더니즘 담론이 지배하던 시대에서는 이야기될 수 없었던 뭔가 다른 종류의 것이라고 할 수 있다. 시·청·촉각적 판타지에 기초한 멀티미디어 게임의 공간에서만이 아니라 순간의 우연적 접속을 통한 다중들의 예측 불가한 힘의 집중이 짜릿하게 체감되는 정치적 ID들의 공간에서 우리는 우리가 소위 일상적 현실이라고 말하는 실재의 공간에서 체험하지 못하는, 아니 결코 체험할 수 없는 '기층적 실재의 체험the lived experience of the hypo-reality'을 하고 있는 것이다. 그리하여 전통적으로 정신과 파트너였던 육체가 다 담아낼 수 없는 잉여, 혹은 정신에 의해 통제되거나 조절될 수 있는 '나의 육체'가 아니라 정신의 작용 순간에 오로지 작용하는 것으로서만 느껴지는 '자기 조절적 육체'의 포섭될 수 없는 꿈틀거림은 뭔가 새로운 논의 틀을 필요로 하는 근본적으로 새로운 대상으로서 우리를 마주하고 있는 것이며, 따라서 우리는 지젝이나 바디우 그리고 프랭크퍼트가 넌지시 보여주기는 했지만 명확히 제시하지는 못했던 새로운 담론의 가능성 조건을 모색해볼 필요가 있는 것이다.

Ⅲ. '포스트 – 포스트 담론들'의 조건

III
'포스트-포스트 담론들'의 조건

1. 실재하는 유령과 유령학

1.1. '죽은 개들의 역사'

"자기 잘못의 무지몽매로부터의 해방"[1]이라는 파롤parole로 특징지어졌던 18세기 말 독일 계몽주의의 대표적 사상가인 고트홀트 에프라임 레싱Gotthold Ephraim Lessing(1729-1781)이 괴테의 시 「프로메테우스*Prometheus*」를 읽고서 헨 카이 판Hen kai pan의 사상, 즉 '하나 속의 모든 것'이라는 사상을 피력했을 때, 당시 비평가이자 철학자였던 야코비Friedrich Heinrich Jacobi(1743-1819)가 레싱에게서 간파한 범신론적 스피노자주의는 하나의 사건이었다. 말하자면 그것은 모든 것이 미리 다 정해져 있다는 숙명론으로부터 철학을 하는 것과 이러한 철학을 수행할 유일한 방법이 숙명론에 대항하는 것이라는 아이러니한 실재적 사건이었던 것이다. 그러나 이러한 문제의식과는 달리, 스피노자 사상의 유효성을 인정하고 싶지

1 Immanuel Kant: Beantwortung der Frage, 'Was ist Aufklärung?', in: Immanuel Kant Werkausgabe Bd. XI, Frankfurt a.M. 1956, S. 53 (A 481).

않았던 레싱의 동시대 계몽주의 사상가인 모제스 멘델스존Moses Mendelssohn(1778-1848)은 스피노자를 더 이상 짖지 못하는 '죽은 개'로 낙인찍었다.

계몽주의 이래로 역사의 발전과정에서 '또 하나의 미완의 혁명'으로 남아야만 했던 19세기 말 코뮤니즘의 기초자인 마르크스가 헤겔의 변증법을 유물론적인 시각에서 확대·발전시켰을 때, 마르크스가 전유한 헤겔철학의 방법론은 하나의 사건이었다. 말하자면 헤겔에게서 정점을 이루는 서구의 관념론 체계를 극복하는 유일한 방법이 헤겔철학의 방법론이라는 아이러니한 실재적 사건이었던 것이다. 즉 그가 헤겔의 절대정신의 자기운동 자리에 역사의 주체로서 인간과 자연을 위치시키고, 헤겔의 정신의 소외 자리에 잉여가치에 경도된 생산을 통해 인간이 자신의 생산물과 자기 자신으로부터 소외되어 있다는 인간의 자기소외 이념을 위치시키며, 헤겔의 자기의식의 추상적인 정신적 발전 개념인 노동의 자리에 인간의 구체적이고 현실적인 노동을 위치시킴으로써 존재의 선재성에 근거한 유물론적 철학을 새로이 정립할 수 있었다. 하지만 그 기저에 놓여 있는 방법적 체계는 그가 극복하고자 한 헤겔철학의 방법론이었던 것이다. 그러나 이러한 전유맥락과는 달리 마르크스에게서 헤겔은 '죽은 개'로 규정되어 있을 수밖에 없었다.

20세기 말 소위 '죽은 개들'의 역사는 새로운 국면을 맞이한다. 과거 사유방식의 전환을 '알리며 사라져 간' 실재적 사건의 주체들이 유령의 모습을 하고서 그것도 다른 유령들과 함께 배회하기 시작한 것이다. '지금 유럽에는 공산주의라는 유령이 배회하고 있다'는 마르크스의 말을 빗대어 독일의 저명한 문예학자 야우스Hans Robert Jauß(1921-1997)는 "지금 유럽에는 포스트모던의 유령이 배회하고 있다"[2]라고 패러디하면서 새로운 국면에 부합되는 중요한 언급을 한다. 즉 1848년 모던의 유령은 "구 유럽의 모든 세력들이 […] 결집하여 성스러운 몰이사냥으로"[3] 대항하고자 한 대상인 반면, 20세기 말 포스트모던의 유령은 몰이사냥의 대상이 아니라 불러들여지는 환영의 대상이라는 것이다. 야우스에 따르면, "반문화를 주창하는 미적인 아방가르드주의자들, '전통에 대항할 용기'를 가지고서 경향의 전환을 주장하는 보수적인 사회비판가들 그리고 자신의 철학적 태도를 급선회하여 로고스 중심주의에 대한 저항을 호소하는 철학자들과 같이 미국과 유럽의 새로운 세력들은 아직

---

2 Hans Robert Jauß: Der literarische Prozess des Modernismus von Rousseau bis Adorno, in: Epochenschwelle und Epochenbewusstsein. Poetik und Hermeneutik Bd. 12, hrsg. v. Reinhart Herzog und Reinhart Koselleck, München 1987, S. 243.

3 Karl Marx: Manifest der kommunistischen Partei, MEW Bd. 4, S. 461.

명확히 규정될 수 없는 어떤 한 실제적 사례의 이름을 걸고 미적인 모더니즘과 결별하기 위해 결집하고 있다"[4]는 것이다. 80년대 말 야우스의 이러한 진단을 보다 구체화해보자면, 다음과 같은 함의가 도출될 수 있을 것이다. 즉 19세기 말 구시대의 현실적인 세력들에게 진보적이고 미래지향적인 모던한 마르크스주의는 실재적 존재가 아닌 그야말로 떠도는 유령으로서만 남아 있어야 했으며 이의 퇴치를 위해 결집이 필요했던 반면, 20세기 말 현실의 세력들에 포스트모던의 유령은 그저 배회하는 말로만 듣던 유령이 아니라 실재적 존재로서 인정되어야 했기에 이를 위한 결집이 필요했던 것이다. 말하자면 모던한 마르크스주의나 포스트모던한 유령은 19세기 말의 현실적인 세력이나 20세기 말의 현실적인 세력에게는 모두 유령이지만, 실재가 아닌 유령으로서의 모던한 마르크스주의와는 달리 포스트모던한 유령은 '실재하는 유령'인 셈이다. 내친 김에 여기서 한 걸음 더 나아가 말하자면 모던과 포스트모던은 동전의 양면이라는 메타포 대신에 '공간과 공간화 작용'이라는 쌍 개념으로 특징지을 수 있을 것이다.

야우스가 주목하진 못했지만 그의 진단에 부합되는 포스트모던한 유령의 한 가지 단적인 현상 형태로서 우리는 스피노자와 마르크스의 현대적인 재수용을 들 수 있을 것이다. 70년대 이래로 경제적 토대분석 및 비판에 한정되지 않고 생산력을 발전시킬 보편적인 인간충동이 그러한 발전을 지지해줄 사회적 변동관계들을 조건 짓는다는 기능적 분석을 시도한 코헨G. A. Cohen[5]과 같이 소위 '분석적 맑시스트'들이 마르크스에 의해 경제적 토대로부터 '상대적 자율성'을 갖는다고 규정된 여타의 다양한 사회적 국면들을 정교하게 분석하는 작업을 수행하였다면, 20세기 말 21세기 초에는 근본적으로 새로운 형태의 패러다임에 기초한 맑시즘이 모습을 드러낸다.

1.2 사라지는 현존의 구조로서 포스트마르크스주의적 유령학

'아우또노미아 운동'의 이론적 지주인 네그리Antonio Negri와 하트Michael Hardt는 현재의 글로벌한 질서가 더 이상 국민국가의 주권에 기초한 모던한 권력들이 아니라 단일한 명령체계를 벗어난 초국가적인 기관들과 다국적 기업들 그리고 다양한 미시적 권력들의 '네트워

4 Hans Robert Jauß: Der literarische Prozess des Modernismus von Rousseau bis Adorno, S. 243.

5 Gerald Allan Cohen: Karl Marx's Theory of History: A Defence, Princeton: Princeton University Press, 1978.

크적 권력'에 의해 형성되어 있다고 주장한다. 전통적인 의미의 제국주의적인 것이 아니라 글로벌한 네트워크적 권력의 의미에서의 '제국'[6]은 주도적인 권력주체를 포함하고 있지는 않지만, 자체 내에 권력의 정도 차가 존재하며, 이러한 불균등에도 불구하고 (개별 국민국가들이건, 일반 기업들이건 혹은 사회문화적 기관들이건 간에) '제국'의 네트워크적 권력을 구성하는 요소들은 현재의 글로벌한 질서를 끊임없이 창출하고 유지하기 위해 서로 협력해야만 하는 것이다. 그러나 "통제와 항상적인 갈등의 새로운 메커니즘을 통해 질서를 유지하는 다양한 위계질서들과 분할의 네트워크"의 글로벌화와 더불어 "국가들과 대륙들을 가로지르며 무한한 수의 교차를 허용하는 제휴와 협력의 새로운 회로들의 창출"[7]이기도 한 글로벌화는 역동적인 의사소통과 공동의 대처를 가능케 해주는 새로운 의미의 대중주체를 발견할 수 있게 해주는 기반이기도 하다. 여기서 필자들은 새로운 대중적 주체를 규정하는데, 그것은 "모든 차이가 자유로이 그리고 동등하게 표현될 수 있는 확장적이고 열린 네트워크, 우리가 공동으로 일하고 살 수 있도록 해주는 교차의 수단을 제공해주는 네트워크"로서, "셀 수 없이 많은 수의 내적인 차이들로 구성된 '다중multitude(Multitude, xiv)'"이라고 한다. 다중은 "단일성들singularities이 공유하는 것의 토대 위에서 행동하는 능동적인 사회적 주체를 나타내며"(Multitude, 100), 이러한 단일성들이란 "동일성으로 환원될 수 없으며 그저 다른 것으로서 남아 있는 차이들"(Multitude, 99)인 것이다.

"민주주의를 실현할 수 있는 유일한 사회적 주체"(Multitude, 100)이자 "포스트모던적인 생산의 실재적 육체"(Multitude, 101)이기도 한 다중 개념과 더불어 스피노자와 마르크스는 포스트모던한 유령의 형태로 회귀한다. "인간의 육체는 각각이 극도로 결합체적인 특성을 지니는 다양한 본질의 수많은 개체들로 구성되어 있다"[8]라는 규정을 통해 스피노자는 네트워크적인 전복적 주체구성 담론의 철학적 기초자로 모습을 드러내며, 사회적 삶의 수단을 창조하는 물질적 생산에 주목하였던 마르크스는 사회적 삶의 수단이 아니라 사회적 삶 자체를 창조하는 "아이디어들과 이미지들, 지식들과 커뮤니케이션, 제휴와 정감적 관

---

6 Michael Hardt and Antonio Negri: Empire, Cambridge MA: Harvard University Press, 2000.

7 Michael Hardt and Antonio Negri: Multitude. War and Democracy in the Age of Empire (이후로 Multitude로 약칭), New York, 2004, p.xiii.

8 Spinoza: Die Ethik nach geometrischer Methode dargestellt, Sämtliche Werke in sieben Bänden, Bd.2, Übersetzung, Anmerkung und Register von Otto Baensch, Hamburg 1976, S. 68.

계들을 포함하는 비물질적 생산", 즉 "생체정치적인biopolitical"(Multitude, 146) 생산에 주목하는 수정된 마르크스, 혹은 포스트-마르크스로 나타나는 것이다.

그러나 '포스트-마르크스'라는 말은 다시금 부적절한 의미화작용의 사슬에 내맡겨지는 듯하다. 왜냐하면 마르크스와 포스트-마르크스 간에는 일정한 연속성이 내재해 있는 것 같아 보이기 때문이다. 사실 그 둘 간의 관계는 앞서 암시된 바 있듯이, 시간적 연속의 관계라기보다는 지형학적이고 공간적인 관계이다. 말하자면 의미와 지시작용의 연쇄가 아니라, 의미화 작용의 효과들이 이루는 공간구성 같은 것 말이다. 이 점은 데리다의 '유령학hauntology'에서 명확히 드러난다. 데리다에 따르면, 『공산당 선언』에서 "마르크스가 말하고 있었던 유령인 공산주의는 거기에 있지 않으면서 거기에 있었"[9]던 것으로서 구 유럽의 세력들에게 '수행적인 양태로', 즉 "항상 존재해왔으며 동시에 유령처럼 남아 있게 될" 것이자 "항상 도래할 것이자 현저하게 눈에 띄게 존재하는 것"(Derrida SP, 99) 사이에서 혹은 "전설적인 유령과 그것의 절대적 육화"(Derrida SP, 103) 사이에서 공산당 선언이라는 실재적 사건의 형태로 작용함으로써 힘을 발휘하게 되었다고 한다. 그러나 "시뮬라크룸처럼 효과를 발휘하지 못하고 가상적이며 비실제적인 것 같아 보이는"(Derrida SP, 10), 그렇지만 '현상적 육체' 혹은 '생성적 육체'(Derrida SP, 6)로서 효과를 구성하는 이러한 유령을 19세기 중엽이라는 역사적 맥락 안에 위치시키고자 했던 마르크스와는 정반대의 맥락에서, 즉 '유령학적인 해체구성'의 맥락에서 데리다는 '마르크스의 유령들'을 유령적 현현의 순환관계 속에 위치시킨다. 공산주의의 유령이 의미화 작용의 순환관계에 들어서는 순간, '유령적 현현의 모습으로만 항시 존재해왔으며 여전히 도래하게 될 것으로서' 현실적 힘을 발휘하는 현

Manifest

der

Kommunistischen Partei.

Veröffentlicht im Februar 1848.

Proletarier aller Länder vereinigt Euch!

London.

Gedruckt in der Office der „Bildungs-Gesellschaft für Arbeiter"
von J. E. Burghard.
46, Liverpool Street, Bishopsgate.

1848년 발행된 『공산당 선언』 초판 표지

9 Jacques Derrida: Specters of Marx (Spectres de Marx, Paris 1993) (이후로 Derrida SP로 약칭), trans. by Peggy Kamuf, Routledge: New York, 1994, p.100.

상적 육체를 얻게 되었듯이, 마르크스의 유령이 '우리에게 언제나 회귀하게 되리라고 여겨지는 계승되어야 할 유산'(Derrida SP, 96)으로서 실재보다 더 실재적인 '부재적 현존'의 이미시적 순환관계에 들어서는 순간, 상품, 정치경제학의 물신주의, 육체와 같은 수많은 실재성들의 유령적 성격을 해명해주는 사라지는 현존의 구조를 가진 유령적 작용영역이 성립되는 것이다.

2. 신자유주의와 생체정치

2.1 푸코가 바라본 신자유주의

미셸 푸코Michel Foucault(1926-1984)에 따르면, 16세기의 진행과정에서 구성되었던 새로운 '통치이성'인 '국가이성'이 국가의 안정과 번영 및 강화를 주도적으로 이끄는 기재라고 한다면, 18세기 초부터 형성되기 시작한 근대적 의미의 통치이성인 '정부 이성'은 정치적 영향력을 스스로 제한하는 원리에 따라, "개인적 관심과 집단적 관심, 사회적 유익과 경제적 이득, 시장의 안정과 공권력의 지배 사이의 복잡한 작용"[10]이라는 관심에 근거하여 기능하는 이성이라고 한다. 소위 "최소국가의 이성"(Foucault GB, 74)이라고 불리는 새로운 통치기술로서 이 같은 정부이성은 "시장의 자유, 판매자와 구매자의 자유, 소유권의 자유로운 행사, 토론의 자유, 표현의 자유"(Foucault GB, 97) 등과 같은 특정한 자유들을 창출할 의무를 지니며, 이러한 정부이성에 근거하는 "리버럴리즘"은 "사람들로 하여금 자유롭게 존재할 수 있는 조건들의 장치와 조직"(Foucault GB, 97-98)인 것이다. 반면 이러한 리버럴한 이성은 대상들의 자연스러움으로부터 출발하는데, 이것은 "증대되거나 감소되는 혹은 정체되거나 순환하는 지불수단들" 내지는 "생산되고 유용하게 이용되며 경제파트너들 사이에서 교환되는 재화들"의 자연스러움, 즉 부와 재화의 자유로운 유동인 동시에, "인구수와 기대수명 및 건강 그리고 태도방식들에 있어 경제 과정들과 다층적이면서 서로 뒤얽힌 관계들을 맺고 있는 개인들"(Foucault GB, 42)의 자연스러움, 즉 부와 재화의 자유로운 유동에 의존해 있는 생체적인 것의 자유로운 조절이기도 하다. 다시 말해 리버럴리즘이라는 통치체계는 처음부터 자유로운 조절에 맞춰져 있는 '생체정치biopolitique'와 긴밀한 연관관계를 맺고 있었던 것이다.

이러한 담론사적인 맥락에서 푸코는 20세기 리버럴리즘의 두 가지 특징적인 예를 논의의 장으로 끌어들인다. 그 하나는 1948년에서 1962년 사이의 독일 리버럴리즘이고, 다른

---

10 Michel Foucault: Die Geburt der Biopolitik. Geschichte der Gouvernementalität II. Vorlesung am Collège de France 1978-1979 (Naissance de la biopolitique, Paris 2004)(이후로는 Foucault GB로 약칭), aus dem Französischen von Jürgen Schröder, Frankfurt a.M. 2006, S. 73.

하나는 시카고학파의 미국식 리버럴리즘이다. 전자가 통치의 과잉에 기인한 비합리성에 대한 비판으로서 나타난 것이라면, 후자는 최소한의 통치 기술로의 회귀를 구현하고자 하는 현상이다. 푸코에 따르면, 독일의 통치과잉은 이미 1914년부터 1918년 사이를 비롯하여 전시 정권과 나찌즘하에서 자원과 인력의 총동원에서 비롯된 계획경제에서 나타났다고 한다. 그 후 2차 세계대전이 끝나고 나서 1928년부터 1930년 사이에 소위 프라이부르크 학파에 속하며 나중에 'Ordo'라는 저널을 통해 고유한 입장을 드러낸 일군의 학자들은 독일 리버럴리즘의 기초가 세웠다. 그러나 이보다 더 중요한 사실은 전반적인 구조화의 움직임이다. 즉 "신칸트주의 철학과 후설의 현상학 그리고 막스 베버의 사회학이 교차하는 지점에서" 그리고 역사상 경제적 과정들과 법적인 구조들 간의 상호관계를 최초로 고찰하였던 "오스트리아학파와 유사하게" "오이켄Euken, 뢰프케W. Roepke, 프란츠 뵘Franz Böhm, 폰 뤼스토우von Rüstow 등의 학자들"(Foucault GB, 442)은 소비에트 사회주의, 국가사회주의 그리고 케인즈의 정신에 입각한 개입주의정치 등에 반기를 들고 나섰을 뿐 아니라, "가격형성에 대한 조절을 유일하게 보장할 수 있는 시장메커니즘들을 체계적으로 묵살하였던 경제적 통치유형"(Foucault GB, 442)을 비판하였던 것이다. 결국 독일식 리버럴리즘인 '오르도리버럴리즘Ordoliberalismus'은 획일적인 계획이나 일방적인 통치에 의해서가 아니라 제도적이고 법적인 틀 내에서 조직화된 시장경제의 가능성 조건을 구축하고자 하였다는 것이다.

반면 소위 '시카고학파'의 이념으로서, 전시경제체제하에서 그리고 전후 대규모 경제사회 프로그램하에서 이루어진 '너무 많은 통치'에 대한 반발로 생겨난 미국식 리버럴리즘은 너무 많은 통치가 가져오는 위험요인들로서 "경제적 개입주의, 통치기구들의 비대화, 과도행정, 관료주의, 모든 권력메커니즘들의 경직화"(Foucault GB, 443)를 비판하는 입장을 취하였다고 한다. 바로 이 지점에서, 말하자면 미국식 리버럴리즘의 한가운데에서 푸코는 독일의 사회적 시장경제에서 발견되는 것과 정반대의 움직임을 발견한다. 즉 시장을 통한 가격조절이 깨지기 쉽기에 다양한 형태의 사회적 개입정책을 통해 지탱되고 질서화될 필요가 있는 독일식 리버럴리즘과는 달리, "미국식 네오리버럴리즘은 시장의 합리성이 가족, 출산율, 범죄성, 형법정책 등과 같이 전적으로 경제적이지 않은 혹은 우선적으로 경제적이지 않은 영역들을 위해 제안하는 결정기준들과 그러한 합리성이 시사하는 분석도식들을 비롯하여 그러한 합리성 자체를 확장하고자 한다"(Foucault GB, 443)는 것이다. 아쉽게도 푸코의 분석은 여기에서 끝나며, "항상 리버럴하게 존재했었던 것과는 훨씬 거리가 먼 통치기술 내에서 생명과 인구의 특수한 문제들이 제기된 방식"(Foucault GB, 443)에 대한 연구는 차후의 과제로 남겨진다.

2.2 생물학적 정치경제학

자유롭게 존재할 장치와 조직으로서의 리버럴리즘과 이의 실현을 위해 행해지는 개인들의 생체정치적인 조절 간의 패러독스는 20세기 말에 이르게 되면 '포스트-인더스트리얼' 사회의 중심축으로 자리매김한다. 미국 조지아 공대에서 바이오테크놀로지와 문화의 연관관계를 가르치고 있는 유진 택커Eugene Thacker 교수는 최근 들어 유전공학과 사이버네틱스, 생물학과 정보공학 간에 상호교섭과정이 이루어지는 것을 보면서 이러한 현상의 이면에는 물질적인 유전자 코드들과 비물질적인 컴퓨터 코드들을 결합시키고자 하는 특정한 의도와 이에 근거한 새로운 육체이해가 자리 잡고 있다고 주장한다. 즉 표면적으로 바이오테크놀로지는 자연적인 것과 인공적인 것을 결합하고 있는 것으로 보이지만, 사실상 그 기저에는 "바이올로지와 정치경제학 간의 긴장관계"[11]가 자리하고 있으며, 그 본질은 세 가지 서로 다른 과정들이 유기적인 전체를 이루는 특수한 구조로 이루어져 있다는 것이다. 그 첫 번째 과정은 생물학적인 물질들을 디지털 형태로 '인코딩'하는 과정으로서, 이 과정에서 바이오테크놀로지 산업은 지적 소유권이나 소유권이 보장된 데이터베이스의 형태로 이득을 취하게 된다. 두 번째 과정은 디지털 형태가 다양한 방식으로 '리코딩'되는 과정으로서, 이 과정에서 바이오정보공학bioinformatics, 데이터베이스 경영, 컴퓨터 네트워킹 등의 활동들은 바이오정보들을 광범위하게 유통시키는 탁월한 역할을 한다. 마지막으로 디지털 형태가 다시 생물학적 물질성으로 '디코딩'되는 과정으로서, 이 과정에서 생물학적 정보는 소비의 메커니즘에 의거하여 육체로 체화되는 것이다(Thacker GG, xx-xxi).

육체로까지 체화된 생물학적 정치경제학은 거시적인 측면에서는 전지구화 과정Globalization

---

11 Eugene Thacker: The Global Genome. Biotechnology, Politics, and Culture (이후로는 Thacker GG로 약칭), The MIT Press, 2006, p.xix.

을 매개로 하는 새로운 식민화 과정으로 나타난다. 택커에 따르면, 1990년대 초 '미국국가과학재단U.S. National Science Foundation', '국립인간게놈연구센터National Human Genome Research Center', '국립종합의학연구소National Institute for General Medical Sciences', 'DoE' 등의 지원을 받아 이루어진 '인간게놈 다양성 프로젝트Human Genome Diversity Project'는 인간의 진화 과정을 재구성해보려는 의도로 전 세계에 걸쳐 유전적으로 고립된 인구들에 속하는 개인들로부터 DNA를 수집하는 것을 목적으로 삼고 연구를 진행시켰지만, 어떤 인구들을 샘플링 대상으로 삼는가 하는 문제와 이러한 맥락에서 인구를 정의내리는 최상의 길은 어떤 것인지에 관한 문제에 있어서 곧바로 다양한 비판들이 제기되었다고 한다. 특히 일군의 미국 과학자들이 파나마의 '구야미Guyami'족 여인의 유전자 정보와 뉴기니섬의 '하가하이Hagahai' 남자의 세포주cell line에 대해 특허를 신청했을 때, 몇몇 단체들은 명백한 식민지주의의 예라고 비난하면서 이제는 영토나 천연자원이 아니라 인간의 유전자 원료들에까지 식민지적 침탈이 이루어지고 있다고 주장하였으며, 미국 원주민 그룹들은 '인간게놈 다양성 프로젝트'를 '생체식민지주의biocolonialism'[12]라고 비난하였다.

택커에 따르면 이러한 비난들 속에서 '인간게놈 다양성 프로젝트'에 관한 이야기들은 갑작스럽게 모습을 감추게 되고 대신 새로운 양상이 전개되기 시작했다고 한다. 말하자면 '바이오정보공학'과 '유전체학genomics'[13]의 발전이다. 생체정보공학은 "각종 연구기관, 바이오텍 산업, 의료 유전학, 제약 산업 등에 의해 사용될 업데이트되고 네트워크화되어 있으며 인터액티브한 게놈 데이터베이스를 조직화하고 관리하는 컴퓨터 테크놀로지 및 네트워킹 테크놀로지 사용"을 포함하는 학문분야이며, 제노믹스는 "특정 테크놀로지에 의거하여 이루어지는 DNA나 게놈 또는 유기체들의 연구영역"(Thacker GG, 135)으로서 미래의 의료 유전학 및 제약유전체학의 기초이다. 새로운 식민지주의라고 비난받았던 '인간게놈 다양성 프로젝트'가 모습을 감추는 것과 동시에 나타난 바이오정보공학과 유전체학의 비

12 http://www.foel.org/LINK/LINK93/biocolonialism.html.

13 DNA, RNA와 같은 유전 정보를 밝히고자 게놈을 단위로 실험과 정보 처리를 수행하는 학문이다. 유전체학의 가장 기본 단계는 인간을 포함한 각종 생물들의 유전체 염기 서열 판독으로서, 주로 알려진 서열에서 염색체 지도와 유전자 지도를 비교 분석하여, DNA 구조 결정 등을 연구한다. 1990년대 초 미국에서 시작된 'genome project'의 추진에 따라 탄생한 학문이다.

약적 발전은 인간 자체보다는 인간 개체군에 초점을 맞춰 진행되기 때문에, 다소 차이가 있는 것처럼 보일지는 몰라도, 낮은 이주율과 낮은 혼종률을 보이는 인구들(아이슬란드, 몰몬, 뉴파운드랜드 공동체들의 경우)의 게놈들을 연구하는 바이오텍 회사들이나 질병퇴치를 목적으로 유전자 데이터베이스를 구축하려는 회사들이 진행시키는 연구들(표 1 참조) 역시 윤리적 논란으로부터 자유롭지는 않았다.

표 1 Population Genome Projects(Thacker GG, 139)

Project	Institute	Subject
Estonian National Gene Bank Project	Estonian Genome Foundation, Estonian government	Estonian volunteers
The Gene Trust	DNA Sciences, Inc.	More than 100,000 U.S. volunteers via the Internet
Genomic Research in African- American Pedigrees	G-RAP; Howard University	African American volunteers
Icelandic Health Sector Database	IHSD, deCODE Genomics	More than 280,000 Icelanders
Korean Gene Bank	Macrogen	Korean volunteers
Mormon Gene Bank	Myriad Genetics	Mormon communities(United States)
Newfoundland Gene Bank	Newfound Genomics, a spin-off of Gemini Genomics	Half a million Newfoundlander volunteers
P3G	Public Population Programm in Genomics	U.K. BioBank, CARTaGENE (Quebec), Estonian NAtional GeneBank Project, GenomEUtwin Project (Finland)
Swedish gene Bank	Uman Genomics	More than 250,000 Swedes from Väterbotten
Tonga Gene Bank	Autogen	More than 180,000 Tonganese in Australia
U.K. BioBank	Welcome Trust, Medical Research Council, the U.K. Department of Health	Half a million U.K. volunteers

그러나 이처럼 "컴퓨터 데이터베이스의 렌즈를 통한 인구의 새로운 재정의"(Thacker GG, 140)에 의거하여 인간게놈 정보들을 전 지구적 네트워크를 통해 유통시키는 동시에 특정권력의 조절메커니즘에 종속시키려 한다는 혐의로부터 자유롭지 못한 인구유전체학은 택커에 따르면 20세기 말에 갑자기 나타난 현상이 아니라 "20세기 초 멘델의 유전학과 인구유전학 간의 논쟁이나 18세기와 19세기의 인구통계학까지 거슬러 올라갈 수 있는"(Thacker GG,

140) '생체역사bio-history'의 전통과 맥을 같이 한다고 한다. 여기서 택커는 푸코를 인용하는데, 푸코에 따르면 정부의 특수한 개입과 조절양태들을 따라 새로운 과학기술들은 "인류의 삶에 특수한 현상들을 지식과 권력의 질서로, 즉 정지적 테크닉의 영역으로 포함시키는"[14] 과정에서 정점을 이룬다고 한다. 결국 현대적인 생체정치의 구체적 실현체인 인구유전체학은 다양한 게놈들과 정부들 그리고 국경을 초월하여 부단히 이익창출을 위해 부유하는 기업들을 하나로 연결시켜주고 있는 핵심적인 매개체가 되는 것이다.

그렇다면 '생체적인 것의 자유로운 조절'이라는 패러독스를 함축하는 리버럴리즘의 환경에서 인구유전체학은 어떤 사회정치적 결과를 야기시키는가? 이에 대해 택커는 여러 가지 결과들을 열거하는데, 그중에서 가장 중요한 귀결로서 새로운 형태의 생체정치적 권력양태의 형성을 주장한다. 즉 인구유전체학은 "새로운 형태의 생체정치적 권력을 형성하는바, 이러한 권력 속에서 생물학적인(그리고 사회적인) 인구가 유전체학과 바이오정보공학의 하이테크놀로지를 통해 재구성되는 것이다"(Thacker GG, 148). 더 이상 억압적이고 부정적인 권력이 아니라, "생명에 실증적인 영향을 행사하는 권력, 즉 생명을 정교한 통제와 광범위한 조절에 종속시킴으로써 생명을 관리하고 효율적으로 최적화시키며 또한 배가시키고자 하는 권력"[15]인 푸코적인 의미의 생체정치적 권력과 같은 맥락에서 현대의 인구유전체학에 의해 행사되는 생체정치적 권력메커니즘은 인구의 건강을 국가의 건강 및 부와 동형적 구조로 만듦으로써 '자유로운 조절'이라는 패러독스를 구현하는 새로운 권력행사 양태를 체현하고 있는 것이다.

다니엘 벨Daniel Bell(1919-2011)은 『포스트-인더스트리얼 사회의 도래*The Coming of the Post-industrial Society*』에서 정보공학과 커뮤니케이션 미디어 같은 새로운 테크놀로지들과 글로벌한 정치변동들에 의해 특징지어지는 사회를 다음과 같이 정의한 바 있다: "산업사회가 생활수준을 표시해주는 것으로서 상품의 양에 의해 정의되었다면, 포스트-인더스트리얼 사회는 서비스와 문화시설들에 의해 측정되는 것으로서 삶의 질에 의해 정의된다."[16]

14 Michel Foucault: The History of Sexuality, vol 1, trans. by Robert Hurley, New York: Vintage, 1978, pp.141-142.

15 Michel Foucault: The History of Sexuality, vol 1, p.137.

16 Daniel Bell: The Coming of the Post-industrial Society, New York: Basic, 1999, p.127.

벨이 말하는 서비스와 문화시설들에는 운송, 여행, 오락, 미디어 산업만이 아니라 보험, 건강 산업 역시 포함되어 있다. 이처럼 서비스와 문화적 시설들의 생산과 소비에 초점이 맞춰져서 이미 1970년대부터 시작된 소위 포스트-인더스트리얼 사회 혹은 포스트모던 사회는 정보와 지식과 기호들에 기초한 문화적이고 사회적이며 정치적인 새로운 가치판단양태들을 근간으로 하고 있으며, 벨에 따르면, 이러한 포스트-인더스트리얼 사회에서 "중심적 자원"이자 "권력의 원천"[17]이 되는 것은 바로 정보라고 한다. 19세기 말 유럽사회를 분석한 마르크스와 같이 20세기 말 정보화 사회를 분석한 마누엘 카스텔스Manuel Castells(1942-)는 정보가 행사할 수 있는 보다 더 결정적인 역할에 대해 다음과 같이 언급한다: "보다 더 강력하고 보다 더 탄력적인 새로운 정보 테크놀로지들 주변으로 형성되고 있는 새로운 테크놀로지 패러다임의 출현은 정보 자체로 하여금 생산과정의 생산품이 되는 것을 가능케 하고 있다."[18] 말하자면 포스트-인더스트리얼 사회 내지는 포스트모던 사회에서는 비물질적인 정보가 생산방식인 동시에 생산품으로도 기능함으로써 기존의 물질적 노동과 생산품의 조절 메커니즘과는 다른 새로운 메커니즘이 이미 작동하고 있는 것이며, 따라서 비물질적 노동과 물질적 노동, 비물질적 생산품과 물질적 생산품을 아우르는 새로운 경제형태가 모색될 필요가 있는 것이다. 문제는 비물질적인 것과 물질적인 것 간의 경계를 넘어 중심 없이 유동하는 정보의 권력효과가 '생체정치적 리버럴리즘'의 패러독스와 어떤 양태로 공생관계를 형성하느냐이다. 왜냐하면 국가의 단위로부터 개인에 이르기까지, 인구로부터 미시적이고 생물학적인 개체의 단위에 이르기까지 위계 없이 관철되는 전일적 정보화가 '부와 재화의

『포스트-인더스트리얼 사회의 도래』 표지

17 Daniel Bell: The Coming of the Post-industrial Society, pp.127-128.
18 Manuel Castells: The Rise of the Network Society, New York: Blackwell, 1996, p.67.

자유로운 유동에 의존해 있는 생체적인 것의 자유로운 조절'로서의 리버럴리즘과 맺는 관계에 따라 개인에게는 생체 정치적으로 내재화된 권력이 저항하기 힘든 권력자일수도 있으며 역으로 전체에 영향을 줄 수도 있는 권력도구로 작용할 수도 있는 것이기 때문이다.

3. 지각의 패러다임

3.1 실재의 지각: 경험과 선천적 능력 사이에서

고대로부터 근대까지 매번 다른 모습을 통해 변함없이 제기된 철학의 근본 물음 중 하나는 바로 실재의 원리와 이것에 대한 인식의 물음이다. 실패와 좌초에도 불구하고 진지하게 씨름하는 인간의 역사가 투영되어 있는 이러한 물음이 가장 극명하게 드러나는 곳은 바로 칸트의 문제의식이다. 칸트는 유한한 존재인 인간으로 하여금 더 이상 경험적인 사실판단에 의존하지 말고 경험으로부터 독립해 있는 선천적인 종합적 판단능력을 기초로 삼으라고 주장하였다.[19] 왜냐하면 실제세계란 우리의 의식 속에서 비춰진 것이 아니라, 우리의 고유한 직관능력과 오성능력이 만들어낸 산물이기 때문이다. 실제세계를 두고 경험과 선천적 능력이라는 철학의 두 가지 실타래가 벌이는 이러한 갈등은 칸트 이후 세기말에 이르게 되면 본격적으로 드러나게 된다.

근대철학의 기본문제이기도 한 이러한 갈등과 관련하여 세기말의 철학은 대략 세 갈래로 나눠진다. 칸트의 기본 입장을 수용하면서도, 실재와 인식의 매개적 형식에 주목하였던 신칸트주의Neukantianismus, 특히 캇시러Ernst Cassirer와 주체의 지향적 능력에 의거하여 그러한 매개의 방법을 모색하였던 후설Edmund Husserl이 그 첫 번째 갈래라고 한다면, 두 번째 갈래에는 논리적 경험론의 입장을 취한 비엔나 그룹과 생물학적이고 진화론적인 이성적 경험론을 주창한 니체Friedrich Nietzsche가 포함되는데, 이들은 선천적 종합판단 내지는 절대적 진리자체에 회의적인 태도를 보이면서 실재에 대한 진술은 불가능하다고 선언한다. 마지막 세 번째 갈래에는 심리적인 것과 물리적인 것의 접점으로부터 출발하여 심리물리적psychophysisch 예술학을 정립한 독일의 생리학자이자 철학자인 립스Theodor Lipps(1851-1914)와 독일의 예술이론가인 피들러Konrad Fiedler(1841-1895)가 포함된다. 결국 이 같은 세기말의 철학적 입장들은 모두 실재의 존재와 이것의 인식가능성에 대한 소박한 믿음에 대해 회의적인 태도를 취하는 동시에, 감각적 실재에서 본질과 현상의 통일점을 찾고자 하였던 것이다.

---

19 Immanuel Kant: Kritik der reinen Vernunft, Immanuel Kant Werke Bd. III, hrsg. v. Wilhelm Weischedel, Insel Verlag, Wiesbaden, 1956, B 143, 144.

첫 번째 갈래에 속하는 후설은 우선 판단중지 또는 '환원Epoché'을 통해 경험에 의존한 실증 과학적 인식을 괄호에 넣음으로써, 막연한 자연적 의식이 배제된 세계인 생활세계를 드러내고자 한다. 스스로 존재하는 세계로 드러난 생활세계는 이제 현상학적 환원의 절차를 거침으로써, 반성적으로 순수하게 직관된 것으로서 자신을 드러내며, 이와 더불어 반성적으로 순수한 직관의 작용이 인식된다. 이때 지향적 체험으로서의 의식이 수행하는 순수한 직관작용은 '사물에 대한 시선Blick auf die Dinge'과 '이러한 시선에 대한 시선Blick auf dieses Sehen'이라는 이중의 시선 내지는 '외적인 이미지'와 '내적인 이미지'[20]라는 이중의 이미지를 통해 이루어진다. 그 결과 스스로를 드러내는 생활세계와 이러한 세계에 대한 순수한 직관의 작용을 아우르는 본질이 해명되는 것이다.

후설처럼 첫 번째 갈래에 속하는 캇시러는 정신이 절대적으로 내재적인 것이 아니라, 외적인 표현형식들에서 비로소 진정한 내재성에 이른다고 주장함으로써, 전통적으로 도외시되었던 상징적 형식들을 복원하고자 한다. 그에 따르면, 현실이란 정신의 외화형식들인 이러한 상징적 형식들 뒤에 숨어 있는 것이 아니라, 이러한 형식들 자체가 공간적 구조화를 담지하는 지속적인 형상화 과정의 최종 산물이라는 것이다.[21] 따라서 캇시러에게 있어 예술, 종교, 신화에서의 상징적 형식들은 은폐된 의미의 전달자적 위치를 벗어나 실재와 본질의 위상을 획득하게 되는 것이다.

후설에게서 정립된 이중적 시선의 교차와 캇시러의 상징영역의 복원은 세기말 철학의 두 번째 갈래에 속하는 니체의 언어회의와 맥을 같이 한다. 실재에 대한 절대적 확신자체를 부정하면서 니체는 형이상학의 근원으로부터 정립된 가치체계의 전도를 시도한다. "진리란 환영들에 불과한 것으로 사람들은 지금까지 진리가 환영이라는 사실, 즉 사용될 대로 사용되어서 이제는 의미의 효력을 상실해버린 메타포라는 사실을 망각해"[22]왔으며, 이

---

20 Edmund Husserl: Phantasie, Bildbewusstsein, Erinnerung. Zur Phänomenologie der anschaulichen Vergegenwärtigungen, Husserliana Bd. XXIII, The Hague/Boston/London, 1980, S. 17ff.

21 캇시러는 상징적 형식들이 "존재자에 대한 정적인 고찰"로서가 아니라 "이미지적 형성 작용Bilden 자체의 기능들과 에너지들"로 파악될 경우, 이러한 이미지적 형성 작용으로부터 "형상화Gestaltung 자체의 전형적인 기본특성들"이 도출될 수 있으며, 바로 이러한 작업을 수행하는 것이 문화철학의 과제라고 주장한다. Ernst Cassirer: Philosophie der symbolischen Formen, Erster Teil. Die Sprache, Darmstadt 1977, S. 51.

22 Friedrich Nietzsche: Über Wahrheit und Lüge im aussermoralischen Sinn, in: Werke in drei Bänden, Dritter Band, hrsg. v. Karl Schlechta, München 1956, S. 314.

러한 "원초적인 메타포 세계의 망각을 통해서만"[23] 특정한 사물의 진리가 유지될 수 있었기에, 니체는 진리의 자리에 감각세계로서의 삶을 위치시키면서 인간에게 유일하게 절대적일 수 있는 감각적 현실을 그 자체로 인식하기 위해 예술에 의존한다. 왜냐하면 예술에서 표현주체와 표현대상은 인과성이나 정합성을 매개로 하여 결합되는 것이 아니라, 암시적인 전이와 치환의 사슬 속에 놓여 있기 때문이다. 그리하여 니체는 전통적인 가치체계를 유지시켜왔던 언어를 근본적인 회의 대상으로 삼으면서 메타포의 문제에 주목한다. 그에 따르면, 근원적 의미를 보충적으로만 나타내는 도구로 여겨져 왔던 메타포의 기능은 부정되는 반면, '무한히 의미효과 내지는 의미화 가능성들을 생산해내는 메타포의 기능'[24]은 새로이 긍정되어야 하는 것이다. 니체의 회의는 결국 지금껏 감각적 가상들에 불과하다고 생각되어온 것들이야말로 인간에게 유일하게 실재하는 것이며, 이것들은 무한한 생성의 공간에서 유동한다는 사실을 말해주고 있는 것이다.

마지막 세 번째 갈래에 해당되는 철학은 첫 번째 갈래의 사상가들과 긴밀한 연관관계에 놓여 있는 동시에 두 번째 갈래의 입장에 대한 예술학적 표현이라고 할 수 있다. 초월적 진리와 인식 불가능한 실재의 이분법을 극복하고자 '심리적인 것과 물리적인 것의 접점'[25]을 정밀한 분석에 따라 해명하려고 하였던 독일의 물리학자이자 자연철학자인 페히너Gustav Fechner(1801-1887)와 미학을 "이념의 순수한 표현으로서 현상하는 감각적 개별자"[26]인 미의 체계로 이해하고자 한 독일의 문예학자이자 철학자인 피셔Friedrich Theodor Vischer(1807-1887)의 이론을 기초로 하여 립스는 감정이입미학을 발전시켰다. 그는 특히 미적인 인상과 착시현상이 모두 역학적인 활동에 뿌리를 두고 있다고 하면서, 직관적 지각과 역학적 법칙의 상관관계를 다루는 '공간미학'을 정립하였다.[27] 이와 동일한 맥락에서 피들러 역시 실재란 감각

---

23 Ibid. S. 316.

24 Ibid. S. 318.

25 Gustav Fechner: Elemente der Psychophysik I, Amsterdamm 1964 (Nachdruck der Ausgabe Leipzig 1860), S. 8ff.

26 Friedrich Theodor Vischer: Ästhetik oder Wissenschaft des Schönen, Erster Band, Georg Olms Verlag, Hildesheim · Zürich · New York, 1996 (Nachdruck der Ausgabe 1846), S. 52ff.

27 립스에 따르면, "기하학적인 시각적 착시들은 통상 공간적 형상들에서 작용하는 것으로 여겨지는 힘들이나 활동들 그리고 경향들에 대한 표상으로부터 생겨난다. [···] 다시 말해 우리가 힘들이나 활동들 그리고 경향들을 표상함으로써, 기하학적인 시각적 착시가 이루어지는 것이다", Lipps, Theodor: Raumästhetik und geometirsch-optische Täuschungen, Amsterdamm 1966 (Nachdruck der Ausgabe Leipzig 1897), S. 61.

지각 저편에 있는 것이 아니라, 감성 자체가 바로 지속적인 생성 중에 있는 실재라고 주장하면서 '심리물리적' 입장을 전개시켰다. 이러한 입장은 그의 언어이론에서 잘 드러나는데, 그에 따르면, 심리물리적인 사태들의 집합체인 언어는 초월적 내용을 '의미하는' 것이 아니라, 현실이 구성되는 과정 그 자체라는 것이다: "말의 가치는 무엇보다 모호한 감각과 정들로 이루어져 있었던 현실의식이 자체 내에서 결합을 이루며 일정하게 규정되어 있는 현실구성의 놀라운 가능성을 담지하고 있는 새로운 요소와 새로운 소재를 통해 말속에서 확충된다는 사실에 의거하고 있다."[28]

세기말의 철학자들은 물리적으로 실재하는 세계와 경험적인 현상세계 간의 결합에 대한 회의로부터 출발하여, 이러한 결합을 유지시켜왔던 이성 중심적 합리주의 전통을 파괴하는 동시에 이것으로부터 현실적 삶을 새로이 구성하는 감각적 지각의 방법적 기초를 정립시켰다. 이러한 방법의 근간을 이루었던 언어, 감성, 실재에 대한 회의의 이면에는 발전된 자연과학적 이해가 작용하고 있었다. 즉 19세기 말에 이르러 인간의 신체기관의 기능이 특정한 위치에 고정되어 있지 않다는 생각이 등장하였던 것이다. 헬름홀츠에게서는 '유기적인 것과 비유기적인 것 간의 그물망적 결합'[29]이 주장되었고, 독일의 생리학자이자 해부학자인 베버Ernst Weber(1795-1878)는 촉감에 주목하면서 우리의 피부가 '감각 원환들의 모자이크'[30]로 구성되어 있다고 생각하였으며, 철학자 로체Rudolf Hermann Lotze(1817-1881)와 의사이자 자연과학자였던 뷔히너Ludwig Büchner(1824-1899)는 '신경계의 작동과정을 전기적 흐름들'[31]로 설명하였다. 또한 신경해부학자인 다이터즈Otto Friedrich Karl Deiters(1834-1863)는 신경자극의 지속속도에 대한 측정에 주목하였던 헬름홀츠보다 더 나아가 '개별 신경세포들이 신경세포의 '수상돌기들Dendriten'을 통해 서로 결합되어 있다'[32]는 것을 발견하였다. 그 결과

28 Konrad Fiedler: Schriften zur Kunst I, hrsg. v. Gottfried Boehm, München 1991, S. 123.

29 Hermann von Helmholtz: Fortpflanzungsgeschwindigkeit der Nervenreizung, in: Bericht über die Bekanntmachung geeigneter Verhandlungen der Königlichen Preusischen Akademie der Wissenschaften zu Berlin 14, 1850, S. 14f.

30 Stanley Finger: Origins of Neuroscience. A History of Explorations into Brain Function, Oxford Universiy Press: New York and Oxford 1994, p.134.

31 Rudolph Hermann Lotze: Allgemeine Physiologie der körperlichen Lebens, Leipzig 1851, S. 385ff.; Büchner, Ludwig: Kraft und Stoff, oder Grundzüge der natürlichen Weltordnung, nebst einer darauf gebauten Sittenlehre in allgemein verständlicher Darstellung, 20. Aufl. Leipzig 1902, S. 156ff.

32 Stanley Finger: Origins of Neuroscience, p.44. Otto Friedrich Karl Deiters: Untersuchungen über Gehirn und Rückenmark des Menschen und der Säugetiere, hrsg. v. Max Schultze, Braunschweig 1865.

선적인 자극 전달로부터 '리좀형태의 자극 전달' 개념으로의 이행이 이루어질 수 있었다. 특히 실체를 기능적으로 분화된 네트워크들에서 일정하게 컨트롤될 수 있는 흐름들로 파악한 물리학자 에른스트 마하Ernst Mach(1838-1916)의 경우 '요소들의 복합체Elementenkomplex'[33]가 중심개념을 이루었는데, 마하는 이것을 통해 감각지각을 포함한 생생한 에너지들이 순환된다고 주장할 수 있었다. 따라서 정신과 물질의 이분법은 부정되고 물질적인 것과 비물질적인 것 간의 구별이 해소되었을 뿐 아니라, 뇌의 구조와 정신적 과정에 대한 새로운 이해에 이르게 되었다.

3.2 그물망적 인식패러다임으로서 지각의 패러다임

결국 생리학, 심리학, 물리학, 철학, 예술학 간에 공통의 문제의식은 실체와 감각 간의 관계를 재규정함으로써 새로운 인식 패러다임을 정립시키는 것으로 모아졌으며, 이러한 문제의식은 포괄적인 의미에서의 문화비판과 결부되어 있었다. 그리하여 물리학자이자 철학자인 마하는 자신의 감각생리학을 통해 시간 개념을 문화비판적인 관점에서 연구하면서 물리적 대상을 요소들의 결합으로 이해하는 가운데 정신과 육체의 이분법적 형이상학을 비판하였다. 프랑스 철학자 베르그송Henri Bergson(1859-1941) 역시 모든 지각에 시간적인 간격으로서 내재해 있는 기억된 요소들에 주목하였다. 그는 이러한 요소들이 다름 아닌 주체가 내재화시킨 이미지들이라고 하면서, 주체의 이미지화 과정을 운동으로서, 즉 감각적 실체의 연장으로서 파악하였다. 그는 인간의 뇌를 전화교환실과 같은 것으로 규정하면서 정보들의 결합과 치환을 수행하는 그물망체계를 강조하였다. 따라서 그에게 있어 사고는 다발처럼 엮이고 매듭지어지며 결합을 이루는 요소들로 구성된 것으로 규정되었던 것이다.[34]

감각의 그물망에 초점이 모아진 새로운 인식 패러다임에 대한 욕구는 20세기에 들어서

---

33 Ernst Mach: Die Analyse der Empfindungen und das Verhältnis des Psychischen zum Physischen (1885), 2. verbesserte Aufl., Jena 1900, S. 9.

34 베르그송은 "우주에 대한 나의 지각이라고 부르는 이미지들의 체계, 나의 신체라는 어떤 특권적 이미지의 가벼운 변화만으로도 완전히 교란되는 이미지들의 체계"에 중심적인 위상을 부여할 뿐만 아니라, 이미지에 다름 아닌 물질의 실재성을 물질의 "요소들과 이 요소들의 모든 종류의 작용들의 총체"로 파악한다. 앙리 베르그송 저, 박종원 역, 『물질과 기억』, 아카넷, 2005, pp.50-71.

하이데거의 존재론적 해석학과 데리다 및 들뢰즈에 기초한 후기구조주의를 야기시키는 계기가 된다. 실재의 존재를 밝히려는 시도들에 대한 유보적인 태도 자체를 존재라고 규정하였던 하이데거는 '비판적 회의'와 '방법적 회의'로 구성된 '현상학적 파괴'의 방법을 정초한다. 우선 '비판적 회의'를 통해 세계경험들로서 압축될 수 있는 다양한 경험대상들은 구분되고 반성된다. 이러한 과정에서 "불명료한 의미모멘트들"이 나타내지는 동시에, "의미방향들이 서로 넘나들고 합쳐지면서 통일적인 현재화"[35]가 이루어지는 것이다. 그러나 이러한 비판적 회의의 진행은 동시에 '방법적 회의'의 구성이기도 한 바, 현실이란 우리에게 주어져 있는 것에 대한 판단의 유보로서만 표현되기 때문에, '방법적 회의'는 숨김의 형태로만 자신을 드러내는 존재의 진술방식이 되는 것이다. 결국 현상학적 파괴는 "매 순간의 문제제기와 이러한 문제제기로부터 표시되는 가능한 탐구영역의 구획화와 더불어 사실적으로 주어지는"[36] 경계들을 생겨나게 하는 것이며, 바로 이러한 경계의 생성에 현상학적 파괴의 고유한 의미가 놓여 있는 것이다.

예술의 존재방식에 대한 해명에서 명확히 드러나는 하이데거의 이러한 현상학적 파괴의 방법을 넘어서 해체구성을 시도한 데리다와 들뢰즈는 한편으로는 니체의 근대적 주체성 개념비판과 맥을 같이 하고, 다른 한편으로는 존재론적인 전통에 대한 하이데거의 비판적 파괴와 동일한 연장선상에 있었다. 더 나아가 이들은 존재론적인 문제의 '기호화'와 '감각화'를 통해 새로운 의미지평을 열고자 하였다. 데리다의 경우 코드모델에 근거한 지시체계에 대한 비판을 통해 의미의 끝없는 '변형생성의 공간'[37]이 마련되었다면, 들뢰즈의 경우 '감각적 가상들이 이루는 무한계열'[38]에 대한 논증을 통해 순수한 의미발생의 장이 해명될 수 있었다. 결국 하이데거나 후기구조주의 모두 무한히 생성과 이탈을 반복하는 자유로운 공간을 감각의 그물망에 기초해 있는 실재로 보면서 삶과 가장 밀접한 실재의 회귀를 추구하였던 것이다.

---

35 Martin Heidegger: Phänomenologie der Anschauung und des Ausdrucks. Theorie der philosophischen Begriffsbildung, Gesamtausgabe Bd. 59, Frankfurt a.M. 1993, S. 33.

36 Martin Heidegger: Sein und Zeit, 17. Aufl., Tübingen, 1993, S. 22.

37 Jacques Derrida: Positionen (Positions, Editions de Minuit, Paris 1972), Graz · Wien · Böhlau, 1986, SS. 68-69.

38 Gilles Deleuze: Differenz und Wiederholung (Différence et répétition, Presses Universitaires de France Paris, 1968), aus dem Französischen von Joseph Vogl, München: Fink, 1997, S. 95ff.

에릭 칸델(Eric R. Kandel)(왼쪽), 콜롬비아 대학 신경 생물학 및 행동 센터 소장 도널드 프레드릭슨(Donald S. Fredrickson)(오른쪽)

19세기 말 이래로 다각도로 진행되어온 새로운 인식패러다임인 감각적 지각에 기초한 그물망적 인식패러다임은 20세기 말 21세기 초에 더 이상 놀라운 것이 아니다. 노벨 생리학상을 수상한 신경생물학자인 에릭 칸델Eric R. Kandel은 이미징 테크닉의 놀랄 만한 발전과 세포생물학적인 뇌연구의 급성장을 통해 우리 뇌의 지각작용의 구조와 방식에 좀 더 근접하게 되었다고 한다. 그러면서 그는 뇌과학이 모든 것을 생물학적인 차원으로 환원시키고 있기는 하지만, 우리의 정신적 과정조차 신경세포들 간의 상호결합관계를 통해서 설명될 수밖에 없다는 점을 받아들일 필요가 있다고 말한다. 물론 그에 따르면 우리의 뇌는 단순한 복사기는 아니라고 한다. 우리의 "뇌는 삼차원 사진처럼 외부세계를 단순히 복제함으로써 외부세계를 지각하지는 않는다. 오히려 뇌는 실재세계의 구성요소들을 분석하고 나서 실재세계를 재구성한다. 예를 들면, 시각적인 장면을 스캐닝하면서 뇌는 대상들을 각각의 움직임으로부터 그리고 각각의 색들로부터 분리시켜 대상들의 형태를 분석하며 뇌 자체의 규칙들에 따라 전체 이미지를 다시금 재구성한다. 그리하여 우리의 지각이 정확하고 직접적이라는 믿음은 헛된 환영이다. 우리는 우리 뇌에서 우리가 살고 있는 외부세계를 재창조하고 있는 것이다."[39] 과거의 철학적 잣대로 판단하자면, 에릭 칸델은 극단적 반실재론자 내지는 관념론자이거나 아니면 극단적인 실재론자라고 할 수 있다. 그러나 지각의 패러다임의 관점에서 보자면 에릭 칸델의 입장 혹은 최근의 뇌과학의 성과에 근거한 새로운 인식태도는 실재와 허구 내지는 가상

39 Eric Kandel: Psychiatry, Psychoanalysis, and the New Biology of Mind, American Psychiatric Publishing, Inc.: Arlington 2005, p.380.

사이에 드리워져 왔던 경계를 허물고 무한한 재창조의 가능성 공간의 개시를 알리는 '현재주의'인 것이다. 물론 이러한 지각의 패러다임에 기초한 현재주의 역시 '사회적 다윈주의로 왜곡되었넌 사연적 선택이나 우생학으로 변질된 유전학처럼 항시 사회적 통제와 조작에 노출될 위험'[40]을 안고 있기에 철저하고도 세심한 자기 윤리를 견지해야 한다.

40 Ibid. p.381.

4. 네트워크문화

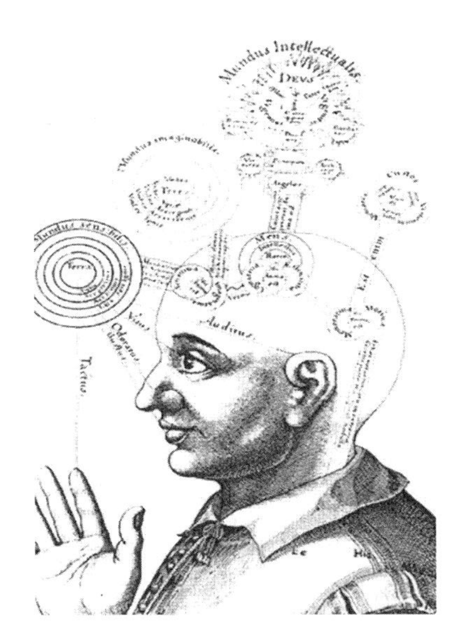

인터넷 문화가 지배적인 이 시대에 네트워크라는 말은 그리 생소하게 들리지 않는다. 그러나 단지 인터넷만이 아니라 생물학, 신경과학, 의학, 수학 등과 같은 자연과학을 비롯하여 사회학과 인문과학에서도 네트워크 연구는 전 세계적으로 가장 중요한 연구영역으로 인식되고 있다. 최근 독일을 비롯하여 유럽에서 개최되는 학제 간 연구심포지엄들에서 알 수 있듯이, 거시적인 의미에서 '문화학적 전환' 이래로 고대, 중세, 근대와 같은 시대사적인 모델 연구보다 공간적이고 복합적인 연구 경향이 주된 흐름을 형성하고 있으며, 이러한 상황에서 '네트모델'은 현재 가장 주목받는 인문과학 연구에 속하고 있다.

그물망적인 수평적 복합결합구조인 네트워크 구조는 세계화 같은 정치적 과정, 텔레커뮤니케이션이나 우편과 같은 사회적 소통체계를 비롯하여 예술문화영역들을 작동시키고 컨트롤하고 있으며, 더 나아가 "국가", "산업", "문화", "정신" 혹은 "예술"과 같은 모델들에 이러한 네트워크 구조가 점차로 침투하고 있다는 점에서, 네트워크의 문화사적 기원과 맥락 및 쟁점들을 살펴보는 일은 근현대 문화사의 핵심적인 차원을 해명하는 일이나 다름이 없다고 할 것이다. 더 나아가 네트워크 및 그물망 구조와 그 '문화기술Kulturtechnik'은 근현대 문화사의 발생적 근거와 발전적 지향점을 밝히는 데 있어 가장 기본적인 구성요소들이라고 말해도 과언이 아닐 것이다.

역사적으로 볼 때, 1800년대에는 전기, 최면술Mesmerism, 문학, 경제학, 심리학, 생리학 등이 네트워크문화의 근간을 이루었다면, 1900년대에는 전신 전화와 같이 기술적인 네트워크 장치들의 발명과 이를 기초로 하여 이루어진 상징체계들 그리고 기술적인 장치들과 이것들의 상징체계들로 이루어진 삶의 실재적 공간인 메트로폴리스 공간이 세기말과 새로운 세기 초의 네트워크문화의 형성에 기여하였다. 그리고 20세기 말 인터넷과 같은 가상공간에서는 질적으로 새로운 커뮤니케이션 모델이 개시됨으로써 그리고 더 나아가 자본의 익명성과 자기증식성에 혁신적 네트워크 테크닉이 뒷받침됨으로써, 비가시적인 실재적 연결망으로서의 삶의 층위에서 본격적인 네트워크의 시대가 열리게 된 것이다. 결국 과거 200년간에 걸쳐 이루어진 문화적 혁신은 기술적 매체의 발전 및 상징적 질서와 따로 떨어져 생각할 수 없을 만큼 밀접한 관계를 갖고 있다고 할 수 있는 것이다. 21세기 네트워크문화에 대한 해명과 진단은 이러한 역사적 관계를 새로운 패러다임 창출의 시도를 매개로 하여 조망될 때 가능할 수 있는 것이다.

4.1 네트워크문화의 역사

4.1.1 1800: 네트워크문화의 담론 형성

역사적으로 1800년이라는 시점은 그 이전과는 달리 정적인 체계와 도식보다는 동적인 운동에 많은 관심이 집중되던 시기이다. 그리하여 실험과학, 경제학, 의학을 비롯하여 계몽주의와 낭만주의의 문학 및 인간학에서 중심적인 메타포로서 기능하였던 개념은 '순환circulation' 개념이었다. 자기장의 흐름이 중심적인 위치를 차지하였던 전자기이론이나 최면치료를 위해 사용되는 전기자극술만이 아니라, 예술적 순환원리의 기초인 '중심적 고대'를 주장한 노발리스의 낭만주의 문학관 등에서 '순환'과 '흐름'은 인간의 사고와 실제세계를 관류하는 기본개념으로 생각되었던 것이다.[41]

모든 금전을 종이화폐로 순환시키는 Midas 신의 상징 (출처: wikimedia commons)

이러한 흐름과 순환의 역학은 이미 라이프니츠에 의해 철학적으로 논증되었다. 라이프니츠에 따르면, "모든 물체들은 흐름들처럼 항상적인 흐름 속에 있으며", 또한 "개별 부분들은 끊임없이 들어가고 나가고 한다."[42] 이러한 철학적 사고에 힘입어 18세기에 '우주형태론cosmography'이라는 분야가 생겨났는데, 이러한 우주형태론은 더 이상 '지형학topography'

41 Jürgen Barkhoff: Magnetische Fiktionen. Literarisierung des Mesmerismus in der Romantik, Stuttgart/Weimar 1995, S. 239ff.
42 Gottfried Wilhelm Leibniz: Monadologie, hrsg. v. Herbert Herring, Hamburg 1956, § 71, S. 59.

이나 '지도제작학cartography' 등과 같은 지형묘사를 통해 얻어지는 지식이 아니라 일반화된 '유체역학hydrodynamics'을 통해 얻어진 지식으로서, 그 대상은 "우리를 둘러싸고 우리를 관류하는 가시적일 뿐 아니라 비가시적인 일반적인 흐름들에 대한 인식"[43]이었다. 이후 1738년 스위스의 수학자이자 물리학자로서 라이프니츠주의자인 다니엘 베르누이Daniel Bernoulli(1700-1782)는 'Hydrodynamica'라는 학문을 기초 지었다. 흐름과 순환의 철학적 사유가 라이프니츠에 의해 기초되었다고 한다면, 자연과학 내에서는 앞서도 논의된 바 있는 영국의 의사이자 해부학자였던 윌리엄 하비William Harvey의 혈액순환이론이 그 기초로서 작용하였다. 하비의 혈액순환이론은 기존의 해부학 지식을 혈액순환과정, 혈압관계 및 상각과정에 대한 지식에 근거하도록 만들었다.[44]

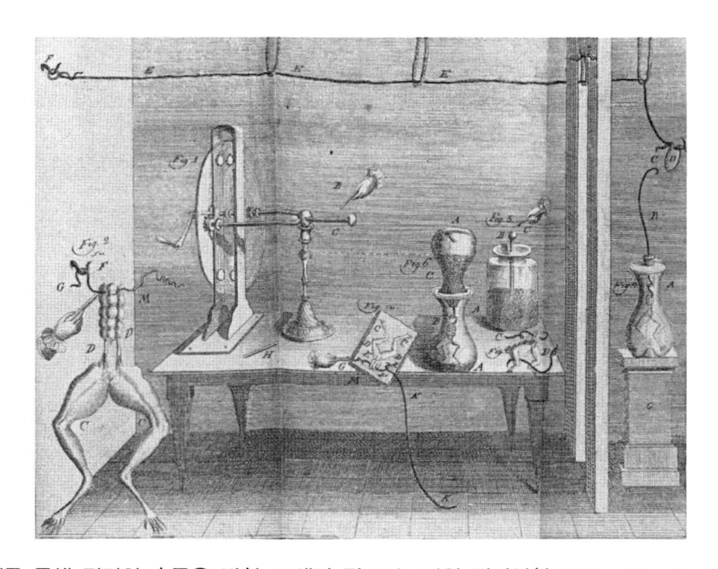

유기체를 통해 전기의 흐름을 밝힌 18세기 말 Galvani의 전기실험 (출처: wikimedia commons)

1800년경의 네트워크문화 형성에 기여한 또 다른 개념은 '공감Sympathy' 개념이었다. 공감 개념은 화학과 전자기학 그리고 의학에서 사용되던 개념으로서 나중에 사회적인 결속력으로 변용되어 사용된다. 말하자면 도덕적인 법칙들과 물리적인 법칙들의 상호작용은

43 Opuscules et fragments inédits de Leibniz, hrsg. v. Louis Couturat, Paris 1903, S. 39.

44 Karl E. Rotschuh: Die Entwicklung der Kreislauflehre im Anschluss an William Harvey, in: Physiologie im Werden, Stuttgart 1969, S. 66-86.

공감 개념을 통해 한편으로는 화학적이고 자기적이며 의학적인 설명모델들에서 나타나는 자연력으로서, 그리고 다른 한편으로는 사회적인 결속력으로 모습을 드러내었던 것이다. 이것은 마치 18세기에 전기 개념이 일종의 문화적 현상으로서 유동적인 운동과 정서적 운동의 혼융에 의거해서만 파악될 수 있었던 것과 같다. 공감 개념은 '순환하는 여러 힘들의 결합'[45]을 의미하는 것으로서, 실재 존재하는 대상과 관련 없이 상상의 대상과 연관되기 때문에, 레싱과 같은 문학가는 이것을 '동정과 연민의 시학'에서 그대로 사용하였다. 그리하여 자연에 존재하는 보이지 않는 힘들의 결속체로서 공감은 미적인 이념들의 순환을 설명할 때 중요한 도구로 여겨졌던 것이다.

다소 다른 맥락에서 1789년 덴마크 코펜하겐 출신의 자코뱅주의자인 요시아스 고쉬Josias Gosch는 이념을 생산적 이념과 미적인 이념 그리고 철학적 이념으로 구분하면서, 이 중에서 미적인 이념이 공감의 영역을 구성한다고 주장하였다. 그에게 있어 공감은 이념들의 순환에 결정적인 영향을 미치는 정서적 감정으로 규정되며, 로크Locke와 하틀리Hartley의 이념연상 개념과 관계되는 '심리적이고 생리학적인 기호이론'에 기초되어 있었다. 즉 타인의 감정들을 지각할 때 유사한 감정들에 대한 상기를 통해 우리 안에서 동일한 감정들이 자극되어 나타난다는 것이다.[46]

1800년대의 네트워크문화를 구성하는 또 다른 중심 개념은 '혼종성Hybridity' 개념이었다. 18세기까지 자연사는 시간적인 계열에 따라 생각될 수 있는 것이 아니었다. 왜냐하면 신이 일순간에 모든 생명체들을 창조하였다고 생각하였기 때문에, 시간적으로 이에 뒤이어 무언가 새로운 존재가 생겨난다는 것은 있을 수 없다고 여겼기 때문이다. 이러한 생각에 따르면, 신의 창조 이후에 가능한 것은 단지 씨앗으로부터 발아되는 것뿐이다. 이러던 것이 윌리엄 하비에 의해 인간의 혈액순환체계가 발견됨에 따라 생명체의 생장과정이 시간적인 계열을 이룬다는 사실이 밝혀졌으며, 이러한 사실을 토대로 일정한 발전단계에 장애가 오게 되면, '혼종적인 기괴한 유기체'가 생겨나는 것이 가능하다고 생각되었다. 인간과 자연에 의해 만들어진 것이면서도 그 자체로는 어느 누구에게도 속하지 않는 '혼종적 존재

---

45 Joseph Vogl: Kalkül und Leidenschaft. Poetik des ökonomischen Menschen, München 2002, S. 88.

46 Josias Ludwig Gosch: Fragmente über den Ideenumlauf, Kopenhagen 1789, S. 6.

로서의 괴물'은 바로 인간 존재의 위상이 처음부터 불명확하고 혼종적이라는 것을 말해준다고 할 수 있다. 프랑켄슈타인이 그 예인데, 프랑켄슈타인 형상은 당시 갈바니즘적인 소생술로부터 전기화학적인 유기체 구성에 이르기까지 당시의 실험적 정신들이 집적된 결과인 것이다.

1830년대 Russian Frankenstein

자연과 문화의 불규칙한 혼합형태, 문학적, 예술적 감흥의 불규칙한 현상들을 나타내주었던 '괴물Monster'의 형상을 통해 자연은 자기조직화하는 체계로 파악될 수 있었으며, 따라서 학문의 질서 역시 구조적으로 변화되었다.

이와 더불어 학문과 예술에 모두 해당되는 창조적인 결합예술의 이념이 발전됨으로써, 소위 '조합적 정신 kombinatorischer Geist'이 형성될 수 있었다. 예컨대 독일 낭만주의 사상가 프리드리히 슐레겔은 『단장*Fragmente*』에서 다음과 같이 말하였다: "'소박한 것das Naive'이 이론과 실천의 모순들과 더불어 작용하듯이, '그로테스크한 것das Groteske'은 형식과 재료의 놀랄 만한 그물망화와 더불어 작용하며, 우연과 기이함의 가상을 사랑한다."[47] 이질적이고 키메라 같은 결합을 주장한 디드로처럼,[48] 슐레겔 역시 '조합적 위트 kombinatorischer Witz'를 보편철학과 보편문학의 원리이자 기관으로 규정하였다.

쉴러Schiller 역시 『인간의 미적 교육에 관한 서한』에서 '미적인 유희충동'을 주장하면서 다음과 같이 말하였다: "우리는 거친 취미가 새롭고 놀랄 만한 것, 알록달록하며 모험적이며 기이한 것, 격렬하고 야생적인 것을 사로잡으며, 단순하며 고요한 것으로부터는 달아나는 모습을 보게 된다. 그러한 거친 취미는 그로테스크한 형상들을 만들어내며 급격하면서도 단절적인 이행현상들, 풍부한 형태들, 두드러진 대조들, 소리치는 듯한 현란한 광채들 그리고 열정적인 노래들을 애호한다."[49] 결국 괴물의 함의를 지니는 '조합적 정신' 혹은

---

47 Friedrich Schlegel: Fragmente, in: Kritische Friedrich-Schlegel-Ausgabe, hrsg. v. Ernst Behler, 1. Abt. Bd. 2, Paderborn/München/Wien 1967, S. 217.

48 실험가들은 "자연에서 보지 못했던 놀랄 만한 존재를 조각난 여러 생명체들로부터 조합해내었다", Denis Diderot: Gespräch mit D'Alembert, in: Über die Natur, hrsg. v. Jochen Köhler, Frankfurt a.M. 1989, S. 133.

49 Friedrich Schiller: Über die ästhetische Erziehung des Menschen in einer Reihe von Briefen, in: Werke und Briefe, Bd. 8.

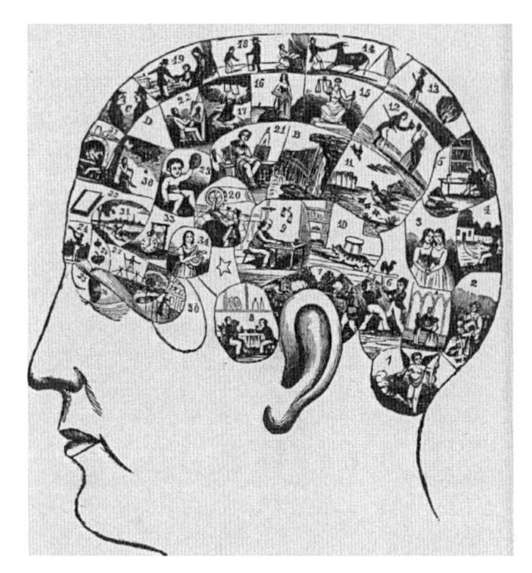

1800년대 초 완전한 네트워크인 인간의 뇌
(출처: wikimedia commons)

미적인 충동은 과학적으로 측량 가능한 규칙적 정역학에 대항하여 근원적 삶의 다양한 풍부함을 드러내주는 역동적 예술형식으로 기능하였던 것이다.

그러나 이러한 괴물 개념은 사실상 '천재Genie' 개념과 결부된 개념이다. 디드로에게서 주장된 바 있듯이 실험적 정신을 가진 창조적 연구자가 자연에는 존재하지 않았던 무언가 새로운 것을 조각난 여러 생명체들의 조합을 통해 놀랄 만한 기이한 존재를 만들어낼 때, 그는 과학자가 될 뿐 아니라 천재가 되는 것이다. 왜냐하면 디드로가 생각하는 천재는 연역적인 논리적 사고과정을 따르는 존재가 아니라 판타지의 공간에서 자신의 풍부한 상상력이 실현된 괴물적인 존재를 만들어내기 때문이다. 그리하여 예술의 영역이나 과학의 영역에서 천재는 사물들의 본질을 획기적으로 변화시키는 능력을 가진 존재로 규정되는 것이다.[50] 말하자면 천재의 형성은 이질적인 것들의 올바른 네트워크를 통해 기존의 사물의 본질을 얼마나 획기적으로 변화시키느냐에 달려 있는 것이다.

감성과 감정에 힘없이 내맡겨진 보통의 사람들과는 달리, 천재의 사람은 "영혼능력을 주재하는 자"로서 자신의 표상과 감각들을 지배할 수 있는 사람인 것이다. 그리하여 괴물과 천재는 문학예술과 자연과학, 상상력과 이성 그리고 시와 실험이 이루는 네트워크의 두 가지 징표로 기능하였던 것이다. 결국 괴물은 인간적인 것과 비인간적인 것, 문화와 자연, 삶과 죽음, 형식과 재료 간의 우연적이고 불규칙적인 경계이탈의 징표인 동시에 자연과학과 시문학 그리고 철학 간의 매듭지점이었던 것이며, 이러한 매듭지점의 형성을 통해 새로운 가능성 조건을 창출해내는 존재가 바로 천재였던 것이다.

Theoretische Schriften, hrsg. v. Rolf-Peter Janz, Frankfurt a.M. 1992, S. 671.

50 Denis Diderot/Jean Baptiste le Rond D'Alembert(hrsg.): L'Encyclopédie ou dictionnaire raisonné des sciences, des arts et des métiers, Paris 1757, Reprint New York 1969, Bd. 2, S. 166.

4.1.2 1900: 삶의 물질화와 표준화

1747년 의사이자 철학자였던 라 메트리의 『기계인간*L'homme machine*』 이래로 1800년대 중엽까지 인간의 육체는 기계와도 같은 메커니즘으로 생각되었다. 그리하여 특정한 기관의 이식을 통해 질병이 치유될 수 있다는 생각은 바로 18세기의 외과학과 19세기의 생리학에 근거하는 것이다. 그러나 19세기 말에 이르러 인간의 신체기관의 기능이 특정한 위치에 고정된 것으로 생각되기 힘들다는 견해가 등장하게 되었다. 개구리 뒷다리에 전기 자극을 가하여 실험한 결과 유기체라는 것이 전기적 물질에 다름 아니라는 결론에 이르게 된 해부학자 갈바니Luigi Galvani(1737-1798)와 같은 연장선상에서 헬름홀츠는 유기적인 것과 비유기적인 것 간의 네트워크화를 주장하였던 것이다.

이러한 유기적 순환 내지 흐름 개념은 물질의 비실체성을 나타내는 메타포로 사용되었다. 모네Monet의 인상주의 회화, 로베르트 무질Robert Musil과 아르투어 슈니츨러Arthur Schnitzler 등의 문학 그리고 에른스트 마하Ernst Mach의 경험철학에서 실체는 기능적으로 분화된 네트워크들에서 효과를 산출하기 위해 일정하게 컨트롤될 수 있는 흐름들로 파악되었다. 특히 에른스트 마하의 경우 '요소들의 복합체Elementenkomplex'가 중심개념을 이루었는데, 그에게 물리적 대상들은 요소들 혹은 요소들의 결합체들로 규정되었다.[51] 인간의 사고 역시 서로 다발을 이루면서 결합되는 요소들로 이루어져 있는 것으로, 마하는 이를 다음과 같이 규정한다:

> "일차적인 것은 자아가 아니라 요소들(감각들)이다. […] 요소들이 자아를 형성한다. 나는 녹색을 감지하면서 녹색이라는 요소가 일정한 다른 요소들(감각들 내지는 기억들)의 복합체 속에서 현상한다고 말할 것이다. 내가 만일 녹색을 감지하기를 멈춘다면 그리고 내가 죽는다면, 요소들은 더 이상 나에게 익숙한 동시에 잘 알려져 있는 사회에서는 현상하지 않을 것이다. […] 자아는 명확히 경계 지어져 있는 불변의 특정한 단위가 아니다. […] 중요한 것은 오직 연속성이다. […] 연속성은 자아에게 자아의 내용을 준비하고 확고히 하는 수단일 뿐이다. 중요한 것은 자아가 아니라 바로 이러한 내용이다. 이러한 내용은 개인에게 한정되지 않는다. 보잘 것 없고 무가치한 개인적 기억들에

---

51 Ernst Mach: Die Analyse der Empfindungen und das Verhältnis des Psychischen zum Physischen (1885), Neunte Auflage, Jena 1922, S. 18.

이르기까지 그러한 내용은 개인이 죽은 이후에도 다른 개인들에게서 유지된다. 한 개체의 의식 요소들은 자체 내에서는 서로 강력히 결합되며, 다른 개체의 의식 요소들과는 단지 미약한 정도로만 그리고 경우에 따라서만 눈에 띄게 결부된다.

Nicht das Ich ist das Primäre, sondern die Elemente (Empfindungen). […] Die Elemente bilden das Ich. Ich empfinde Grün, will sagen daß das Element Grün in einem gewissen Komplex von anderen Elementen (Empfindungen, Erinnerungen) vorkommt. Wenn ich aufhöre Grün zu empfinden, wenn ich sterbe, so kommen die Elemente nicht mehr in der gewohnten geläufigen Gesellschaft vor. […] Das Ich ist keine unveränderliche, bestimmte, scharf begrenzte Einheit. […] Wichtig ist nur die Kontinuität. […] Die Kontinuität ist nur ein Mittel, den Inhalt des Ich vorzubereiten und zu sichern. Dieser Inhalt und nicht das Ich ist die Hauptsache. Dieser ist aber nicht auf das Individuum beschränkt. BIs auf geringfügige wertlose persönliche Erinnerungen bleibt er auch nach dem Tode des Individuums in andern erhalten. Die Bewußtseinselemente eines Individuums hängen unter einander stark, mit jenen eines andern Individuums aber schwach und nur gelegentlich merklich zusammen."[52]

에른스트 마하가 감각들의 연속성을 주장하는 이유는 한 개인의 체험이 그 개인에게만 한정된 것이 아니라 주변 환경에 있는 존재들 및 개별 부분들과 그물망적 관계를 형성하기 때문이다. 그 결과 마하는 이를 통해 감각지각을 포함한 생생한 에너지들이 순환된다고 주장할 수 있었다.

1900년경 생리학, 심리학, 물리학, 철학 간에 공통의 문제의식은 실체와 감각 간의 관계를 재규정하는 것이었다. 에른스트 마하는 자신의 감각생리학을 통해 시간 개념을 문화비판적인 관점에서 연구하고자 하였다. 그는 물리적 대상을 요소들의 결합으로 이해하면서 정신과 육체의 이분법적 형이상학을 비판하였다. 베르그송 역시 모든 지각에 시간적인 간격으로서 내재해 있는 기억된 요소들에 주목하였다:

"빛에 대한 가장 짧은 지각이 지속시키는 초들의 작은 부분에서 수십억의 파동들이 일어나는데, 그러한 파동 중 첫 번째 파동은 무한정 나눌 수 있는 간격을 통해 마지막

52 Ibid. S. 19.

파동과 분리되어 있다. 우리의 지각이 그처럼 순간적일지라도, 우리의 지각은 무수한 양의 기억된 요소들로 이루어져 있으며, 따라서 진정 모든 지각은 이미 기억인 것이다.

In dem Bruchteil der Sekunde, welche die möglichst kürzeste Wahrnehmung des Lichtes dauert, haben Billionen von Schwingungen stattgefunden, deren erste von der letzten durch einen ins Unendliche geteilten Zwischenraum getrennt ist. So momentan auch unsere Wahrnehmung ist, so besteht sie doch aus einer unzählbaren Menge erinnerter Elemente, und im eigentlichsten Sinne ist jede Wahrnehmung schon Gedächtnis."[53]

그는 이러한 기억된 요소들이 다름 아닌 주체가 내재화시킨 이미지들이라고 하면서, 주체의 이미지화 과정을 운동으로서, 즉 감각적 실체의 연장으로서 파악하였다. 더구나 베르그송은 이 같은 입장에 근거하여 관념론적인 지각구조를 비판하는데, 관념론에서 지각된 것은 지각주체의 판단 속에서 처리됨으로써 그 기능을 다하는 반면, 베르그송에게서 지각된 것은 인간학적인 의미에서 보다 근본적인 차원을 건드리는 중요한 매개로서 작용한다:

"주의 깊은 지각은 대개 과정들의 계열로 생각된다. […]. 반면 우리는 의식된 지각이 일종의 회로라고 주장한다. 즉 이러한 회로 속에서 지각된 대상을 포함한 모든 요소들은 전기회로에서처럼 각기 서로에게 팽팽한 긴장관계를 유지하고 있다는 것이다. 그리하여 대상이 보내는 어떠한 자극도 정신의 깊은 곳들을 돌아다니는 과정에서 결코 상실될 수 없다. 대상이 보내는 자극은 매번 대상으로 다시금 돌아오는 것이다.

Man stellt sich die aufmerksame Wahrnehmung gerne als eine Serie von Vorgängen vor, […]. Wir nehmen nun im Gegenteil an, daß die bewußte Wahrnehmung ein Kreis ist, in dem alle Elemente, der Gegenstand der Wahrnehmung mit inbegriffen, sich im Zustand gegenseitiger Spannung erhalten wie in einem elektrischen Kreise, daß keine vom Gegenstande ausgehende Erschütterung auf ihrem Wege in den Tiefen des Geistes zurückbleiben kann. Sie muß immer wieder zu dem Gegenstande selbst zurückkehren."[54]

---

53 Henri Bergson: Materie und Gedächtnis. Eine Abhandlung über die Beziehung zwischen Körper und Geist, Jena 1908, S. 153.
54 Ibid. S. 101.

여기서 알 수 있듯이, 베르그송은 심리적 과정이 마치 전기적 장처럼 형성되어 있다고 하면서 인간의 뇌를 전화교환실과 같은 것으로 규정하여 이러한 뇌를 이루고 있는 정보들의 결합과 치환을 수행하는 그물망체계를 강조한 것이다.

1900년대에 이룩된 신경생리학의 발전을 비롯하여 그물망적인 신경체계의 이해는 다차원적인 전신체계 수립과 유사한 지평을 형성하였다. 그 결과 기존의 신호전달의 특성으로 여겨졌던 단선적인 전달체계는 다차원적인 전달네트워크로 발전될 수 있었다. 다양한 방향으로 한꺼번에 여러 소식들을 전달하는 전신체계는 급기야 '국가들 간의 신경망체계'로서 구체화된 매트릭스의 형성을 가져왔다. 1865년에 최초의 초국가적인 네트워크구조로서 '국제전신협회'가 만들어졌으며, '독일 제국 체신국'과 '전보 행정처'에 의해 이루어진 전화기 테스트의 성공은 전보의 문자이미지 대신 목소리의 직접성을 통해 의사소통의 비물질성을 야기했다.

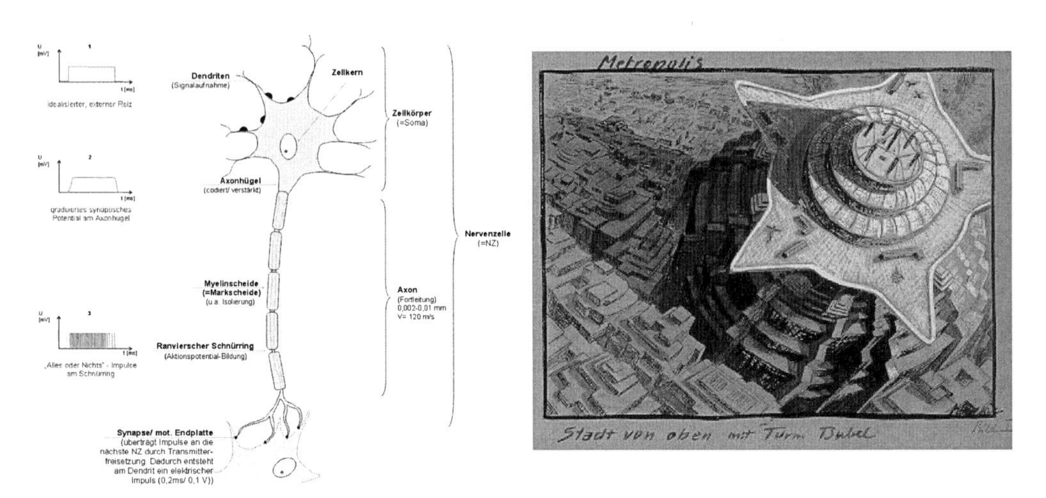

신경세포의 Prototype

Erich Kettelhut의 'Metropolis' Drawing

처음에 인문과학에 의해 추진된 삶의 물리화는 동시에 삶의 매체화를 동반하였으며, 이는 다시 산업화로 이르게 되었던 것이다. 1900년경 전 세계 전자기 부품의 절반가량은 AEG, RWE, Siemens 등과 같은 기업들이 생산할 만큼 독일은 이러한 발전에 커다란 기여를 하였다. 이러한 공간의 네트워크화는 도로, 철도, 수로, 에너지 체계가 복합적으로 그물망을 형성하는 대도시의 형성의 기초를 이루었다. 대도시의 복합적인 그물망 구조는 19세기의 생리학과 물리학 실험실에서 정교화되었던 모델을 기초로 하여 형성되었다고 해도 과언이 아니다. 또한 세계 도처에 있는 기상대들이 네트워크화됨으로써, 국지적으로나 세계적으로 다양하게 분포되어 있는 날씨와 기후에 대한 예측이 가능해지기도 했다.

실체와 물질 및 인간의 신경체계 그리고 도시공간과 국가들 간의 결합에 내재한 그물망적 결합구조는 20세기 초 크로스워드 퍼즐이라는 하나의 문화적 코드 속에서 전형화되어 나타난다. 1857년 최초의 크로스워드 퍼즐이 발명된 이래로 20세기 초 크로스워드 퍼즐은 급속도로 대중에게 확산되었다. 크로스워드 퍼즐은 도시공간의 수직적 변화와 더불어 기하학화, 표준화경향을 나타내주는 근대의 징표였다. 미로로서의 크로스워드 퍼즐은 첫째, 개인적으로 작업이 수행된다는 특징을 가지며, 둘째, 중심이 존재하지 않고, 셋째, 한 가지 길이 아니라 다양한 길들이 존재하며, 넷째, 모든 길을 가야 한다는 원칙이 존재하며, 다섯째, 길의 끝은 출구가 아니라 끝이라는 점이다. 따라서 해결된 퍼즐이 의미하는 것은 출구 없는 미로의 드러남인 것이다. 크로스워드 퍼즐을 즐기는 근대인은 결국 기계적으로 크로스워드의 표면 위에서 돌아다니는 이차원적 인간인 것이다.

총체적 문화산업의 지배의 표현으로 볼 수 있는 크로스워드 퍼즐과 더불어 표준화와 기하학화의 경향을 야기한 또 다른 징표는 '포디즘'이다. 광범위한 의미에서 규정된 포디즘은 효율성과 노동집약 그리고 전반적인 노동컨트롤을 의미한다. 또한 포디즘은 모든 문화영역들에서 지각과 행동방식의 표준화를 의미하였다.

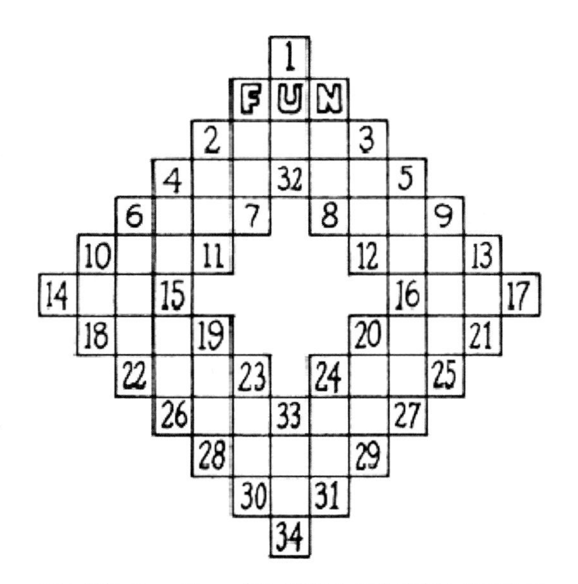

아서 윈(Arthur Wynne)이 1913년 세계 최초로 개발한 크로스워드 퍼즐 (출처: wikimedia commons)

결국 상대적으로 폐쇄적인 네트워크인 크로스워드 퍼즐은 사람들로 하여금 정해진 퍼즐의 논리에 자신을 무조건적으로 내맡기도록 만든다.

그리하여 객관적으로 존재하는 권력을 인정하고 자기 스스로를 거기에 복종시키도록 만드는 크로스워드 퍼즐의 전략은 양가적인 의미를 갖는다. 한편으로 그것은 사람들로 하여금 책임감의 부담을 덜어준다. 하지만 다른 한편으로 그것은 지배권을 획득하게 되는 것이다. 크로스워드 퍼즐은 주체성 상실의 대가로 얻은 사회의 발전이라는 모순을 투영해주고 있는 것이다.

4.1.3 2000: 슈퍼네트워크의 시대

20세기 말에 도입된 이래로 현대 사회문화를 지배하는 인터넷 시스템은 '패킷 스위칭 커뮤니케이션 기술'에 기초하여 네트워크를 명령과 통제중심으로부터 독립적으로 만들었다. 그리하여 메시지 유닛들은 네트워크의 매 지점에서 다시 어셈블되면서 자기 고유의 루트를 찾아나서는 것이다. 이에 대해 마누엘 카스텔은 이미지와 정보, 인간과 노동력 그리고 무엇보다 자본의 순환이 그물망의 형태로 이루어지고 있는 네트워크 사회에 대한 통찰을 통해 '흐름'의 원리에 기초한 새로운 공간 개념을 제기한다. 현대의 메트로폴리스는 수로와 도로, 교통체계 등과 같은 내적인 네트워크들만이 아니라, 전 지구적 네트워크 내에서의 매듭지점으로서의 역할을 통해 규정되는 것이다.

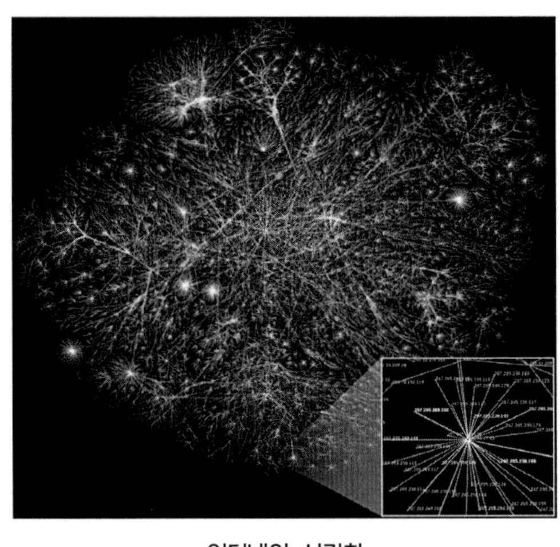

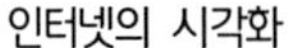

인터넷의 시각화

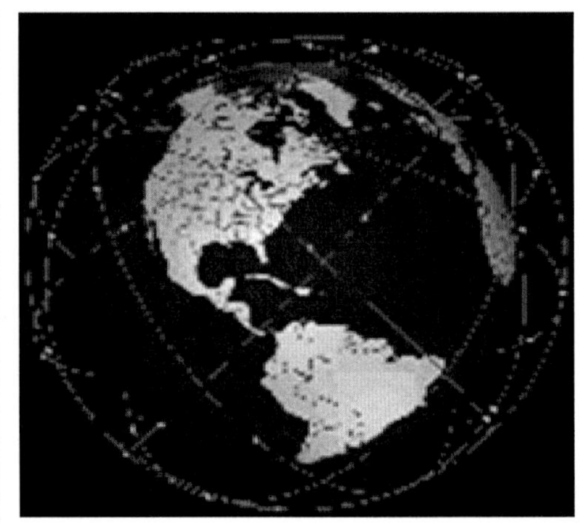

세계의 네트워크화

그러나 흐름의 공간으로 규정되는 이러한 네트워크화된 메트로폴리스에서 패러독스가 존재한다. 즉 전 지구적 정보화시대의 환경에서 이러한 흐름의 공간은 자체 내에 폐쇄된 '이행적 공간'이라는 것이다. 다시 말해 인간은 그 공간 안에서 자유로이 움직일 수 없다는 것이다. 승강기, 자동차, 비행기 등과 같은 수단들이 그 예이다. 이미 제임스 조이스의 율리시즈에서도 묘사된 바 있듯이, 대도시의 공간은 항상 이런 운동성과 비운동성 간의 교환과정에 의해 규정되는 것이다.

마이클 하트와 안토니오 네그리는 『제국*Empire*』에서 새로운 전 지구적 권력관계들이 서로 일정한 그물망을 형성하고 있다고 주장한다:

> "제국주의와는 대조적으로 현대의 '제국(Empire)'은 그 어떠한 영토적 권력중심도 가지고 있지 않으며, 고정된 경계나 장벽에 의존해 있지도 않다. 그것의 개방적이고 확장적인 경계들 내에서 전 지구적 영역을 점진적으로 합치시키는 것은 바로 '탈중심화되고 탈영토화 하는 지배기제(a decentered and deterritorializing apparatus of rule)'이다. '제국'은 명령의 네트워크들을 다양하게 변화시킴으로써 혼종적인 동일성들과 탄력적인 위계들 및 다원적인 교환들을 관장한다.
>
> In contrast to imperialism, Empire establishes no territorial center of power and does not rely on fixed boundaries or barriers. It is a decentered and deterritorializing apparatus of rule that progressively incorporates the entire global realm within its open, expanding frontiers. Empire manages hybrid identities, flexible hierarchies, and plural exchanges through modulating networks of command."[55]

이러한 제국을 추동시키는 추진체는 새로운 자원과 시장에 대한 추구이며 먹고 먹히는 끝없는 경쟁이다. 결국 현대에 보이지 않게 존재하는 전 지구적 권력관계들의 제국은 모든 삶의 형태에 침투해 있는 정치경제적인 권력의 슈퍼네트워크이다.

역사적으로 존재해왔던 모든 네트워크에 비해 엄청난 속도로 발전하고 있는 인터넷과 세계화 네트워크에 메시아적인 희망을 투사하는 것은 무의미한 일일지 모른다. 왜냐하면, 인터넷은 탈중심적인 구조 때문에 민주주의적인 기회들과 상호 의사소통과 참여를 가능케 해주지만, 다른 한편 예측 불가능한 컨트롤기제와 권력집중을 야기시킴으로써 새로운 계급구조를 형성하며, 더 나아가 더 이상 유효하지 않은 수많은 폐허들, 즉 더 이상 효력을

---

55 Michael Hardt and Antonio Negri: Empire, p. xii-xiii.

발휘하지 못하는 수많은 사이트들을 방치해둠으로써 생산적인 자극을 감소시키기 때문이다. 비록 인터넷이 미래의 지식기관이자 의사소통의 매개라고 할 수는 있지만, 무책임하고 부정확한 데이터들이 지배하는 상황에서 지식은 탈영토화되고 탈시간화되며, 초개인적이게 될 뿐 아니라, 의사소통 역시 맥락과 상황에서 벗어나 결속력을 잃게 될 수 있다. 따라서 인터넷은 무진장한 지식의 저장고로의 접근을 가능하게 해줄 수 있는 반면, 귀중한 지식자원을 방기시킬수도 있는 것이다.

1997년 세계적 미술행사인 '카셀 도큐멘타Kassel documenta'에서 네트워크 예술가인 요아킴 브랑크Joachim Blank와 칼 하인츠 예론Karl Heinz Jeron은 "Without Addresses"라는 웹 설치미술을 선보였다.

Joachim Blank·Karl Heinz Jeron, "Without Addresses", Documenta X (1997)

사이트 방문객이 자신의 이름을 기입하면, 그 이름에 무작위로 하나의 인터넷 사이트가 선택되는 동시에, 그물망의 형태로 이루어진 동경의 한 지점에 연결된다. 그리고 사이트 방문객이 자신의 ID를 기입하면 일본의 수도 동경의 어느 특정 지점에 ID와 그 장소 간의 연결이 이루어져서 다른 방문객이 커서로 그 장소를 가리키거나 이름 기입란에 그 이름을 기입하면 그 장소로 연결되기도 하는 것이다. 이러한 웹 설치미술을 통해 작가들은 네트워크상의 아이덴티티라는 것이 단지 작위적인 시각적 도식 내에서 특정 데이터가 부여됨으로써 얻어진다는 느낌을 불러일으킴으로써, 우연적인 결합과 고정적이지 않고 유동적인 아이덴티티들 간의 연결로 이루어진 현재의 네트워크화된 삶의 현실을 보여주고자 하는 것이다.

이와 유사한 작업이 문학의 영역에서도 이루어진 바 있는데, 이미 1980년대 중반 장소의 개념과 공간의 개념을 넘어서는 'Cyberspace'에 대한 체험이 소설적인 형상화 작업에 의해 구체화되었다. 인공지능, 가상현실, 유전자 엔지니어링 그리고 전통적인 국민국가에 권력을 드리우는 다국적 기업들의 그물망적 결합이 이루어지고 있는 현실상황에서 사이버스페이스라는 개념이 갖는 함의는 이 말의 창안자인 윌리엄 깁슨William Gibson이 다음과 같이 묘사하였다: "매트릭스의 비-공간에서 작위적 데이터구성의 내부는 무제한적인 주관적 차원을 소유하고 있다."[56] 가상공간 내에서 네비게이터들은 비록 육체는 없을지라도 육체적 경험을 하게 된다. 결국 육체적인 것과 비육체적인 것, 현실적인 것과 비현실적인 것의 상호침투야말로 가상공간에서의 실재적 경험이며, 따라서 컴퓨터 사용자로 하여금 결핍된 구체성을 자기 자신의 시각적이고 청각적인 판타지를 통해 보충하여 그러한 결핍을 충전시키게끔 해주는 것은 'Hyper-Realism', 즉 리얼리즘을 넘어선 초실재가 아니라 'Hypo-Realismus', 즉 리얼리즘을 넘어서지 못하는 하위실재인 것이다.

윌리엄 깁슨, Neuromancer (1984)

4.2 네트워크문화의 일반적 지표

지금까지 근 200년간의 네트워크문화의 역사를 되돌아보면서 잠정적이나마 다음과 같이 네트워크문화의 기본원리와 특징들이 조심스레 추론될 수 있을 것 같다.

4.2.1 네트워크의 기본원리

네트는 경제성과 단순성이라는 원리에 기초해 있다. 이러한 원리들에 따라 네트는 '연속적 계열Seriality', '가변성Variability', '혼종성Hybridity' 등과 같은 탁월한 능력을 발휘하며, 변화된 조건들에 적응하고 안정화를 이룰 수 있는 잠재성을 지니고 있다. 이를 통해 네트는 부단히 새로운 조건들과 차이들 그리고 연결지점들을 만들어내며, 이러한 과정에서 네

56 William Gibson: Neuromancer, München 2000 (10. Aufl.), S. 76.

트의 역동적인 동일성이 모습을 드러낸다. 그러나 이러한 동일성은 고정된 요소들의 계열로 구성되는 것이 아니라, 자기발생적인 흐름들로 이루어진 전체의 모습을 지니는 것이다. 이처럼 네트의 원리들이 단순하다고 할지라도, 이것이 자연과 사회에서 네트에 의해 복합적인 구조가 형성된다는 사실과 모순되는 것은 아니다. 일례로 인간의 뇌와 대도시 네트워크, 혹은 인터넷을 들 수 있을 것이다.

4.2.2 네트워크의 특징

(문화테크닉적인 층위에서 이야기될 수 있는) 네트워크의 특성들은 다음과 같이 요약될 수 있다.

① 부분과 전체 사이의 유기적이고 비위계적인 탈영토화된 조직화가 이루어지는 네트워크는 '비선형적 관계논리의 이념'에 기초하고 있다.

② 네트는 비록 가상공간에서 작동하고 있다고 할지라도 공간적 유기체라고 할 수 있다. 네트는 전체 요소들이 특정한 기능목표에 따라 상호 보완적으로 결합되면서 위치를 잡아가는 물질적인 축적의 형태로 자연과 문화의 건설계획이기도 하다.

③ 네트는 비가시적이다. 철도나 고속도로네트에서 알 수 있듯이, 기차역이라든가 교차로 등을 통해 네트가 형성되어 있다는 것을 알 수는 있지만, 유기적으로 작동되는 전체 네트는 가상적으로만 구상해볼 수 있는 비가시적인 것이다.

④ 네트워크 개념과 관련하여 자연과 문화는 더 이상 고전적인 의미에서 구분되지 않는다. 물질적인 대상이나 상징적인 대상이나 모두 네트워크를 형성할 수 있기 때문이다.

⑤ 정지와 중첩이 반복되고 도처에 더 이상 유효성을 상실한 장소들을 보여주는 인터넷처럼, 모든 네트워크는 불안정하고 우연적이며, 항상 해를 입을 여지를 안고 있다.

4.2.3 인식 패러다임이자 문화테크닉으로서 네트워크

학제 간 연구를 기초로 하여 최근에 활발한 논의를 수행하고 있는 '문화학'에서 학문적 체계는 다른 체계들과 상호작용을 하는 복합적인 지식산출체계로 인식되고 있다. 결국 모더니즘 시대에 성립되었던 객관적인 지식체계는 이제 학문과 사회, 기술과 문화를 아우르는 인식적 체계로 패러다임변화를 하게 되는 것이다.

100년 단위로 이루어진 네트워크문화에 대한 이해를 통해 알 수 있었듯이, 매 시기마다 네트워크문화는 획기적 패러다임 변화와 그 한계를 동시에 드러내주었다. 여기서 우리가 항상 주목해야 할 것은 얘기치 못할 결과를 초래할 수도 있는 네트워크의 한계인데, 비록 네트워크는 새로운 인식을 낳는 지식산출체계의 기초적 인식 패러다임이자 이를 이끄는 문화테크닉으로 기능해오기는 했지만, 동시에 총체적 절멸의 아슬아슬한 한계를 담지하기도 했던 것이다. 놀랍게도 창조적 지식산출체계로서의 네트워크와 이것이 야기할지도 모를 위험에 대한 경고는 문화기술적 사고로서의 네트워크적 사고가 가동되기 시작한 1800년대 초에 이미 존재했다. 1800년대 초 해부학자이자 신경생리학자인 사무엘 죔머링 Samuel Soemmerring은 전신전보에 대한 구상을 전기화학적인 유비를 통해 묘사하였다. 즉 전보는 신경줄기와 유사한 것으로서 작용방식에 있어서는 신경줄기의 개별 가닥들이 작용하는 방식을 따르는바, 그 양태는 다음과 같다는 것이다. 말하자면 신경줄기의 "개별 가닥들이 모두 동일한 방식으로 작용하면서, 보편적으로는 일정하게 받아들여진 각각의 감각인상들을, 특수하게는 가장 작은 전기적 불꽃들을 한곳에 모아 다른 것에 의해 방해받지 않은 채 고스란히 뇌로 옮겨 심어놓듯이"[57] 전보 역시 이와 유사한 형태로 작용한다는 것이다. 이에 대해 죔머링과 동시대 작가였던 하인리히 폰 클라이스트Heinrich von Kleist는 「폭탄우편의 구상*Entwurf einer Bombenpost*」이라는 글에서 빠른 의사소통이 가져올 유토피아에 대한 열광과 동시에 마치 무방비상태에서 폭탄처럼 전해지는 정보전달의 디스토피아적인 측면에 대해 경고의 메시지를 남겼던 것이다.[58] 결국 앞으로 전개될 네트워크문화의 향방은 예측불가능하고 우연적인 컨트롤 기제와 보이지 않는 권력집중에 자신을 내맡기지 않으면서 주체의 무한한 창조성을 통해 결여된 실재를 보충하는 '자유로운 유희'를 수행하는 것에 달려 있다. 왜냐하면 '테러Terror'와 '유희Spiel'는 보이지 않는 경계를 이루고 있기 때문이다.

---

57 Samuel Thomas Soemmering: Ueber einen elektrischen Telegraphen, in: Denkschriften der Königlichen Akademie der Wissenschaften zu München für die Jahre 1809 und 1810, München 1811, S. 411.

58 Heinrich von Kleist: Entwurf einer Bombenpost, in: Sämtliche Werke und Briefe, Bd. 2, hrsg. v. Helmut Sembdner, München 1984 (7. Aufl.), S. 385.

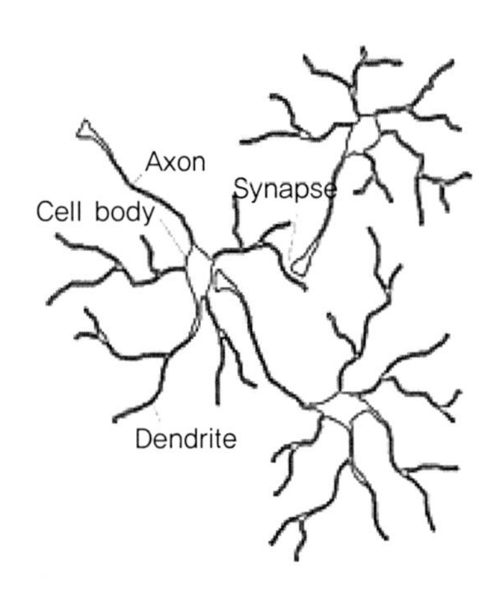

뇌의 신경네트워크 모델

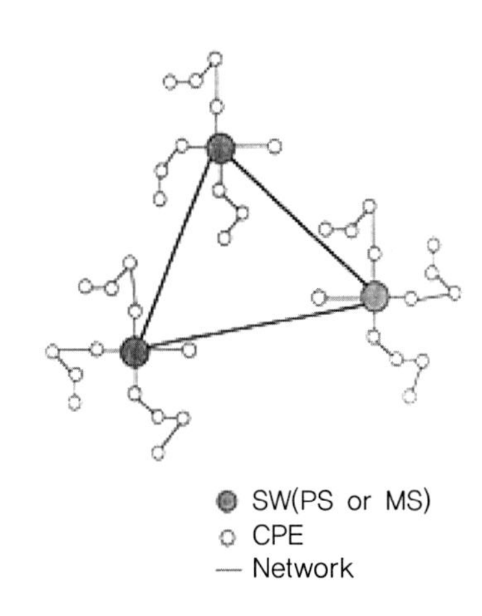

커뮤니케이션 네트워크 모델

5. *animal* rationale?: 헤르더와 인간학적 전환

이미 20세기 중반부터 시작된 해체주의 혹은 탈구조주의라는 대담한 인문학적 모험은 2천 년을 지속해온 거대한 서구 형이상학 체계를 뿌리부터 뒤흔들어 새로운 사유 방식의 가능성을 모색하고자 하였다. 21세기로의 전환기에도 여전히 유효성을 발휘하고 있는 해체주의는 인간관의 측면에서 볼 때, 초월적 자아를 중심에 두면서 영혼과 육체의 이분법적 위계질서에 의거하고 있는 전통적 인간관에 맞서, 이분법적 질서 내에 존재하는 긴장관계를 완화시켜 이러한 긴장관계의 작용기반의 해명을 통해 전통적 사유체계를 해체 구성하고자 하는 것이다. 이러한 해체주의의 흐름은 고유한 학문체계를 형성하기보다는 끊임없는 되물음과 자기성찰 그리고 접근방식의 전제들에 대한 반성과 같은 전략적인 태도에 근거하여 기존의 개념체계들에 새로운 전환의 계기들을 부여하면서 다양한 학문영역들만이 아니라 일상문화의 미시적 영역들에까지 스며들게 되었다.

그러는 사이에 전 세계적인 탈이데올로기화와 더불어 신자유주의 경제질서에 기반을 둔 세계경제질서의 재편과 인터넷이라는 질적으로 새로운 네트워크 시스템의 구축으로 인해 인간의 활동영역 전체에 걸쳐 기존의 경험 방식과 경험의 폭에 커다란 변화가 가해지게 되었다. 20세기 말로부터 21세기 초로 넘어가는 전환기에 과거 거대담론의 해체구성과 관련하여 고차원적 이론층위에서만 간접적으로 논의되던 '횡단적 이성transversale Vernunft',[59] '차이의 작용 공간',[60] '시뮬라크르들의 비인과적 유희',[61] '이미지적 차이',[62] '순간의 유예이자 부재로서의 주체'[63]와 같은 이론적인 핵심적 지표들이 실제 생활영역에서 현실적으로 체화되기 시작한 것이다. 다종 다기한 수많은 이미지들이 범람하고 있고 전통이 희화화되고 있으며 사회적 관계들이 점점 더 복합적으로 연결되어가고 있는 현재의 사회구성체 내에서 인간은 자신을 더 이상 고유한 이름을 가진 불변의 개체로서 인식할 수 없고 단지 현실세계를 가상세계인양 활보하는 가변적이고 유동적인 접점의 존재로서 인식할 수밖에 없

---

59 Wolfgang Welsch: Vernunft. Die zeitgenössische Vernunftkritik und das Konzept der transversalen Vernunft, Frankfurt a.M. 1996.

60 Jacques Derrida: Randgänge der Philosophie, übers. v. Gerhard Ahrens u.a., Wien 1988.

61 Jean Baudrillard: Simulacra and Simulation, University of Michigan Press 1995.

62 Gottfried Boehm: Die Wiederkehr der Bilder, in: Was ist ein Bild?, hrsg. v. Gottfried Boehm, München 1994.

63 Jacques Lacan: Encore. Das Seminar von Jacques Lacan Buch XX (1972-1973), übers. v. Nobert Haas u.a., Berlin 1991(2. Aufl.).

는 것이다. 이러한 인간의 자기 인식상의 변화는 탈이데올로기화 이후 전통적인 의미의 이성이 아닌 근원적 욕망에 호소하는 문화적 이미지들로서 전쟁, 육체, 정치연설, 악, 피부색 등에 함축되어 있던 내재적 의미들이 다양한 매체들을 통해 겉으로 드러남으로써, 주체성, 자기정체성, 자아 등과 같은 인간을 조건 짓는 핵심적 개념들에 대한 근본적 재성찰이 요구되고 있는 것이다.

이와는 다른 층위에서, 그렇지만 근본적으로는 같은 맥락에서 생물학적 인간이해의 발전 역시 인간관의 근본적인 변혁을 요구하고 있다. 1858년 다윈과 왈러스에 의해 자연적 선택에 의거한 진화론이 제창된 이후 100여 년이 지난 1953년도에 제임스 왓슨과 프랜시스 클릭이 이중나선모양의 DNA구조를 발견하였으며, 이로부터 다시 50여 년 후인 2003년 미국, 독일, 프랑스, 영국, 일본, 중국 등이 컨소시엄을 이룬 거대 프로젝트인 '인간게놈 프로젝트Human Genome Project'에 의해 인간게놈지도가 완성됨으로써, 바야흐로 DNA에 기초한 새로운 인간이해의 지평이 열리게 된 것이다. 이제 디지털 테크놀로지에 기초한 바이오테크놀로지가 전 지구적으로 교류되고 유통되고 있는 시대에, 다시 말해 생물학적 정보교환과정에서 인터넷의 사용으로 바이오 과학과 바이오산업이 전 지구적 층위에서 점점 더 긴밀한 조직을 형성하고 있는 이 시대에 DNA는 테스트 튜브 속에서는 생물학적 시료로서, 컴퓨터 데이터베이스 내에서는 순차적인 디지털신호로서 그리고 환자에게서는 경제적으로 효용성 있는 정보로서 존재하고 있는 것이다. 더 나아가 국제적으로 게놈들을 연계시키려는 노력들, 게놈 데이터베이스, 바이오테크놀로지의 국경 없는 비즈니스 등은 유전자 코드와 컴퓨터 코드의 전 지구적 상호교섭 작용의 징표들로서 영향력을 발휘하고 있으며,[64] 따라서 이성적 존재라는 추상적 인간규정은 그 유효성을 상실할 위기에 처해지게 된 반면, 한 인간의 게놈적 정체성은 글로벌한 층위에서 효력을 미치는 유동적이고 임의적인 관계요소로 인식되고 있는 것이다.

이러한 현재적 상황을 염두에 둘 때, 인간을 자칫 무한한 욕망의 연쇄 고리에 종속된 유동적 접점이나 '포스트 게놈적 층위'에서 조작 가능한 데이터로 환원시킬 위험으로부터 거리를 두면서 새로운 인간형을 모색하는 작업이 절실히 요구되고 있으며, 현재의 상황에

64 Eugene Thacker: The Global Genome. Biothechnology, Politics, and Culture, The MIT Press 2006, pp.xv-xix.

서 이러한 요구에 가장 근본적으로 접근할 수 있는 인문학에게 부여된 가장 중요한 과제는 변화된 조건하에서 새로운 인간형을 정립하는 일이라고 할 수 있다. 이를 위해서는 과거의 인간이해의 유형들로부터 인간이해의 공통적인 기본 조건들을 추론해냄과 동시에 현재의 다각화된 인간이해의 조건들을 기초로 인간경험의 작동기제들과 작동 패러다임들에 대한 다층적인 분석을 통해 미래의 인간의 가능성 조건들을 타진하는 작업이 이루어질 필요가 있는 것이다.

'포스트-포스트 담론들'의 마지막 조건을 형성하는 본 장에서는 이러한 거시적인 작업의 일환으로서 '이성적 동물zoon logon echon, animal rationale'이라는 인간에 대한 보편적 규정에 담지되어 있는 '동물적 본성'과 '이성적 본성'의 불분명한 조합에 대해 이미 오래전에 새로운 해결을 모색하였던 헤르더의 인간이해를 현재의 의미맥락에서 재전유하면서, 현재 인문학의 패러다임 전환의 시도들 내에서 인문학 자체에 요구되고 있는 동시에 인문학 스스로 가장 본질적인 문제의식으로 제기하고 있기도 한 '인간학적 전환'[65]의 이론적인 가능성 조건을 살펴보고자 할 것이다.

5.1 헤르더의 인간관을 재전유하기 위한 문제의식

'인간human being'은 역사의 시작부터 '인간으로 존재하는 것being human'에 대한 불확실성과 부단히 씨름해왔으며, 비교적 최근까지 이르는 이념사적 발전과정에서 다양한 씨름의 흔적들을 남겨놓았다. 이러한 씨름의 유형들은 대개 자기로부터 벗어나 자기를 관조하는 '초월 Transzendenz'과 자신 내부로 들어가 자기로서 자신을 유지시키는 '내재Immanenz', 혹은 '자기관찰'과 '정체성형성' 등과 같은 대립쌍의 형태를 기초로 하여 '사유Noesis'와 '감각지각Aisthesis', '감각적 인식Ästhetik'과 '무감각화Anesthesia'[66] 등과 같이 후자가 전자에 기생하는 양자의 특이한 공생관계를 지니고 있다. '초월'과 '내재' 또는 '자기관찰'과 '정체성형성'의 대립쌍은 '신인동형론적 인간anthropomorphic man'을 향한 부단한 추구의 원리를 이룬다고 한다면, '사유'와 '감각지각', '감각적 인식'과 '무감각화'는 영혼과 육체의 숙명론적

---

65 Doris Bachmann-Medick: Kultur als Text. Die anthropologische Wende in der Literaturwissenschaft, A. Francke UTB: Tübingen 2004(2. aktual.).

66 Wolfgang Welsch: Ästhetisches Denken, Reclam: Ditzingen 1990.

간극을 메우고자 하는 인간의 현실성 구축방식들이라고 할 수 있다.

그렇다면 이 같은 '신인동형론적 인간'을 향한 부단한 추구의 원리는 '인간으로 존재하는 것'이 무엇인지 여전히 불확실한 오늘날의 '인간'에게도 여전히 유효하다고 할 수 있을까? 또한 '사유'와 '감각지각', '감각적 인식'과 '무감각화'와 같이 기본적으로는 영혼과 육체의 숙명론적 간극을 메우고자 하는 인간의 현실성 구축방식들이면서도 전자에 후자가 기생하고 있는 관계들은 '인간으로 존재하는 것'에 대한 물음의 '진정성Authentizität' 여부에 대해 진지한 태도를 취하려 하지 않거나 그것 자체와 유희를 벌이고자 하는 오늘날의 '인간'에게 다른 식으로 받아들여질 필요가 있지 않을까?

사실상 전면에 부각되지 않았을 뿐 항시 잠재해왔던 이러한 문제들은 철학적 '탈-초월화'와 이념적 '탈-이데올로기화'를 기반으로 '이성의 개인화'와 '자연의 역동화'를 통해 육체의 비물질성과 정신의 물질성 사이의 끝없는 진동이 저울질되고 있는 현재의 삶 속에서 본격적으로 제기되고 있다. '이성의 개인화'가 20세기 중반 이래로 '로고스중심주의에 대한 비판'에 따라 위계적이고 이분법적인 인간이해를 극복하는 형태로 이루어졌다면, '자연의 역동화'는 20세기 말 이래로 다각화된 '문화학적 인간학'의 모색의 형태로 진행되고 있다. 전자가 주로 영혼과 육체, 지성과 감성 등의 문제들과 관련하여 철학적인 거대담론들에 대한 비판적 재구성의 방식으로 진행되었다면, 후자는 18세기 말 헤르더적인 의미에서 '정신적 사고와 가슴 그리고 동물적 생명력'으로 이루어진 '전체인간der ganze Mensch'에 대한 재반성의 방식으로 진행되어왔다. 이와는 별도로 부분적으로는 이러한 두 가지 주요흐름과 연관관계에 놓여 있으면서도 근본적으로는 자연과학적 이해지평에 놓여 있는 인간이해로서, 이미 19세기 중엽 진화론적 생물학의 탄생부터 20세기 초 분자생물학의 비약적인 발전을 지나 20세기 말 신경생물학과 생리학을 비롯하여 유전공학 등과 관련된 생명과학의 급속한 발전에 발맞춰 질적으로 새로운 인간이해의 요구가 본격적으로 제기되고 있다. 인간영혼이라는 종교적이고 철학적이며 다소 생물학적 함의를 지니는 개념 대신 한 개체가 지닌 유전자 세트를 의미하는 '게놈genome'에 새로운 인간이해를 위한 이론적 관심이 집중된 것이다. 21세기 초 이른바 '생명의 책'이라고 할 수 있는 인간게놈지도의 완성으로 질병의 치료와 예방에서 비약적인 발전이 기대되고 있으며, 새로운 의미의 생물학적 정체성에 기초한 인간이해의 지평이 열리게 된 것이다.

그러나 20세기 중반 이래로 진행되어오고 있는 이 같은 흐름들은 오늘날 거대담론들에 대한 비판적 재구성이후 혹은 '포스트모더니즘 이후', 18세기적 인간학의 재평가의 지향점, 그리고 소위 '포스트 게놈적 인간이해' 등의 물음들과 다시금 조우하고 있다. 다시 말해 '포스트모더니즘 이후'라는 물음은 포스트모더니즘 자체에게도 해당되어야 하지만 본격적으로 제기되지 못하였던 포스트모던적 접근방식의 근거 규정의 문제와 연결되어 있고, 18세기적 인간학의 재평가라는 물음은 '영혼과 육체'라는 이분법적이고 위계적인 오래된 문제의 재구성을 기초로 하고 있으며, '포스트 게놈적 인간이해'는 푸코에 의해 이미 70년대 이래로 숙고된 바 있는 '생체정치biopolitique'[67]의 정치경제학적 작동기제와 시스템에 대한 비판적 대안의 모색의 문제와 결부되어 있는 것이다. 이 같은 문제지형에서 18세기적 인간학의 재평가, 특히 헤르더의 인간관의 재평가는 질적으로 변화된 조건하에서 인간으로 존재할 다층적인 가능성 조건들의 정립을 근간으로 하는 '인간학적 전환'이라는 문제의식에 이론적 근간을 제시해주고 있다. 다시 말해 헤르더에게서 이미 영혼과 육체의 이분법의 지양만이 아니라 동물적 본성으로부터 이성적 본성으로의 발전과 이성적 본성의 자발적 규정 간의 상호관계를 비롯하여 각 영역의 독자적 가치가 논의됨으로써, 경험적이고 물리적인 연구에 종속되지 않는 인문학적 연구의 구별적 결합 가능성이 인간학적 접근의 함의로서 제기되었던 것이다. 따라서 본 장에서는 이 같은 헤르더의 인간관 내에 자리잡고 있는 인간학적 접근의 이러한 함의를 현재의 '인간학적 전환'의 문제의식의 이론적 기초로서 전유함과 아울러 이를 '포스트 게놈적 인간이해'의 지평과 연결시켜 새로운 인간형의 단초를 모색하는 작업에 초점이 모아질 것이다.

5.2 동물적 본성의 재조직화에 의거한 불연속적 진화

헤르더는 인간을 초월적인 근거로부터 규정하는 전통적인 인간과는 달리 인간에게 그 어떤 "자의적인 초자연적 자질eine willkürliche Qualitas occulta"[68]도 부여하지 않는다. 언어의

---

67 Michel Foucault: Die Geburt der Biopolitik, Geschichte der Gouvernementalität II, übers. v. Jürgen Schröder, Frankfurt a.M. 2006, S. 435ff.

68 Johann Gottfried Herder: Abhandlung über den Ursprung der Sprache(이후로는 AUS로 약칭), in: Johann Gottfried Herder Werke in zehn Bänden, Bd. 1, hrsg. v. Ulrich Gaier, Deutscher Klassiker Verlag: Frankfurt a.M. 1985, S. 715.

기원에 관한 논의맥락에서 그는 '동물을 인간으로 만들어버린 콩디악'과 '인간을 동물로 만들어버린 루소'(AUS 711)와 거리를 두고서 동물로부터 인간으로의 발전에 주목한다.

헤르디에 따르면, 인간은 지상에 존재하는 다양한 관계들에 의거하여 단순한 감각들을 받아들이는 능력으로부터 이에 근거한 행동양태들을 형성하는 기본적 행동방식들을 지나 이성적인 능력으로 발전해왔다고 한다. 이 같은 단계적 발전은 항상 지상의 관계들에 적응하는 정도에 따라 차별적으로 진행되는바, 전체 진행과정에서 주도적인 역할을 하는 인간의 지성 역시 다양한 감각들로부터 점차 형성된 지상의 지성인 것이다: "나의 눈은 그 어떤 것도 아닌 바로 이 태양거리에 있는 태양광선에 적합하게, 나의 귀는 이 공기에 적합하게, 나의 몸은 이 흙더미에 적합하게, 그리고 나의 모든 감각들은 이러한 토양의 조직으로부터 이러한 토양의 조직에 적합하게 형성된 것이다. 나의 영혼의 능력들 역시 이에 부합되게 작용한다"[69]는 것이다. 감각기관들과 개별 감각들이 지상의 조건에 부합되게 형성되었듯이, 초감성적 능력이라고 여겨져 왔던, 혹은 생래적이라고 전제되어왔던 지성 역시 감성적인 자질들로 이루어졌으며, 심지어 영혼의 능력들조차 지상의 조건들에 적응하여 작용한다고 주장하는 헤르더의 입장은 인간의 '동물적 본성'에 대한 새로운 시각전환의 필요성을 암시하고 있다고 할 수 있다. 그리하여 그에게 "동물"은 "인간보다 더 오래된 형제"(Ideen 67)로 규정되며, 동물과의 관계를 떠나 인간을 다루는 "인간의 그 어떠한 역사도 불완전하고 일면적임에 틀림없는"(Ideen 67) 것으로 여겨지게 된다. 인간을 동물로 규정하는 것이 아니라, 인간의 본성을 구성하는 동물성의 의미를 재규정하고자 하는 헤르더의 새로운 인간학은 애초부터 "동물적인 동시에 지리적zoologisch und geographisch"이었던 것이다. 그렇다면 인간의 이 같은 동물적 본성과 인간의 언어적이고 이성적인, 그리고 더 나아가 문화형성적인 본성은 서로 어떠한 관계를 지니는 것일까?

헤르더는 무엇보다 인간의 특수성을 축소시키고 동물적 일반성을 부각시킨다거나 아니면 인간의 고유성을 동물적인 것으로 환원시킨다거나 하는 식의 환원론적 결정론 대신 인간의 근원적인 동물적 본성으로부터 출발하는 언어적이고 문화적인 능력들의 발전을

---

69 Johann Gottfried Herder: Ideen zur Philosophie der Geschichte der Menschheit(이후로는 Ideen으로 약칭), in: Johann Gottfried Herder Werke in zehn Bänden, Bd. 6, hrsg. v. Martin Bollacher, Deutscher Klassiker Verlag: Frankfurt a.M. 1989, S. 23.

구상하였다. 헤르더에 따르면, "직접적인 자연법칙인 감각의 언어가 존재"하며, 이것을 "인간은 근원적으로 동물들과 공통으로 소유"(AUS 698)하고 있다고 한다. "고통스러워하는 동물만이 아니라 영웅 필록테테스 역시 고통이 찾아들 때 흐느끼며 신음소리를 내게"(AUS 697)되듯이, 감각의 언어는 인간이나 동물 모두에게 근원적이지만, 이러한 감각의 언어는 더 이상 근대인들에게 찾아보기 힘들게 되었다. 왜냐하면 "우리의 인위적 언어가 자연의 언어를 몰아내었고, 우리의 시민적 생활방식과 사회적인 언어예절이 열정들의 범람과 망망대해를 차단시키고 고갈시키며 다른 방향으로 이르게 하였을 것이기"(AUS 698-699) 때문이다. 그리하여 이제 문제는 자연의 언어와 명제화되고 문법적 체계를 갖춘 특수하게 인간적인 언어 간의 간극을 설명하는 것이다.

우선 헤르더는 인간언어의 근원을 "감각들의 울부짖음"(AUS 708)으로부터 설명하는 것과 거리를 두면서 다음과 같은 조심스러운 논증을 시작한다: "말 없는 물고기에 이르기까지 모든 동물은 자신들의 감각을 소리 낸다. 그렇기 때문에 어떤 동물도, 심지어 가장 완전한 동물조차 인간의 언어에 이르는 가장 최소한의 고유한 첫 출발도 갖지 않는다"(AUS 708). 동물들처럼 아이들 역시 감각의 울림들을 소리 내지만, 아이들이 사람들로부터 배우는 언어가 동물들에게서 직접 기인하지 않는 뭔가 다른 언어라고 한다면, 인간의 언어는 인간과 동물에게 공통적 근원이었던 감각의 언어로부터 순차적으로 발전되어온 것이 아니라, 급격한 단절의 결과에 기인한 것일지도 모른다.

이 같은 단절의 계기로 통상 이야기되어온 가정 중 하나가 바로 인간의 동물적 본성에 이성적 본성이 개입되었다는 가정이다. 그러나 이러한 가정은 외부로부터의 개입설을 일관되게 부정하였던 헤르더가 받아들이기 힘든 것이었다. 헤르더 역시 전통적인 이성 규정의 함의를 명확히 인지하고 있었지만 이와는 전적으로 다른 이해를 가지고 있었다. 그에 따르면, "인간의 이성은 모든 동물들을 제치고 추가적인 덤으로 인간에게 고유하게 부여된, 완전히 분리된 새로운 능력으로서 영혼 안에 자리 잡은 것"(AUS 717)으로 생각되어왔지만, 그것은 "철학적 어불성설"(AUS 718)이라고 한다. 왜냐하면 "이성이라고 불리는 것은 인간에게서 육체의 일정한 조직화와 결부된 것으로서, 모든 인간적 능력들의 전체 장치이자 인간의 감성적이고 인식적인 본성 및 인식적이고 의지적인 본성의 전체 경영이며, 한마디로 말해 사유의 유일한 긍정적 능력"(AUS 717)이기 때문이다. 인간의 감성과 인식 및 의지를 전체적으로 경영하면서 인간의 사고 작용의 실재적 실체로서 존재하는 이러한 이성은 동물의 경우 "기술적인 작업능력Kunstfähigkeit"(AUS 717)에 부합된다. 결국 인간이성과 동물의 기술적 능력 간의 차이는 발전된 단계나 능력들이 더 추가되었느냐 아니냐에 있어서의 차이라기보다는 "모든 능력들이 전적으로 다른 종류의 방향으로 다른 전개과정"(AUS 717)을 거친다는 사실에서 기인하는 차이라고 할 수 있는 것이다. 다시 말해 동물로부터 인간으로의 연속적인 진화가 아니라, 방향과 전개양태에 있어 상이한 불연속적 진화가 다른 동물들한테서는 찾아볼 수 없는 고유한 이성을 인간에게 형성시켜주었다는 것이다.

동물적으로 이미 존재하는 다양한 능력들을 동물들과는 다른 방향으로 그리고 다른 양태로 펼쳐내는 것은 동물로부터 인간으로의 진화이기는 하지만 연속적 진화가 아니라 불연속적 진화를 근거 규정해주는 것으로서, 한편으로는 인간의 언어 및 문화적 발전의 진화론적 근거가 되며, 다른 한편으로는 인간의 동물적 본성으로부터 발생된 이성적 본성의 발생론적 근거가 된다. 그렇다면 이 같은 동물적 본성의 재조직화와 방향전환에 의거한 불연속적 진화는 어떠한 방식으로 실행되었으며, 다른 동물과는 달리 왜 하필이면 인간에게서 일어났고, 인간의 모든 특성들을 단번에 결정지어버리게 된 이러한 재조직화의 능력은 어디로부터 기인한 것인가? 헤르더는 이러한 질문들에 대해 명확한 답을 내리지 못한다. 이러한 질문들은 헤르더 이후 지금까지도 여전히 해명되어야 할 숙제일 것이다. 그러나 그럼에도 불구하고 헤르더가 근대적 인간관의 형성에서 결정적으로 기여한 바는 동물로부터 인간으로의 연속적 발전이 아닌 동물적 본성 내부로부터 이성적 본성의 근원적 발생에 기초한 불연속적 진화를 사유 가능한 것으로 정립했다는 것이다.

5.3 또 다른 코페르니쿠스적 전환?: '고통'의 변증법

헤르더는 '모든 힘들이 전적으로 다른 방향을 가지며 다른 식으로 전개된다'는 생각에 기초하여 동물적 본성 내부로부터 인간적 본성으로의 근원적 발생을 설명하였다. 헤르더의 이 같은 불연속적 진화의 사유는 인간의 역사 역시 '계속해서 진전되는 역사이지만, 매 단계마다 안정적인 사회질서를 구성하는 발전을 거치는 역사'[70]로 규정한다. 각 단계가 더 이상 나눌 수 없고 따라서 지속적인 연결이 끊어져 있는 것처럼 보이는 '개별적individuell' 단계라고 할지라도 새로운 단계로의 비약적 발전을 위한 내적 긴장의 담지체라고 할 때, 이 같은 불연속적 연속의 사유는 단선적 발전 내지는 도식화된 체계에 기초한 사유체계와는 질적으로 다른 사유패러다임을 필요로 하는 것이다. 헤르더는 기존의 강단철학이 철학적으로 가장 기초가 되는 '경험'에 이를 수 없는 아이러니한 한계를 지적하면서 "우리가 프톨레마이오스 체계로부터 코페르니쿠스 체계가 생성되는 방식으로 '철학Weltweisheit'의 관점을 변화시킨다면", 그리고 "우리의 전체 철학이 인간학이 된다면",[71] 민중의 구심점이 되는 철학이 가능할 수 있다고 주장한다. 여기서 헤르더가 말하는 '민중Volk'은 물론 과거 그리스 로마 시대 작가들과 시인들 그리고 오래된 종교들과 신화들이 사용했던 언어를 그대로 사용하는 '감성적 민중das sinnliche Volk'(PBV 133)이다. 그러나 '감성적 힘들의 유기체'에 다름 아닌 인간이 "이성과 천재의 현상이자 감성적이고 욕망하는 힘들의 현상"[72]으로서 "예술작품을 위한 혹은 예술작품 내에서 존재하는 일정한 감성적 힘들의 질서와 균형"(UGV 120)인 "취미Geschmack"를 상실하였다고 할 때, 그리하여 더 이상 인간을 구성하는 가장 결정적인 요소인 감성이 제 기능을 발휘하지 못하게 되었다고 할 때, 근원적 능력들로 충만한 인간이라는 본래적인 인간상의 회복은 단지 현존하는 지식만을 주관하고 이러한 주관의 테크닉들만을 가르쳐줄 뿐인 당대의 철학이 아니라 새로운 철학, 즉 인간을 구성하는 세 가지 기본 구성력들로서 "사상, 가슴, 동물적 생명력Gedanke, Herz, und Tierische Lebenskraft"[73]을 대상으로 삼는 '인간학'에 의해 가능할 수 있는 것이며, 이를 위해서는 철학적 기본관점에 있어 '코페르니쿠스적 전환'이 이루어져야 하는 것이다.

대상을 인식하기 위해 거꾸로 우리의 주관성을 구성하고자 하였던 칸트식의 코페르니쿠스적 전환과는 정반대로 인간의 자연적 본성을 파악하기 위해 복합적인 자연의 유기체로서의 인간의 모습을 발생론적으로 재구성하는 것으로 향해 있는 헤르더의 코페르니쿠

---

70 Peter J. Bowler: Evolution. The History of an Idea, University of California Press: Berkeley·Los Angeles·London, 2003 (3rd., completely revised and expanded), p.101.

71 Johann Gottfried Herder: Wie die Philosophie zum Besten des Volks allgemeiner und nützlicher werden kann(이후로는 PBV로 약칭), in: Johann Gottfried Herder Werke in zehn Bänden, Bd. 1, S. 134.

72 Johann Gottfried Herder: Ursachen des gesunknen Geschmacks bei den verschiedenen Völkern, da er geblühet(이후로는 UGV로 약칭), in: Johann Gottfried Herder Werke in zehn Bänden, Bd. 4, hrsg. v. Jürgen Brummack und Martin Bollacher, Deutscher Klassiker Verlag: Frankfurt a.M. 1994, S. 121.

73 Johann Gottfried Herder: Älteste Urkunde des Menschengeschlechts, in: Johann Gottfried Herder Werke in zehn Bänden, Bd. 5, hrsg. v. Rudolf Smend, Deutscher Klassiker Verlag: Frankfurt a.M. 1993, S. 293.

스적 전환은 자연의 전체 유기체의 발생에 관한 다음과 같은 묘사에서 명확히 드러난다: "피조물이 보다 더 유기적으로 조직화되어 있으면 있을수록, 그것의 구조는 점점 더 하위 영역들로부터 조합된다. 이러한 다종성은 땅 밑에서부터 시작되어 식물들과 동물들을 통과하여 가장 다종적인 피조물인 인간에까지 생장한다. 인간의 피와 많은 이름들을 가진 인간구성요소들은 세계의 편람이다. 말하자면 석회와 땅, 소금과 산酸, 기름과 물, 식물 생장력과 자극력 그리고 감각력들은 인간 내부에서 유기적으로 통일을 이루고 있으며 서로 서로 그물망 조직을 형성하고 있다"(Ideen 167). 유기적 자연과 비유기적 자연이 서로 그물망을 형성하고 있는 인간의 존재는 보다 현대적인 언어로 옮겨 놓자면, "종들 간의 모든 유사성들과 차이들을 근거 규정하는 차이이며, 모든 자연적 분포들을 계측하는 거리이고, 자연의 분류체계의 그물망이 결합되어 있는 텅 빈 중심"[74]이다. 따라서 인간을 연구하게 되면, 말하자면 인간에게 존재하는 자연의 힘들을 연구하게 되면, 자연의 생장과 소멸만이 아니라 자연 전체의 파악과 이 전체 내에서 부분들 각각이 서로에게로 진화하는 과정 및 각 부분들 간에 존재하는 상호작용의 파악이 가능해지게 되는 것이다: "그리하여 우리가 자연에서 작용하는 힘들의 위대한 연극을 깊이 성찰하며 바라보면 볼수록, 우리는 도처에서 우리와의 유사성을 점점 더 느끼게 되고 우리의 감각으로 모든 것을 생기 있게 만들 수 있게 되는 것이다."[75]

이러한 인간에게 존재하는 자연의 힘들을 탐구하기 위해 헤르더는 전통적으로 인간의 인식을 명증한 논리적 인식과 혼탁한 감각적 인식으로 구분하는 방식에 이러한 두 가지 인식의 근간이 되며 따라서 이 둘에 선재하는 것으로 간주되어야 하는 '생리학적인 인식 영역'을 덧붙인다. 그는 무엇보다 알브레이트 할러Albrecht Haller의 '자극Reiz' 개념을 받아들여 인간의 본성을 직접 관찰할 수 있는 가장 기저의 것으로 규정한다: "우리는 감각의 생성을 고찰할 때 할러가 '자극'이라고 불렀던 특별한 현상보다 더 깊게 감각을 동반하고 내려가 볼 수는 없을 것이다. 자극된 섬유질은 수축되고 다시 확장된다. 이것은 아마도 죽

---

74 Joseph Vogl: Homogenese. Zur Naturgeschichte des Menschen bei Buffon, in: Der ganze Mensch. Anthropologie und Literatur im 18. Jahrhundert, hrsg. v. Hans-Jürgen Schings, Stuttgart und Weimar 1994, S. 94.

75 Johann Gottfried Herder: Vom Erkennen und Enpfinden der menschlichen Seele(이후로는 VEE로 약칭), in: Johann Gottfried Herder Werke in zehn Bänden, Bd. 4, S. 329.

은 물질이 메커니즘과 유기적 조직의 수많은 과정들과 단계들을 거치며 고양되어 순수하게 정제된 형태인 '감각을 일깨워주는 최초의 타오르는 작은 불꽃' 혹은 수꽃술과도 같은 것이다. 우리가 감각이라고 부르는 고귀한 능력의 이 같은 시작이 그렇게도 작고 그렇게도 불분명하듯이, 그러한 시작은 그만큼 매우 중요하며 그러한 시작을 통해 모든 방향이 설정된다"(VEE 331). "수천의 살아 움직이는 작은 끈들을 수천 배의 투쟁 속으로 그리고 그만큼의 접촉과 저항으로 엮어 넣는"(VEE 332) 자연 내에서 감각을 일깨워주는 작은 불꽃인 이 같은 자극은 하나의 기본법칙을 따르게 된다. 그것은 다름 아닌 '고통의 법칙'이다: "그런 식으로 일정하게 결합되어 있는 우리 기계의 가장 복잡하게 얽혀 있는 감각들과 열정들 속에서 작은 섬유질의 타오르는 자그마한 자극의 불꽃으로 그러한 섬유질을 자극시키는 하나의 법칙이 가시화되는데, 그것은 '고통Schmerz', 즉 낯선 것의 접촉이 수축작용을 일으킨다는 것이다. 이때 힘이 모아져서 저항으로까지 증대되어 다시금 스스로를 산출해내는 것이다"(VEE 333).

헤르더의 생리학적 인간학의 틀 내에서 제기된 이 같은 고통의 법칙은 사실상 횔덜린과 헤겔을 지나 하이데거에게까지 이르는 거대한 사유맥락을 형성하도록 해주었던 결정적인 계기였다. '고통' 개념은 우선 18세기 말 횔덜린에게서 "자신의 깊은 곳에서 감수자와 관찰자에게는 아직 알려져 있지 않은 최초의 거친 고통"[76]으로 규정되며, 인간과 자연, 영혼과 육체, 무한한 것과 유한한 것 간의 '안으로 향한 상호작용과 밖으로 향한 상호작용'[77]에 기초하는 삶 자체의 근원적인 운동 원리인 '초월적인 창조적 활동'의 모습으로서 나타난다. 대립의 계기들 간의 이 같은 상호작용에 기초한 '고통의 과정'은 헤겔에게서 보다 추상화된 형태로 고양되어 나타난다. 헤겔은 생동적인 개별자들이 추상화된 형태로서는 '본질로서 지양된 것'이지만, 그러한 본질에는 생동적인 측면과 분열의 측면이 모순적으로 존재하고 있다고 하면서, 사유될 수 없는 것처럼 보이는 이러한 모순이 가장 분명하게 모습을 드러내는 곳이 바로 '고통'이라고 주장한다.[78] 말하자면 생생한 자연적 삶의 범주적 규

---

76 Friedrich Hölderlin: Entwürfe zur Poetik, Hölderlin Historisch-Kritische Ausgabe Bd. 14, hrsg. v. D. E. Sattler u.a., Stroemfeld / Roter Stern: Frankfurt a.M. 1979, S. 175.

77 Friedrich Hölderlin: Entwürfe zur Poetik, S. 177.

78 Georg Wilhelm Friedrich Hegel: Wissenschaft der Logik, Zweiter Band, Die subjektive Logik (1816), Gesammelte Werke Bd. 12, Hamburg 1981, S. 187-188.

정들 간의 관계를 규정함으로써 인간의 자연적인 의식적 삶의 기능체계를 해명하고자 하는 헤겔의 개념논리는 이미 실현되어 있는 분열과 분할의 가능성을 처음부터 자체 내에 지니고 있는 근원적 발생이자 이미 실현된 가능성으로서 절대적 부정성의 함의를 지니는 고통의 변증법에 의해 주도적으로 이끌어지는 것이다. 이 같은 헤겔의 고통의 변증법은 20세기 초 하이데거에게서 한 번 더 반복된다. '고통' 개념을 분석하는 가운데 서구의 철학적 부정성의 역사를 형성해온 '부정주의Nihilismus'의 작용 공간을 드러내고자 한 하이데거는 "현실성 내지는 "실존하는 개념"의 "무한한 힘"으로서의 "절대적 부정성"[79]이라는 헤겔 철학의 기본경향에 '고통의 변증법'의 의미맥락이 스며들어 있다고 하면서 그 개념의 의미 스펙트럼을 다음과 같이 확장시킨다: "아마도 '알고스algos'라는 말은 '레고lego'에 대한 강의태 동사로서 내적인 집결을 의미하는 '아레고alego'와 친족관계에 있을 것이다. 그렇다면 고통은 가장 내적인 것으로 집결하는 것이라고 할 수 있을 것이다."[80] 헤겔의 '스스로를 파악하는 개념'이 운동의 전 과정을 거치고 나서 "구체적인 동시에 전적으로 집중적인 총체성"[81]으로 입증되었던 것처럼, 하이데거에게서도 집결하는 장소는 스스로를 완성시키는 '부정주의'가 이루는 경계의 가능성 공간으로서 나타나는 것이다.

결국 헤르더의 인간학은 헤르더 자신에 의해 추구된 삶의 대립적 계기들 간의 상호작용으로부터 인간의 자연적인 의식적 삶의 기능체계(헤겔)를 지나 점진적 완성과 극복 사이에서 부정주의라고 하는 서구 형이상학의 근간이 형성하는 작용 공간(하이데거)에 이르기까지 폭넓은 의미맥락을 형성한다. 또한 헤르더의 인간학은 초월적 원리로부터 출발하는 형이상학적 인식과 감각적 데이터들로부터 시작하는 감성론적 인식의 가능성 조건으로서 생리학적 인식을 추가하여 이로부터 자연의 전체 유기체 내의 발생원리만이 아니라 유기적인 것과 비유기적인 것의 상호작용의 법칙을 추론해낸다. 그러나 무엇보다 헤르더의 인간학은 '자연의 종들 사이에 존재하는 유사성과 차이를 차이로서 근거 규정하는 차이'이자 '자연의 구성원리인 그물망적 결합의 원리를 드러내주는 텅 빈 중심'으로서의 인간을

79 Martin Heidegger: Zur Seinsfrage, in: Wegmarken, Heidegger Gesamtausgabe Bd. 9, Frankfurt a.M. 1996 (3. durchgesehene Auflage), S. 404.

80 Ibid. S. 404.

81 Georg Wilhelm Friedrich Hegel: Wissenschaft der Logik, Zweiter Band, Die subjektive Logik (1816), S. 252.

해명함으로써, 자연 내지 물질 환원론적인 입장이나 초월적 관념론적인 입장에서 벗어나 소위 '유동적 접점의 사유'를 지향하는 '또 다른 코페르니쿠스적 전환'을 시도하였다고 볼 수 있는 것이다.

5.4 이성과 감성과 생리학: 새로운 인간학의 가능성 조건

헤르더는 언어와 같은 인간의 문화와 복합적으로 작용하는 존재방식이 그 어떤 '신비적이고 초자연적인 자질'의 개입 없이 인간의 동물적인 본성적 체계로부터 발전되어왔다는 입장과 이 같은 동물적 본성의 재조직화와 방향전환에 의거한 불연속적 진화를 통해 (물론 이에 대한 구체적이고 실증적인 논의가 이루어지지는 못했지만) 이성적 본성이 동물적 본성 내에서 발생될 수 있었다는 입장을 통합시켜 이른바 '절대적 발생'의 입장을 정초할 수 있었다. 이러한 절대적 발생의 원리에 입각하여 그는 유기적인 것과 비유기적인 것 간의 접점에서, 말하자면 수축과 팽창이 반복되는 낯선 것의 접촉점에서 감각으로부터 이성적 인식을 관류하는 자연의 근원적 법칙을 발견하였으며, 결국 '고통의 변증법', 내지는 '접촉의 변증법'이라고 일컬어질 수 있는 이 같은 근원법칙에 기초하여 자연의 그물망적 조합체계를 전형적으로 체현하고 있는 인간의 이성적 측면과 감성적 측면 그리고 생리학적 측면을 통합적으로 고찰하는 '인간학'의 가능성 조건을 정립하였던 것이다.

인간을 신자유주의 경제질서 내에서 무한한 욕망의 연쇄 고리를 형성하는 유동적 접점이나 초국가적인 바이오테크놀로지 산업의 글로벌한 층위에서 조작 가능한 유동적이고 임의적인 게놈 데이터로 환원시킬 위험으로부터 거리를 두면서 새로운 인간형 모색이 절실히 요구되고 있는 상황에서 오늘날 우리에게 '생물학적인 동시에 문화적인 차원을 아우르는 포괄적인 의미의 자연적 인간으로 존재할 다층적인 가능성 조건들'을 정립하고 아울러 이에 부합되는 새로운 인문학적 성찰 원리를 구성하는 일은 매우 중요한 과제라고 할 수 있다. 미래의 인간에 대한 물음은 통시적으로는 문화적 토대, 역사에 대한 해석, 종교와 믿음의 잠재적 능력, 문학과 예술 속에 투영된 자화상 그리고 인문적 교양의 원천과 핵심 등과 같은 근원들에 대한 반성과 공시적으로는 과학, 윤리, 예술, 종교, 정치, 경제 등이 그물망을 형성하고 있는 변화된 세계상에 대한 복합적 이해를 통해서만 대답될 수 있을 것이다. 비록 실증과학적인 측면에서나 체계구성적인 측면에서 보충될 필요가 있기는 하지만 헤르더의 인간학은 이 같은 통시적이고 공시적인 그물망관계를 통찰할 수 있게 해주는 이론적 토대로서 거시적인 의미의 '인간학적 전환'의 맥락에서 재전유될 풍부한 가능성을 내포하고 있다.

6. 체화된 인지의 현상학

앞서(II. 5장 마지막 부분에서) 제기된 바 있듯이, 우리가 살고 있는 21세기의 현실은 시·청·촉각적 판타지에 기초한 멀티미디어 게임의 가상적 공간과 순간의 우연적 접속을 통한 다중들의 예측 불가한 힘의 집중이 체감되는 인터넷 공간만이 아니라 깨어 있는 매 순간 오감의 기제로 무언가를 지각하는 것을 넘어서 지각하는 자신을 느끼는 체험의 공간에서 그리고 심지어 촘촘한 시간계획에 따라 고도로 분화되고 기능화된 개인의 삶의 공간에서조차 우리는 우리가 소위 일상적 현실이라고 말하는 실재의 공간에서 체험하지 못하는, 아니 결코 체험할 수 없는 '기층적 실재의 체험the lived experience of the hypo-reality'을 하고 있는 것이다. 그리하여 전통적으로 정신과 육체의 이분법적 관계 속에 있는 육체가 다 담아낼 수 없는 잉여, 혹은 정신에 의해 통제되거나 조절될 수 있는 '나의 육체'가 아니라 정신의 작용 순간에 오로지 작용하는 것으로서만 느껴지는 '자기 조절적 육체'의 꿈틀거림은 근본적으로 새로운 논의 틀 속에서 다뤄져야 하는 것으로서 우리에게 주어져 있다. 이 같은 새로운 논의의 가능성은 최근 학제적인 시각에서 다각도로 논의되고 있는 '체화된 인지의 현상학phenomenology of embodied cognition'을 통해 어렴풋이 제시되고 있다. 우리는 지젝이나 바디우 그리고 프랭크퍼트가 암시하기는 했지만 명확히 제시하지는 못했던 새로운 담론의 가능성 조건을 이러한 새로운 현상학의 논의에서 찾아볼 수 있다.

6.1 아리스토텔레스부터 데카르트까지 영혼과 육체의 문제

하나의 거대한 존재의 사슬 속에서 구조와 기능의 복잡성에 따라 유기체들을 분류하였던 아리스토텔레스Aristoteles(B.C. 384-B.C. 322)는 이미 오래 전에 동물적 육체의 운동 원인에 대한 물음을 제기함으로써, 근대 사상가들에게서 사유방식의 일대 전환을 가져올 계기를 마련하게 된다. 아리스토텔레스가 동물의 운동을 다루는 글들은 『자연학*Physica*』, 『영혼에 관하여*De anima*』, 『동물의 신체 부분에 관하여*De partibus animalium*』, 『동물의 운동에 관하여 *De motu animalium*』 등인데, 동물의 운동이 '주위환경의 인과적 영향에 기인한다'[82]고 주장

82 Vgl. Aristoteles: Physica VIII 2장과 6장. 특히 6장에서는 다음과 같이 언급되고 있다: "동물들의 내부에서는 동물들이

하였던 『자연학』에서와는 달리, 『영혼에 관하여』에서 그는 동물의 육체를 움직이는 것은 다름 아닌 영혼이라고 주장한다:

> "동물의 영혼이 두 가지 능력들에 의해 규정된다면, 즉 한편으로는 사유의 능력인 구분의 능력과 지각의 능력을 아우르는 능력을 통해 그리고 다른 한편으로는 장소운동을 야기시키는 능력을 통해 규정된다면, 지각과 사유하는 정신에 대해서는 많이 이야기되었다고 볼 수 있기에, 영혼 속에서 운동하는 것이 무엇인지에 대해 좀 더 논구될 필요가 있을 것이다.
>
> Wenn die Seele der Lebewesen nach zwei Kräften bestimmt ist, durch die des Unterscheidens, der Leistung des Denkens und der Wahrnehmung, und ferner durch die Veranlassung der Ortsbewegung, so mag zur Wahrnehmung und zum denkenden Geist soviel gesagt sein; untersucht muß noch werden, was in der Seele das Bewegende ist."[83]

> "영혼의 부분들을 구분하는 사람들에게는 […] 영양섭취의 부분, 지각하는 부분, 사유하는 부분, 성찰하는 부분, 욕구하는 부분 등이 있다. […] 영혼의 능력은 […] 운동을 작용시킨다.
>
> Für diejenigen, die Seelenteile unterscheiden, gibt es […] den ernährenden, wahrnehmenden, denkenden, überlegenden und dazu den strebenden Teil. […] dieses Vermögen der Seele, […] die Bewegung bewirkt(Aristoteles 1994, 65).

아리스토텔레스에게서 영혼은 사유와 지각만이 아니라 영양섭취, 욕구, 성찰 등 다양한 능력들을 포괄할 뿐 아니라 장소의 이동을 야기시키는 능력 역시 가지고 있다. 따라서 영혼은 일정 정도 육체적이라고 할 수도 있는 것이다. 그러나 이러한 규정에서도 아직 다소 불분명한 점은 영혼이 동물의 육체를 움직인다고 하는 생각이다.

이에 대해 아리스토텔레스는 『동물의 운동에 관하여』에서 생명체의 독자적인 운동과

원천 그 자체가 아닌 자연적인 과정들 – 예컨대 성장과정, 퇴행과정, 호흡과정 등 – 이 작용하고 있다. […] 이러한 과정들의 사태에 책임이 있는 것은 동물의 환경 내지 동물 내부로 진입해 들어가는 다양한 요소들이다"(Aristoteles 1995, 244).

83 Aristoteles: Über die Seele, übersetzt von Willy Theiler, in: Aristoteles Werke Bd. 13, 1994, S. 63.

'운동능력κοινὴ κίνησις, koine kinesis'에 대해 다루면서 무엇보다 '운동하는 것'과 '운동되어진 것'을 구분할 필요가 있다고 한다. 육체를 움직이는 것이 영혼으로 규정되었듯이 영혼이 '운동하는 것'으로 가정된다면, "과연 영혼은 어떠한 방식으로 육체를 움직인다고 할 수 있으며, 동물의 운동의 근원은 어떤 것인가?"[84] 아리스토텔레스에게서 영혼 개념은 인식활동을 수행하는 '사유의 영혼Denkseele'과 감각지각과 감정활동을 수행하는 '감각영혼Sinnenseele'을 포괄하는 개념으로서 육체와 분리될 수 없는 개념이다. 더 나아가 영혼은 실제로 작용할 수 있기 위해 그 자체로 육체적이기도 하다. 이러한 맥락에서 아리스토텔레스는 결정적인 규정을 하는데, 그것은 바로 '영혼과 근육을 매개하는 움직이는 기관'으로서 모든 운동 형태들 속에서 작용하며 전체 육체를 관류하는 'πνευμα σύμφυτον, pneuma symphyton'이다("모든 동물들은 타고난 생기를 가지고 있다").[85] '타고난 생기'로 번역될 수 있는 'pneuma symphyton'은 스토아 철학에서 "물질 내에 존재하는 능동적이고 창조적인 기운"[86]으로, 다시 말해 개인과 우주를 조직화시키는 능동적이고 발생적인 원리로 수용된 후 17세기 이후 '동물적 기운esprits animaux, animal spirit'으로 또는 '생기Lebensgeister'로 변화되면서 18세기 말까지 영향력을 행사하였다.

아리스토텔레스 이후 A.D. 2세기경 'Pneuma'를 감각, 운동, 사고 기능들과 맥박, 혈류운동 등의 유기체적 기능들 그리고 영양섭취기능 등으로 구분하였던[87] 갈렌Aelius Galenus(129-205)의 생리학은 르네상스를 거쳐 16세기까지 지속되다가 17세기에 들어 그 효력을 상실하게 된다. 갈렌과 일정하게 거리를 두면서도 갈렌의 기본입장에 의거하였던 데카르트René Descartes(1596-1650)는 17세기에 육체의 기관들과 근육들의 운동을 파악하고 이것과 감각적 지각작용 간의 연관을 설명하기 위해 '동물적 기운esprits animaux'의 개념을 다시 끌어들인다. 그는 "뼈, 신경, 근육, 정맥, 동맥, 위, 간, 비장, 심장, 뇌 그리고 그 밖의 다른 부분들"[88]

---

84 Aristoteles: De motu animalium (Über die Bewegung der Lebewesen), 700b10, in: Aristoteles Werke Bd. 17, Teil II und III, Berlin 1985, S. 14.

85 Ibid. 20.

86 David Sedley: Hellenistic Physics and Metaphysics, in: The Cambridge History of Hellenistic Philosophy, ed. by Keimpe Algra, Cambridge University Press, 2005, p.388.

87 Owsei Temkin: On Galen's Pneumatology, in: »Gesnerus« Bd. 8, Aarau, 1951, pp.180-181.

88 René Descartes: Treatise on Man (Traité de l'homme, 1632, 1662 published), in: The Philosophical Writings of Descartes, Vol. I, trans. by John Cottingham, Robert Stoothoff and Dugald Murdoch, Cambridge University (19th Printing), 2007, p.99.

로 구성되어 있고 시계나 자동기계처럼 작동하는 기계인간 모델을 정립하면서 이러한 기계인간 전체를 관류하는 작동기제에 대해 다음과 같이 설명한다:

> "뇌까지 침투하는 피의 부분들은 뇌의 본체에 자양분을 주고 그것을 유지시켜줄 뿐 아니라 그 속에서 '동물적 기운'이라 불리는 매우 미세한 기운 내지 매우 생생하고 순수한 불꽃을 생산해내는 데 기여하기도 한다. 왜냐하면 심장으로부터 뇌까지 피를 전달하는 동맥들이 뇌의 동공 밑바닥에서 양탄자처럼 펼쳐져 있는 미세한 세포조직들을 구성하는 셀 수 없이 많은 얇은 지류들을 분리시킨 후에 뇌 본체의 정중앙 근처에 위치한 송과선 주변에 다시금 한데 모인다는 점이 주목되어야 하기 때문이다. […] 이 부분에 있는 동맥들은 피의 보다 미세한 부분들이 송과선을 통과해 흘러갈 수 있도록 해주는 수많은 작은 구멍들을 가지고 있다. […] 피의 이러한 부분들은 […] 피의 형태를 갖지 않게 되고 '동물적 기운'이라 불리게 되는 것이다.
>
> The parts of the blood which penetrate as far as the brain serve not only to nourish and sustain its substance, but also and primarily to produce in it a certain very fine wind, or rather a very lively and pure flame, which is called the *animal spirits*. For it must be noted that the arteries which carry blood to the brain from the heart, after diving into countless tiny branches which make up the minute tissues that are stretched like tapestries at the bottom of cavities of the brain, come together again around a certain little gland situated near the middle of the substance of the brain. […] he arteries in this region have a great many little holes through which the finer parts of the blood can flow into this gland. […] These parts of the blood […] cease to have the form of blood, and are called the 'animal spirits.'"[89]

> "뇌의 동공들 속에 있는 동물적 기운은 즉각 신경들 속으로 나아가기 시작하며, 또한 기계 내에서 운동들을 야기시키는 데 기여하는 근육들로도 이르게 된다. 특히 이 같은 기계 내의 운동들은 우리의 감각들이 같은 방식으로 감화될 때 자연스레 촉발되는 운동들과 매우 유사하다.
>
> the animal spirits in the cavities of the brain immediately begin to make their way into the nerves and so to the muscles which serve to cause movements in the machine quite similar to

---

89 Ibid. 100.

those we are naturally prompted to make when our senses are affected in the same way.[90]

뇌로부터 신경들을 지나 근육으로 흘러드는 동물적 기운은 의식적인 운동을 가능케 해주는 핵심적 기제이며, 마찬가지로 감각적으로 지각된 자극에 대한 운동반응 역시 뇌 속에서 동물적 기운의 유출을 야기시키는 섬유소 자극으로 생각될 수 있는 것이다. 결국 데카르트는 신경들 속에 내재되어 전달되는 신경적 기운 내지 동물적 기운과 신체의 각 부분들의 구성적 작용이 인과적 관계를 형성하면서 하나의 전체 메커니즘을 형성한다고 하는 이분법적인 메커니즘적 육체이해를 구상하였다고 할 수 있다.

이와 유사한 맥락에서 데카르트보다 앞서 인체를 혈액순환체계로 이해하였던 사람은 영국의 해부학자 윌리엄 하비William Harvey이었다. 그는 중심 없이 메커니즘적으로 작동하는 기계와도 같은 인간기계의 표상을 가지고 있었던 데카르트와는 다소 다르게 심장의 운동에 중심적인 위상을 부여하였다. 하비는 『동물의 심장과 혈액의 운동에 관한 해부학적 연구*Exercitatio Anatomica de Motu Cordis et Sanguinis in Animalibus*』(1628)에서 감각과 운동을 관장하는 기운이 다름 아닌 심장으로부터 유래된다고 하면서 신경의 작용 및 뇌의 작용과는 독자적으로 이루어지는 근육의 운동을 강조하였다. 말하자면 근육은 고유의 감응성을 가지며 뇌와 소통하지 않고서도 독자적으로 작용한다는 것이다.[91] 또한 그는 아리스토텔레스의 'Pneuma' 개념에 의거하여 육체적 운동이 '혈액sanguis'에 다름 아닌 '기운spiritus'과 온기 또는 기운과 심장에 의존하며[92] 따라서 동물의 전체 운동은 영혼에 의해 주도된다고 한다. 결국 하비의 혈액순환체계는 심장의 활동이 혈액의 순환을 야기시키고 동물적 기운에 다름 아닌 혈액의 순환운동이 이루어짐으로써 역동적인 동물적 삶이 가능해지게 된다는 것을 의미한다. 더 나아가 그것은 동물적 육체가 데카르트의 메커니즘 체계적인 육체이해가 아니라 생기론적인 육체이해, 즉 육체를 하나의 전체적인 흐름과 순환의 체계로 보는 육체이해에 기초해 있다는 것을 나타내주는 것이다.

---

90 Ibid. 101.

91 Thomas Fuchs: Die Mechanisierung des Herzens. Harvey und Descartes – Der vitale und mechanische Aspekt des Kreislaufs, Frankfurt a.M. 1992, S. 85-92.

92 Ibid. 94-104.

메커니즘적 육체이해와 생기론적 육체이해라는 대립적 위치에 있으면서도 구조적 형태화와 관련해서는 데카르트와 하비 모두 같은 지평에 서 있었다. 하비는 『동물의 발생에 대한 연구 *Exercitationes de generatione animalium*』(1651)에서 병아리 태아의 발생을 다루면서 아리스토텔레스에 의거하여 동물적 발생을 설명하는 이론적 기초를 정립하려고 하였다. 아리스토텔레스는 『동물의 신체 부분에 관하여』에서 닭의 태아의 발생에 대한 정확한 관찰을 통해 향후 17세기까지 지속되다가 일정 기간 소강상태에 있은 후 19세기 초 다시금 회복되어 오늘날까지 이르는 '후성론Epigenesislehre'의 결정적인 역사적 전거가 되는 주장을 하였다:

> "피를 가진 동물들이 형성되자마자 그리고 그러한 동물들이 아주 작은 경우일지라도 심장과 간은 가시화된다. 그것들은 말하자면 알 속에서 이미 셋째 날에 점의 크기로 나타난다. […] 즉 […] 모든 동물이 자신의 삶의 형태 및 운동과 관련하여 특별히 장비를 갖추고 있듯이, 내적인 부분들 역시 다양한 동물들에서 상이하게 형성된다.
>
> Sobald sich nämlich die blutführenden Tiere herausbilden, und zwar auch, wenn sie noch ganz klein sind, werden Herz und Leber sichtbar. Sie erscheinen nämlich in den Eiern manchmal schon am dritten Tag (der Blütung) in der Größe eines Punktes. […] Wie […] jedes Lebewesen in bezug auf seine Lebensform und seine Bewegung besonders ausgestattet ist, so sind auch die inneren Teile bei den verschiedenen Lebewesen unterschiedlich gebildet."[93]

개체들마다 고유한 삶의 형태와 운동방식을 가지면서 미형태로부터 일정한 형태로 차츰 발전해나간다는 아리스토텔레스의 이러한 생각은 하비에게서 그대로 나타난다. 무엇보다 하비는 '알ovum' 개념을 출발점으로 삼는다. 그는 신이 창조의 모태인 알로부터 모든 생명체가 생겨나도록 하였다고 하면서, 알 속에서 생명체의 통일적인 발생구조를 인식하고자 하였다.[94] 이를 통해 즉흥적이고 우연적인 발생의 이념으로부터 비판적으로 거리를 두면서 하비는 식물의 씨앗이나 알이나 난세포나 겉으로만 차이가 있을 뿐 기본적으로는

93 Aristoteles: De partibus animalium (Über die Teile der Lebewesen), in: Aristoteles Werke Bd. 17, Teil I, Berlin 2007, S. 68.
94 William Harvey: Anatomical Exercises on the Generation of the Animals (1651), in: The Works of William Harvey, trans. by Robert Willis (1847), Pennsylvania University Press 1989, pp.456-461.

같은 구조로 발생되는 것이라고 한다.

하비는 알을 '발생초기상태primodium'라는 개념과 동의어로 사용하기도 한다:

> "모든 생명체의 산출과정에서 […] 이것은 변함없이 유지된다. 그리하여 생명체들은 자체 내에 '질료'와 '효과적 원인' 모두를 간직하고 있는 발생 초기상태로부터 자신의 기원을 얻는 것이다.
>
> In the production of all living creatures, […] this invariably holds, that they derive their origin from a certain primary something or primordium which contains within itself both 'the matter' and 'the efficient cause.'"[95]

발생 초기상태로서 앞으로의 발생을 위한 질료와 원인을 자체 내에 간직하고 있는 알은 일종의 생명의 원리로서 맹아적 상태가 성장하고 분화하는 운동의 내재적 원리라고 할 수 있다. 따라서 영혼이 깃들어 있는 활동적 원리인 알은 생명체의 발생과 구조화 과정의 핵심적 기제인 것이다:

> "그러므로 알은 의심할 바 없이 전체 속에서 모든 것이자 각각의 개별 부분에서 모든 것이라고 할 수 있는 자기 자신만의 작동영혼을 가지며, 자체 내에 그러한 영혼의 직접적 도구인 기운 내지 동물적 온기를 간직하고 있다.
>
> The egg, therefore, beyond all doubt, has its own operative soul, which is all in the whole, and all in each individual part, and contain within itself a spirit or animal heat, the immediate instrument of that soul."[96]

생명체의 각 부분들에서만이 아니라 전체에서도 작동적 발생 및 구조화 원리로 기능하는 알의 이념은 18세기 인간학 지형에서 발생과 자연사적 발전과 관련된 이론적 논의에서 핵심적인 의미를 지니는 '후성적 발생Epigenesis'의 이념 근거가 된다. 향후 후성론의 직접적 단초가 되는 이론적 입장을 하비는 다음과 같이 제기한다:

---

95 Ibid. 554.

96 Ibid. 327.

"후성적 발생에 의해 창조되는 동물은 끌어 들이고 준비하고 정교화시키며 물질을 사용하는 모든 작업들을 동시에 수행한다. 말하자면 구조적 형태화와 성장의 과정들이 동시적으로 이루어진다는 것이다. […] 후성적 발생의 경우에 '형체를 만드는 힘vis plastica'은 상이하고 다양하게 분산되어 있는 부분들을 순차적으로 창조하면서도 본질상 다양하며 또한 다양하게 분산되어 있는 물질을 요구하고 만들어낸다.

an animal which is created by epigenesis attracts, prepares, elaborates, and makes use of the material, all at the same time; the processes of formation and growth are simultaneous. […] In the latter, while it creates in succession parts which are differently and variously distributed, it requires and makes a material which is also various in its nature, and variously distributed."[97]

"[…] 알로부터 병아리의 발생은 형태변형이 아니라 후성적 발생의 결과이며 그것의 모든 부분들은 동시에 형성된 것이 아니라 정규적인 연쇄와 질서로 출현하는 것이다.

[…] that the generation of the chick from the egg is the result of epigenesis, rather than of metamorphosis, and that all its parts are not fashioned simultaneously, but emerge in their due succession and order."[98]

생명체 발생이란 앞으로의 발생의 질료와 원인을 간직하고 있는 알이라는 생명의 원리를 근간으로 구조적 형태화와 점진적 발전의 동시적 작용이 순차적으로 이루어지는 과정이라고 주장하는 하비의 이러한 입장은 결국 삶을 '개체의 발전과정에서 구조화가 형성되는 것으로 설명하는 후성론'의 가능성 조건을 형성하는 것이다.

하비와는 다른 의미에서 데카르트 역시 후성론의 입장을 형성하였다. 데카르트는 그 어떠한 궁극적 원인도 배제하는 수학적이고 물리적인 보편이론의 맥락에서 메커니즘적인 발전모델을 구상하였다. 그의 기본 구상에 따르면, 육체는 일정한 압력과 충돌을 통해 움직여진 물질적 부분들과 이것들을 움직이는 부분들이 개별 지절들을 이루면서 형성하는 기계 메커니즘과도 같은 것이라는 것이다:

97 Ibid. 335.
98 Ibid. 336.

"심장의 열은 [···] 기계 내에서 일어나는 모든 운동들을 책임지는 원리이다. 정맥은 심장으로 향해 육체의 모든 부분으로부터 피를 호송하는 파이프들이다. [···] 위와 장은 소화된 음식물의 액즙이 정맥으로 들어가도록 해주는 수많은 작은 구멍들이 나 있는 훨씬 더 커다란 파이프들이다. [···] 동맥은 심장 속에서 가열되고 정화된 피가 그리로부터 육체의 다른 모든 부분으로 흘러 들어가 그것들에 자양분을 줄 소재와 열을 가져다주도록 해주는 일련의 또 다른 파이프들이다. 결국 최대한도로 동요되고 생기 넘치는 피의 부분들은 동맥들에 의해 뇌까지 전달된다. [···] 피의 이러한 부분들은 일종의 기운 또는 '동물적 기운'이라 불리는 매우 미세한 기운을 구성해낸다. 이러한 동물적 기운은 뇌를 확장시켜 외부 대상들과 영혼으로부터 온 인상들을 받아들일 준비를 갖추도록 만든다. [···] 이러한 기운은 뇌로부터 신경들을 통과해 근육들까지 흘러 들어간다. [···] 또한 그러한 기운은 근육들을 다양한 방식으로 팽창시켜 육체의 모든 부분들에 운동을 배분해준다.

the heat in the heart is [···] principle responsible for all the movements occurring in the machine. The veins are pipes which conduct the blood from all parts of the body towards the heart [···]. The stomach and the intestines are another much larger pipe perforated with many little holes through which the juices from the food ingested run into the veins; [···] The arteries are yet another set of pipes through which the blood, which is heated and rarefied in the heart, passes from there into all the other parts of the body, bringing them heat and material to nourish them. Finally, the parts of the blood that are most agitated and lively are carried to the brain by the arteries [···]. these parts of the blood make up a kind of air or very fine wind which is called the 'animal spirits'. These dilate the brain and make it ready to receive impressions both from external objects and from the soul; [···] these same spirits flow from the brain through the nerves into all the muscles, [···]; they also inflate the muscles in various ways and thus impart movement to all the parts of the body."[99]

동물적 기운의 작동에 의거하여 육체의 개별 기관들이 저마다 일정한 기능을 담당함으로써 하나의 전체 기계 메커니즘이 작동하게 된다는 것이다. 이러한 기계 메커니즘에서는

99 René Descartes: Description of the Human Body (La description du corps humaine, 1648, 1667 published) in: The Philosophical Writings of Descartes, Vol. I, trans. by John Cottingham, Robert Stoothoff and Dugald Murdoch, Cambridge University 2007(19th Printing) 2007, p.316.

어떠한 외부적 개입도 허용치 않는 순전한 자기목적성만이 작용한다. 데카르트는 영혼을 인정하면서도 "우리가 결코 우리의 사고에 의존하는 것으로서 경험하지 못하는 모든 운동들은 영혼이 아니라 육체적 기관들의 성향에 귀속되어야 하며, 우리가 자발적이라고 부르는 운동들조차 원칙적으로는 육체적 기관들의 이 같은 성향의 결과로서 일어난다"[100]라고 하면서 철저한 메커니즘적 육체이해를 주장한다.

이러한 메커니즘적 육체이해를 기초로 하여 데카르트는 수학적이고 보편적인 발생학을 주창한다. 그러나 여기서 간과되어서는 안 될 사실은 데카르트의 메커니즘적 육체이해의 기저에 놓여 있는 구조화와 질서의 이상이 처음부터 주어져 있는 것으로 이해되어서는 안 된다는 점이다. 모든 운동들을 책임지는 열이 "서로 다른 두 성의 결합에 의해 산출되는 액체상태의 맹아적 질료의 혼합과정"[101]에서 발생된다고 주장되기 때문이다. 메커니즘적이고 화학적인 발효과정과도 같은 이 같은 맹아적 액체들의 혼합과정에서 심장을 비롯한 개별 기관들이 형성되며, 그러고 나서 피와 동물적 기운의 운동이 이루어짐으로써 동물들의 삶과 운동이 지속되는 것이다. 결국 데카르트의 후성론은 고정된 형태를 지니지 않는 맹아적 액체들의 혼합으로부터 야기된 열의 형성을 기반으로 피와 동물적 기운의 운동을 매개로 하여 육체의 기관들에 의해 수행되는 메커니즘적이고 화학적인 발효작용적 삶의 이해에 근거하고 있는 것이다.

6.2 후설의 생활세계의 현상학에서 영혼과 육체의 문제

데카르트는 동물들을 의식 없이 일정한 메커니즘에 따라 구동되는 순전히 물리적인 자동인형처럼 파악하였으며, 이러한 견해는 그 후 라 메트리와 카바니스Pierre-Jean-Georges Cabanis (1757-1808)에 의해 인간으로까지 확장되었고, 20세기에 들어 후설은 이를 육체화된 인지의 문제로 정교화시켰다.

20세기를 대표하는 철학자라고 해도 과언이 아닌 후설은 무엇보다 철학을 '제일 철학die erste Philosophie, prima philosophia'으로 새로이 규정하고자 하였다. 그에 따르면, '현상학Phänomenologie'

---

100 Ibid. 315.
101 Ibid. 322.

이라는 철학만이 엄밀한 학문의 전제들을 충족시킬 수 있다고 하면서 자연주의적이거나 실험적인 철학은 '선판단들Vorurteil'과 '실존Existenz'의 가정들에 기초해 있기에 '사태 자체들Sachen selbst'에 기초한 현상학과는 달리 제일 철학일 수 없다고 한다. 현상학적인 철학은 학문들이 직접적인 '의식체험Bewusstseinserleben'으로부터 야기되는 명증성에 의해서만 주재된다는 점을 명확히 한다. 그리하여 그에 따르면 현상학은 "세기말 철학에서 출현한 새로운 종류의 방법이자 이로부터 도출된 '선험적 학문apriorische Wissenschaft'으로서 엄밀하게 학문적인 철학을 위한 원칙적인 기관을 제공해주는 동시에 일관된 작용 속에서 모든 학문들의 방법적 개혁을 가능케 해주는 학문이라고 할 수 있다"[102]라고 한다. 1920년대 후설의 이 같은 현상학의 핵심적 지표들은 이후 후설의 현상학의 전개과정만이 아니라 현상학에 의존한 다양한 학문영역들의 전개과정에서도 중요한 역할을 하였다. 즉 학문적 방법으로서 '기술Deskription', 현상학의 '선험성Apriorität' 그리고 모든 학문들의 '토대Fundament'가 바로 그것이다.

후설의 현상학적 방법의 핵심은 판단의 유보라는 의미를 갖는 'ἐποχή, epochê'이다. 현상학적 태도를 취하지 않는 보통의 경우 인간은 자연적인 태도를 취한다고 할 수 있다. 현상학적 방법은 우리로 하여금 우선 이러한 일상의 자연적인 태도를 중지하고 자연적인 태도에서 마주하는 '세계를 괄호치기'하도록 한다. "세계의 존재를 괄호친다"[103]는 말은 세계가 존재한다는 가정을 포기한다는 것을 뜻하는 것이 아니라, 세계의 존재에 대한 가정을 사용하지 않는다는 것을 의미한다. 세계를 괄호친 후에 남아 있는 의식의 흐름이 현상학의 탐구대상이 되는 것이다.

의식의 흐름이 현상학의 주요 탐구대상이라고 할 때, 후설이 생각한 의식이란 무엇일까? 후설은 '의식Bewusstsein, consciousness'이라는 것을 막연한 의식 그 자체가 아니라 '무언가에 대한 의식Bewusstsein von etwas'이라고 생각하였다. 즉 의식이란 그저 의식이 아니라 특정한 대상에 대한 의식으로서만 존재한다는 것이다. 이러한 의식의 대상을 후설은 의식

102 Edmund Husserl: Phänomenologische Psychologie. Vorlesungen Sommersemester 1925. Hrsg. von Walter Biemel. 2., verb. Auflage, Nijhoff, Den Haag 1968, S. 277.

103 Edmund Husserl: Zur Phänomenologischen Reduktion: Texte aus dem Nachlass (1926-1935), hg. von Sebastian Luft. Springer, Dordrecht 2013, S. 281.

체험의 형식적 계기들, 즉 사물의 현상을 의식적으로 구성하는 인식작용들의 재료라고 설명하면서 이를 '노에마noema'라고 부르며, 그러한 인식작용을 '노에시스noesis'라고 불렀다. 여기서 한 가지 주의해야 할 점은 후설이 말하는 의식의 대상이란 물리적으로 존재하는 대상이 아니라 인간의 의식과 관계된 대상이다. 예를 들어 인간에 의해 지각된 나무는 실제로 불에 탈 수 있는 나무와는 다른 것이다. 말하자면 의식대상인 노에마는 인식작용인 노에시스 외부에 존재하는 실제적인 대상과는 다른 것으로서, 의식 속에서 현상하며 구체적인 인식작용을 통해 비로소 형성되는 대상인 것이다. 그리하여 '지각aisthesis', '도덕적 행위praxis', '생산적 활동poiesis' 등과 구별되는 순수한 정신적 활동으로서 '사유'가 '노에시스'라고 한다면, '노에마'는 사유의 내용적인 상관개념으로서 '사유된 것'을 말하는 것이다. 후설에 따르면, 이러한 상관개념은 사유작용의 상관개념이기도 하지만, 다른 활동작용들, 예를 들면 지각작용, 기억작용, 판단작용, 호의작용 등의 상관개념이 될 수도 있고, 다른 사람들의 다양한 활동작용들의 상관개념이 될 수도 있다. 그렇게 되면 한 사람의 사유작용의 상관개념이 다른 사람들에 의해서도 이해되어 상호이해의 지평이 형성될 수도 있는 것이다.[104] 그리하여 그러그러하게 구조화되어 있는 '무언가etwas'로 파악된 나무라는 상관개념은 다른 사람들의 지각작용에 의해서도 이해될 수 있는 것이다. 결국 사물의 현상을 의식적으로 구성하는 인식작용들로서의 노에시스와 이것의 재료인 노에마는 의식체험인 '지향적 체험intentionales Erlebnis'의 두 가지 기본 계기로서 심리적인 것의 기본구조를 구성하는 것이다.

현상학적 방법은 첫 번째 단계에서 우리로 하여금 세계를 괄호치도록 하여 감정적인 선입견, 가설, 관습 및 독단들을 중지하게 함으로써 "중립성Neutralität"[105]을 확보할 수 있도록 해주며, 두 번째 단계에서는 대상의 실존이 고찰대상에서 제외되어 순수한 의식작용이 향하고 있는 대상의 본질을 드러내는 작업이 수행된다. 이처럼 소위 초월적인 본질직관을 수행하는 현상학의 작업과는 달리 또 다른 중요한 작업은 바로 움직이고 감각하는 육체에 대한 현상학적 고찰이다. 이 장에서 중요한 점은 바로 이것이다. 후설은 무엇보다 우리가

104 Edmund Husserl: Ideen zu einer reinen Phänomenologie und phänomenologischen Philosophie. Erstes Buch: Allgemeine Einführung in die reine Phänomenologie, Nijhoff, Den Haag 1976, S. 194 und 200ff.

105 Edmund Husserl: Phantasie und Bildbewußtsein, hg. von Eduard Marbach (Husserliana XXIII). Meiner, Hamburg 2006, S. 222.

관계하는 모든 종류의 사물들에 주관성이 '체화Verkörperung, Einverleibung, Inkorporierung'되어 있으며 이는 '생활세계Lebenswelt' 전반에 걸쳐 존재한다고 한다. 최근에 발간된 유고집에서 후설은 다음과 같은 놀랄 만한 주장을 하였다:

> 경험적으로 활동하며 자신의 경험적인 지향적 삶을 사는 자아는 자기망각 속에 있으며, 자기 자신과 이러한 자신의 삶을 경험하지 못한다. 경험하는 가운데 자아에게 의식되는 것은 그때그때의 대상적인 경험의미로서, 자아는 이해의 과정 속에서 사물과 사물의 경험된 지표들로 향해 있게 된다. [⋯].
>
> Das sich erfahrend betätigende, sein erfahrendes intentionales Leben lebende Ich ist in Selbstvergessenheit, erfährt nicht sich selbst nd dieses sein Leben. Erfahrend ist ihm bewusst der jeweilige gegenständliche Erfahrungssinn, es ist erfassend gerichtet auf das Ding und dessen jeweilig erfahrene Merkmale. [⋯].

> 경험된 환경 속에서 나는 살아 있는 존재들을 발견하며 살아 있는 몸체들을 발견한다. [⋯] 나는 [⋯] 그것들을 단순히 물리적인 사물들로 발견할 수 있다. 이 경우 그것들은 단순히 물리적이고 비심리적인 특성들을 제공해준다. 그러나 나는 몸들을 주관적으로 기능하는 몸들로, 즉 각기 지각기관들과 의지기관들 그리고 감정기관들의 체계로서, 그리고 개개의 동물적인 자아의 경우 감각과 표상과 사유와 감정과 의지 등의 작용들과 같은 다양한 정신적 삶을 사는 그러한 자아의 몸으로서 경험할 수도 있다. 이러한 삶은 그러한 몸들을 살아 있는 존재들로 경험하는 나에게 경험된 물리적이고 육체적인 과정들 속에서 표현된다. [⋯].
>
> In der erfahrenen Umwelt finde ich Animalien, und zwar finde ich die animalischen Leiber. [⋯] ich kann [⋯] sie als bloß physische, unpsychische Eigenheiten. Ich kann die Leiber aber auch erfahren als subjektiv fungierende Leiber, als je ein System von Wahrnehmungsorganen und Willensorganen, Gefühlsorganen und je für ein animalisches Ich, als Leib dieses Ich, das im Übrigen sein mannigfaltiges seelisches Leben lebt, sein Empfinden, Vorstellen, Denken, Fühlen, Wollen. Dieses Leben „drückt sich“ mir, der ich diese Leiber dirt als Animalien erfahre, in den erfahrenen physisch-leiblichen Vorgängen „aus.“ [⋯].

> 모든 몸이 나와 모든 경험자들에게서 [⋯] 의미형태를 갖듯이 [⋯], 다종 다기한 사물들은 나와 우리의 환경 속에서 유비적인 의미층위들을 갖는다. [⋯]. 사물들은 그것들

내에 체화되어 있는, 실제로 육체적이지는 않은, 그렇지만 '육체화된(ver-körpert)' 정신적 의미를 얻게 되는바, 이러한 의미는 의미를 구성하는 주체들을 가리키는 것이다. 이러한 의미와 더불어 사물들은 '파악되며', 경험하는 주체들에 의해 주변 환경의 대상들로 경험된다. […].

So wie jeder Leib für mich und jeden Erfahrenden […] eine Sinnesformung hat […], so haben vielerlei Dinge sonst in meiner, in unserer Umwelt ebenfalls Sinnesschichten analoger Art […]. Dinge erhalten eine ihnen inkorporierte, nicht wirklich körperliche, aber „ver"-körperte geistige Bedeutung, die auf Bedeutung gebende Subjekte verweist. Und mit dieser Bedeutung werden sie aufgefasst, werden sie als umweltliche Gegenstände von den erfahrenden Subjekten erfahren. […].

마찬가지로 유의해야 할 점은 생명이 없는 사물들이 정신적인 의미들의 담지자들이 되고 이와 더불어 그러한 사물들에 지향적으로 관계된 실행적인 주체성을 그것의 경험의미 속에서 되짚어주고 있을 뿐 아니라 그러한 사물들 자체가 또한 주체들이기도 하다는 사실이다.

Zu beachten ist desgleichen, dass nicht bloß leblose Dinge Träger von geistige Bedeutungen werden und damit auf eine intentional auf sie bezogene leistende Subjektivität in ihrem Erfahrungssinn selbst zurückweisen, sondern nicht minder auch Subjekte.[106]

우리는 일상의 경험 과정 속에서 살아갈 때 우리가 행하는 활동과 활동하는 자아 자체를 경험하지는 못한다. 후설의 말대로 일상의 경험 속에서 우리에게 의식되는 것은 대상들에 대한 혹은 대상적인 경험의 의미들뿐이며, 움직이는 작용과 감각하는 작용 자체를 경험하지는 못한다. 후설은 이 같은 일상의 경험과정 속에서 우리가 살아 있는 몸들을 발견하게 된다고 하는데, 여기서 후설이 말하는 '몸Leib'은 '살아진 몸lived body'을 뜻한다. 이러한 살아진 몸은 영혼이 배제된 채로 고찰된다면 그저 물리적인 사물들이겠지만, 영혼을 가진 몸으로 고찰된다면 다양한 감각지각의 기관들과 의지의 기관들, 그리고 감정기관들이 복합적으로 작용하고 있는 하나의 역동적 체계로서, 즉 감각작용, 표상작용, 사유작용, 감정작용, 의지작용 등과 같은 다양한 정신적 삶을 사는 주체의 몸으로서 경험될 수 있는 것이다.

---

106 Edmund Husserl: Die Lebenswelt. Auslegungen der vorgegebenen Welt und ihrer Konstitution. Texte aus dem Nachlass (1916–1937), hrsg. von Rochus Sowa, Springer: Dordrecht 2008, S. 426-428.

몸이 내가 살아가는 경험환경 속에서 의미화된다면, 같은 맥락에서 사물들 역시 나와 우리의 환경 속에서 유비적인 의미층위를 갖게 된다. 그 결과 사물들은 그저 물리적으로 각기 존재하는 사물들이 아니라 '체화된inkorporiert' 또는 '육체화된ver-körpert' 정신적 의미를 얻게 되는바, 이러한 사물들 내에 체화된, 육체화된 정신적 의미는 의미를 제공해주는 주체들과 직접 관계되는 것이다. 그리하여 사물들은 정신적 의미가 체화되어 있는 것으로 파악되며 주변 환경의 대상들로 경험되는 것이다. 따라서 사물들은 정신적 의미의 담지자가 될 뿐 아니라 그 자체로 주체가 되기도 하는 것이다.

우리의 몸이 정신적 삶을 사는 주체의 몸으로 경험되고, 아울러 사물들이 정신적 의미를 체화하고 있는 것으로 파악되고 그 자체로 주체가 되기도 한다고 할 때, 우리의 몸과 사물들은 하나의 세계 내의 존재들로서 파악되는 것이다. 몸과 사물들이 세계 내의 존재들로 통합적으로 사유된다면, 이제 세계와 이러한 세계에 대한 우리의 '의식' 간의 구분, 즉 세계와 이러한 세계에 대한 의식 간의 구별에 대해 규정해볼 필요가 있다. 세계라는 하나의 전체 내의 요소들로서 몸과 사물들이 통합적으로 이해되었다면, 의식적 존재로서 인간이 이러한 세계를 자신과 구별되는 것으로서 의식하게 되는 상황이 이해될 필요가 있는 것이다. 이와 관련하여 후설은 우선 세계 내에서 산다는 것을 다음과 같이 말한다:

> 인간으로서 세계 내로 들어가 산다는 것은 이미 경험세계를 전제하고 있으며, [⋯] 실재에 대한 가장 순수한 지각 자체는 세계 내에 사는 것, 이미 일찍이 세계를 가지고 있는 것이다. [⋯]. [⋯] 이미 존재하는 세계는 [⋯] 우리의 행동들의 존재기반이며, 존재하는 세계로부터 전적으로 변화된 세계를 창조해내고 그 세계에 보다 높은 단계의 통각적인 존재의미(작품의 의미, 유용성의 의미, 도구의 의미 등)를 새겨 넣는 방식들의 존재기반이다.
>
> Jedes Als-Mensch-in-die-Welt-Hineinleben (In-der-Welt-Leben) setzt schon Erfahrungswelt voraus, [⋯] selbst das schichteste Wahrnehmen von Realem ist ein In-der-Welt-Leben, schon vordem Welt-Haben, [⋯]. [⋯] schon seiende Welt [⋯] ist der Seinsboden unserer Handlungen und unserer Weisen, aus seiender Welt eine durchaus geänderte Welt <zu> schaffen und ihr dabei den apperzeptiven Seinssinn höherer Stufe(des Werkes, des Nützlichen, des Werkzeuges etc.) aufzuprägen.[107]

107 Ibid. p.448

인간이 세계 속에서 살아간다는 것은 세계 안으로 들어가 산다는 것을 뜻하며 이것은 이미 인간이 경험할 수 있는 세계를 전제하고 있는 것이다. 따라서 세계 내의 실재들에 대해 인간이 하는 지각작용 자체는 그저 세계 내에 사는 것이라고 할 수 있으며, 이 말은 인간이 이미 세계를 일찌감치 가지고 있다는 것을 의미하는 것이다. 결국 이미 존재하는 세계는 인간의 행동들의 존재기반이 되는 것이며, 기존의 세계로부터 새로운 세계를 만들어내고 여기에 이전보다 새로운 의미를 부여하는 인간의 행동방식들의 기반이 되는 것이다. 인간이 세계를 지각하기 이전에 이미 인간이 세계를 가지고 있고 따라서 인간의 지각작용이라는 것 자체가 일찌감치 가지고 있는 세계 내에서 살아가는 것이라고 할 때, 이러한 세계에 대한 의식이란 무엇일까? 이에 대해 후설은 다음과 같이 말한다:

> 의식은 *백지*가 아니다. 즉 의식은 세상의 대상들의 이미지들, 즉 세계의 이미지가 밖으로부터 이입되는 어두운 공간이 아니라, 살아 있는 생성이며, 수동적일 뿐 아니라 [⋯] 끊임없이 작용하는 활동이다. [⋯] 살아 있는 생성 속에서, 말하자면 주관적인 양태들의 끊임없는 변화 속에서 존재의미로서 우리를 위해 존재하는 세계는 (즉 무언가의 이미지로서가 아니라 그 자체로서) "스스로 존재하는" 양태 속에서 구성되며, 그때그때마다의 특수한 양태들 속에서는 [⋯] 즉 개별 실재들 속에서는 저절로 변화되는 것으로서 혹은 우리로부터 작품의 형태를 획득하는 것으로서 구성되는 것이다.
>
> Das Bewussetsein ist nicht ein *white paper*, ein dunkler Raum, in den von außen Bilder von weltlichen Objekten und so ein Weltbild hineingewirkt ist, sondern es ist ein lebendiges Werden, und dabei nicht bloß ein passives, sondern zugleich [⋯] eine ständig leistende Aktivität. [⋯] Also in einem lebendigen Werden, in einem unaufhörlichen Wandel subjektiver Modi ist die für uns seiende Welt als Seinssinn konstituiert (sie selbst und nicht ein Bild von irgendetwas) im Modus „selbst daseiend" und in ihren jeweiligen Sondermodi, [⋯] in einzelnen Realen als von selbst sich verändernden oder von uns her Werkgestalt annehmend.[108]

몸과 사물들은 세계 내의 존재들로 경험되어 통합적으로 사유될 수 있지만, 우리는 세계를 의식하는 의식적인 존재이며, 따라서 세계와 이러한 세계에 대한 우리의 '의식'은 구

108 Ibid. pp.448-449

별적으로 고찰되어야 하는 것이다. 후설은 몸과 사물들이 세계 내의 존재들로 사유되듯이, 인간의 의식은 외부로부터 세계의 사물들의 이미지들이 들어와서 비로소 쓰이게 되는 백지상태로 생각되어서는 안 된다고 한다. 의식이라는 것은 텅 빈 공간이나 아무것도 써져 있지 않은 백지상태가 아니라, 그 자체로 살아 움직이는 생생한 생성활동으로서, 이러한 끊임없이 생성변화되는 의식활동 속에서 세계는 스스로 존재하며 변화되고 일정한 모습으로 구성되는 것이다. 말하자면 의식작용이란 세계가 구성되는 과정이기도 한 것이다.

6.3 새로운 현상학: 체화된 인지의 현상학

20세기 말 21세기 초에 이르러서는 후설의 이러한 체화된 인지의 현상학을 기초로 영국 에딘버러 대학 교수인 앤디 클락Andy Clark, 칠레 출신으로 프랑스 국립과학연구센터CNRS 신경역학분과 소장이었던 프란치스코 바렐라Francisco J. Varela(1946-2001), 미국 출신으로 캐나다 밴쿠버 소재 브리티시 콜롬비아 대학 교수인 에반 톰슨Evan Thomson 등은 체화된 인지의 현상학이라는 새로운 연구 분야를 구축하기에 이르렀다. 이들에 의해 구축된 소위 '체화된 인지의 현상학phenomenology of embodied cognition'은 육체를 단순히 생리적 범주도 아니고 그렇다고 단순히 심리적 범주도 아닌 제3의 다른 범주로 생각할 필요가 있다고 한 프랑스 현상학자 메를로－퐁티Maurice Merleau-Ponty(1908-1961)의 주장[109]에 의거하여 육체를 정신과 육체 내지는 주체와 객체의 이분법구조로부터 탈피시켜 육체에 대한 새로운 이해를 정립시키고자 하였다.

체화된 인지의 현상학자들은 우선 육체라는 것이 우리가 보고 만지고 냄새 맡는 경험의 대상일 뿐 아니라 우리로 하여금 보고 만지고 냄새 맡도록 해주는 경험의 원리이기도 하다는 사실을 상기시키고자 한다. 새로운 현상학에서 가장 먼저 주목되는 바는 '객관적 육체objective body, Körper'와 '살아진 육체lived body, Leib' 간의 차이이다. 이것은 다른 말로 표현하자면, 육체를 이해하는 것과 육체를 경험하는 것 간의 차이이다. 육체를 이해한다는 것은 일인칭 관점에서 육체를 이해한다는 것이며, 육체를 경험한다는 것은 삼인칭 관찰자의 관점에서 육체를 바라보는 것을 말한다. 여기서 문제는 살아진 육체를 묘사하는 것이

109 Maurice Merleau-Ponty: Phenomenology of Perception, trans. by C. Smith, London: Routledge & Kegan Paul, 1962, p.350.

다. 이것은 육체가 경험 속에서 나타나는 방식을 말하며, 더 나아가 육체가 우리 자신의 경험을 구조화시키는 방식을 말하는 것이다. 앞서 언급된 바처럼, 육체는 나라는 것과 세계라는 것을 매개시키고 있는 화면 같은 것이 아니나다. 육체는 세계 내에서 살아가는 우리의 방식을 형성하는 것이다. 말하자면 우리가 육체를 탐구하고 나서 육체와 세상 간의 관계를 논할 수 있는 것이 아니라, 육체는 이미 세계 내에 있으며, 세계는 이미 우리에게 육체적으로 드러난 것으로서 주어져 있다. 우리는 육체가 수행하는 작용들 내에서 육체에 대한 감각을 갖는다. 나는 어느 특정한 곳에 있다고 하는 공간감을 가지며, 서 있거나 앉아 있거나 하는 것에 대해서 혹은 손을 뻗치거나 누군가를 껴안고 있다는 것에 대한 고유한 감각을 가지고 있다. 이러한 육체의 감각들이 바로 체화된 것으로서 나 자신에 대한 '전 반성적 감각pre-reflective sense'[110]이다.

이러한 체화된 전 반성적 감각은 단지 공간감에 한정되지 않는다. 우리가 과식을 한 후 몸이 굼뜨게 느껴진다거나 운동 후에 충만한 에너지를 느낀다거나 슬픈 소식을 듣고는 몸이 처지는 느낌을 갖게 되는 것 등은 모두 육체적인 느낌들인 것이다. 전율과 공포에 찬 느낌, 행복에 겨운 느낌, 편안한 느낌 등은 모두 우리의 체화의 측면들로서 우리가 세계를 지각하는 방식들인 것이다. 내 몸이 전율과 공포에 차면 세상이 전율과 공포의 상태인 것이며, 내 몸이 우울한 상태면 세상이 암울한 상태인 것이고, 내 몸이 고양되어 있으면 세상이 긍정적인 기약을 해주고 있는 상태인 것이다. 따라서 세상의 특정 상황에 처해 있다는 것은 특정한 물리적인 환경 속에 위치해 있다는 것을 말하는 것이 아니라, 육체적으로 의미 있는 상황들에 결부되어 있다는 것을 말하는 것이다. 예컨대 내가 물을 먹고 싶은데, 물이 있는 위치가 내가 다다를 수 없는 위치일 경우, 혹은 내가 무시무시한 동물에 쫓기고 있는데 내가 도저히 더 빨리 달아날 수 없다고 느끼는 경우, 이러한 상황들은 단순히 물리적인 공간환경이 아니라 나의 삶이 작용하고 있는 체화의 공간인 것이다.

여기서 육체와 환경의 관계와 관련하여 보다 상세한 논의가 이루어질 필요가 있다. 환경은 앞서 이야기된 바처럼 단순히 인간이 들어서서 활동을 수행하는 장소가 아니다. 환경은 인간의 육체를 직접적으로 조절하고 육체의 태도를 규정하는 작용을 한다. 육체가

110 Shaun Gallagher and Dan Zahavi: The Phenomenological Mind, 2nd. edition, London and New York: Routledge, 2012, p.155 참조.

일정한 태도로 환경에 반응하도록 육체의 작용유형을 규정하는 것이다. 신경생리학적인 작용들을 통해 항상 일정하게 기능하는 육체의 내적인 환경은 외적인 환경의 번역이자 연속이다.[111] 외적인 환경의 변화들에 동반되는 것은 바로 내적인 환경의 변화들로서, 예컨대 흡입한 공기 내에 이산화탄소의 농도가 짙고 산소농도가 옅을 경우 혈액 내의 산소공급의 저하로 어지럼과 육체적 피로감이 증대되며, 내부 환경의 온도변화는 적절한 순환기계통, 호흡 그리고 내분비활동을 통해 줄어들 수 있다. 또한 내부 환경에서 변화가 일어날 경우 외부 환경은 다르게 경험될 수 있다. 예컨대 눈의 피로감이 증대될 때 환각현상들이 일어나는 경우가 그 예이다.

환경과의 관련 속에서 육체의 감각운동능력은 최근 발달된 정보통신 테크놀로지의 발전을 통해 더욱 확장된 형태로 이해된다. 발달된 테크놀로지의 습득과 테크놀로지의 일상화는 테크놀로지의 작동규칙들을 익숙하게 전유하는 과정을 통해 환경의 인공적 장치들과 작용영역들을 자기 것으로 체화시키도록 만드는 것이다. 이러한 체화 과정에서 우리는 생각보다 훨씬 고도로 기술에 집중하고 기술에 집중하는 자신의 활동을 면밀히 관찰하게 되는데, 이러한 과정이 반복되다보면 결국에는 발전된 기술을 접하는 새로운 능력을 습득하게 될 때, 우리는 더 이상 기술에 집중하는 자신의 활동을 관찰하지 않으면서 자기도 모르게 저절로 기술과 하나가 된다. 그 결과 기술은 완전히 우리의 몸에 체화되며 일정한 맥락으로 내장되게 되는 것이다. "내 팔이 수영을 어떻게 하는지 알고, 내 입이 언어를 말할 수 있게 되듯이 […] 기술은 '나는 할 수 있어'라는 나의 육체적 능력으로 체화되어왔던 것이다."[112]

인공적인 장치들과 기술들의 연장을 통해 육체는 생물학적 한계를 넘어서게 된다. 'TVSS, Tactile Vision Sensory Substitution'라는 기술은 앞을 보지 못하는 사람들에게 시각능력을 제공해주기 위해 고안된 기술로서, 앞을 보지 못하는 사람의 복부나 등에 진동촉각 벨트를 채우도록 하여 카메라 이미지들을 보도록 해주는 것이다. 앞을 보지 못하는 사람은 피부의 자극을 통해 자신의 환경에 대한 '유사시각적 경험'을 하게 된다. 맹인은 처음에는 이 기술에 익숙하지 않은 탓에 효과적으로 지각할 수는 없지만, 차츰차츰 촉각적 자극에

111 Shaun Gallagher and Dan Zahavi: The Phenomenological Mind, p.156.

112 Drew Leder: The Absent Body, Chicago: Chicago Univ. Press, 1990, p.31.

익숙해지게 되면서 기술 자체의 작용에 주목하지 않게 되고 기술이 몸으로 체화됨으로써 새로운 세계가 그에게 펼쳐지게 되는 것이다. 그리하여 그러한 종류의 기술들은 감각운동의 우연적 사태들과 뇌의 유연성을 활용할 수 있으며 결국 우리에 의해 살아지는 육체의 부분이 되는 것이다.[113] 더 나아가 MIT 공대 휴머노이드 로봇인 HERMES에서도 알 수 있듯이, 최근 발전된 로봇 기술은 인간과 기계의 인터페이스를 넘어 인간의 육체적 감각의 확장 가능성을 무한히 넓혀주고 있다.

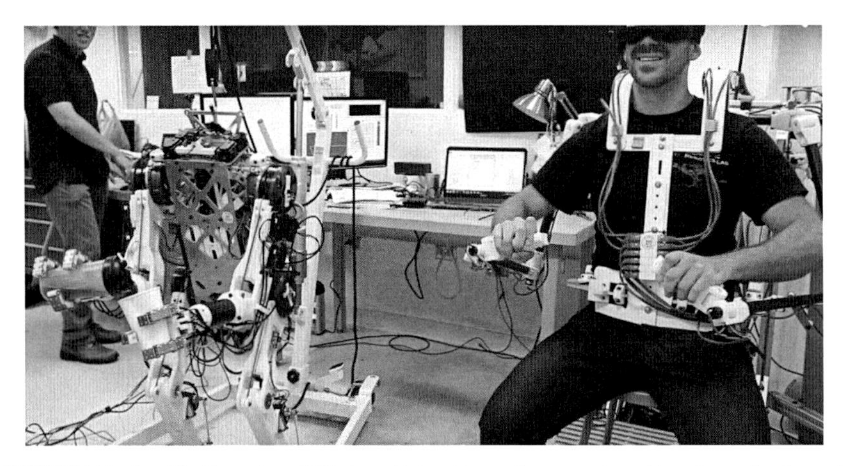

HERMES Robot with Operator (출처: http://robotglobe.org/hermes-robot-with-reflexes-like-human)

현상학자 갤러거Shaun Gallagher와 자하비Dan Zahavi는 다음과 같은 재미있는 예를 든다. 그들이 조사한 자료들에 따르면, 많은 우반구 뇌졸중 환자들은 그들의 좌측 마비를 부정한다고 한다. 그리하여 어떤 우반구 뇌졸중 환자는 걸을 수도 있고 의사의 코를 그의 왼손으로 만질 수도 있다고 주장했다고 한다. 우반구 뇌졸중은 대체로 일방적인 부정의 증상들을 보인다. 우반구 뇌졸중 환자들은 자신들의 육체의 왼쪽부분을 돌보지 못하며 왼쪽부분에 가해지는 자극들이나 대상들 심지어 그들 왼편에 위치한 사람들에 대해 주의를 기울이지 못한다. 예컨대 음식을 먹을 때, 이 환자들은 접시의 오른쪽 부분에 있는 음식만을 먹으면서 병원 측이 자신들을 굶어죽게 만든다고 주장하기도 한다. 또한 그림을 주고 복제해서

113 Shaun Gallagher and Dan Zahavi: The Phenomenological Mind, p.157.

그려보라고 하면, 그들은 그림의 왼쪽부분만을 복제한다. 최근의 연구결과들에 따르면, 우반구 뇌졸중이 야기한 이러한 장애는 단지 시지각 능력에만 영향을 미치는 것이 아니라 상상력이나 기억 등과 같은 다양한 능력들에도 영향을 미친다고 한다. 여기서 중요한 사실이 드러나는데, 바로 현상학적인 지향성의 이 같은 다양한 형태들이 서로 복잡하게 상호영향을 미치면서 작용하고 있다는 것이다. 예컨대 어느 프랑스인 환자들에게 프랑스 도시들을 기억하는대로 말해보라고 했을 때, 그들은 프랑스 동쪽에 위치한 도시이름들만을 말하고 서쪽에 위치한 도시들에 대해서는 언급하지 못했던 것이다. 또한 이탈리아 밀라노의 환자들에게 도심 한복판에 있는 두오모를 생각해보라고 하면서 그들이 성당 계단에 서있다고 상상하면서 그들이 보고 있는 것을 묘사해보라고 했을 때, 그들은 성당 광장의 오른쪽만을 묘사했던 것이다.[114]

이러한 예들은 인간의 주체성의 핵심적인 사항들이 병리학적인 장애들에 대한 연구들을 통해 다양하게 해명될 수 있다는 점을 보여주는 좋은 예들이다. 그러나 이것은 이미 현상학 연구들에서도 유사한 형태로 논의된 바 있다. 실제로 정신병리학 연구자들은 현상학으로부터 많은 내용들을 끌어들인 바 있으며, 독일과 프랑스에서는 이미 오래 전부터 정신병리학과 현상학 간의 융합적 논의들이 이루어져 왔다.[115] 이러한 융합적 논의들을 기반으로 하여 최근 '체화된 인지'의 문제를 핵심논점으로 삼아 새로이 부각되고 있는 체화된 인지의 현상학은 '살아진 육체lived body'가 어떤 식으로 작용하고 어떤 식으로 우리의 인지를 형성하는 지를 이해하도록 해줌으로써, 다시 말해 '기층적 실재의 체험the lived experience of the hypo-reality'을 이해할 수 있도록 해줌으로써, 정신과 육체의 이분법적인 전통적 틀로는 이해될 수 없는 '육체의 잉여', 혹은 정신에 의해 통제될 수 없고 정신의 작용 순간에 오로지 작용하는 것으로서만 느껴지는 '자기 조절적 육체의 꿈틀거림'에 접근할 가능성이 마련되는 것이다.

---

114 Edoardo Bisiach and Claudio Luzzatti: Unilateral neglect of representational space, *Cortex* 14, 129-133.

115 독일출신의 신경정신과 의사이자 철학자였던 슈트라우스Erwin Straus(1891-1975), 독일출신의 정신과 의사이자 철학자였던 야스퍼스Karl Jaspers(1883-1969), 스위스출신의 정신과의사이자 정신분석가였던 빈스방어Ludwig Binswanger(1881-1966), 독일출신의 정신가 의사이자 철학자였던 폰 겝자텔Victor-Emil von Gebsattel(1883-1976) 그리고 러시아출신의 정신과 의사이자 철학자 민코프스키Eugène Minkowski(1885-1972) 등은 후설의 현상학에 의거하여 인문과학에 기초한 정신의학을 정립하였다. 이들은 스위스 벵겐에서 정기적인 모임을 가졌기에 이른바 '벵겐학파Wengener Schule'라고 불렸으며, 제2차 세계대전 이후부터 1960년대까지 독일에서 현상학적 철학에 기초한 정신의학을 주창하였다.

IV. 완성될 수 없는 기획: 문화적 이미지들의 그물망

1. 악/법
2. 욕 망
3. 이미지: 플라톤적 이미지론
4. 타나토-에로스적인 미
5. '아키-텍토닉'으로서의 표현
6. 형태: 실재를 향한 집착
7. 주체/몸/예술: 정상적인 것과 비정상적인 것의 접점
8. 베일의 효과

IV
완성될 수 없는 기획: 문화적 이미지들의 그물망

지금까지 '미완의 기획'과 '완성될 수 없는 기획'의 양 갈래 사이에 논의의 단초를 정립하고서 현대 인문학의 지형변화에 대한 인식을 기초로 근대의 이념적 지표들 및 원칙적 의미와 탈근대의 이념적 발전지형을 해명하는 작업이 이루어졌으며, 이에 덧붙여 탈근대 이후의 담론을 모색하기 위해 다각도로 진행되고 있는 연구 방법 및 태도의 근본적 전환의 시도들을 정리하는 작업이 이루어졌다. 그러고 나서는 소위 '포스트-포스트 담론들'을 논하기 위한 조건들로서 정치철학적이고 정치경제학적이며 인식론적이고 문화사적인 그리고 결국에는 인간학적인 제반 조건들을 정초하는 시

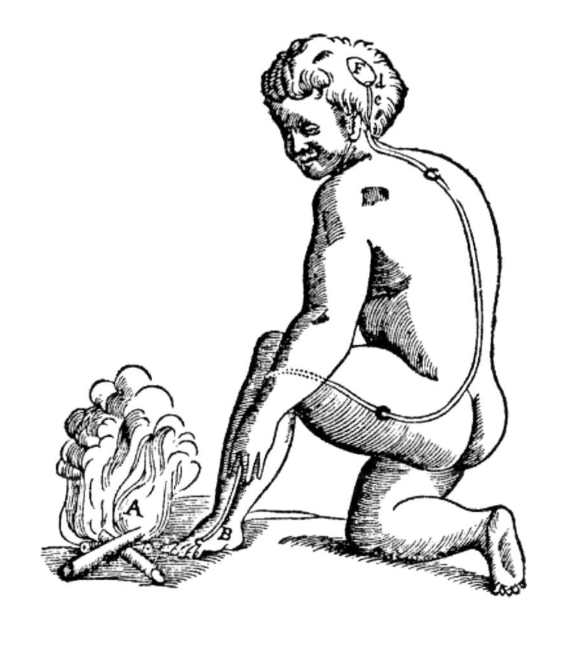

도가 이루어졌다.

이제 이러한 토대 위에서 소위 ‘포스트모더니즘 이후의 담론’을 핵심적으로 구성하고 있다고 여겨지는 ‘악/법’, ‘욕망’, ‘이미지’, ‘미’, ‘표현’, ‘형태’, ‘주체/몸/예술’, ‘베일’ 등 여덟 가지 문화적 이미지들을 작용원리와 작용양태 그리고 그러한 이미지들이 가능케 해주는 고유한 사유방식이라는 기본적 분석지표들에 의거하여 다층적으로 분석하는 작업이 이루어지게 될 것이다. 이러한 작업의 목표는 문화적 이미지들이 형성하는 그물망의 유동적인 전체 윤곽을 그려보는 것이다.

1. 악/법

90년대 초 이데올로기적인 대립이 종식되고 그동안 산발적으로만 존재해왔던 인종적, 문화적, 성적인 다양한 욕구들이 발현되기 시작했을 때, 더구나 인터넷으로 대변되는 가상공간의 일상화와 코드화된 사회적 관계의 익명화로 인해 아나키즘적인 극단적 개인주의와 감각주의가 팽배해진 상황에서, 근대/탈근대 관계의 쟁점과는 다른 문제의식으로부터 새로운 담론영역의 기반에 대한 모색이 다각도로 이루어지게 되었다. 그러나 '필연성의 인식'이라는 본래적 자유개념으로부터 멀어짐으로써 사실상 자유의 유효공간을 상실한 채 아노미적인 활성화만을 유일한 가능성 조건으로 가지게 된 이 시대의 '자유의 공간'에서 사람들은 여전히 일정한 삶의 좌표를 필요로 하고 있었으며, 따라서 "모든 부분들에서 자신의 이성을 공적으로 사용할 자유"[1]의 실현이라는 칸트의 초창기 계몽주의의 파롤은 여전히 유효한 것으로 여겨지고 있다.

물론 이러한 파롤이 변화된 상황에서 그대로 적용될 수는 없을 것이다. 현실의 관계들은 '부정성들' 내지는 '그 자체가 아닌 것들'이 이루는 비지시적이고 탈경계적인 무매개의 공간 속에 위치 지어져 있다. 따라서 이러한 관계들은 기존의 지시관계의 연쇄구조와 의미좌표체계와는 다른 구조 및 체계를 필요로 하는 것이며, 끝없는 의미유예와 치환으로 인해 비가시화의 특성을 지니는 이러한 현상관계들을 역사철학적 맥락과의 연관을 놓치지 않으면서 현대적인 의미화 공간과 매개시킬 수 있는 쟁점 중 하나가 바로 '악'의 문제인 것이다. 그리고 악 문제는 기존의 종교적이고 윤리적인 잣대의 일반화 형태인 '법'의 문제와 결부되어 있다. 따라서 본 장은 악과 법의 문제를 중심으로 계몽주의 이래로 서구의 합리성의 문화담론의 근간으로 작용해왔던 계몽의 기획을 재평가하고자 하며, 계몽주의의 파롤의 주장에 뒤이어 인간에게 뿌리내리고 있는 '근본악'을 간파한 칸트와 인간의 행동의 기저에 존재하는 '근본법'을 묘사한 카프카, 그리고 마지막으로 칸트 및 카프카와 동일한 맥락에서 법의 비지시적 작용기능으로부터 욕망의 문제를 해명한 라캉을 중심적인 논의 대상으로 다루면서 악과 법 간의 구조 기능적 동형성에 대한 입증을 통해 한편으

---

1 Immanuel Kant: "Beantwortung der Frage, 'Was ist Aufklärung?'" (이후로는 Kant WA로 약칭), in: Immanuel Kant Werkausgabe, Bd. XI, Frankfurt a.M. 1956, S. 55.

로는 계몽의 기획을 현재적인 의미로 재활성화시키고, 다른 한편으로는 현대의 문화적 이미지 중 하나인 악과 법의 이미지적 작용효과를 해명할 것이다.

1.1. 인간은 본성적으로 악하다: 칸트의 '근본악' 개념

계몽주의의 핵심적인 문헌 중 하나인 칸트의 「계몽이란 무엇인가?」에서 제기된 '자기에게 책임이 있는 무지몽매의 상태로부터의 해방'이라는 계몽의 핵심적 표어는 타인의 능력과 업적에 기대지 않고 자신의 의지와 이성을 사용하고자 하는 결단력 있는 인간의 모습을 겨냥하고 있다. 이러한 인간은 모든 부분들에서 사리사욕에 치우침 없이 '자신의 이성을 공적으로 사용해야 한다'는 의미에서 계몽주의적인 자유의 인간상의 원형을 이룬다. 칸트는 이러한 계몽주의의 인간상에 대한 원론적인 묘사에 현실적인 상황에 대한 진단을 맞세운다. 그는 "우리는 지금 계몽된 시대에 살고 있는가?"라고 자문한 후, 즉각 아니라고 답하면서, 자신이 살고 있는 시대는 계몽이 시작되어 진행되고 있는 "계몽의 시대"(Kant WA 59)라고 규정한다. 그러면서 그는 계몽의 미래에 낙관적인 입장을 취한다. 왜냐하면, 그가 보기에 아직 해결되지 못한 문제들이 존재함에도 불구하고 "일반적인 계몽의 장애물들, 즉 자기에게 책임이 있는 무지몽매의 상태로부터 벗어나는 데 있어 장애가 되는 문제들이 점차 적어지고 있다는 사실에 대한 명백한 징표들이 존재"(Kant WA 59)하기 때문이다.

이로부터 10여 년 후, 칸트는 가히 혁명적이라 할 만한 인간의 본성적인 '근본악'에 관한 테제를 주창한다. 이에 대해 괴테는 이미 오래전에 극복된 원죄론으로의 회귀인 동시에 반계몽주의적인 철학적 태도로 규정하며 "철학적 외투를 더럽혔다"[2]라고 비난하였으며, 헤르더는 결국 칸트가 "인간의 정감과 의지에 있다고 하는 근본적으로 악한 기본적 힘으로부터 얻어낼 것이라고는 아무것도 없을 것"[3]이라고 공박하였다. 그러나 이러한 비판들은 칸트가 의도하였던 선악의 문제가 '자연종교'의 문제가 아니라 '이성종교'의 문제라는 사실, 그리고 더 나아가 그가 논증하고자한 악의 개념이 도덕적인 악에 한정된다는 사실을 간과하고 있는 것이다. 이미 칸트의 『실천이성비판*Kritik der praktischen Vernunft*』에서 선

---

2 Johann Wolfgang von Goethe: Goethe-Briefe, Bd. IV, ed. Stein, Berlin 1924, S. 37.

3 Johann Gottfried Herder: Sämtliche Werke, Bd. XVIII, ed. Suphan, Berlin 1883, S. 295.

악의 문제는 "실천이성의 유일한 대상"[4]으로 규정되고 있으며, 종교론, 즉『이성 그 자체의 한계 내에서의 종교*Die Religion innerhalb der Grenzen der blossen Vernunft*』[5]에서 종교가 의미하는 것 역시 도덕적이고 실천적인 이성종교인 것이다. 뿐만 아니라 악과 동일시되고 있는 죄 역시 칸트에게서는 "신적인 계율로서의 도덕적 법칙에 대한 위반"(Kant RGV 727)을 의미하는 것이다. 결국 논쟁의 핵심은 도덕적인 악의 이해에 놓여 있는 것이다.

도덕적인 악을 이해하기 위한 토대는『실천이성비판』에서 규정되고 있는 의지, 자유 그리고 법의 관계이다. 칸트에 따르면, "선악의 개념은 도덕적인 법칙 이전이 아니라, [···] 도덕적인 법칙에 의거해서만 그리고 이것을 통해서만 규정되어야 한다"(Kant KpV 110). 다시 말해 선악의 개념은 인간의 행동을 규정하는 도덕법칙이 정립됨으로써 비로소 도덕적인 형태를 지니는 선악의 개념으로 규정될 수 있다는 것이다.『실천이성비판』에서 제기되는 기본법칙인 칸트의 도덕법칙은 '범주적 정언명법das kategorische Imperativ'에 다름 아닌 것으로서, 다음과 같이 규정된다: "항상 네 의지의 계율들이 동시에 보편적인 법제정의 원칙으로서도 유효할 수 있는 것처럼 행동하라.Handle so, daß die Maxime deines willens jederzeit zugleich als Prinzip einer allgemeinen Gesetzgebung gelten könne"(Kant KpV 54). 선악의 개념 이전에 인간의 행동방식의 선악을 형식적으로 규정하는 도덕법칙은 행동하려는 의지의 형식인 계율과 이러한 계율의 보편적 정립이 동시적으로 양립 가능할 수 있도록 해주는 근거이며, 스스로 규정된 행동규율들의 보편화라는 원칙은 선악을 형식적으로 규정하는 도덕법칙의 원칙인 것이다. 여기서 드러나는 한 가지 중요한 사실은 칸트가 도덕법칙의 고유한 함의를 말하는 대신 자유로운 의지의 형식과 이것의 보편화 간의 관계를 논증함으로써 도덕철학의 기초를 정립하고 있다는 것이다.

이러한 맥락에서 칸트는 자신의 악 개념을 조심스럽게 전개시킨다. 그는 우선 일반적인 악 개념의 이해에 대해 거리를 두면서 다음과 같이 언급한다: "우리가 어떤 사람을 악하다고 말할 때, 이렇게 말하는 이유는 그가 악한 (법에 역행하는) 행동을 행하기 때문이 아니

---

4 Immanuel Kant: Kritik der praktischen Vernunft (이후로는 Kant KpV로 약칭), Immanuel Kant Werkausgabe Bd. VII, Frankfurt a.M. 1956, S. 101.

5 Immanuel Kant: Die Religion innerhalb der Grenzen der blossen Vernunft (이후로는 Kant RGV로 약칭), in: Immanuel Kant Werkausgabe Bd. VIII, Frankfurt a.M. 1956.

라, 이러한 그의 행동이 그 내부에 있는 악한 계율들에서 기인하는 성질을 지니고 있기 때문이다"(Kant RGV 666). 한 사람의 행동의 악함 혹은 선함은 경험적으로가 아니라, 그를 일정한 행동으로 이끈 자유로운 의지의 형식인 의시의 계율의 상태에 따라 판단될 수 있다는 것이다. 그리하여 선 혹은 "악의 근거가 오직 규율에, 즉 자유의지가 자신의 자유의 사용을 위해 자신의 것으로 삼는 규칙에 놓여 있다"(Kant RGV 667)라고 한다면, 인간은 "선한 계율 내지는 악한 (법에 역행하는) 계율을 받아들이는 (우리에게 연구되지 않은) 최초의 근거를 지니고 있는 것이다"(Kant RGV 667-668). 특정한 계율을 받아들이는 것은 순전히 자유의지에 의거한 것이기 때문에, 경험적으로 주어지게 되는 사실적인 사태일 수 없으며, 이런 의미에서 인간의 선악은 일정 정도 '타고난'[6] 것이다.

이러한 악의 이해는 기존의 입장들과의 대비를 통해 보다 명확히 부각된다. 칸트는 한편으로 세상은 선으로부터, 즉 "황금시대"로부터 시작하여 죄의 상태로 몰락해간다는 반진보주의적인 입장에 대해 도덕적인 것과 물리적인 것은 겉보기에만 양립하는 것일 뿐 도덕적인 선악은 문명적 발전과 직접적으로 관련된 것은 아니라고 주장하며, 다른 한편으로 세상은 열악한 상태로부터 보다 나은 상태로 끊임없이 진전한다는 "세네카로부터 루소에 이르는" 도덕주의자들과 당시 레싱과 같은 교육학자들의 진보주의적인 입장에 대해 도덕에서의 역사적 진보는 경험적으로 판단될 수 없으며 인간의 도덕적 본성은 초월철학적인 도덕철학에 따라 규정되어야 한다고 넌지시 반박한다. 인간의 자유의 사용에 의해 나타나는 선악은 개별 인간이 아니라 유적 존재로서의 인간과 관계되기 때문에, 인간의 행동의 도덕성은 경험적인, 보다 정확히 말하자면, 시간적인 척도가 아니라 '본성적이고 본질적인' 척도에 따라 판단되어야 하며, 이것을 칸트는 "심성Gesinnung"(Kant RGV 671)으로 규정한다. 그러나 이러한 심성 역시 자유의지에 의해 받아들여져야만 한다. 그렇지 않다면 심성은 도덕성의 판단척도로서 유효할 수 없을 것이다. 이제 행동의 도덕성의 척도가 심성이며, 이러한 심성은 자유의지에 의해 받아들여져야 한다고 한다면, 문제는 계율을 받아들이는 것의 주관적 근거인 심성과 보편적 근거로서의 자유의지 간의 관계를 규정하는 것이다. 이에 대해 칸트는 다음과 같이 언급한다: "우리가 이러한 심성, 아니 보다 정확히

6 인간의 선악이 일정 정도 타고났다는 말이 오해되지 않도록 하기 위해 칸트는 이 말이 인간의 탄생부터라는 시간적인 의미가 아니라 자유의 사용 이전이라는 초월 철학적 함의를 지니는 것이라고 부언한다. Vgl. Kant RGV 668.

말해 그것의 최상의 근거를 자유의지의 그 어떤 최초의 시간행위로부터 추론해낼 수 없기 때문에, 우리는 그것을 자유의지에 […] 본성적으로 부과된 자유의지의 특정한 상태라고 부를 수 있을 것이다"(Kant RGV 672). 결국 시간적으로가 아니라 초월적으로 선행하는 것으로 이해되어야 하는 자유의지의 특정한 상태인 심성이 행동의 악함을 규정한다면, 악은 자유의지의 자유의 사용에 귀속되는 것으로 이해되어야 하는 것이다. 유적 존재로서의 인간이 도덕법칙을 자신의 계율로 삼으면 도덕적으로 선한 사람인 것이며, 그가 심성에 의해 규정되는 악한 계율을 받아들임으로써 악한 행동을 한다면, 그의 행동의 악함은 절대적으로 자유로운 자유의지에 의거하여 이루어진다는 의미에서 "자기에게 책임이 있는" 것이며 동일한 의미에서 "인간 본성 내의 근본적이며 타고난 (그럼에도 불구하고 우리자신에 의해 우리에게 끌어 들여진) 악ein radikales, angebornes(nichts destoweniger aber uns von uns selbst zugezogenes) Böse in der menschlichen Natur"(Kant RGV 680)인 것이다.

지금까지 이루어진 추론에서 볼 때, 도덕적 악은 한 가지 문제를 제외하고는 별 무리 없이 해명되었다고 여길 수 있을 것이다. 그것은 악한 혹은 선한 계율들을 받아들이는 주관적인 근거인 심성에 관한 문제이다. 앞서 인용되었듯이, 칸트는 이러한 근거가 우리에게는 아직 연구되지 않은 채로 남아 있다고 하면서, 이에 대해 다음과 같이 주석을 단다: 도덕적인 계율을 받아들이는 것의 "근거(예를 들어 내가 선한 계율이 아니라 악한 계율을 받아들이는 것의 근거)는 자연의 추동력이 아니라, 항상 계율 속에서 찾아져야만 한다. 그리고 이러한 계율 역시 자체의 근거를 가져야 하며 자유의지의 규정근거는 계율 이외에는 어디서도 끌어 들여져서는 안 되고 또 그렇게 될 수도 없기 때문에, 우리는 최초의 근거에는 이르지 못한 채 주관적인 규정근거들의 계열 속에서 무한히 근거를 추구하기만 할 수 있을 뿐이다"(Kant RGV 667). 칸트는 도덕법칙 자체가 그 자체로 존재하는 것으로서 도덕적인 행동을 야기시키는 "추동력"(Kant RGV 670)이기 때문에, 도덕적으로 선한 계율을 받아들이는 사람을 도덕적으로 선한 인간으로 규정하는 것에는 아무런 문제가 없지만, 왜 어떤 사람이 도덕적으로 악한 계율을 받아들이게 되는지에 대해서는 더 이상 설명할 수 없었던 것이다.

앞서 언급된 바 있듯이, 악한 계율이건 선한 계율이건 계율을 받아들이는 최초의 주관적 근거가 심성이며, 이러한 심성은 자유의지의 특정한 상태라고 한다면, 선한 계율을 받아들이는 것의 근거는 선한 심성일 수 있지만, 악한 계율을 받아들이는 것의 근거는 악한 심성일 것이다. 그러나 이러한 두 가지 심성은 모두 자유의지의 특정한 상태들이며, 이 같은 자유의지는 다시금 "절대적 자발성absolute Spontaneität"(Kant RGV 670)의 위상을 갖는 도덕법칙에 근거하는 것이다. 칸트가 난항에 부딪히는 지점은 바로 이러한 도덕법칙을 선의 규정근거로 규정하는 부분이다: "(도덕법칙을) 자신의 계율로 삼는 사람은 도덕적으로 선하다"(RGV 670). 칸트는 이 같은 모순을 간과하지는 않았던 것으로 보인다. 왜냐하면 그는 인간의 본성에 존재하는 근본악을 유적 존재인 인간의 "부패한 오점der faule Fleck"(Kant RGV 687)으로 규정하면서, '자기 자신에 대한 무조건적인 만족으로서의 자기애'(vgl. Kant RGV 695-696)야말로 모든 악의 원천이라고 주장하기 때문이다. 그러나 이러한 부패한 오점 내지 자기애에 대한 언급만으로 근본악에 대한 해명이 이루어질 수 있는 것은 아니다. 이러한 부패한 오점 내지 자기애마저 악한 계율뿐만이 아니라 선한 계율 역시 받아들이는 근거인 심성의 상위근거로서의 도덕법칙에서 기인하는 것이기 때문이다. 비록 칸트 자신은 이러한 근본악이 이성적 근원을 갖기 때문에, 우리는 이것을 사유방식의 근본적인 전환을 통해서, 즉 "인간의 심성의 혁명Revolution in der Gesinnung im Menschen"(Kant RGV 698)을 통해서 지속적으로 떨쳐 내어야 한다고 주장했지만, 자신에 의해 제기된 중요한 문제를 해결하지는 못한 것이다.

이러한 문제 상황에서 우리는 칸트의 근본악 개념이 갖는 함의를 다음과 같이 이끌어낼 수 있을 것이다. 즉 선의 규정근거임에도 불구하고 악한 계율을 받아들이는 근거로서의 심성의 상위근거인 도덕법칙이 범주적 정언명법으로서 인간 행동의 형식적인 유형만을 명하는 절대적 기능가치만을 지닐 뿐, 그 자체로는 아무 내용도 담고 있지 않듯이, 현실적으로 인간의 본성에 뿌리내리고 있는 동시에 우리 자신에 의해 끌어 들여진 근본악 역시 자유의지의 규정근거들이 이루는 무한한 계열 속에서 끝없이 추구될 수는 있지만 찾아질 수는 없는 (악한) 심성의 근거로서만 기능할 뿐, 아무 내용도 지니고 있지 않기 때문에, (도덕)법칙과 (근본)악은 동일한 구조적 기능을 수행한다고 여길 수 있다. 보다 첨예화시켜 말하자면, 행동의 형식적인 유형만을 말하는 절대적 법은 항시 자유의지를 특정한 상태로 배치시키고 있는 자유의지의 작용 공간으로서의 근본악과 동형관계에 놓여 있다는 것이다. 칸트 자신이 지나쳤을 수도 있거나 단지 암시적으로만 언급한 것일 수도 있는 법과 악 간의 이 같은 구조 기능적 유비관계는 계몽의 기획의 전체 발전과정에 비추어볼 때, 매우 중요한 시사점을 지니는 것이다. 왜냐하면 '자기에게 책임이 있는 무지몽매' 및 '자기에게 책임이 있는 악'으로부터 해방되기 위해서 계몽의 기획을 수행해나가는 인간은 자신의 자유의지를 이성적으로 사용할 수 있게끔 해주는 절대적인 보편적 도덕법칙을 추구해야 하는 동시에, 이러한 절대적 법칙의 작용을 규정하면서도 그 자체로는 규정될 수 없는 절대적 법칙의 작용 공간인 근본악을 파악해야 하기 때문이다. 따라서 이를 통해 계몽의 기획이 애초부터 물리적 자연의 일반화인 감성적 본성에 대한 이성적 지배 가능성과 이것의 도덕적인 보편적 정당화만을 주장한 것이 아니라, 이성과 감성의 분리 이전에 이 둘의 가능성 기반으로서 작용하는 '무규정적 공간'에 대한 인지 역시 암시하고 있었다는 사실이 드러나게 된다면, 이성과 목적 합리성의 전횡으로 특징지어져온 계몽의 기획은 새롭게 평가될 필요가 있을 것이다.

1.2 법 앞에 선 금지와 욕망: 카프카의 『법 앞에서』

카프카의 작품들의 "기본모델"[7]로서 규정될 수 있을 뿐만이 아니라, 고르디우스의 매듭과도 같은 것으로서 '몽환적인 내적 삶과 은폐된 진리의 비밀'을 풀고자한 카프카의 "완전성에의 추구"의 산물[8]로서 규정될 수도 있는 『법 앞에서』는 수많은 해석의 시도들에도 불구하고 여전히 풀리지 않는 수수께끼로 남아 있는 작품이다.

특히 작품에서 시골사람이 그렇게도 들어가고자 했지만 끝내 들어가지 못했던 법에 관한 해석에서 많은 카프카 연구자들은 다양한 이론적 편차를 보여 왔다. 전통적인 유대교 신학의 관점에서 브로트는 법을 인간으로 하여금 선한 삶으로부터 신의 왕국으로 이끌어주는 "신적인 사명"[9]으로 해석하였던 반면, 셰러는 "죽음과 더불어 시작되는 것이 아니라, 개개의 자아가 끝나는 도처에서 시작되는 피안의 모습"[10]으로 규정하였으며, 엠리히는 "우리 자신의 현존재의 근거"로서 "인간의 내부에 존재하는 파괴될 수 없는 것이자 최고의

---

7 Heinz Hillmann: Franz Kafka. Dichtungstheorie und Dichtungsgestalt, 2. erweiterte Aufl., Bonn 1973, S. 177.

8 Lee Joo-Dong: Taoistische Weltanschauung im Werke Franz Kafkas, Frankfurt a.M. 1985, S. 245.

9 Max Brod: Über Franz Kafka, Frankfurt a.M. 1966, S. 154-155.

10 Michael Scherer: Das Versagen und die Gnade in Kafkas Werk, in: Stimme der Zeit, 81. Jg., 2. Hefte, Freiburg, 1955/56, S. 111.

심급인 동시에 거짓 없는 법"[11]으로 파악하였던 반면, 케슬러는 법이 지니는 순수하게 사변적인 이념적 윤리의 측면을 주목하면서 카프카의 법을 "실증적으로 정초된, 규범적이고 도덕적인 모든 규성을 넘어서는 인간됨의 근본법칙"[12]으로 해석하였다. 같은 맥락에서 니콜라이는 카프카의 법을 인간이 도덕적이고 윤리적인 법칙들을 만들기 이전에 소속되어 있었던 일종의 자연철학적인 자연법으로 해석하였다. 그리하여 법으로 들어간다는 것은 근원적인 자연적 상태로의 회귀로 해석될 수 있는 것이다.[13]

『법 앞에서』 장면의 캐리커처

이러한 해석들을 비롯하여 기존의 카프카 연구들에서 충분히 논의되지 못하고 있는 법의 복합적 위상을 현대의 정신분석학적인 이론을 근간으로 하여 새로이 밝히고자 한 히벨은 욕망과 권력관계의 작용에 주목하여, 카프카에 의해 묘사되는 인간의 현존재가 "에로스에 부합되는 동경과 이것을 부수고자 하는 욕구로서 타나토스에 부합되는 충동" 사이에

---

11 Wilhelm Emrich: Protest und Verheißung. Studien zur klassischen und modernen Dichtung, Bonn und Frankfurt a.M. 1960, S. 190.

12 Susanne Kessler: Kafka–Poetik der sinnlichen Welt, Stuttgart 1983, S. 71.

13 Ralf R. Nikolai: Kafkas Auffassung von Freiheit, in: Studia Neophilologica 46, 1974, S. 111.

위치하는 "삶과 죽음의 유예"[14]를 통해 규정된다고 해석한다. 이러한 해석에 따르면, 유예되지 않은 욕망은 곧 죽음을 의미하는바, 사이렌 신화에서도 알 수 있듯이, 오디세우스는 "법의 이름으로 욕망을 억압함으로써"[15] 구제될 수 있었던 것이다. 히벨에 의하면, 삶을 파괴시키는 타나토스로 규정되어왔던 억압이 유예를 통해 규정되어왔던 문화와 동일한 근원을 갖는다고 할 때, 이것은 『계몽의 변증법』에서 이루어진 사이렌 해석과 같은 맥락에 위치하게 되는 것이다. 다시 말해 인간의 자기지배는 동시에 주체의 절멸을 수반하였던 바, 그 이유는 자기유지를 위해 해소된 억압된 실체가 바로 "생동적인 것"[16]이었기 때문이다.

법을 억압 내지는 유예의 장소로서 해석하는 이러한 입장은 이미 들뢰즈와 가타리 그리고 데리다에 의해 논의된 바 있다. 들뢰즈와 가타리에 따르면, 법과 법에 이르려는 욕망은 동일한 구조기능을 수행한다고 한다. 즉 욕망이 한편으로는 '자본주의적 욕망, 파시즘적 욕망' 등과 같이 일정하게 결정체를 이루고자 하는 동시에, 다른 한편으로는 끊임없이 그것을 해체하며 다시금 고개를 들듯이, 법 역시 한편으로는 "초월적이고 편집증적인 법"으로서 일정한 법적 결정체를 만들어내는 동시에, 다른 한편으로는 "내재적이고 분열적인 법"으로서 결정체를 다시금 해체하는 기능을 하는 것이다.[17] 결국 욕망이나 법 자체는 텅 빈 내재성(혹은 내재적 형식)일 뿐 "언표되면서만 결정되고 처벌행위를 통해서만 언표된다"[18]는 것이다. 들뢰즈 및 가타리와 유사한 맥락에서 데리다는 법이 명하는 진입금지가 법이 자신에게 부과하는 금지로서 작용한다는 점에 주목한다. 그에 따르면, 이 같은 자기모순적인 법의 '자기금지'는 금지에도 불구하고 진입하고자 하는 인간의 자유로운 자기결정을 가능케 한다고 한다. 왜냐하면 "인간은 법 앞에서 현상함으로써 법 앞에서 법의 주체가 되지만, […] 법에 들어갈 수 없는 이유로 인해 법 이전에 있기도 한 그는 마찬가지로 법 바깥에 있다"[19]라고도 할 수 있기 때문이다. 법의 주체가 법 바깥에 있음으로써, 법은

---

14 Hans H. Hiebel: Die Zeichen des Gesetzes. Recht und Macht bei Franz Kafka, München, 1983, S. 61.

15 Wolf D. Kittler: Der Turmbau zu Babel, das Schweigen der Sirenen und das tierische Pfeifen. Über das Reden, das Schweigen, die Stimme und die Schrift in vier Texten von Franz Kafka, Diss. Erlangen 1978, S. 103.

16 Max Horkheimer und Theodor W. Adorno: Dialektik der Aufklärung, S. 71.

17 질 들뢰즈/펠릭스 가타리, 카프카. 『소수적인 문학을 위하여』(G. Deleuze et F. Guattari: Kafka. pour une littérature mineure, Paris 1975), 이진경 옮김, 동문선, 2001, p.143.

18 질 들뢰즈/펠릭스 가타리, 카프카. 『소수적인 문학을 위하여』 p.107.

끝없이 진입될 수 없는 대상이 되며, 법의 주체는 진입될 수 없는 법을 욕망함으로써 자유로운 자기결정의 주체가 되는 것이다. 결국 기존의 카프카 연구자들에게서나 현대 프랑스 사상가들에게서 명시적이지는 않지만, 카프카의 법 개념은 실증적인 법 이전에 혹은 이것을 넘어서서 존재하는 근원적인 규정기능과 내재적 형식성을 함축하는 것으로 해석되어 왔다. 그러나 이들에게서 여전히 밝혀지지 않고 있는 것은 칸트에게서 이미 암시된 바 있는 법의 작용 공간의 문제이다. 인간의 윤리적 삶과 가장 밀접하게 맞닿아 있는 이러한 문제는 카프카의 『법 앞에서』와 어떠한 연관을 지니고 있는 것일까?

이러한 문제를 해결하기 위해서는 무엇보다 문지기와 시골사람 간의 관계에 초점이 맞춰질 필요가 있다. 소설에서 문지기는 법으로의 진입 "금지"[20]를 체현하고 있으며, 시골사람으로 하여금 진입을 유보하도록 할 만큼, 그리고 그 뒤의 문지기들을 '잊어버리게 할 만큼'(『법 앞에서』, 226) 무시무시한 존재로 묘사되고 있다. 반면 "법이란 정말로 누구에게나 그리고 언제나 들어갈 수 있어야 한다"(『법 앞에서』, 225)라고 생각하여 먼 여정을 준비해왔지만 예기치 못한 문지기의 금지에 부딪히게 된 시골사람은 처음에는 기다리다가 뒤이어 문지기가 지칠 정도로 부탁을 하기도 하지만, 나중에는 오직 그 문지기만이 "법으로 들어가는 데에 유일한 방해꾼"(『법 앞에서』, 226)인 것처럼 착각할 정도로 문지기에 집착한다. 문지기와 시골사람의 이 같은 관계는 시골사람이 죽음에 이르기 전에 둘 사이에서 이루어지는 두 가지 극적인 물음과 대답으로 극대화된다. 첫 번째 문답에 따르면, 문지기가 "너는 이제 더 이상 무엇을 알고 싶은가?"(『법 앞에서』, 227) 라고 물으면서 "네 욕망은 채워질 줄 모르는 구나"(『법 앞에서』, 227)라고 말할 때, 시골사람은 "하지만 모든 사람들은 법을 절실히 바랍니다"라고 대답한다. 두 번째 문답에서는 시골사람이 "지난 수년 동안 나 이외에는 아무도 입장을 허락해 달라고 요구하지 않았는데, 어째서 그런가요?"(『법 앞에서』, 227)라고 묻자, 문지기는 "이곳에서는 너 이외에는 아무도 입장을 허락받을 수 없어. 왜냐하면 이 입구는 단지 너만을 위해 정해진 곳이기 때문이야"(『법 앞에서』, 227)라고 대답한다.

---

19 Jacques Derrida: Préjugés. Vor dem Gesetz, (Préjugés. Devant la loi, Paris 1982), Aus dem Franz. von Detlef Otto und Axel Witte, Wien 1992, S. 67.

20 프란츠 카프카, 『법 앞에서』 in: 카프카 전집 1, 개정판, 이주동 역, 솔출판사, 2003, p.225.

이러한 둘 간의 관계에 대한 묘사를 기반으로 우리는 서로 연관되어 있는 다음과 같은 문제들을 제기해볼 수 있을 것이다. 문지기의 법과 시골사람의 법은 어떠한 관계에 놓여 있는가? 그리고 문지기의 금지는 시골사람의 끝없는 욕망과 어떠한 관계에 놓여 있는가? 마지막으로 법은 문지기 및 시골사람과 어떠한 관계에 놓여 있는가? 첫 번째 물음은 비교적 도식적으로 해결될 수 있다. 두 번째 문답에서 문지기가 시골사람에게 대답한 말에 따르면, 문지기의 법은 시골사람을 위해서만 규정된 개인적인 법이다. 반면 시골사람의 법은 누구에게나 언제고 진입 가능한 동시에 모든 이의 절실한 욕망의 지향점이기도 한 보편적인 법이다. 이처럼 서로 전제하는 법이 다름에도 불구하고 문지기의 금지와 시골사람의 진입욕망으로 하여금 마지막까지 갈등관계 내에서 유지될 수 있게끔 해주었던 것은 개인적인 법과 보편적인 법 사이에 놓여 있는 엇갈림관계인 것이다. 이 같은 엇갈림관계는 "항상 네 의지의 계율들이 동시에 보편적인 법제정의 원칙으로서도 유효할 수 있는 것처럼 행동하라"는 칸트의 범주적 정언명법과 긴밀하게 맞닿아 있다. 단지 차이라면, 카프카에게서는 개인적인 법과 보편적인 법이 엇갈림 관계 속에서 비가시적으로 결합되어 있으며, 칸트에게서는 개인적인 의지의 준칙이 항상 보편적 법제정의 틀 내에서 작용하도록 명시화되어 있는 것이다. 비가시적인 엇갈림관계이건 명시화된 개별적 보편화의 관계이건 간에 문제는 이러한 관계를 형성시키는 근거를 해명하는 것이다.

이러한 문제에 대한 해결의 실마리는 두 번째 물음을 살펴봄으로써 마련될 수 있을 것이다. 앞서 살펴보았듯이, 문지기에 의해 명해지는 금지는 보편적인 법에 의해 모든 이에게 효력을 지니는 금지가 아니라, 오로지 시골사람에게만 유효한 금지이다. 반면 시골사람은 모든 이에게 유효한 동시에 모든 이에게 진입을 허용하는 법을 전제하고 있기 때문에, 그에게 있어 자신을 비롯하여 모든 사람들에 의해 이루어지는 법에의 욕망은 방해받을 수 없다는 점에서 '무제한적'이고, 보편적 유효성을 지닌다는 점에서 '무조건적'이며, 법 자체가 아니라 법으로의 진입을 목표로 하기 때문에 '비대상적'인 것이다. 같은 맥락에서 욕망의 주체인 시골사람에게 문지기의 금지는 점차로 심화되어 '유일한 금지'로 여겨지게 됨으로써 욕망의 직접적인 대상으로 '한정'되고, 시골사람에게 직접 효력을 발휘하게 된다는 점에서 '조건적'이 되며, 그에게 법으로의 진입금지가 법 자체가 된다는 점에서 '대상적'이 된다. 그러나 시골사람의 욕망이 문지기의 금지와 비가시적인 엇갈림관계를 가짐으로써만 무제한적이고, 무조건적이며 비대상적일 수 있고, 문지기의 금지가 '유일한 금지의 가상'을 획득하여 시골사람의 욕망과 '가상적인 관계'를 가짐으로써만 한정적이고 조건적이며 대상적일 수 있기 때문에, 시골사람의 욕망과 문지기의 금지는 들뢰즈가 밀한 '초월적이고 편집증적인 법과 내재적이고 분열적인 법'처럼 법의 효력을 형성하는 두 가지 기능요소로 이해될 수 있다. 또한 칸트에게서 절대적 자발성의 위상을 갖는 도덕법칙은 인간 행동의 형식을 명하는 기능을 할 뿐, 실제로 이루어지는 행동의 규율은 도덕법칙에 기초한 자유의지에 의해 특정한 규율로서 규정된다는 점에서, 시골사람의 욕망과 문지기의 금지는 각각 악한 계율 대신 선한 규율을 받아들이려고 하는 '개별적 보편화의 의지'와 악한 계율을 받아들이려고 하는 '자기애적인 의지'에 부합된다고 할 수 있다. 결국 시골사람의 욕망이 초월적이고 편집증적으로 진행되는 보편화의 작용이고, 문지기의 금지가 내재적이고 분열적으로 무한히 진행되는 보편화 작용 공간이라고 한다면, 시골사람의 욕망과 문지기의 금지는 하나를 이루는 두 요소에 다름 아닌 것이다.

시골사람의 욕망과 문지기의 금지가 하나의 두 측면으로 해석됨으로써, 이제 소설 전체의 구성과 함의 해명에 중요한 지표로 작용하는 세 번째 물음에 대한 해결의 단초가 마련된 셈이다. 무엇보다 법과 시골사람 그리고 문지기 사이의 관계를 묻는 세 번째 물음은 '법이란 무엇인가?'라는 물음과 직접 연관된다.

소설에서 법은 '문' 내지는 '입구'로 묘사될 뿐, 그 자체로는 아무런 내용도 지니지 않는 것으로 묘사된다. 이러한 법은 문지기에 의해 대표되어 혹은 문지기라는 '가상의 모습'으로 '입장불가'라는 금지의 효력을 통해 작용한다. 수사적인 표현을 빌자면, 법은 비-실재 또는 시뮬라크룸의 모습으로 '아무것도 말하지 않는다'는 의미에서 '무를 말함'으로써 작용을 하는 것이다. 그리하여 문지기와 관련하여 비-실재로서만 실재하는 이러한 법이 함축하고 있는 것은 실재란 텅 빈 것이며, 가상이 바로 우리에게 실재적인 것이라는 사실이다. 반면 시골사람에 대해 법은 문지기라는 매개를 통해 간접적으로 관계한다. 이것은 칸트의 범주적 정언명법의 상황과도 연관된다. 칸트의 범주적 정언명법에서 '마치-인 것처럼als ob'의 기능이 개별자의 자유의지를 보편적으로 작용하게 해주는 역할을 하는 동시에 가장 개인적으로 행동하게 해주는 기능을 수행하듯이, 마치 문지기의 금지를 '유일한 금지'인 것처럼 여기는 시골사람의 태도는 가장 개인적인 법을 가장 보편적으로 작용하게 해주는 것이다. 그리하여 시골사람과 관련하여 법이 함축하고 있는 것은 법이란 가상적인 보편화 효과를 통해서만 개인적으로 작용하는 근원적 욕망이라는 사실이다. 결국 우리는 칸트에게서 행동의 형식적인 유형만을 말하는 절대적 법이 항상 자유의지를 특정한 상태로 배치시키는 자유의지의 작용 공간으로써의 근본악과 동형관계에 놓여 있다는 사실을 추론해낼 수 있었듯이, 카프카에게서도 세 번째 물음에 대한 위와 같은 대답을 통해 비-실재로서만 실재하는 텅 빈 공간으로서의 법이 가상적인 보편화 효과를 산출하는 개인적인 근원적 욕망과 구조적인 동형관계에 놓여 있다는 사실을 추론해낼 수 있을 것이다.

1.3 실재의 존재를 말하는 어려움: 라캉의 시니피앙의 논리

지금까지의 논의를 통해 칸트의 도덕법칙과 근본악 간의 관계는 카프카의 텅 빈 공간으로서의 법과 가상적 보편화 효과를 산출하는 근원적 욕망 간의 관계와 구조기능적인 동형성의 측면에서 유사한 것으로 입증될 수 있었다. 그러나 이러한 구조기능적인 동형성에 대한 해명이 현재의 우리에게 유의미할 수 있으려면, 그 같은 동형성의 실재적인 작용과 이러한 작용의 실증적인 내용이 제시될 수 있어야 할 것이다. 물론 이러한 실증적 입증은 반드시 실제적인 예증을 근거로 하지는 않는다. 왜냐하면 과거에 이루어진 담론들을 현재의 시점으로 재활성화시키는 작업 역시 현재라는 해석의 상황에서 그 무엇보다 더 실증적일 수 있기 때문이다.

법과 악, 혹은 악과 욕망에 관한 담론들을 현재적인 의미로 활성화시키려는 시도는 이미 몇몇 학자들에 의해 이루어진 바 있다. 일찍이 호르크하이머와 아도르노는 칸트와 사드를 비교하면서 감성과 욕망의 억압을 계몽의 기획에 내재한 문제로 보았다.[21] 그러나 본 논문과 관련하여 더 중요한 해석은 사드를 통해 칸트를 보충하고자 한 라캉의 해석이다. 라캉은 칸트의 도덕철학의 주저인 『실천이성비판』(1788)보다 7년 이후인 1795년에 출간된 사드의 철학서인 『규방의 철학*La philosophie dans le boudoir*』이 칸트의 도덕철학을 보충한다고 하면서, 칸트에게서 모호하게 기술된 법과 의지 사이의 관계에 주목한다. 그에 따르면, 칸트는 한편으로 "정념적인 것을 거부함으로써, 도덕법칙의 장을 열었지만", 다른 한편으

---

21 Max Horkheimer und Theodor W. Adorno: Dialektik der Aufklärung, Exkurs II, Juliette oder Aufklärung und Moralität 참조.

로 "이러한 법은 오로지 형식 속에서만 자신의 실체를 발견한다"라고 주장해야만 했다. 왜냐하면 "의지는 자신의 계율로부터 나오지 않는 모든 규정근거를 자신의 행동으로부터 배제할 때에만 법의 의무를 질 수 있기 때문이나."[22] 앞서 살펴본 바 있듯이, 의지의 계율이 보편화의 원리로서도 유효해야 한다는 정언명법, 즉 도덕법칙에 기초한 칸트는 의지의 규정근거가 오직 계율로부터 찾아져야 한다고 말함으로써, 의지에 의해 준수되어야 할 도덕법칙에 단지 행동의 유형만을 명하는 형식성을 부여하였다. 그 결과 법은 무언가를 명하기는 하지만 아무런 실체도 지니지 않는 기묘한 모습을 띠게 되는 것이다. 이 같은 역설적인 상황을 라캉은 사드의 사색에 의거하여 주체의 분열로 파악하고자 한다. 즉 "도덕법칙이 근거 규정되는 기반으로서의 양극성은 시니피앙이 작동될 때마다 이루어지는 주체의 분열에 다름 아닌 것이다. 말하자면 이러한 분열은 언술행위의 주체와 언술의 주체 사이의 분열이다"(Lacan Schriften II 140). 이 같은 규정에 따라, 언술행위의 주체와 언술의 주체 사이의 분열이 얼굴 없이 작용하는 법과 실체 없이 존재하는 법 사이의 분열로 파악될 수 있다면, 얼굴 없이 작용하는 법은 칸트의 '근본악'에 부합한다고 할 수 있으며, 이것을 라캉은 사드의 표현을 빌려 "악의 질서 가운데 있는 최고의 본질"(Lacan Schriften II 143)로 규정하는 것이다.

도덕법칙의 근거 규정 기반인 주체의 분열을 살펴보기 전에, 먼저 칸트에게서 암시적으로만 다뤄진 욕망 개념에 대한 라캉의 이해가 명확히 될 필요가 있다. 칸트에게 있어 의지는 자신의 계율을 보편화의 원리로서 유효하게 작용하도록 하기 위해 실체 없는 도덕법칙을 준수하고자 한다는 점에서, 결여된 대상을 욕망한다고 할 수 있다. 그러나 이러한 욕망이 결여된 대상의 욕망이기 때문에 대상을 얻고자 하는 욕망이 아니라, 결여된 대상으로서 작용하는 것에 대한 욕망이라고 한다면, 이러한 욕망의 주체는 칸트적인 의미에서의 의지의 주체가 아니라 결여된 대상으로서 꿈틀거리며 작용하는 활동자체인 것이다. 다시 말해 욕망의 주체는 비록 대상화될 수 없지만, "향유의지"(Lacan Schriften II 146)라는 도구를 통해 담지될 수 있는 활동, 즉 결여된 대상인 자신의 활동을 마음껏 누림으로써, 자신의 작용을 '향유'하는 것이다.

---

22 Jacques Lacan: Schriften II(이후로는 Lacan Schriften II로 약칭) (Écrits, Paris 1966), übers. v. Nobert Haas, Olten 1975, S. 140.

욕망의 주체인 이러한 향유행위를 라캉은 다른 곳에서 시니피앙의 논리를 통해 정교화한다. 라캉에 따르면, 시니피앙은 자체의 시니피에를 지시하는 것이 아니라, 다음에 이어지는 "다른 시니피앙을 위한 주체"[23]의 기능을 하며, 주체는 "하나의 시니피앙을 특징짓는 것과 하나의 또 다른 시니피앙을 특징짓는 것을 서로 매개시키는 효과"(Lacan Encore 55)라고 한다. 모든 시니피앙들이 매번 다른 시니피앙들만을 만날 수 있으며, 하나가 다음에 오는 것에 대해 주체의 기능을 한다면, 이러한 주체는 시니피앙들 간의 연쇄를 가능케 해주는 것인 동시에 그 자체로서는 '무'에 다름 절대적 부정성인 것이다. 그리하여 연쇄의 가능성 근거로서의 주체는 "주체로서 앞으로 다다르게 될 시니피앙하에서 사라지기 전에 […] 절대적으로 무였던 것"(Lacan Schriften II 213-214)이다. 시니피앙이 다른 시니피앙을 위한 주체를 대표하는 것이듯이, 이러한 다른 시니피앙은 역시 그 다음의 다른 시니피앙을 위한 주체를 대표하게 되는 것이다. 그리하여 각각의 시니피앙이 다른 시니피앙과의 관계에서 지시하게 되는 주체에게는 순간적이고 임시적인 효과에 다름 아닌 '현상하는 동시에 사라지는 시니피에'의 위상이 부여될 수 있게 된다.

시니피앙에 의해 대표되는 것이자 시니피앙이 지시하는 것이 무로서의 주체라면, 또한 그것은 "자신의 지식을 통해 청산되는 […] 진정한 존속과 실존이 죽음에 의해 지탱되고 있는 담론 사이의 이중적인 난항과 결부된 비존재자의 존재"(Schriften II 176)로서의 주체이기도 하다. 이러한 비존재자의 존재는 비존재자가 '존재한다'는 말의 '빈술 작용'을 의미하는 것으로서, 이것은 무언가를 말하는 것이 아니라 빈술을 수행하는 진술 속에서 그러한 존재가 자기진술자로서 스스로를 말하는 것을 의미하며, 이러한 자기진술 속에서 자기진술자인 자기에 스스로를 관계시키는 것이다. 그리하여 빈술 작용 내지 언술은 자신이 말하는 것과 관계 맺는 것이 아니라, 빈술 작용 혹은 언술과정에서 실제로 이루어지는 자기운동과 관계하는 것이다. 그러나 비존재자의 존재는 이처럼 빈술 작용의 측면 이외에 '빈술'의 측면 역시 갖고 있는바, 빈술을 통해 그것은 언어 속에서 비존재적인 존재로서 진술되는 것을 말하고 있는 것이다. 라캉에 따르면, 빈술 또는 진술로서 언어는 "객관화된 어떤 것, 즉 그것이 대상이며 또한 자신이 말하는 것을 알지 못하는 객관화된 것이라는 점을

23 Jacques Lacan: Das Seminar. Buch XX, Encore(이후로는 Lacan Encore로 약칭) (Encore, Paris, Seuil, 1975), Quadriga, Berlin 1991. S. 54.

포함하여 우리가 원하는 모든 것을 구상해볼 수 있게 해주는 그 어떤 것을 생각해보기 위해, 그리고 그것을 환기시켜보기 위해 존재한다"[24]라고 한다. 여기서 언어에 의해 우리에게 지시되어져 객관화된 타자로서 규정될 수 있는 "어떤 것"은 특정한 장소를 상징화하고 있는바, 이것은 다름 아닌 "타자"이다. 즉 이것은 "주체일반에 의해 현재화의 능력이 있는 모든 것에 대해 결정권을 행사하는 시니피앙 사슬의 장소인 것이다. 그것은 이러한 살아 있는 것의 장소이며 여기서 주체가 현상하는 것이다."[25]

만일 라캉의 힌트를 따라 우리가 언어에 의해 지시되어져 객관화된 어떤 것이자 시니피앙 사슬의 장소로서의 타자를 "육체" 내지는 "향유하는 실체"(Lacan Encore 27)로 규정해볼 수 있다면, 이러한 타자는 다음과 같이 이중적으로 정교화될 수 있다. 즉 향유하는 실체 내지는 육체로서의 타자는 객관화된 향유와 작용하는 향유로 구별될 수 있는 것이다. 향유하는 실체 내지는 육체가 수행하는 향유 작용은 라캉에 의하면, "일종의 소유격을 동반한다. 이러한 소유격은 사드적인 논조, 즉 향유하는 것은 다름 아닌 타자라는 점을 말해주고 있는 황홀경적인(탈자적인) 주관적 논조를 지니는 것이다"(Lacan Encore 28). 다시 말해, 타자로서의 육체의 향유 작용은 자기 스스로를 향유하는 육체인 객관화된 향유가 소유하고 있는 향유 작용을 의미하는 것이다. 그리하여 빈술로서의 비존재자의 존재가 언어에 의해 지시되어져 객관화된 어떤 것으로서의 타자이자 '객관화된 향유' 내지는 시니피앙 사슬의 장소에 부합된다면, 빈술 작용으로서의 비존재자의 존재는 작용하는 향유이자 시니피앙 사슬의 작용에 부합되며, 마찬가지로 전자가 언술맥락 내지는 언술상황이라고 한다면, 후자는 이러한 언술맥락의 작용 내지는 언술상황의 작용이 된다. 결국 시니피앙이 지시하는 주체는 작용 중에 있는 빈술이자 작용 중에 있는 언술맥락으로서 규정될 수 있는 것이다.

이제 우리는 욕망의 주체로서의 향유행위에 다름 아닌 이 같은 '작용 중에 있는 빈술'로서의 주체가 지니는 함의를 다음과 같이 요약해볼 수 있을 것이다. 즉 주체는 시니피앙의

24 Jacques Lacan: Das Seminar. Buch II, Das Ich in der Theorie Freuds und in der Technik der Psychoanalyse (Le moi dans la théorie de Freud et dans la technique de la psychanalyse, Paris Seuil, 1978), Quadriga Berlin, 1980, S. 311.

25 Jacques Lacan: Das Seminar. Buch XI, Die vier Grundbegriffe der Psychoanalyse (Les quatre concepts fondamentaux de la psychanalyse, Paris Seuil 1973), Quadriga, Berlin 1978, S. 213-214. Encore의 34쪽도 참조.

사슬이라는 타자 속에서 현상함으로써, 즉 자신의 거울상 속에서 가상적인 것으로서 현상함으로써, 자기를 인식하는바, 이처럼 자신을 가상으로 현상시키는 '자기오해méconnaître'는 주체의 '자기인식me connaître'에 본질적인 방식인 것이다. 이러한 주체의 인식을 통해 드러나는 진리의 차원은 다름 아닌 "스스로를 존재로서, [···] 형성시키는 데에로 이를 수 없는 실재계의 유일한 부분의 부재를 보충하기 위해 기능하는"(Lacan Encore 53) '언술의 차원'이다. 존재의 결핍을 보충해줄 수 있는 이 같은 언어는 "측면의 존재das Sein para"(Encore 49)로서, 항상 달아나는 특성을 지니는 존재개념과 대체될 수 있는 "측면-존재par-être 개념과의 연관 속에서"(Encore 50) 정교화될 수 있다. "담론, 즉 언어적 기능화의 양태, 혹은 결합의 측면에서 이해되는 언어의 사용 이외에는 그 어느 것도" 지시하지 않는 시니피앙의 특성 때문에, 언어는 "언어 자체의 시니피에 효과에 있어서 매번 지시체 옆에만"(Encore 49) 있게 된다. 그리하여 언제나 '측면-존재'로서 나타나는 존재는 이러한 존재가 말하는 언어와 결코 만날 수 없는 것이다. 결국 작용 중에 있는 빈술로서의 주체와 스스로는 아무것도 지시하지 않으면서 다른 시니피앙을 위한 주체의 기능을 하는 시니피앙은 비존재로서만 존재하는 존재의 보충으로서 언술의 차원을 구성하는 것이다.

1.4 "부패한 오점"인가 잉여인가?

이제 우리는 다음과 같은 물음 앞에 봉착해 있다. '칸트, 카프카, 라캉으로 이어지는 이념적 노선은 계몽의 기획에 대한 재평가에 있어서 어떤 함의를 지니는가?' 우리는 우선 지금까지의 논의를 다음과 같이 일반화시켜볼 수 있을 것이다. 시니피앙과 주체의 관계를 근간으로 하는 법과 욕망의 관계를 해명하고자 하였던 라캉은 절대적인 보편적 도덕법칙을 추구하는 동시에, 이러한 절대적 법칙의 작용을 규정하면서도 그 자체로는 규정될 수 없는, 절대적 법칙의 작용 공간인 근본악을 파악해야 한다는 것을 암시적으로만 언급한 칸트뿐만 아니라, 비실재로서만 실재하는 텅 빈 공간으로서의 법과 가상적인 보편화 효과를 산출하는 개인적인 근원적 욕망 간의 관계를 드러내고자 한 카프카와 동일한 지평에 위치해 있다고 할 수 있다. 물론 이 같은 일반화는 보다 생생한 현실적 상황들과의 접전 속에서 구체적으로 이루어진 최근의 논의들을 배제하지는 않는다. 예컨대, 미와 추, 참과 거짓, 선과 악의 구분이 모호해진 채, 정치, 경제, 문화의 전 영역에 걸쳐 반복과 융합을 통해 끝없는 시뮬레이션이 이루어지고 있는 이 시대를 "실제 사건이 맥락 없이 텔레-비주얼한 빈 공간 안에서 발생하고 있는 테러리즘적인 하이퍼리얼리즘의 세계"[26]로 파악하면서 "영원히 나 자신을 반복하지 않도록 해주는 근원적 타사"[27]를 추구한 보들리야르, 악을 "(사건과 연관되어 있는) 시뮬라크룸, (충실과 연관되어 있는) 배신, (진리의 권력과 연관되어 있는) 명명될 수 없는 것의 힘의 관계"[28]라는 세 가지 측면에서 고찰한 바디우, 라캉의 해석에 의거하여 칸트의 근본악을 선의 작용 공간으로 보면서 "동일성의 틀을 축소하는 동시에 차이를 동일성의 구성요소로서 긍정하는"[29] 헤겔의 자기 관계적 부정성에서 '실패와 좌절의 계열을 통해 실현되는 자유의 실현가능성'[30]을 파악하고자 하였던 지젝의 논의들은 본 논문이 다루지 못한 미세한 부분들에 대한 의미 있는 보충들이다.

이러한 현대의 논의들과 앞서 추론된 본 논문의 일반화는 모두 윤리의 문제와 미학의 문제라는 갈림길 앞에 내던져져 있다. 우연치 않게도 이러한 갈림길의 한 측면에는 보러 Karl Heinz Bohrer가 서 있고 다른 한 측면에는 콥젝Joan Copjec이 서 있다. 보러는 콥젝보다 일찍이 악 개념을 미학적인 범주로 사유할 가능성을 제기하였다. 전통적인 논리체계와 의미화 작용의 질서를 문제시하면서 예견불가능하고 숙명적일 수 있는 문제에 주의를 환기시키기 위해 악의 원리를 제기하였던 보들리야르처럼, 보러 역시 악에 이론적 위상을 부여한다. 그러나 보들리야르의 전략적 함의와는 달리 그의 악 개념은 극단적 미학화의 양태로 제기된다. 그에 따르면, 전통적으로 관철되어온 악의 배제 및 부정은 "도덕적이고 정신적인 의식에 미적인 영역을 넘어서는 결과들을 가져왔으며, 그 결과 독일의 근대는 양 세계대전 사이뿐만이 아니라, 2차 세계 대전 이후에도 결코 완결되지 못했다"[31]는 것이다. 따라서 근대를 정당화하는 동시에 넘어서기 위한 하나의 시도로서 보러는 구래의 형이상학적

---

26 Jean Baudrillard: The Transparency of Evil, p.79.

27 Ibid. p.174.

28 Alain Badiou: Ethics. An Essay on the Understanding of Evil (L'éthique: Essai sur la conscience du Mal, Editions Hatier 1993), trans. by Peter Hallward, Verso: London and New York, 2002, p.87.

29 Slavoij Žižek: Tarrying with the Negative. Kant, Hegel, and the Critique of Ideology, Duke University Press: Durham, 1993, p.124.

30 Slavoij Žižek: Tarrying with the Negative, Chapter 4. Hegel's "Logic of Essence" as a Theory of Ideology 참조.

31 Karl Heinz Bohrer: Nach der Natur. Über Politik und Ästhetik, München 1988, S. 133. 보러의 보다 심화된 연구는 K. H. Bohrer, Imaginationen des Bösen. Für eine ästhetische Kategorie, München 2004.

인 함의를 지양하고 “미래의 악 이론”[32]을 추구하면서 악의 개념에 ‘미적인 상상의 양태’를 부여하고자 하는 것이다.

보러와는 달리 라캉과 지젝의 해석에 의거하여 근본악의 현대성을 살펴보았던 미국의 비교문학자인 콥젝에 따르면, 계몽의 기획이 표방하는 인간의 자유, 영원한 진보와 같은 파롤은 “마치 경험 가능한 대상인 것처럼 잘못 재현되는 초감성적 이념”으로서, “우리의 자유를 상정하는 데 있어 필수적인 죄의 경험을 드러내주는 반면, […] 근본악은 이러한 죄가 자유와 불멸성에 대해 우리가 경험하는 모든 것이라는 사실을 드러내준다”[33]는 것이다. 그리하여 인간의 자유는 특정한 “잉여” 속에서, 즉 “무한에의 진보라는 환상” 속에서 모습을 드러내며, 이러한 환상 속에서 인간의 유한성과 좌절은 소거되지만, 근본악을 통해 목적론적인 궁극적 판단은 유보되는 것이다. 이 지점에서 콥젝은 인간의 진보와 완전성에 대한 칸트의 낙관적 입장을 보다 근본화시킨다. 즉 칸트는 인간에 의해 만들어진 훌륭한 작품들이 아니라, “무조건적으로 행동할 수 있는 능력”을 신뢰하였으며, 또한 그는 이러한 능력이 “결코 독립적으로는 실현될 수 없으며, 단지 실현의 좌절 속에서만 존재하게 된다”는 사실을 잘 알고 있었다는 것이다. 다시 말해 우리는 칸트가 말한 인간의 완전성 내지는 영원한 진보를 그 어떠한 달성의 기회도 갖지 못하는 미래가 아니라 “현재, 즉 궁극적 판단의 현재적 체현”[34]에 위치시킬 필요가 있는 것이다.

결국 콥젝의 칸트 재해석에서 추론된 이러한 체현이 비결정론적인 이성적 도덕법칙과 자유의지의 일치된 작용을 함축한다면, 목적론적인 궁극적 판단은 주체 내에서 주체의 일부로서 포함되며, 따라서 주체는 온갖 분열에도 불구하고 계속해서 유지된다는 의미에서 자기를 능가하는 존재로 파악되어야 한다. 만일 그렇지 않고 주체가 자유와 무한한 진보 그리고 완전성을 향해 끝없이 유예된 존재로 파악된다면, 주체는 지칠 줄 모르는 탐욕의 법에 종속되어 있을 수밖에 없는 것이다. 왜냐하면 “가장 커다란 후기 계몽적 위험은 이성을 의지의 도구로 삼는 우리의 능력이 아니라, 우리를 도구로 만드는 이성의 능력임이 입

32 Ibid. S. 161.

33 Joan Copjec: Introduction: Evil in the Time of the Finite World, in: Radical Evil, ed. by Joan Copjec, Verso: London and New York, 1996, p.xx.

34 Ibid. p.xxvi.

증되었기"[35]때문이다. 도구적 이성의 지배로 인한 인간의 자연파괴와 이성에 의한 감성의 억압으로 요약되는 계몽의 자기비판은 여기서 또 다른 지표를 비판의 목록에 추가할 필요가 있는 것이다. 즉 계몽의 기획 혹은 이러한 기획 내에서 이루어지는 자기비판은 본 논문에서 해명된 바 있듯이, 칸트, 카프카, 라캉의 논의들을 토대로 추론된 법과 근본악의 구조적 상동성에 대한 인식을 통해 자신의 작용 공간을 근거 규정할 수 있어야 하며, 이러한 작용 공간이 항상 '자기에게 책임이 있고', '가상적 보편화의 효과'만을 산출하며, '실재의 결핍을 보충해줄 수만 있다'는 사실을 인식함으로써, 달성, 성취, 완성이라는 잉여의 환상을 부패한 오점의 기능화를 통해 내재화시켜야 하는 것이다.

35 Ibid. p.xxvi.

2. 욕 망

본 장에서는 헤겔의 『정신현상학』과 라캉의 시니피앙의 논리에서 중요한 기능을 수행하는 '욕망Begierde, désir'의 문제를 구조기능적인 측면에서 살펴보는 것에 초점이 맞춰져 있다. 따라서 실재 철학적이고 심리학적인 함의는 논의 대상이 아니며, 각 사상가에게서 욕망 개념이 차지하는 구조 형성적 기능에 초점을 맞춰 논의가 진행될 것이다.

2.1 헤겔에 있어서의 욕망의 문제

2.1.1 철학의 욕구

헤겔은 이미 『차이저술*Differenzschrift*』에서 자신의 철학적 모토를 "철학의 욕구Bedürfnis der Philosophie"[36]로서 제기한 바 있다. 헤겔에 따르면, 이성은 "생성과 생산의 무한한 활동 가운데에서 [...] 분리된 것을 통일시켜왔으며, 절대적 분리를 근원적 동일성을 통해 조건 지어지는 상대적인 분리로 끌어내려 왔다. 언제? 그리고 어느 곳에서? 그리고 어떤 형태로 이성의 그러한 자기 재생산들이 철학들로서 등장하는가는 우연적인 것이다. 이러한 우연성은 절대자가 스스로를 객관적 총체성으로 정립시킨다는 사실로부터 파악되어야 하는 것이다"(DI 14). 생동적인 대립성이 "화석화되고", 대립들 간의 역동적인 관계가 상실되면, 철학은 우선 현존하는 사상들 간의 관계들을 생산된 결과들로서 파악할 필요가 있으며, 자명한 상태가 되어버린 계기들 간의 대립을 다시금 풀어놓아 생생하게 만듦으로써, 역동적인 과정 전체의 내재적인 계기들을 새로이 산출할 필요가 있다는 것이다. 이러한 철학의 기본적인 욕구는 물리적인 시공간이나 개념적 기제에 한정되는 것이 아니라, 절대적인 것의 '자기객관화'의 관점으로부터 근원적인 위상을 부여받는 것이다.

현실적인 삶의 분열상에 대한 이 같은 철학적 진단[37]과 본래적인 의미에서 지속적으로

---

36 "통일의 힘이 인간의 삶으로부터 사라져 버렸다면, 그리고 대립들이 자기들 간의 생동적인 관계 및 상호작용을 상실하게 되었고 그리하여 각각 외따로 존재하고 있다면, 철학의 욕구는 생겨난다. (철학의 이러한 욕구는) [...] 굳어져버린 주관성과 객관성의 대립을 지양하면서, 지적인 세계와 실재세계의 '이미 생성되어져 있는 상태das Gewordenseyn'를 '하나의 생성ein Werden'으로, 그러한 세계의 존재를 산물 내지는 하나의 생산과정으로서 파악하고자 하는 필연적인 노력인 것이다", Georg Wilhelm Friedrich Hegel: Differenz des Fichte'schen und Schelling'schen Systems der Philosophie (이후로는 DI로 약칭), in: Gesammelte Werke, Bd. 4, Hamburg 1968, S. 14.

37 Johann Heinrich Trede: Hegels frühe Logik (1801 bis 1803-04), in: Hegel-Studien 7 (1972), S.135. und Goerg Lukàcs: Der junge

견지되어야 할 철학함의 자세가 함축하고 있는 것은 실재철학적인 차원에서도 철학의 기본 동력이 일정하게 작용하고 있다는 것이다. 이러한 철학의 기본 동력은 서로 모순적으로 보이는 전제들을 매개하고 통일시키는 반성의 구조로 이루어져 있으며, 이러한 반성개념은 또 다시 이성개념과 쌍을 이루고 있다. 반성은 "이성으로서 절대자와 관계하며"(DI 17), "반성이 절대자와 관계하는 한에서만 반성은 이성이다"(DI 19). 정립과 지양의 매개를 통해 이루어지는 이 같이 겉보기에 역설적인 절대자의 생산은 이성의 순전한 업적에 속하는 것이다. "고립된 반성"으로서 "대립된 것들의 정립"이자 "절대자의 지양"이기도 하며 "존재와 한정의 능력"(DI 16)으로서 "규정된 것과 규정되지 않은 것 간의 대립을 […] 통일시키지 않고서 병렬된 채로 놔두는"(DI 17) 오성과는 달리, 이성은 이러한 오성 자체를 규정과정에서 지양한다. 이러한 이성의 모습을 헤겔은 "대립을 수행하지 않으면서 순수하게 정립만을 행하는 이성의 활동"(DI 17)으로 규정한다. 결국 "유한한 것의 능력으로서의 반성"과 반성의 순수한 정립으로서의 무한한 운동 또는 대립을 정립시키는 동시에 지양하는 정립적 힘은 "이성 속에서 종합을 이루고 있는바, 이러한 이성의 무한성은 자체 내에 유한한 것을 담지하고 있는 것이다"(DI 18). 반성이 이성과 동일한 지평에서 ("이성은 부정적 절대자의 힘으로 그리고 이와 더불어 절대적인 부정활동으로 묘사되는 동시에 서로 대립된 주객관적 총체성을 정립시키는 힘으로서 묘사된다"(DI 17), 부정성을 구성하는 부정적 운동으로 수행된다면, 반성은 한정된 것과 자기 자신을 부정할 뿐만이 아니라, 제한된 것과 반성은 이러한 반성행위를 통해 부정된 모습으로서의 고유한 존속을 얻게 된다. 반성에 의해 수행되는 자기파괴와 자기존속의 이러한 동시성 구조는 자기고유의 힘을 통해 스스로를 구성하는 이성의 구조인 '대립 없는 순수한 정립'에 부합되는 것이다.

반성이 절대자와 관계함으로써, 반성의 겉보기에 잠정적인 성과는 사라지고 오로지 반성의 관계만이 남게 된다. 이렇게 남겨진 반성의 관계를 헤겔은 "인식의 유일한 실재성"(DI 19)이라고 부른다. 반성의 "행위" 또는 "지식"이라고도 불릴 수 있는 이 같은 반성의 실재성은 분리의 형식적 구조를 근거로 하여 이루어지는 반성적 절차에 따라 분석되는 것이 아니라, "통상의 오성의 의식 내에서 필연적으로 대립된 것을 의식된 동일성으로 구

Hegel, Zürich-Wien 1948, S. 338f.

성시키는"(DI 21) "사변"에 내맡겨져야 하는 것이다. 헤겔에게서 사변은 서로 결부되어 있는 두 국면들에 의거하여 규정된다. 즉 '철학'으로서 사변은 대립을 지양하지만, 체계로서 사변은 "통상적으로 잘 알려져 있는 체계의 형식에 따라 제한된 것을 절대자로"(DI 21) 고양시키는 것이다. 이미 언급되었듯이, 반성이 절대적 부정활동으로서의 이성과 동일한 지평에서 부정성을 구성하는 부정적 운동으로 수행됨으로써, 반성은 한정된 것과 자기 자신을 부정하지만, 다른 한편으로 이러한 반성의 수행자체는 반성으로 하여금 스스로 일정한 모습을 갖게 만들어주며 동시에 반성에 의한 부정을 실행시켜주는 것이다. 이러한 실행과정에서 반성의 형식적인 측면과 반성자체는 통일을 이루게 되며, 그 둘 간의 동일성이 산출되는 것이다. 이 같은 동일성의 산출이 바로 철학으로서의 사변에 부합되는 것이다. 그러나 계기들의 형식적인 관계만을 나타내주는 산출의 이러한 주관적인 측면과는 달리, 그것의 객관적인 측면인 체계로서의 사변은 그러한 동일성의 산출과정과 관계된다. 그리하여 사유의 계기들이 반성의 전망 하에서 고찰된다면, 그러한 계기들은 서로에 대해 반성된 것처럼 보이게 된다. 즉 각 계기는 다른 계기와 부정의 방식으로 관계하는 것이다. 그러나 이 같은 부정적인 지시연관이 계기들의 작용의 측면에 따라 고찰된다면, 반성을 진행시키는 부정태들로서 각 계기들이 구성의 매 단계에 부합하면서 그러한 매 단계마다 스스로를 구성하는 방식으로 부정의 관계를 이룬다는 사실이 밝혀지는 것이다. 그리하여 부정의 관계가 실행된다는 것은 부정태들의 작용을 통해 부정태들로 이루어진 전체가 구성된다는 것을 의미하는 것이다. 이제 철학으로서의 사변과 체계로서의 사변은 서로 긴밀한 연관관계에 놓이게 되는 것이다. 이러한 연관을 헤겔은 다음과 같이 요약하고 있다: "반성을 통해 산출된 지식의 총체성으로서의 철학은 오성이 아니라 이성을 최상의 법칙으로서 가지고 있는 개념들의 유기적 전체인 체계가 되는 것이다"(DI 23).

2.1.2 정신의 실존형식으로서의 의식

이러한 정신의 유기적 전체는 『예나시대의 체계구상편*Jenaer Systementwürfe*』에서 구체적으로 입증된다. 『차이저술』에서 철학함의 목표가 실존의 삶에 용해되어 있는 '초월적인 삶'의 작동원리를 파악하는 것에 놓여 있었던 것처럼, 『체계구상편』에서도 역학으로부터 화학과 물리학을 지나 유기체론에 이르는 발전노선을 규명하면서 유기적인 것과 정신 간의 구조적 상동성을 도출해내는 것이 주요한 문제였다. 유기적인 것에 유비되는 정신의 실존형식을 헤겔은 의식이라고 규정한다. '개체Individuum'가 '류Gattung'의 힘으로 유지되듯이, 류는 생동적인 유기체로서 유기적인 개체 속에서 존재하는 것이다. "절대적 통일"로서 이러한 통일은 "자체의 통일과 단순성을 위해서만 존재하는 절대적으로 일반적인 것"으로서, 그것은 "절대적 에테르"라고 할 수 있다. 그러나 동시에 그것은 "생동적인 통일"로서 "직접적으로 무한하다."[38] 이러한 유기적인 것의 통일은 "자신 속에서 무한히 자신을 절대적으로 움직이는 것이자 자체의 운동 속에서 절대적으로 단순한 것으로서, 혹은 무한성의 절대적 개념을 통한 에테르의 자기 자신에로의 절대적 귀환으로서 […] 일반성과 무한성의 통일"(JS I 265)로 형성되며 정신 속에서 본질의 형태로 현상하는 것이다. 이러한 정신의 실존형태는 "단순한 것과 무한성이 하나로 존재하는 것의 개념"(JS I 266)인 의식이다. 자체 내에 구분되어져 있는 정신개념처럼, 의식개념 역시 다음과 같이 일정하게 구조화되어 있다: "의식 자체는 자기 자신의 직접적인 단순한 대립으로서, 한 번은 그것이 의식하는 대상에 대립된 것으로서 자기 자신을 능동적인 것과 수동적인 것으로 나누며, 다른 한 번은 이러한 분리의 대립으로서 차이의 절대적 일자로 존재하는 것이다"(JS I 267). 이러한 의식의 관계에는 의식과정의 기본구조가 내포되어 있다. 의식 속에서 대립의 지절들은 수동적인 것과 능동적인 것으로서 서로 팽팽한 긴장관계에 놓여 있다. 그러나 이러한 긴장은 의식의 통일이 두 지절 간의 대립에 선행하는 것으로, 즉 결과로서 미리 생각될 수 있을 때에만 효력을 지닐 수 있는 것이다. 그리하여 능동적인 것인 "의식하는 것"과 수동적인 것인 "의식된 것"은 "제3의 것, 즉 의식의 이러한 통일을 위해서만"(JS I 273) 존재하는 것이다. 결과로서 현상하는 것이 미리 규정되어 있다는 것은 스스로를 대립 속에서 유지하는 통일을 함축하고 있는 역동적인 의식과정의 통일적 의미에 의존하고 있다. 이러한 통일적 의미가 없다면, 대립지절 중의 어느 하나도 그러한 지절로서 인식될 수 없을 것이며, 마찬가지로 대립의 한 지절이 다른 지절일 수도 있는 한에서 일자적 존재의 의미에서 대립의 통일로서 존재하는 것으로 생각되어야 한다는 점이 이해되기 힘들 것이다.

---

38 Georg Wilhelm Friedrich Hegel: Jenaer Systementwürfe I (이후로는 JS I로 약칭), in: Gesammelte Werke, Bd. 6, Hamburg 1975, S. 239.

2.1.3 자기의식으로서의 욕망

이러한 헤겔의 의식규정은 『정신현상학*Phänomenologie des Geistes*』에서 보다 구체화된다. 정신의 실존형식인 의식은 "지식과 지식에 부정적인 대상성이라는 두 가지 계기들"[39]을 가지고 있는 것의 직접적인 현존재라는 것이다. 체계구상 편에서 규정된 의식관계의 계기들, 즉 대립 속에서 유지되는 통일의 형태를 지니는 의식의 두 측면들은 통일을 대립으로서 존재하도록 만드는 '순수한 차이'(vgl. JS I 275ff.)라는 중심에 집중되어 있으며, 이러한 중심 또는 '규정성을 담지한 대립물'로서의 의식은 자기 자신으로부터 무언가를 구분한다. 이러한 의미에서 의식은 "의식 그 자체를 위한 무언가"(PhG 58)라고 할 수 있다. 이러한 무언가의 '존재' 내지는 '관계'를 헤겔은 "지식"이라고 부르며, 이것과 구별되는 것을 "즉자적 존재"라고 부른다. '의식을 위한 무언가의 관계'가 지식으로 규정됨으로써, '알려진 것으로서의 관계된 것das Bezogene als das Gewußte'은 지식과 구분되고 "이러한 관계 밖에서도 존재하는 것으로서 정립된다." 그리고 즉자적 존재로서 이렇게 알려진 것은 "진리"(PhG 58)라고 불린다. 결국 의식의 두 계기들인 의식을 위한 무언가의 존재로서의 지식과 즉자적 존재 내지는 진리로서의 알려진 것은 의식 속에서 "개념과 대상"으로서 또는 "척도와 검증되어야 하는 것der Maßstab und das zu Prüffende"(PhG 59)으로서 존재하는 것이다.

System
der
Wissenschaft
von
Ge. Wilh. Fr. Hegel
D. u. Professor der Philosophie zu Jena,
der Herzogl. Mineralog. Sozietät daselbst Assessor
und andrer gelehrten Gesellschaften Mitglied.

Erster Theil,
die
Phänomenologie des Geistes.

Bamberg und Würzburg,
bey Joseph Anton Goebhardt,
1807.

Titelblatt der "Phänomenologie des Geistes" von Hegel, Bamberg/Würzburg (1807)

이러한 의식관계에서 우리는 의식이 지니는 결정적으로 중요한 함의를 얻게 된다. 즉, 즉자적 존재 또는 지식의 대상으로서의 무언가는 '존재 내지는 관계'로서의 지식에 대면

---

39 Georg Wilhelm Friedrich Hegel: Phänomenologie des Geistes (이후로는 PhG로 약칭), in: Gesammelte Werke, Bd. 9, Hamburg 1980, S. 29.

하고 있는 것으로 생각될 수 있어야 하는 것이다. 다시 말해 즉자적 존재 또는 무언가는 한편으로는 최초의 대상으로서의 즉자적 존재로, 다른 한편으로는 "의식을 위한 즉자의 존재"(PhG 61)라는 두 번째 대상으로 이중화되는 것이다. 즉자적 존재가 지식과 구분되는 것으로 정립될 뿐만이 아니라, 또한 바로 '이러한 즉자적 존재'로, 즉 의식을 위한 '바로 그 무언가'로 알려지게 됨으로써, 그러한 즉자적 존재는 의식을 위한 그 무언가를 지시하는 또 다른 계기인 일종의 '지시체Demonstrativum'가 된다. 그리하여 무언가의 존재로서의 지식의 형상은 자기 자신의 지식으로서 즉자적 존재의 존재 형상으로 변화되며, 동시에 이러한 변화과정에서 지식과 즉자적 존재 사이의 구분은 지양되는 것이다. 이러한 과정을 통해 모습을 드러내는 것은 "의식을 위한 이러한 즉자의 존재, 즉 진정한 존재, [···] 본질"(PhG 60)이다. 무언가를 지시하는 지시체로서의 본질이자 자기 자신의 지식은 "모든 차이가 지양되어져 있는 것으로서의 무한성이자, 축을 회전시키는 순수한 운동이며, 절대적으로 소요를 일으키는 무한성으로서의 자기 자신의 고요함이자, 운동의 차이들이 해소되어 있는 독자성 그 자체인 것이다"(PhG 105).

이러한 본질에는 두 가지 기본계기들이 속해 있다. 그 하나는 "독자적인 형상들의 존속"이며, 다른 하나는 "그러한 존속을 차이의 무한성하에로 종속시키는 것"이다. 첫 번째 계기에서는 각 부분이나 존속하는 각 형상이 "대자적으로 존재하며", 두 번째 계기에서는 그러한 형상이 "일반적 실체", 즉 일반적 매개체로서 구별을 통해 차이들을 유지시켜주는 일반적 실체에 대립하여 그 자체로 무한한 실체로서 정교화된다. 그 결과 "일반적인 유동적 매개체에서의 삶은 [···] 과정으로서의 삶이 되는 것이다"(PhG 106). 독자성의 일반적인 매개체 속에서 대자적으로 존재하는 계기들의 형상화가 삶의 과정과 동시적으로 수행된다는 것은 삶의 과정이 "형상의 지양인 동시에 형상화이기도 하며", 같은 의미에서 "형상화가 지양인 동시에 분절화이기도 하다"(PhG 106-107)는 것을 의미하는 것이다. 이러한 두 과정들은 "스스로를 발전시키면서 자신의 발전을 해소시키고 이러한 운동과정에서 스스로를 단순하게 유지시키는 전체"(PhG 107)로서의 삶 자체를 이루는 전체 원환운동을 구성하는 것이다. '류'이기도 하면서 '반성된 통일'이기도 한 '자기의식'으로서 이러한 삶은 세 가지 측면에서 파악될 수 있다. 첫째, 자기의식은 차이 없는 단순한 일반자로서의 "구별되지 않은 순수한 자아"를 자신의 최초의 대상으로 가지고 있으며, 둘째, 이러한 직접성은 이미 매개된 것이라는 점에서 "절대적 매개"이며 그런 의미에서 "독자적인 대상의 지양"에 다름 아닌 "욕망"이고, 셋째, 이처럼 자기의식의 자기반성이 함축하는 진리는 바로 "이중화된 반성 내지는 자기의식의 이중화"(PhG 108)인 것이다. 결국 자기의식은 "그 자체로 자신의 타자존재 혹은 부정적인 것으로서의 차이를 정립시키는 가운데 독자적으로 존재하는 의식의 대상"(PhG 108)인 것이다. 그리하여 자신의 부정성 속에서 독자적으로 존재하는 이러한 대상은 "생동적인 자기의식"이 되는 것이다. "의식이 감각적 차안의 채색된 가상으로부터 그리고 초감각적인 피안의 공허한 밤으로부터 현재의 정신적 낮으로 진입"(PhG 109)할 때, 다시 말해 의식이 순수한 부정성의 운동을 대상으로 삼는 순간, '의식은 자기의식이 되며'(PhG 100), 의식의 작용기반으로 기능하는 자기의식, 또는 욕망은 '구별된 것들을 구별하는 것'(PhG 101)이자 다양한 '힘들의 유희가 이루어지고 있는 과정'(PhG 110)의 추동력이 되는 것이다. 그 결과 자기의식 또는 욕망은 '대립 없는 순수한 정립'에 부합되는 이성인 동시에, 또한 부정태들의 작용을 통해 부정태들로 이루어진 전체를 구성하는 사변이자 '축을 회전시키는 순수한 운동'으로서 모습을 드러내는 것이다.

2.2 라캉의 '이론'에서 '욕망' 개념이 차지하는 위상

2.2.1 주체와 시니피앙

앞서 자세히 논의된 바 있기에 본 장에서의 맥락에 부합되게 간략히 일반화시켜 이야기하자면, 라캉 이론의 기본적인 구상은 다음과 같이 요약될 수 있을 것이다. 즉 무의식이라는 것은 그 어떠한 신비적 표상들이나 그 어떠한 종류의 심층심리학과도 구별되며, 이러한 무의식 속에서 정신분석학은 "언어의 전체 구조"[40]를 발견하고자 한다는 것이다. 이러한 기본 구상에 부합되게 라캉은 "무의식의 지도"[41]를 펼쳐보고자 한다. 아슬아슬한 공중곡예와도 같이 진행되는 라캉의 지도그리기에서 우리는 우선 그의 기본 테제를 부각시켜 볼 필요가 있다. 후기 세미나 중의 하나인 『앙코르*Encore*』에서 그는 무의식과 관련하여 자

---

40 Jacques Lacan: Schriften II (이후로는 Schriften II로 표기) (Écrits, Paris Ed. du Seuil, 1966), Quadriga: Berlin 1975, S. 19.

41 Ellie Ragland-Sullivan: Jacques Lacan und die Philosophie der Psychoanalyse 1 (Jacques Lacan and the Philosophy of Psychoanalysis, Univ. of Illinois Press, 1987), Quadriga: Berlin 1989, S. 16.

신의 기본 테제를 다음과 같이 규정하고 있다: "무의식은 언어처럼 구조화되어 있다." 그리고 "무의식은 언어로서 구조화되어 있다."[42] 이러한 기본 테제와 기본 구상은 특정한 방법론적 절차에 의거하여 전개되는바, 이러한 방법론적 절차의 기저에는 바로 '시니피앙의 논리'라고 불릴 수 있는 고유한 방법론이 자리 잡고 있다.

(정신)분석적인 담론에 다름 아닌 이러한 시니피앙의 논리의 출발점은 "시니피앙의 기능화로부터 그 자체로 전제되는 것인 효과", 즉 "주체"(Encore 54)이다. 언뜻 보기에 주체는 시니피앙의 기능화에 뒤이어 오는 것으로 보이지만, 사실 주체는 시니피앙의 기능화가 이루어지고 나서야 비로소 시니피앙의 기능화를 가능케 하는 것으로 전제될 수 있는 것으로서 나타난다. 라캉의 규정에 따르면, 이러한 주체는 "하나의 시니피앙을 특징짓는 것과 하나의 또 다른 시니피앙을 특징짓는 것을 서로 매개시키는 효과"(Encore 55)라고 한다. 두 가지 서로 다른 시니피앙을 매개시키는 효과로서의 주체와는 달리, 시니피앙은 "다른 시니피앙을 위한 주체"(Encore 54)로서 규정될 수 있다. 이처럼 라캉이 시니피앙을 '다른 시니피앙을 위한 주체'로 규정하면서 주체에 두 가지 서로 다른 시니피앙을 매개시키는 효과의 기능을 부여하였다는 것은 그가 자신의 이념을 소쉬르의 이념으로부터 분리시키고자 하였다는 점을 말해준다고 볼 수 있다.

라캉이 소쉬르의 이론과 씨름하였던 문제는 소쉬르 자신에 의해 "실제적인 사태"[43]로 규정되었던 기호의 자의성, 즉 시니피앙과 시니피에 사이의 임의적이고 연상적인 결합이었다. 라캉은 무엇보다 다음과 같은 공식화된 표명을 통해 소쉬르와 거리를 두면서 자기 고유의 입장을 규정한다: "시니피앙이란 다른 한 시니피앙을 위한 […] 주체를 대표하는 것이다."[44] 라캉이 생각하기에, 기호의 자의성 내지 임의성, 즉 시니피앙과 시니피에 간의 자의적인 결합이라는 것은 소쉬르에게서처럼 전적으로 유효한 것이 아니라, 일정하게 제한된 조건하에서만 가능한 것이다. 다시 말해 "시니피에의 작용들이 이것을 야기시키는

---

42 Jacques Lacan: Das Seminar. Buch XX, Encore(이후로는 Encore로 약칭) (Encore, Paris, Seuil, 1975), Quadriga: Berlin 1991, S. 20.

43 Ferdinand de Saussure: Grundfragen der allgemeinen Sprachwissenschaft(이후로는 de Saussure로 약칭), hrsg. von Ch. Bally u. A. Sechehaye, übersetzt von H. Lommel, Berlin 1967, S. 144.

44 Jacques Lacan: Das Seminar. Buch XI, Die vier Grundbegriffe der Psychoanalyse(이후로는 Seminar XI로 약칭) (Les quatre concepts fondamentaux de la psychanalyse, Paris Seuil 1973), Quadriga: Berlin 1978, S. 208. Encore의 34쪽도 참조.

것과 겉으로 보기에 전혀 관계가 없는 것처럼 여겨지는" 조건하에서만 기호의 자의성이 유효할 수 있다는 것이다. 여기서 라캉이 말하고자 하는 바는 "우리가 그러한 시니피에의 작용들을 야기시키는 것이 실재적인 것과 일정하게 관계된다는 사실을 고려"(Encore 24)해야 한다는 것이다. 더 나아가 그러한 조건이 함축하고 있는 것은 "지시체들, 즉 시니피앙이 다가가려고 하는 사물들이란 개략적으로만" 접근될 수 있다는 것이다. 더구나 "시니피앙/시니피에의 구별의 층위에서 불가결한 제 삼의 것, 말하자면 지시체로서 존재하는 것과 시니피에의 관계가 나타내주고 있는 바는 시니피에가 그러한 제3의 것으로서의 지시체로부터 빗나가 있다는 것이다"(Encore 24). 이러한 이유로 라캉은 기호의 자의성 관계를 두 요소들 간의 '미끄러짐의 관계'로 대체시키는 것이다. 즉 자신의 시니피에를 찾아 나서는 시니피앙은 자신의 시니피에와 만나 이것을 지시하는 것이 아니라, 매번 시니피앙들의 장으로 미끄러져 들어가 거기서 다른 시니피앙을 만난다는 것이다. 그리하여 시니피앙은 시니피에를 재현하는 것이 아니라, 시니피에를 '생산'하는 것이다("시니피에는 바로 시니피앙의 효과인 것이다", Encore, S. 38).

시니피에를 시니피앙의 효과로서 생각할 경우에, 시니피앙에는 능동적이고 생산적인 의미가 부여되었다면, 시니피앙의 이러한 생산적 작용의 담지자란 무엇인가 하는 물음이 제기될 수 있다. 라캉 자신은 이 점에 대해 명확한 설명을 하고 있지는 않지만, 그의 언급들로부터 우리는 다음과 같은 점을 추론해볼 수 있을 것이다. 시니피앙이 아무것도 말하려고 하지 않고 그렇기 때문에 아무것도 재현하지 않는다면, 그것은 특정한 의미에서의 '무das Nichts'를 대표한다고 할 수 있다. 이러한 무는 '절대적 부정성'으로서의 주체에 부합되는바, 이것은 라캉에 따르면, "주체로서 앞으로 다다르게 될 시니피앙하에서 사라지기 전에 […] 절대적으로 무였던 것"(Schriften II 213-214)이다. 이러한 무로서의 주체는 "항상 무언가가 소거되고 상실되는 봄의 순간 내지는 직관의 순간과 무의식의 파악이 종결되지 않는 순간이자 재획득의 환상이 문제가 되는 비껴감의 순간 사이에서 […] 점차 사라져가는 현상"(Seminar XI 38)으로 나타나는 것이다. 그리하여 주체에게는 순간적이고 임시적인 효과에 다름 아닌 '현상하는 동시에 사라지는 시니피에'의 위상이 부여될 수 있으며, "시니피앙의 사슬 속에서 미끄러지는 것"으로서의 주체는 "하나의 시니피앙을 특징짓는 것과 하나의 또 다른 시니피앙을 특징짓는 것을 서로 매개시키는 효과"(Encore 55)로 규정될 수 있는 것이다.

그렇다면 이러한 '효과'로서의 주체는 구체적으로 무엇을 의미하는 것일까? 우리는 이에 대한 실마리를 라캉의 다음과 같은 논의에서 찾아볼 수 있을 것이다. 라캉은 주체를 "자신의 지식을 통해 청산되는 진정한 존속과 실존이 죽음에 의해 지탱되고 있는 담론 사이의 이중적인 난항과 결부된 […] 비존재자의 존재"(Schriften II 176)로 규정하기도 하는데, 여기서 이야기되는 비존재자의 존재는 한편으로는 '자기진술 속에서 자기진술자인 자기에 스스로를 관계시키는 것' 또는 '비존재자가 존재한다는 것'의 '빈술 작용'을, 다른 한편으로는 비존재적인 존재로서의 진술을 의미하는 '빈술'을 함축한다. 후자가 언술맥락 내지는 언술상황이라고 한다면, 전자는 이러한 언술맥락 내지는 언술상황의 작용이 된다. 결국 시니피앙이 지시하는 주체는 비존재자의 존재함이 언술되고 있는 작동하는 언술맥락이자 비존재자의 존재함에 대한 언술 그 자체이기도 한 것이다.[45]

2.2.2 진리의 차원

스스로를 말하면서 스스로를 자신과 관계시키는 언술은 언어 속에서 진술되는 "어떤 것"으로서의 타자에 부합된다고 추론해볼 수 있다. 이러한 추론을 정당화시키기 위해 우리는 어떻게 타자, 즉 '살아 있는 것의 장'이 언어를 통해 객관화된 것으로서, 다시 말해 '자기가 말하는 것을 알지 못하는 것'이라는 의미에서의 객체로서 우리에게 입증될 수 있는지에 대해 물음을 제기해볼 필요가 있다. 라캉이 생각하는 언술이란 항상 '완전한 언술, 또는 가득 찬 언술das volle Sprechen'을 의미하며, 이러한 완전한 언술은 모든 실재관계들이 괄호 속에 넣어지고, 시니피앙 사슬 내에서 미끄러짐의 과정이 빠짐없이 모두 진행될 경우에만 가능한 것이다. 그 때문에 그는 기존의 실재성 개념을 진리의 '차원dimension'이라는 새로운 개념으로 대체시킨다: "문제는 근본적으로는 실재성 개념으로 교체되어야 하는 고유한 차원인 주체의 진리를 실현시키는 일이다."[46] 이러한 진리의 차원이 지니는 함의를 명

45 보다 구체적인 논의는 본 서 IV. 1. 악/법 장 중 '1.3 실재의 존재를 말하는 어려움: 라캉의 시니피앙의 논리'를 참조하라.

46 Jacques Lacan: Das Seminar. Buch I, Freuds Technische Schriften(이후로는 Seminar I로 약칭) (Les Ecrits techniques de Freud, Paris Seuil, 1975), Quadriga: Berlin, 1990, S. 30.

확히 하기 위해 라캉은 언어유희를 통해 다음과 같이 규정한다. 그것은 "dit-mension, 즉 언술된 것이 머무는 곳"(Encore 104)이다. 다시 말해 언술의 주체가 자기 자신으로 회귀하는 곳이 바로 진리의 차원인바, 이러한 회귀과정에서 언술주체는 스스로를 "가상의 실체로서, 생동적인 환상의 재료로서, […] 가상이 머물고 있는 곳으로서, '앞에서 Vor'를 산출하는 통상의 현상으로서, 그리고 사물로부터 산출되는 제3의 것으로서"[47] 자기 앞에 세움으로써, 모든 객관화와 모든 대상화를 괄호에 넣는 것이다. 기존의 진리 개념과 구별되는 이러한 진리의 차원은 언술주체로서의 가상이 지나감으로써 생겨나는 시공간적인 차원을 의미하며, 이렇게 생겨난 시공간적인 차원은 언술주체에 의해 일정한 틀 안에 포착되어 객관화된 것으로 입증되는 것이다.

진리의 차원 내지는 '언술된 것이 머무르고 있는 곳'으로 접근할 가능성 또는 그러한 차원의 존재여부를 나타낼 가능성은 시니피앙이 정립되는 장소로서의 타자를 통해서만 주어지지만, 라캉에 따르면, 반대로 이러한 타자는 '지식'에 의해 장소로서 정립된다고 한다. 그러나 이러한 지식은 "이미 타자 속에 존재하며, 또한 그것은 취해질 수 있는 것"(Encore 104)이다. 타자를 정립시키는 지식이 이미 타자 속에 있다는 말은 '작동 중에 있는 언술맥락 Sprechkontext in Operation'과의 연관 속에서 보다 명확히 이해될 수 있다. 앞서 살펴본 바와 같이 시니피앙이 지시하는 비존재자의 존재로서의 주체는 빈술 작용과 빈술 혹은 언술맥락의 작용과 언술맥락이라는 두 가지 모습을 가진다. 그리고 동일한 의미에서 빈술 또는 진술로서의 언어는 언술맥락의 존재와 이것의 작용을 환기시켜주기 위해 존재한다. 즉 언어는 언술맥락의 실제적 작용을 파악하기 위해 존재하기 때문에 언술맥락에 선행하는 것으로 규정될 수 있지만, 실제로는 언술맥락의 작용이 언어를 가능케 하는 것이기 때문에 언어는 언술맥락보다 뒤에 오는 것이라고 할 수 있다. 이러한 언어에 의해 고착된 것이 지식이라고 할 때, 언어에 의해 환기되어야 하는 언술맥락, 즉 타자는 처음에는 지식에 의해 일정하게 규정되지만, 언술맥락이자 타자가 언어를 가능케 하는 것이기 때문에 타자를 정립하는 지식은 바로 이러한 가능성의 장으로서의 타자 속에 존재하며 또한 그 속에서 찾아질 수 있는 것이다.

---

47 Jacques Lacan: Das Seminar. Buch VII, Ethik der Psychoanalyse (이후로는 Seminar VII로 약칭) (L'éthique de la psychanalse, Paris Seuil 1986), Quadriga: Berlin, 1996, S. 77.

진리의 차원에로 이를 가능성이 타자라는 언술맥락을 통해 이루어질 수 있으며, 여기서 지식과의 불가피한 관련이 밝혀졌다면, 이제는 그러한 접근을 위한 실재적인 발판을 구축하는 작업이 이루어져야 할 것이다. 앞서 입증되었듯이, 자기진술 속에서 자기진술자인 자기에 스스로를 관계시키는 언술의 주체는 모든 대상화를 부정하며 오직 '자기 자신만을 자기 앞에 세우는sich vor sich selbst stellend', 즉 '표상하는vorstellend' 특성을 지닌다. 그 때문에 대상화될 수 없지만 실재적인 것인 진리의 차원이 가상적인 것으로나마 현상하도록 해주는 발판을 마련하는 것이 필수적이다. 라캉은 이러한 형상화 방식을 '오해'의 방식으로 규정한다. 자기인식적인 기능을 지니는 오해의 과정에서 주체는 "자신에게 대면해 있는 순간에" 하나의 상像, 즉 "자신의 거울 속에서 자기 자신에 대해 스스로 만들어내는 고대된 상"(Schriften II 183)을 확신한다. 다시 말해 주체는 자신의 거울상 속에서 가상적인 것으로서 현상함으로써, 자기오해를 통해 자기인식에 도달하는바, 이러한 '자기인식'에 본질적인 '자기오해'가 바로 진리의 차원의 발현방식인 것이다. 그리고 동시에 이러한 발현방식의 발판이 모습을 드러내게 되는데, 라캉은 그것을 '언어'로 규정한다. 라캉에 따르면, 이러한 발현방식의 발판으로서 언어는 "스스로를 존재로서, 즉 성관계로서 형성시키는 데에로 이를 수 없는 실재계의 유일한 부분의 부재를 보충하기 위해 기능하는 것"(Encore 53)이라고 한다. 이 같은 언어는 한 순간도 포착될 수 없는 "측면의 존재das Sein para"(Encore 49)로서의 존재개념을 대체하는 "측면-존재par-être 개념과의 연관 속에서"(Encore 50) 정교화될 수 있으며, "언어 자체의 시니피에 효과에 있어서 매번 지시체 옆에만"(Encore 49) 있게 된다. 그리하여 실재계의 유일한 부분이 언어를 통해서만 '보충적으로' 정교화되고 의미화될 수 있다면, 중요한 것은 이 같은 언어의 기능영역과 기능방식을 해명하는 일일 것이다.

2.2.3 욕망의 논리로서 시니피앙의 논리

일반적으로 언어상 유효한 것은 시니피앙들에도 정교화되어 있으며, 무의식 역시 주체의 구성 기반(vgl. Encore 95)인 시니피앙들에 관계하고 있다. 따라서 이제 문제는 시니피앙의 논리를 해명하는 일일 것이다.

라캉은 시니피앙의 통일을 다음과 같이 설명한다. 즉 시니피앙은 "최종적인 구별적 요소들로 환원될 수 있으며, 이러한 구별적인 요소들은 완결된 질서의 법칙들에 따라 결합된다"(Schriften II 26). 음소들이라고 특징지어질 수 있는 구별적인 요소들의 기저에는 하나의 체계, 즉 "주어져 있는 언어 속에서 개별 단어들을 구분하는데 있어 필수적인 구별적 결합의 공시적 체계"(Schriften II 26)가 놓여 있다. 공시적 체계에서 발견될 수 있는 사실은 "언술 내에서 하나의 본질적인 요소가 동적인 특성들로 미끄러져 들어가도록 예정되어 있으며", 그것은 "글자, 문자 등으로 지칭될 수 있는 것"으로서 "본질적으로 위치 지어져 있는 시니피앙의 구조"에 다름 아니라는 것이다. 결국 "시니피앙의 사슬 속에서 '의미Sinn'는 사슬 내의 어떠한 요소도 자신이 순간적으로 발휘할 수 있는 '지시작용Bedeutung' 속에서는 일관성을 견지하지 못한다는 점을 주장하는 것이다"(Schriften II 27). 문장의 '의미'란 사유(생각된 것)이며, '지시체Bedeutung' 속에서 문장의 진리 값이 찾아져야 한다고 주장하였던 언어철학자 프레게G. Frege와는 달리, 라캉은 문장의 진리란 고정된 것이 아니라 사슬 내의 시니피앙들 사이에 놓여 있는 '미끄러짐'의 관계에 따라 계속 유예되는 것이라고 생각하는 것이다.

이 같은 시니피앙의 작용을 보다 구체적으로 설명하기 위해 라캉은 시니피앙의 작용영역의 두 가지 구성요소를 이끌어낸다. 첫 번째 구성요소는 욕망의 비유적 표현방식으로서의 '환유metonymy'(예를 들면, '서두르다'는 비유적으로 '날아가다'로 표현된다)이고, 두 번째 구성요소는 한 시니피앙을 다른 시니피앙으로 대체시키는 작용 내지는 고유한 의미Bedeutung가 사라지는 순간으로서의 '은유metaphor'이다. 라캉에 따르면, "은유의 창조적 불꽃은 두 개의 그림들, 즉 동일한 방식으로 실현된 두 개의 시니피앙들의 현재화로부터 생겨나는 것이 아니다. 그것은 두 개의 시니피앙들 사이에서 생겨나는바, 그중 하나는 시니피앙 사슬 내에서 다른 하나의 자리를 취하여 그것을 대체하며, 이때 가려진 시니피앙은 사슬의 나머지 부분과 (환유적으로) 결합됨으로써 현재하는 것이다"(Schriften II 32).[48]

시니피앙의 무한한 계열에서 자신의 시니피에를 찾아나서는 시니피앙은 매번 시니피앙

---

48 라캉은 환유와 은유가 이루는 이러한 상호작용을 일종의 대수학적인 연산방식으로 표현하기 위해 알고리듬(S/s)을 사용한다. 이러한 알고리듬에서 막대선은 대문자 S와 소문자 s를 서로 구분하는 동시에 시니피앙이 시니피에로 접근하는 것에 저항함으로써 시니피앙의 독자성을 부각시키는 기능을 하고 있다. 라캉에게서 이러한 저항이 의미하는 바는 막대선의 교차와 시니피앙과 시니피에의 관계 그리고 의미화의 생산 자체 등이 자명하지 않다는 것이다.

들의 장으로 미끄러져 들어가 다른 시니피앙들을 만난다. 그러나 한 시니피앙이 다른 시니피앙을 지시하고 이러한 다른 시니피앙이 또다시 다른 시니피앙을 지시하여 시니피앙의 사슬 내에서 무한한 지시연관이 작용하고 있다고 한다면, 이러한 시니피앙의 사슬의 체계의 유일한 작동원리라고 할 만한 것은 단지 '체계적인 비규정성'의 원리일 것이다. '체계적인 비규정성'의 원리는 시니피앙의 '알고리듬적인 기능'을 통해 작동되는바, 이러한 알고리듬적인 기능은 개별 시니피앙이 서로에 대해 구별적이며 상호작용적인 관계를 맺는 가운데 일정하게 표기되는 과정에서 작동한다. 결국 전체 의미화 과정은 시니피앙의 '순수한 작동성pure operativity'에로 환원될 수 있으며, 이러한 순수한 작동성의 과정에서 막대선은 역동적인 체계의 근간으로 기능하는바, 이러한 체계는 '분할', '결핍', '틈새' 등을 근원적인 장소들 속에 체계화시키면서 체계성 내지는 근원 혹은 중심의 근원적 가치를 지니는 것이다.

막대선이 모든 시니피앙에게 자기 고유의 시니피에에 도달하는 것을 금지하는 한, 시니피앙들은 "환유적 사슬"이라고 특징지어지는 무한한 의미유예로 미끄러져 들어갈 수 있을 뿐이다. 그러나 시니피앙들의 환유적 미끄러짐이 의미의 제거에 의존하고 있을지라도, 이렇게 제거된 의미는 단순히 사라져 버리는 것이 아니라, 환유적 사슬의 '원인'이자 '목적'으로서 유지된다. 다시 말해 그러한 의미가 상실된다면, 그것은 욕망의 결여된 대상이 되며, 그것이 욕망될 경우, 그것은 환유적 사슬의 목적으로 규정되는 것이다. 환유적 사슬의 이 같은 목적론적인 지평은 앞서 언급된 바 있는 라캉의 시니피앙 규정에서 명확히 드러난다: '시니피앙은 다른 시니피앙을 위한 주체를 대표하는 것이다.' 이러한 규정에서 '위한'은 시니피앙의 대체작용에 부합될 뿐만 아니라, 또한 욕망을 주도적인 추동력으로 삼고 있는 시니피앙 질서의 내적인 목적론을 작동시키는 것이기도 하다. 결국 시니피앙 질서의 기능 작용을 구성하고 있는 환유적 미끄러짐은 환유적 과정을 따르기 때문에 무한히 스스로를 유예시키는 동시에 자신의 고유한 목적 역시 무한히 유예시키는 욕망의 논리를 따르고 있는 것이다. 그리하여 욕망의 법칙에 다름 아닌 언어의 법칙에 의해 환유와 은유의 통일이 이루어짐으로써, 욕망의 논리에 다름 아닌 시니피앙의 논리가 구축되는 것이다.

2.3 결론의 유예

헤겔에게서 욕망으로 규정된 자기의식은 '자신의 타자존재 혹은 부정태로서의 차이를 정립시키는 가운데 독자적으로 존재하는 의식'의 대상인 동시에, 무언가의 '존재' 내지는 '관계'와 구별되는 '대상성' 혹은 '알려지고 관계된 것으로서의 의식의 즉자적 존재'이기도 하다. 이러한 즉자적 존재는 이미 알려진 것이고 관계된 것이라는 점에서 의식의 작용기반이지만, '의식의 경험과정'을 거치면서 "검증"되어야 하는 것이다. 그렇기 때문에 욕망으로서의 자기의식은 처음부터 절대적 부정성의 순수한 자기운동으로서 기능하는 동시에, 전체 운동과정을 거치면서 검증되어야 할 "진리"의 위상을 지니는 것이다. 반면 라캉에게서 욕망은 시니피앙의 논리를 이끌어주는 수단으로서, "시니피앙 사슬의 가장 근본적인 구조"이자 주체의 균열이 야기시키는 "스스로를 반복하는 간격"(Schriften II 222-223)을 통해 담지된다. 그리하여 '주체의 균열'은 주체가 소멸하는 동시에 주체의 소멸 자체가 근거규정되는 '균열자체의 실행과정'으로 규정될 수 있는 것이다. 이 점을 라캉은 다음과 같은 언어유희를 통해 입증하고자 하였다: "나는 내가 나의 사유의 장난감인 곳에서 존재하지 않는다. 그리고 나는 내가 생각하는 것을 생각지 못하는 곳에서 내가 무엇으로서 존재하는지를 생각한다"(Schriften II 43). 이 같은 라캉의 말은 다음과 같이 해석될 수 있다. 즉 나의 사유가 나를 지배하는 곳에서는 나의 존재가 유보되며, 생각하는 것을 생각하지 못하는 곳에서, 즉 초월적이지 않게 생각하는 곳에서는 나의 존재와 이러한 존재에 대한 사유가 동시적으로 이루어진다는 것이다. 그렇다면 비초월적이면서도 자신의 존재를 사유하는 것이 어떻게 가능할까? 이러한 물음의 해답은 주체의 균열에 놓여 있는 것으로 보인다. 왜냐하면 주체의 균열은 자기 자신과의 불일치에 대한 확신을 통해 자기 고유의 확신을 고수하는 주체를 입증하는 과정으로 작용하기 때문이다. 그리하여 결여된 주체는 의미화 작용에 자신을 집중시키는 것이다.

결국 헤겔에게서 욕망으로서의 자기의식이 궁극적 만족이 아닌 항상 또 다른 자기의식과 만난다(PhG 108)는 점에서 환유적 미끄러짐에 기초한 라캉의 욕망과 유사한 지평에 놓여 있다고 볼 수 있지만, 독자적인 대상을 절멸시키며, 그런 의미에서 항상 '자기와는 다른 것'이 되는 동시에 이것에 대한 반성을 통해 이중화되어 '자기 확신'에 도달하는 헤겔의 자기의식으로서의 욕망은 자기균열의 확신을 매개로 하여 결여된 주체의 '존속'을 입증하고자 하는 라캉의 욕망과 구별된다.

3. 이미지: 플라톤적 이미지론

1991년 첫 번째 걸프전, 2001년 9월 11일 세계무역센터 참사 그리고 2003년에 다시 재개된 미국의 이라크 침공 같은 세계적 사건들을 CNN을 통해 안방에서 24시간 생방송으로 지켜보면서 사람들은 전자전송 이미지들이 지니는 '실재적 효과'를 생생하게 체감할 수 있었다. 사건이 실제 벌어지고 있는 곳에서는 생물학적인 지각능력의 한계로 인해 실제로 일어나고 있는 일들에 대해서는 부분적인 지각만이 이루어지며 따라서 사건 자체에 대한 인지 역시 제한적으로만 수행될 수 있는 반면, 카메라를 통해 사건의 현장을 실시간으로 그리고 시지각의 범위를 넘어서는 포커스로 보여주는 현재의 '이미징 테크닉imaging technique'은 사건에 대해 다차원적인 모습들을 보여줌으로써, 우리가 살고 있는 세계가 이미지로 구성된 '이미지 세계'가 아닐까 하는 물음이 제기될 정도로 우리는 현재 이미지들이 우리의 현실적인 삶 속에 깊이 뿌리내리고 있을 뿐 아니라 우리의 현실 인식에 결정적인 영향을 미치고 있다는 사실을 체감하고 있다. 더구나 다양한 매체를 통해 실현되는 이미징 테크닉은 이미지들과 감각적 지각들 그리고 다종 다기한 감정과 생각 간의 구별을 무의미한 것으로 만들어버리는 가상현실을 창조함으로써, 종래의 '경험' 개념을 새로운 '환경'으로 뒤바꿔 놓고 있다. 인터넷과 같은 가상공간에서의 경험은 사용자 개인의 주체적 활동만이 아니라 이러한 활동과 공생관계에 있는 정보들의 작용에도 의존하는 것이기 때문에, 기존의 주체성 개념은 사라지고 점차 컴퓨터의 유비쿼터스적인 특성이 '의인화anthropomorphizing'[49] 되고 있는 것이다.

그러나 마치 이미지들의 전쟁과도 같은 이러한 이미지들의 지배적 작용은 기술발전에 의해 부각된 것일 뿐 사실 장구한 역사를 지니고 있다. 현재적인 의미에서 '전자기술적인 시뮬레이션 사건'으로 축약될 수 있는 이미지 개념은 본래 의미를 전달해주는 메타포의 위상을 지니고 있었다. 그리스어의 '메타포라metaphora'는 사태 자체를 나타내주는 표현 대신 이미지적인 표현을 사용하는 '전달'을 뜻하는 말로서, 이를 통해 감각적인 표현이 다른 감각적 표현으로 대체되거나 의인화를 통해 감각적인 것이 정신화되며, 혹은 경우에 따라

---

49 Ron Burnett: How Images Think, The MIT Press, 2004, p.xx.

정신적인 것이 감각화되는 것이다.[50] 비록 역사적으로 로고스 내지는 진리에 비해 부차적인 위상이 부여되기는 했지만, 이념사적으로 볼 때 이미지는 정신화 및 감각화의 수행체이자 대체작용의 담지자로서 중요한 역할을 해왔으며, 특히 근대에 들어 칸트, 헤겔, 셸링, 키에르케고르, 니체, 프로이트, 비트겐슈타인, 후설, 하이데거 라캉, 데리다 등을 거치면서 철학의 자기반성을 가능케 해주는 매체로 자리매김하였다.

본 장에서는 이러한 이미지 논의가 이미 플라톤에게서 원칙적인 측면에서 제기되었다고 보면서, 플라톤의 저작들을 분석하는 가운데 근현대에 이루어진 이미지 논의가 단순히 플라톤에게서 이미 수행되었다는 것을 밝히는 데 그치는 것이 아니라, 플라톤의 이미지에 관한 언술들이 이후의 이미지 논의에 이론적 기초로서 작용할 수 있는 측면들을 해명하는 것에 초점을 맞춰 논의가 진행될 것이다.

3.1 '배움', '재수용', '재기억'으로서 이미지 작용

플라톤 대화록에서 서술되는 철학의 과제는 육체로부터 영혼을 자유롭게 하여 고귀한 정신적 삶의 영역을 드러내는 것에 놓여 있다. 불확실하고 불완전하며 불분명한 감각적 육체로부터 벗어나 항상 변함없이 동일한 모습을 간직하고 있는 영혼의 순수한 상태를 추구하는 것이야말로 철학에게 주어진 과제인 동시에 철학하는 사람의 존재이유가 된다는 것이다.

영혼의 순수성을 추구한다는 것은 한편으로 혼탁하게 뒤섞여져 있는 것으로부터 순수하고 투명한 것을 솎아내는 것을 말하며, 다른 한편으로 그렇게 솎아내어진 것을 순수하게 그 자체로 본다는 것을 말한다. 플라톤의 대화록에 등장하는 소크라테스에게서 전자는 인식대상으로부터 우리 자신을 떼어놓는 작업으로 표현되며, 후자는 그에 대한 순수한 관조로 표현된다: "만일 우리가 그 무언가를 순수하게 인식하고자 한다면, 우리는 그것으로부터 우리 자신을 떼어놓는 동시에 영혼 자체를 통해 사물들을 관조해야만 한다."[51]

---

50 Wörterbuch der philosophischen Begriffe, vollständig neu herausgegeben von A. Regenbogen und Uwe Meyer, Darmstadt 1998, S. 411. '수많은 깃대들의 숲'은 감각적인 표현이 다른 감각적 표현을 통해 대체되는 경우이고, '바다가 미쳐 날뛴다'는 의인화를 통해 감각적인 것이 정신화되는 경우이며, '국가의 기둥들'은 정신적인 것이 감각화되는 경우이다.

51 Platon: Phaidon(이후로는 Phaidon으로 약칭), in: Sämtliche Werke, Bd. 3, hrsg. v. Ernesto Grassi unter Mitarbeit von Walter Hess, Hamburg 1958, S. 19.

그러나 육체로부터 떠나 살 수 없는 감각적 존재인 인간이 어떻게 육체로부터 분리되어 자유로울 수 있을까? 바로 이 지점에서 소크라테스는 유일한 가능성으로서 '죽음'을 이야기한다. 육체로부터 벗어날 수 없는 존재인 우리가 육체와 더불어서는 그 무언가도 순수하게 인식할 수 없다고 한다면, 우리에게 남아 있는 가능성은 둘 중의 하나이다. 즉 결코 지식에 이르지 못하거나 아니면 죽은 이후에나 가능한 일일 수 있는 것이다. 이때 소크라테스가 말하고자 하는 죽음은 가능한 한 육체적인 것으로부터 거리를 둔다는 것, 혹은 "죽은 존재로 있고자 한다는 것"(Phaidon 67e)을 함축한다. 결국 육체로부터 분리될 수는 없지만 가능한 한 비육체적인 상태를 유지하려고 하는 노력이 이루어지는 지점에서 철학은 존재근거를 얻게 되는 것이다. 다시 말해 육체로부터의 분리와 해방이 불가능하다는 인식, 더 나아가 이러한 불가능의 인식을 가능케 해주는 것이 바로 육체라는 육체의 확실성이 철학이 존재하도록 해주는 근거가 된다는 말이다.

항상 죽음을 염두에 두면서 혼탁하지 않은 순수한 것을 인식하려는 노력은 감각적 지각으로부터 시작된다. 여기서 주목해야 할 점은 소크라테스의 목소리를 통해 이야기되는 플라톤의 감각적 지각의 묘사가 단지 인간의 감각기관들에 의해 이루어지는 지각작용의 내용보다는 이러한 지각의 작동방식에 초점을 맞춰 진행되고 있다는 사실이다. 그에 따르면, "만일 누군가가 그 무엇을 보거나 듣고서, 혹은 또 다른 방식으로 지각하고서, 그것을 인식할 뿐 아니라 그 과정에서 다른 인식을 야기시키는 또 다른 것을 표상한다면, 그는 그에게 표상의 대상이었던 것을 상기시키고 있는 것이라고 말해질 수 있지 않을까?"(Phaidon 73c-d). 우선 플라톤의 감각적 지각은 앞서 언급된 바 있는 '메타포'의 기능방식, 즉 하나의 감각적 표현을 또 다른 감각적 표현으로 대체하는 방식을 의미한다. 이러한 메타포적 기능방식이 바로 '상기anamnesis'인 것이다. 메타포적 이미지 작용으로서의 상기는 지각작용이 이루어지는 순간의 지각대상을 인식하는 것이 목적이 아니라, 그러한 지각대상으로부터 거리를 두면서 이런 식으로 분리된 것을 순수하게 그 자체로 파악되도록 하는 데 기여한다.

플라톤의 동굴의 비유

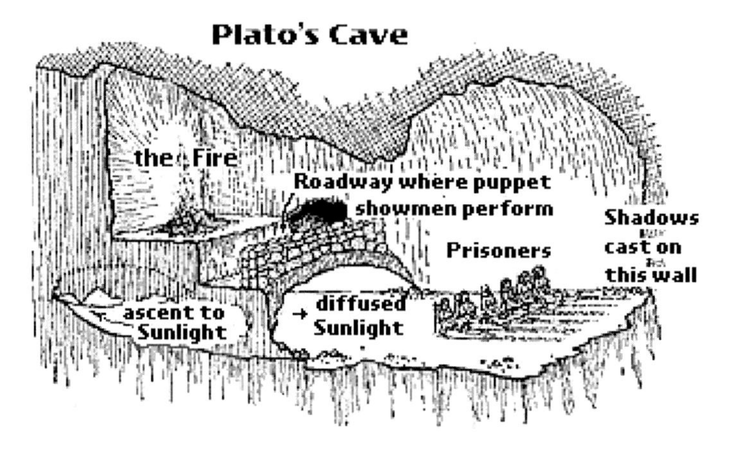

출처: From Great Dialogues of Plato (Warmington and Rouse, eds.) New York, Signet Classics: 1999. p.316.

1. Plato realizes that the general run of humankind can think, and speak, etc., without (so far as they acknowledge) any awareness of his realm of Forms.
2. The allegory of the cave is supposed to explain this.
3. In the allegory, Plato likens people untutored in the Theory of Forms to prisoners chained in a cave, unable to turn their heads. All they can see is the wall of the cave. Behind them burns a fire. Between the fire and the prisoners there is a parapet, along which puppeteers can walk. The puppeteers, who are behind the prisoners, hold up puppets that cast shadows on the wall of the cave. The prisoners are unable to see these puppets, the real objects, that pass behind them. What the prisoners see and hear are shadows and echoes cast by objects that they do not see. Here is an illustration of Plato's Cave.
4. Such prisoners would mistake appearance for reality. They would think the things they see on the wall (the shadows) were real; they would know nothing of the real causes of the shadows.
5. So when the prisoners talk, what are they talking about? If an object (a book, let us say) is carried past behind them, and it casts a shadow on the wall, and a prisoner says "I see a book," what is he talking about?
   He thinks he is talking about a book, but he is really talking about a shadow. But he uses the word "book." What does that refer to?
6. Plato gives his answer at line (515b2). The text here has puzzled many editors, and it has been frequently emended. The translation in Grube/Reeve gets the point correctly:
   "And if they could talk to one another, don't you think they'd suppose that the names they used applied to the things they see passing before them?"
7. Plato's point is that the prisoners would be mistaken. For they would be taking the terms in their language to refer to the shadows that pass before their eyes, rather than (as is correct, in Plato's view) to the real things that cast the shadows.
   If a prisoner says "That's a book" he thinks that the word "book" refers to the very thing he is looking at. But he would be wrong. He's only looking at a shadow. The real referent of the

word "book" he cannot see. To see it, he would have to turn his head around.

8. Plato's point: the general terms of our language are not "names" of the physical objects that we can see. They are actually names of things that we cannot see, things that we can only grasp with the mind.
9. When the prisoners are released, they can turn their heads and see the real objects. Then they realize their error. What can we do that is analogous to turning our heads and seeing the causes of the shadows? We can come to grasp the Forms with our minds.
10. Plato's aim in the Republic is to describe what is necessary for us to achieve this reflective understanding. But even without it, it remains true that our very ability to think and to speak depends on the Forms. For the terms of the language we use get their meaning by "naming" the Forms that the objects we perceive participate in.
11. The prisoners may learn what a book is by their experience with shadows of books. But they would be mistaken if they thought that the word "book" refers to something that any of them has ever seen.

    Likewise, we may acquire concepts by our perceptual experience of physical objects. But we would be mistaken if we thought that the concepts that we grasp were on the same level as the things we perceive.

출처: https://faculty.washington.edu/smcohen/320/cave.htm

감각적 지각의 메타포적 기능방식을 통해 상기되어져야 할 궁극적인 대상은 혼탁하지 않은 순수한 것, 다시 말해 변함없이 '동일한 것'이다. 하나의 감각적 표현은 또 하나의 감각적 표현을 통해 대체되고, 이것은 다시 또 다른 감각적 표현을 통해 대체되는 끝없는 대체과정들을 거치게 되는데, 이러한 과정에서 우리는 한편으로 동일한 것이 계속 유지되고 관철된다는 점을 알 수 있는 반면, 다른 한편으로 매번 이루어지는 감각적 표현은 지속적으로 유지되고 관철되는 것으로 여겨지는 동일한 것과 한 번도 마주치지 못한다는 것을 깨닫게 된다. 따라서 눈으로 보거나 만지는 행위와 같은 지각작용이 동일한 것에 이를 수는 없어도 동일한 것이 지속적으로 유지되고 관철된다는 점을 알게 해주는 중요한 역할을 하는 것이다.

그러나 이와 동시에 지각작용을 통해 드러나는 것은 동일하게 유지되고 관철되는 동일한 것과 그렇지 못한 것 간의 차이이다. 이것을 소크라테스는 존재자의 두 가지 종류 사이의 차이로 묘사한다. 그 첫 번째 종류는 "스스로 항상 동일한 모습으로 남아 있으면서 비가시적으로 지속되는 것"이며, 두 번째 종류는 "끊임없이 변화하는 가시적 사물들"(Phaidon 78b)이다. 첫 번째 종류의 존재자가 "신적이고, 영원불멸하며, 이성적이고, 단일한 형상을 지니며, 해체될 수 없고 항상 동일하며, 자기 자신과 동일하게 관계하는" 영혼과 관계된다면, 두 번째 종류의 존재자는 "인간적이고, 유한하며, 비이성적이고, 다양한 형상을 지니며, 해소될 수 있고 결코 동일한 모습을 갖지 않으며 자기 자신과 동일한 모습으로 남아 있을 수 없는"(Phaidon 80b) 육체와 관계된다. 영혼과 관계되는 첫 번째 종류의 존재자를 대표하는 것으로 소크라테스는 '아름다움' 내지는 '선함'을 들며, 육체와 관계되는 두 번째 종류의 존재자를 대표하는 것으로 감각적 지각, 특히 시각과 청각을 통해 감지된 것을 든다. 변함없이 항상 자기 자신과 동일하게 존재하는 아름다움에 도달하는 길은 '영혼에 의해 이루어지는 사유' 이외에는 없다. 만일 영혼이 "육체를 매개로 하여", 즉 감각적 지각을 매개로 하여 무언가를 고찰한다면, 감각적 지각의 '끝없는 대체작용'으로 인해 영혼은 "자신과 결코 동일한 방식으로 관계하지 않는 것"(Phaidon 79c)으로 끌어 들여질 수밖에 없다. 앞서 언급된 바 있듯이, 육체와 분리되어 존재할 수 없기에 가능한 한 비육체적인 상태, 즉 죽음의 상태를 유지하려는 노력으로부터 철학의 존재근거가 생겨나며, 이러한 철학의 유일한 기제인 영혼이 육체라는 매개 없이, 즉 감각적 지각의 매개 없이 영혼 자체에 의한 사유를 통해서만 스스로 항상 동일하게 남아 있는 동일자에 이른다면, 지각대상으로부터 거리를 두면서 이런 식으로 분리된 것을 순수하게 그 자체로 파악되도록 하는데 기여하는 메타포적 이미지 작용으로서의 '상기'와 동일자로서의 아름다움에 대비되는 '결코 자신과 동일한 방식으로 관계하지 않는 감각적 아름다움'을 감지하는 시각은 플라톤에게서 어떠한 위상을 지니는 것일까?

이러한 물음에 답하기 위해 우리는 다시 플라톤의 '상기' 개념으로 돌아갈 필요가 있다. 그에 따르면, 우리가 무언가를 "보거나 듣기 전에 혹은 여타의 다른 감각들을 사용하기 전에, 우리는 항상 동일하게 존재하는 것에 대한 인식을 그 어느 곳으로부터 이미 가졌음에 틀림없다"(Phaidon 75b)라고 한다. 여기서 '그 어느 곳으로부터 이미'라는 말이 의미하는 것은 시간적으로 앞선 시점을 의미하는 것이 아니라 본성적인 혹은 '초월적인' 의미를 지닌다. 다시 말해 우리는 아름다움이라든가 선함과 같은 스스로 항상 동일하게 존재하는 것에 대한 인식을 "우리가 태어나기도 전에 이미"(Phaidon 75e) 획득했다는 것이다. 태생적으로가 아니라 본성적으로 이미 획득한 것을 다시 얻으려고 하는 역설은 플라톤에게서 인간의 운명적 비극으로 설명된다. 즉 우리가 태어나기 이전에 아름다움과 같은 동일자를 소유했지만, 태어남과 동시에 상실해버렸다는 것이다. 이처럼 태어남과 동시에 상실된 것을 회복시킬 계기는 다름 아닌 "우리의 감각의 사용"(Phaidon 75e)에 의해 마련되는 것이다. 그러나 이러한 감각의 사용은 감각된 것의 인식을 위해 복무한다기보다는 오히려 그러한 감각적 지각작용과정에서 우리로 하여금 이미 상실해버려서 망각한 또 다른 그 무언가를 표상하도록 해주는 데에 기여하는 것이다. 결국 이미 초월적으로 우리에게 내재해 있지만 실존의 시작과 더불어 상실된 영원한 불변의 동일자에 대한 인식은 우리의 감각적 지각작용을 통해 '다시 수용되고', '배워지며', '재기억되는' 것이다. '배움'과 '재수용' 그리고 '재기억'의 방식으로 수행되는 철학은 육체와 분리된 영혼의 사유를 통해 스스로 항상 동일하게 존재하는 비가시적 동일자에 이르기 위해 육체를 매개로 하는 시지각을 통해 결코 동일하게 존재하지 않는 것을 필연적으로 거쳐야만 하는 것이다.

3.2 매트릭스 미학으로서 이미지 미학

플라톤의 「파이돈」에서는 영혼과 육체, 사유와 감각, 비가시적인 동일자로서의 아름다움과 가시적이고 감각적인 지각 아름다움 등의 대비를 통해 각 영역을 관류하는 기본적 작용방식인 상기 내지는 배움의 이론이 논의의 테마를 이루었다면, 「티마이오스」[52]에서는 우주의 본질과 세계의 생성에 대한 물음을 중심으로 다양한 논의들이 전개된다. 플라톤은 티마이오스의 입을 빌어 「파이돈」에서처럼 여기서도 아름다움과 관련하여 존재자의 두 가지 종류에 대해 묘사한다. 그에 따르면, 첫 번째 존재자는 "항상 존재하는 것이자 자기에게서 어떠한 생성도 가지고 있지 않는 것"이라고 한다면, 두 번째 존재자는 "항상 생성되기만 하고 결코 존재하지 않는 것"이라고 한다. 또한 전자는 "이성적 사유를 통해 파악되며", 후자는 "비이성적인 감각지각을 매개로 하는 표상을 통해 표상된다." 한마디로 전자는 "아름답고" 후자는 "아름답지 못하다"(Timaios 27d-28a)는 것이다. 더 나아가 전자는 "나누어질 수 없고 그 어떠한 변화에도 종속되지 않는 존재"인 반면, 후자는 분할될 수 있으며 육체들 속에서 생성되는 존재"(Timaios 35a)이다. 따라서 생성과 변화로부터 자유롭고 이성적 사유를 통해서만 파악되는 존재에는 "모범"의 위상이 부여되는바, 이것은 "사유될 수 있고 항상 동일한 방식으로만 존재하는 것"인 반면, 항상 생성되기만 하며 감각지각을 매개로 표상될 수 있는 존재에는 "모범의 모방"의 위상이 부여되는바, 이것은 "가시화될 수 있고 생성을 자체 내에 간직하는 것"(Timaios 48e-49a)이다.

동일자와 타자, 존재와 생성, 모범과 이러한 모범의 모방 혹은 시간으로 대비되며 계열을 이루는 두 가지 기본 존재방식에 플라톤은 한 가지를 더 추가한다. 그것은 다름 아닌 '유모', 즉 '코라Chora', '매트릭스Matrix'에 비유될 수 있는 제3의 존재방식으로서, 모든 생성을 수용하는 존재이다. 플라톤은 "난해하면서도 어두운 부류"(Timaios 49a)로 규정되는 이러한 제3의 존재를 다음과 같이 생성개념과 연관하여 묘사한다: 생성은 "우리가 매번 어떤 경우에는 이렇게 다른 경우에는 저렇게 보게 되는 것, 예컨대 불처럼 '바로 이것'이 아니라 '그때그때 그런 식으로 획득된 불'"(Timaios 49d)과 같은 것이다. 왜냐하면 그것은 "그것이

---

52 Platon: Timaios(이후로는 Timaios로 약칭), in: Sämtliche Werke, Bd. 5, hrsg. v. Ernesto Grassi unter Mitarbeit von Walter Hess, Hamburg 1958.

나 이것과 같은 지시를 기다리지 않은 채 우리로부터 빠져나가기 때문이다. 따라서 우리는 '이것'이라는 말을 해서는 안 되고, 오히려 모든 개별자들에게서 매번 '유사한 것'으로 뭉뚱그려 담지되는 '그렇게 획득된 것'이라는 표현이 그나마 가장 확실한 지칭일 수 있다. 그러나 그것들 각각이 그때그때마다 생성하는 것으로 나타나고 다시금 사라지게 되는 장소"(Timaios 49e)는 "모든 생성된 가시적인 것과 감각적으로 지각될 수 있는 것을 받아들이는 수용자 또는 어머니"로서 그 자체는 "비가시적이고 비정형적이며, 모든 것을 받아들이는 존재이자 거의 불가능한 방식으로만 사유 가능한 것에 참여하는, 그 자체로는 극히 파악되기 힘든 것"(Timaios 51a-b)이다. 스스로 항상 동일하게 자신과 관계하며 그 어떠한 생성이나 변화에도 영향 받지 않고 모범으로서 존재하는 것에 비해 생성이 이러한 모범에 따라 이와 동일한 이름을 가지고서 유사한 모습을 띠면서 항상 변화되고 생성되며 감각지각에 의해 파악되는 것이라고 한다면, 이러한 생성을 받아들이는 수용자는 모든 생성에 "위치"를 부여해주는 "공간"(Timaios 52a)의 위상을 지니는 것이다.

동일자의 모범을 따르는 생성에 위치를 부여하면서 그 자체로는 감각지각에 의해 파악될 수 없고 단지 극히 불가해한 방식으로만 사유과정에 참여하는 존재, 즉 공간의 위상을 지니는 제3의 존재인 코라 혹은 매트릭스는 생성의 모든 상황을 취하기 때문에 "다양한 형태로 직관될 수 있는 것"(Timaios 52e)으로 나타나며, 스스로 움직이는 것이 아니라 모범에 부합되는 균일한 힘들과 이것의 모방에 부합되는 유사한 힘들에 의해 움직여진다. 그렇다면 이러한 코라 혹은 매트릭스는 생성과 어떠한 연관을 지니며, 생성을 파악하는 감각지각은 전체 연관 속에서 어떠한 위상을 지니는 것일까?

우선 플라톤의 규정에 따르면, '이것'으로 확정될 수 없기에 항상 '다른 것'으로만 위치지어지고 다른 것 안에서만 생성되는 생성은 '이미지' 혹은 '무'로 규정될 수 있다고 한다(vgl. Timaios 52c). 우리는 오로지 이러한 이미지를 통해서만 동일자로서의 불변의 모범을 '유사한 형태로' 감지하게 되며, 이러한 동일자로서의 불변의 모범을 감지토록 해주는 생성에 형상과 작용기반을 제공해주는 것이 바로 코라 혹은 매트릭스인 것이다. 그리하여 비록 완전한 신적인 이성을 갖지 못하는 유한한 존재로서의 인간에게 영혼의 사유를 통한 동일자의 파악이 궁극적인 목적이라고 할지라도, 이러한 목적을 이루기 위해 필수적으로 이루어져야 하는 것은 감각지각의 이미지화 과정인 것이다.

여러 형태의 감각지각 중 플라톤이 주목하는 것은 시지각이다. 그는 "신과 가장 닮은 것"(Timaios 44d)을 인간의 '머리'라고 하면서, 이러한 두뇌의 작용과 결부되어 있는 가장 중요한 감각기관으로 눈을 든다. 그에 따르면, "우리가 하늘에서 이성의 운행과정들을 보면서 이것들과 […] 유사한 우리 자신의 사유능력의 갑작스러운 변화들을 위해 그것들을 사용하도록, 그리고 우리가 그것들을 파악하여 우리 사유의 자연적 정확성에 이르고 나서 그 어떠한 이탈로부터 완전히 자유로운 신의 도정들에 대한 모방을 통해 이탈에 종속되어 있는 우리 자신의 도정을 그것들에 맞춰 질서 짓기 위해서, 신은 시지각 능력을 고안해서 우리에게 선사해주었다"(Timaios 47b-c). 우주를 창조한 조물주Demiurgos의 질서와 조화가 천체를 움직이는 신적인 지성nous 내지 이성에 의해 드러난다면, 인간의 조화로운 전체성 역시 창조된 천체와 유사한 인간의 두뇌작용인 사유를 움직이는 이성적 원리에 의해 나타난다고 할 수 있다. 이때 중요한 점은 사유의 운행을 예컨대 자연적 질서와 같은 신적인 이성의 운행의 모범에 따라 질서 짓기 위해 신적인 도정을 '모방'해야 하며, 이러한 모방은 다름 아닌 시지각에 의해 가장 유사하게 이루어진다는 것이다.

여기서 우리는 두 가지 종류의 모방을 구별할 필요가 있을 것이다. 첫 번째 모방은 신적인 도정의 모방과 관계된다. 즉 인간의 사유는 신적인 지성 내지는 이성의 진행과정을 모방하여 사유 자체를 지배하는 인간이성을 형성시켜야 하는 것이다. 이와 달리 두 번째 모방은 플라톤에게서 직접 언급되지는 않았지만, 그의 언술들로부터 추론될 수 있는 감각지각의 모방작용과 관계된다. 즉 인간은 동일자로서의 불변의 모범에 이르기 위해 감각지각을 통해 불변의 모범을 우선 '유사한 형태로' 감지해야 하는 것이다. 다시 말해 '유사한 형태로 감지하는' 감각지각의 작용은 동일자를 사유하는 것이 아니라, '유사하게 모방'하는 것이다. 결국 시지각에 의해 이루어지는 모방은 감각적 지각에 한정되어 동일자에 이르는 한 도정의 의미만을 가지고 있는 것이 아니라, 동일자를 파악하는 사유과정 자체의 기저에도 똑같이 작용하고 있는 기능방식인 것이다. 그렇다면 이러한 시지각적 이미지 작용은 어떠한 구조를 이루고 있는 것일까?

이에 대한 답을 우리는 플라톤의 눈에 대한 묘사로부터 추론해볼 수 있을 것이다.

> "신들은 (연소의 특성을 갖고 있지 않은 – 역자) 이러한 불과 유사한, 우리 안에 있는

순수한 불이 눈을 통해 흘러나오도록 만들었으며, 안구를 매끄럽고 빽빽한 상태로 만들었다. 보다 거친 불이 안구를 통해 흘러들지 못하게 하고 오로지 순수한 것만을 골라서 통과시키도록 하기 위해 특히 안구의 가운데 부분이 유달리 조밀하게 만들어졌다. 그래서 낮의 빛이 눈으로부터 흘러나오는 것을 에워쌀 때마다 눈에서 흘러나오는 유사한 것은 유사한 것과 결합되고, 시선의 직선적 방향 속에서 둘 간의 유사한 상태로부터 하나의 전체를 형성하게 되는데, 이는 안에서 흘러나오는 불이 밖에서 이것과 만나게 되는 것과 부딪히는 곳에서는 어디서나 그러한 것이다. 그리하여 모든 것이 그것의 유사성에 의거하여 유사한 상태에 도달한 후에, 유사성의 특징을 지니는 전체는 서로 간에 접촉이 이루어지는 모든 것들의 운동들을 전체 육체를 관류하여 영혼에 이르기까지 전파하며, 결국에는 '시지각'이라 불리는 감각적 지각을 산출하게 되는 것이다.

Sie machten nämlich, daß das in uns befindliche, diesem verwandte unvermischte Feuerdurch die Augen hervorströme, und glätteten und verdichteten den ganzen Augenapfel, vorzüglich aber dessen Mittel, damit er dem übrigen, gröberen Feuer durchaus den Durchgang wehre und nur dem reinen läuternd ihn gestatte. Umgibt nun des Tages Helle das den Augen Entströmende, dann vereinigt sich dem Ähnlichen das hervorströmende Ähnliche und bildet in der geraden Richtung der Sehkraft aus Verwandtem da ein Ganzes, wo das von innen Herausdringende dem sich entgegenstellt, was von außen her mit ihm zusammentrifft. Nachdem nun alles vermöge seiner Ähnlichkeit zu einem ähnlichen Zustande gelangte, verbreitet es die Bewegungen desjenigen, womit es und was mit ihm in Berührung kommt, durch den ganzen Körper bis zur Seele und erzeugt diejenige Sinneswahrnehmung, die wir das Sehen nennen. […]"

신들이 시각의 안전수단으로 고안해낸 것인 눈꺼풀이 닫히게 되면, 그로 인해 내부의 불의 작용이 저지된다. 그 결과 내부의 불의 작용은 내부의 운동들을 서로 잘 결합시켜 평화롭게 만들게 되며, 이를 통해 고요가 찾아들게 된다. 이러한 평온이 깊어지게 되면, 거의 꿈도 없는 잠이 찾아들게 된다. 그러나 보다 강력한 운동들이 남아 있다면, 이것들이 어떤 상태로 어느 곳에 남아 있는가에 따라 그것들은 수와 정도에 있어 그것들만큼의 이미지들을 내부에서 산출할 뿐 아니라 깨어나 있을 때에도 기억된 이미지들로서 산출한다. 이제 거울과 매끄러운 것의 표면에서 이루어지는 이미지 산출과 관련된 것을 파악하는 것 역시 더 이상 어려운 일이 아니다. 왜냐하면 내부와 외부의 불이 서로 결합함으로써, 더 나아가 그 둘이 항시 매끄러운 표면에서 하나의 전체가 되는가 하면 여러 형태로 분산됨으로써, 이미지들이 생겨나는 것이다. 이것은 대상으로부터 시작되는 불이 매끄럽고 반들거리는 표면에서 시선의 불과 결합되기 때문에 가능한 것이다. 그러나 왼쪽에 있는 것이 오른쪽에 있는 것으로 보이게 되는데, 이는 통상적인 부딪힘과는 반대로 시선의 반대되는 부분들이 대상의 반대되는 부분들과 접촉하게 되기 때문이다. 반면 오른쪽의 것은 오른쪽에, 왼쪽의 것은 왼쪽에 보이게 되는데, 이는 혼합하는 빛이 대상과 자리를 바꾸는 경우이다. 이 경우는 거울의 매끄러운 표면이 양쪽 모두에서 볼록하게 되어서 시선의 오른쪽 부분의 빛을 왼쪽으로 그리고 왼쪽의 것을 오른쪽으로 투사하는 경우이다. 그리고 얼굴과 동일한 길이로 얼굴에 향해진 거울은 전체가 뒤로 물러나 있게 보이도록 만들게 되는데, 그 이유는 거울이 시선의 아래쪽을 위로 향하게 하고 위쪽을 아래로 향하게 하기 때문이다.

wenn dasjenige, dessen Bau die Götter zum Schutze der Augen ersannen, wenn die Augenbilder sich schließen, dann hemmt das die Wirksamkeit des inneren Feuers; diese aber verschmilzt und beschwichtigt die inneren Bewegungen, durch diese Beschwichtigung aber erfolgt Ruhe. Wird diese Ruhe zu einer tiefen, dann tritt der Schlaf mit leichten Träumen ein; bleiben aber einige stärkere Bewegungen zurück, dann erzeugen sie, je nachdem, wie beschaffen sie sind und an welchen Stellen sie zurückblieben, ihrer Anzahl nach gleich zahlreiche und gleichmäßig beschaffene, ihnen entsprechende Bilder im Innern, die dem Erwachten als außen im Gedächtnis bleiben. Nun ist es auch nicht mehr schwer, alles das zu begreifen, was auf die Bilderzeugung in den Spiegeln und allem Glatten und Glänzenden sich bezieht; denn aus der gegenseitigen Vereinigung des inneren und äußeren Feuers und indem ferner beides stets an der glatten Fläche zu einem und vielfach gebrochen wird, erfolgen notwendig diese Erscheinungen, da das vom Gegenstande ausgehende Feuer mit dem des Sehstrahls an der Fläche des Glänzenden und Glatten sich vermischt. Es erscheint aber das links Befindliche rechts, weil, im Widerspruch mit der gewöhnlichen Art des Zusammentreffens, entgegengesetzte Teile des Sehstrahls mit ihnen entgegengesetzten sich berühren. Dagegen erscheint das Rechte zur Rechten und das linke zur Linken, wenn das sich mischende Licht mit dem seine Stelle wechselt, mit welchem es sich mischt; das geschieht aber, wenn die glatte Spiegelfläche, indem sie hier und dort sich erhebt, die rechte Seite des Sehstrahls nach der linken, die andere aber nach zugewendete selbe Spiegel aber läßt alles als durchaus rückwärts liegend erscheinen, indem er das Unten des Strahls nach oben und umgekehrt das Oben nach unten zurückwendet"(Timaios 45b-46c).

다른 어느 곳에서보다 이 인용문에서 우리는 플라톤의 시지각에 관한 사고를 가장 명확히 그리고 압축적으로 파악할 수 있을 뿐 아니라, 이후 시지각과 관련된 철학적 혹은 자연과학적 성찰들의 원형이 되는 이념적 기초를 발견할 수 있다. 이미 플라톤 이전에 엠페도클레스에게서 생성의 근원으로 규정된 불[53]은 연소의 특성을 가지고 있지 않은, 신에 의해 창조된 자연의 기본 구성요소로서, 우리 안에 있는 순수한 불과 유사한 관계를 이루고 있다. 그러나 이러한 유사성, 다시 말해 우리 안에 있는 순수한 불에 의해 이루어지는 영혼의 삶이 신적인 질서와 유사하게 영위된다는 것은 근원적인 불과 순수한 불 간의 매개를 통해 파악될 수 있으며, 이러한 매개가 바로 시지각의 시선과 외부의 빛 간의 만남인 것이다. 여기서 우리는 감각적 이미지 작용의 중심원리를 발견할 수 있다. 매개관계 전체가 '유사성'의 원리에 기초해 있다는 점으로 미루어볼 때, 다음과 같은 추론이 가능해진다. 즉 감각적 시지각 작용에 의해 우리 안에 있는 '순수한 불'이 '유사한 것'으로 생성되고 나서 자연적 생성에 의한 빛, 즉 근원적 불과 유사한 것과 만나게 되어 하나의 '유사한 전체'를 이루게 됨으로써, 이러한 유사성 관계 자체는 육체와 영혼을 관류하는 기본적인 관계로서 정립되는 것이다. 결국 유사성 관계에 기초한 감각적 시지각 작용 혹은 이미지 작용은 마치 코라처럼 그 자체로는 비가시적이고 일정 정도 사유에 관여하면서도 가시적이고 감각적인 이미지에 다름 아닌 생성에 위치와 작용기반을 제공해줌으로써, 한편으로는 불가능하게 여겨지는 신적인 질서와의 유사성 관계에 도달하는 방식이 마련되고, 다른 한편으로는 철학의 한계와 가능성이 동시에 드러나는 것이다. 그리하여 이데아로서의 미를 추구하는 것의 한계가 철학의 겉모습이라면, 그러한 미에 도달하는 방식의 추구는 철학의 존재 근거라고 할 수 있는 미학, 즉 매트릭스 미학에 의해 가능한 것이다.

---

53 엠페도클레스에게서 불을 포함한 4원소는 "하나로 합쳐진 질료들의 본질"이자 "단일하게 통일을 이루고 있는 덩어리"이다. 무한한 변화와 생성만을 인정하였던 헤라클레이토스의 입장과 근원적 일자의 영구적 지속을 주장하였던 파르메니데스의 입장을 단순히 조합하는 것이 아니라 적절히 조화시킬 수 있었던 엠페도클레스는 통일과 분리라는 이중적 근원을 상정하여 한편으로 통일을 생성근원으로 삼을 때, 역동적이어야 하는 근원이 비 역동적인 것으로 정립됨으로써 생겨나는 모순과, 다른 한편으로 분리를 생성근원으로 삼을 때, 다른 것들을 가능케 해주는 근거가 규정 불가능한 것이 됨으로써, 생겨나는 모순을 해결할 수 있었다. 이를 통해 그는 4원소를 하나의 통일을 이루는 '근원력rhizómata'으로, 즉 네 가지 원소가 서로 교차를 이루면서 한 몸체를 형성하는 우주의 기본 힘들로 규정하였다. Wilhelm Capelle: Die Vorsokratiker, Die Fragmente und Quellenberichte, übersetzt und eingeleitet von Wilhelm Capelle, Alfred Kröner Verlag: Stuttgart 1968 S. 191ff. 엠페도클레스의 이 같은 사상은 1800년대 초 독일의 시인이자 철학자인 횔더린에게서 보다 근본화되어 나타난다. 이에 대해서는 다음과 같은 연구들이 있다. Uvo Hölscher: Empedokles und Hölderlin, Eggingen 1998; Walther Kranz: Empedokles. Antike Gestalt und romantische Neuschöpfung, Zürich 1949; Jürgen Söring: Die Dialektik der Rechtfertigung. Überlegungen zu Hölderlins Empedokles-Projekt, Frankfurt a.M. 1973; Robin B. Harrison: Hölderlin and Greek Literature, Clarendon Press: Oxford 1975; Theresia Birkenhauer: Legende und Dichtung. Der Tod des Philosophen und Hölderlins Empedokles, Berlin, Frei Uni. Diss., 1995 등이 있다.

3.3 플라톤의 이미지론

이미 초월적으로 혹은 본질적으로 우리에게 내재해 있지만 실존의 시작과 더불어 상실된 영원한 불변의 동일자에 대한 인식은 우리의 감각적 지각작용을 통해 '다시 수용되고', '배워지며', '재기억'됨으로써, 가능해지게 된다. 그리하여 '배움'과 '재수용' 그리고 '재기억'의 방식으로 수행되는 철학은 스스로 항상 동일하게 존재하는 비가시적 동일자에 이르기 위해 육체를 매개로 하는 시지각을 통해 '결코 동일하게 존재하지 않는 것', 즉 가상, 생성 또는 이미지과정을 필연적으로 거쳐야만 하는 것이다. 메타포적 이미지 작용의 형태로 이루어지는 감각적 지각의 작용방식은 감각적 지각과정만이 아니라 동일자에 이르는 배움과 상기의 과정에도 관철되는 철학의 기본적 작용방식인 것이다.

Guiseppe Arcimboldo, Portrait of Kaiser Rudolf II (1591)

이와 동일한 맥락에서 아름다움의 이데아처럼 그 어떠한 생성과 변화에도 종속됨 없이 동일자, 존재, 모범 등의 위상을 지니는 존재자의 파악은 이와 동일한 영역에 속하는 이성적 사유를 통해서만 가능하지만, 유한한 존재로서의 인간은 자신에게 운명적으로 결정지어져 있는 완전한 신적인 이성을 갖지 못하는 한계로 인해 신적인 질서에 대한 모방을 통해 그것에로 접근하려고 시도해야 하는 것이다. 이를 위해 인간은 우선 감각지각을 통해 불변의 모범을 우선 '유사한 형태로' 감지해야 한다. 그러나 아이러니하게도 동일자를 파악하는 사유과정 자체의 기저에도 '유사하게 모방하는 방식'이 놓여 있는 것이다.

결국 이로부터 우리는 플라톤의 이미지론과 관련하여 이것이 갖는 다음과 같은 함의를 끌어내볼 수 있다. 즉 겉보기에 플라톤에게서는 신적인 질서 그 자체가 궁극적인 앎의 대상이자 목적으로 인식되며, 현실적인 삶은 단지 감각의 영역으로서 앎을 위한 잠정적인 단계로 규정되고 있는 것처럼 여길 수 있지만, 그 이면에는 결코 도달될 수 없는 신적인 질서 그 자체가 아니라 이것에 도달하는 방식을 규명하는 것이 더 중요하다는 인식이 자리 잡고 있는 것이다. 생성에 부합되는 것으로서, 존재한다고 할 수 없는, 변화무쌍하고 불확실하며 기껏해야 가시적으로만 확실한 감각적 이미지와 이러한 이미지에 위치와 작용 공간을 부여해주는 코라 혹은 매트릭스[54]로서의 이미지 작용은 각각 철학의 대상과 존재근거, 혹은 철학의 얼굴과 기능체계로서 유사성관계라는 기본원리에 근거하는 이미지론을 구성한다. 그리하여 전통 형이상학에서 이데아의 영역에 속하는 근원적 미는 오직 근원적 미를 통해서만 아름다울 수 있다고 말해질 수 있기에 결국 도달될 수 없는 것으로 규정되는 반면, 이미지론에서

메를로-퐁티(Maurice Merleau-Ponty)

54 프랑스 현상학자인 메를로-퐁티는 폴 세잔느의 그림을 분석하면서, 시지각의 그물망 구조, 즉 회화적 매트릭스에 의미 작용 공간 내지 다의화 공간의 위상을 부여한다. Vgl. Maurice Merleau-Ponty: Der Zweifel Cézanne, in: Was ist ein Bild?, hrsg. v. Gottfried Boehm, München 2001 (3. Auflage), SS. 39-59.

근원적인 미는 이미지 작용의 기능근거의 가치만을 지닐 뿐이기 때문에, 근원과 현재 혹은 진리와 가상의 구분에 종속되지 않는 아름다움은 하나로 고정되고 규정될 수 없는 무한한 '유사화 과정'을 통해서만, 즉 무한한 이미지 작용을 통해서만 아름다울 수 있는 것이다.

4. 타나토-에로스적인 미

속이 빤히 들여다보이는 사실성의 허구성과 일탈적 욕망 간의 긴장관계를 세밀하게 묘사한 러시아 태생 소설가 나보코프Vladimir Nabokov의 『로리타*Lolita*』나 '고통과 굴욕을 통해 이미 죽어버린 자신의 육체를 일깨워 생명으로 돌아오게 해달라는 여주인공의 정열적인 소망'이 표현되고 있는 오스트리아 여류작가 옐리넥Elfriede Jelinek의 『피아노 치는 여자*Die Klavierspielerin*』, 혹은 죽은 시신의 머리들과 울긋불긋한 꽃들의 대조를 통해 메스꺼움과 유혹을 데카당스적인 긴장의 형태로 유지하면서 에로스와 죽음의 기묘한 관계를 보여주고자 했던 표현주의 회화의 선구자 제임스 엔소르James Ensor의 그림이나 숙명적인 것에 대항하여 창조적 에로스의 저항적 욕망을 표현하고자 한 피카소의 「손아귀의 꽃다발*Mains aux Fleurs*」과 같은 작품에서 정감의 폭과 뉘앙스의 차이에도 불구하고 공통적으로 유지되고 있는 이념적 기본 관계는 삶의 근본원리인 에로스와 이러한 에로스를 유지시켜주는 유사원리인 타나토스 간의 긴장관계이다.

잔혹한 현실 앞에서 혹은 너무도 밀착되어 있는 생생한 삶에 맞서서 존재의 근원적 에너지를 갈망하는 '고통스러운 열정Leiden-schaft'이 때로는 현실 내지는 삶과의 완강한 분리로, 때로는 부드러운 관조로, 때로는 '억지유머Galgenhumor'로 나타나곤 한다는 점에서 근원적 에너지를 지시하는 에로스 혹은 이러한 에로스의 이념적 현현인 미에는 항시 잔혹하리만치 생생하게 느껴지는 삶을 지시하는 죽음의 씨앗이 내포되어 있는 것이다. 아니 더 나아가 분리의 형태이건 관조의 형태이건 아니면 유머의 형태이건 간에 죽음의 모습으로 주위를 맴 도는 유한한 현실적 삶에 천착하여 철저하게 죽음을 죽게 놔둠으로써만, 다시 말해 '타나토-에로스적인thanato-erotisch' 감행을 통해서만 유한한 현실 속에서 무한한 영원에 참여할 가능성이 마련되는 것이다.

이러한 문제의식을 기반으로 하여 본 장은 서구 정신사에서 에로스 담론의 원형을 이루는 플라톤의 저술들 내에 분산적으로 존재하는 에로스 논의들을 일정한 맥락 하에 종합하면서 근원적 욕망 내지는 에너지, 영혼, 근원적 아름다움, 기억 등의 함의를 지니는 에로스와 분리, '기꺼이 고통에 내맡기기Leiden', 가시적 아름다움, '탈자Ekstase' 등의 함의를 지니는 타나토스 간의 변증법적 관계를 새로이 재구성하여, 이를 토대로 근대의 노발리스와

『로리타』 1955년 초판 표지

옐리넥의 『피아노치는 여자』

James Ensor, Christ Entry into Brussels (1889)

현대의 헤세에게서 일정한 뉘앙스를 담지한 채 유지되고 있는 '타나토-에로스적 미의 이념'을 해명함과 동시에 아울러 이러한 이념의 현재적 함의를 진단하고자 한다.[55]

4.1 타나토-에로스의 정신에서 탄생한 철학자의 아이러니

서구 정신사에서 사랑에 관한 담론의 원형은 이미 소크라테스 이전 철학에서부터 형성되어 있었다. 존재자는 질적인 변화가 아니라 단지 다양한 혼합과 해체를 반복하면서 변화와 생성을 수행한다는 사상을 주장하였던 엠페도클레스Empedokles는 이러한 사상을 유지시키기 위해 질적으로 서로 구별되면서 공간적인 운동을 하는 다수의 존재자를 상정해야만 했다. 그는 가시적인 세계전체를 구성하는 이러한 존재자들로서 물, 불, 공기, 흙이라는 4원소를 제기하면서 영원히 지속하면서도 생성을 멈추지 않는 원소들에 내재해 있는 두 가지 생성 원리들로서 결합과 분리 내지는 사랑과 싸움이라는 형상화 원리를 상정하였다. 이러한 형상화 원리는 물활론적인 의미에서의 동인이라기보다는 운동의 일반적 원리로 이해되어야 하는바, 아리스토텔레스가 파악한 엠페도클레스의 4원소론에 따르면, "우주가 싸움의 작용 하에서 4원소들로 분열된다면, 모든 불은 단일한 형태로 통일되며 동시에 다른 원소들은 각기 구별된 상태로 집결하게 된다. 그러나 4원소들이 사랑의 작용하에서 하나로 뭉치게 되면, 원소들 각각의 부분들은 또 다시 서로 분리되는 것이다. […] 결국 엠페도클레스는 하나의 단일한 궁극적 원인이 아니라, 서로 대립된 두 개의 상이한 원인을 정립하였던 것이다"[56]. 존재자의 운동의 일반원리로 생각되어야 하는 이 같은 형상화 원리에

---

55 그리스어에서 에로스 개념과 타나토스 개념이 갖는 의미의 폭은 매우 넓고 다양하다. 따라서 고대 그리스적 전통에서 사용되는 두 개념의 맥락을 직접 근대와 현대의 의미맥락에 적용시키는 것은 무리한 시도로 여길 수 있다. 그러나 노발리스의 에로스 및 죽음 개념이 플라톤적인 (때로는 신플라톤적인) 의미맥락에 포함되며, 헤세의 에로스 및 죽음 개념이 노발리스의 낭만주의적 정신과 약간의 뉘앙스를 가지면서 직접 결부되어 있기 때문에 플라톤과 노발리스 그리고 헤세에게서 작용하는 에로스와 타나토스 간의 변증법적 관계를 하나의 맥락으로 재구성하는 작업이 지나친 논증적 탈선은 아닐 것이다. 물론 고대로부터 중세로 이어지는 아가페적 사랑 개념, 근현대 사상가들에게서 집중적으로 논의된 죽음의 함의 등이 보충될 필요성은 여전히 존재하며, 이는 차후의 과제로 남아 있다고 하겠다. 그리고 이러한 작업에서 고대적인 미 개념과 근대적인 미 개념 간의 간극과 사용맥락의 차이 역시 함께 고려될 필요가 있을 것이다. 그리고 한 가지 덧붙이자면, 정신분석학적인 에로스 및 타나토스 개념의 의미맥락에 대한 고찰의 필요성이 존재한다. 이는 현대문명에서 정신 병리학적인 증후들 및 근원적 충동들에 관한 논의가 이루어질 경우 필수적이라고 하겠다. 비록 본 논문의 맥락과는 다르기 때문에 본 논문에서 다뤄지지는 못했지만, 프로이트 이래로 현대까지 이어지는 정신분석학적 의미맥락은 에로스와 타나토스의 논의에서 중요한 축을 형성한다고 하겠다. 프로이트와 관련해서는 다음의 저작들을 참고할 수 있을 것이다. 지그문트 프로이트, 『성욕에 관한 세 편의 에세이』, 프로이트 전집 제7권, 김정일 옮김, 열린책들, 2004, 같은 이: 『정신분석학의 근본개념』, 프로이트 전집 제11권, 윤희기 옮김, 열린책들, 2004.

56 Wilhelm Capelle: Die Vorsokratiker (이후로는 Capelle로 약칭), Die Fragmente und Quellenberichte, übersetzt u. eingeleitet

대해 고대철학 연구자인 첼러Eduard Zeller는 다음과 같이 압축적으로 설명한다: "사랑은 혼합과 결합을 작용시키는 것이고, 증오는 질료들의 분리를 작용시키는 것이다."[57] 그러나 사랑이 결합을, 증오 또는 싸움이 분리를 야기시킨다고 해서 이 두 과정을 순차적으로 진행되는 것으로 이해해서는 안 된다. 왜냐하면 질료들의 결합이란 이전에 이루어졌던 결합이 해체되는 것을 의미하며, 그것들의 분리란 새로운 결합에로의 진입을 의미하기 때문이다.

이를 구체적으로 설명하기 위해 엠페도클레스는 두 가지 세계상을 제시하는데, 그 하나는 "사랑의 지배하에서 전체 사물들이 하나의 단일한 전체가 되어 질적인 차이가 없는 덩어리와도 같은 '스파이로스Sphairos'"(Capelle 205)로서 형성된 세계이고, 다른 하나는 질료들의 부분들이 분리되어 각기 고유한 모습으로 솎아진 상태로 합쳐져 있는 "비세계Akosmia"(Capelle 200)이다. 단지 한순간 동안만 유지되는 스파이로스의 상태에서 4원소의 부분들은 구별 없이 서로 뭉쳐져 하나의 덩어리를 이루고 있는 반면, 아코스미아의 상태에서는 4원소의 부분들이 혼합으로부터 서로 완전히 분리되어 각각이 독자적으로 솎아진 상태를 지니면서 한데 모여 있는 것이다. 다시 말해 하나의 덩어리 상태인 스파이로스 속에서 증오가 자라나 원소들이 분열되고, 이러한 분리가 이루어지고 나면, 분리된 작은 덩어리들 사이로 사랑이 개입되며, 이때 소용돌이 운동이 이루어지는데, 이러한 운동을 통해 질료들의 부분들이 혼합됨으로써, 차츰 형성되는 원환의 형태로부터 증오가 추방된다. 증오가 배제됨과 더불어 아직 혼합되지 않은 질료들은 혼합과정에 이르게 되고, 그것들의 결합으로부터 언젠가 사멸하게 될 지금의 세계가 생겨난다는 것이다. 그렇다면 엠페도클레스의 4원소론의 두 가지 생성원리인 사랑과 싸움은 어떠한 의미를 지니는가?

---

v. Wilhelm Capelle, Alfred Kröner Verlag: Stuttgart 1968, S. 193.

57 Eduard Zeller: Die Philosophie der Griechen in ihrer geschichtlichen Entwicklung. Erster Teil Erste Abteilung. Erste Hälfte, Georg Olms Verlag: Hildesheim · Zürich · New York 1990 (2. Nachdruck der 6. Auflage, Leipzig 1919), S. 962.

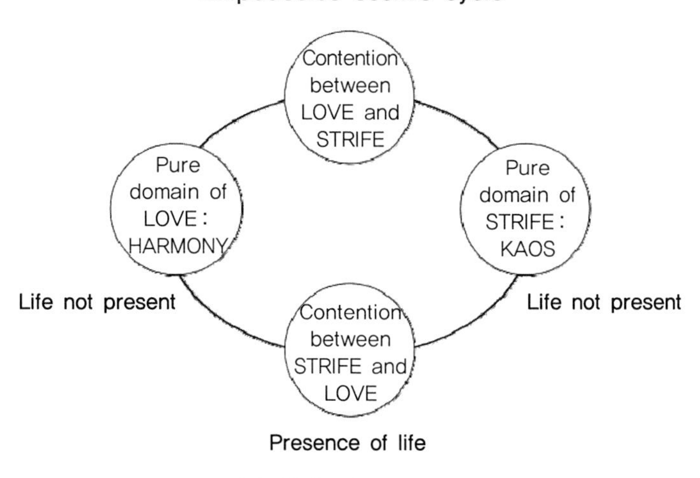

엠페도클레스의 'cosmic circle'

엠페도클레스의 4원소는 "하나로 합쳐진 질료들의 본질"(Capelle 191)이자 "단일하게 통일을 이루고 있는 덩어리"(Capelle 199)이다. 이 같은 조화로운 우주적 덩어리는 영원한 불변의 상태에 놓여 있으며, 단지 그 내에서 탄생과 소멸, 변화와 촉진 등과 같은 일정한 변화들이 일어나는 것이다. 그러나 무한한 변화와 생성만을 인정하였던 헤라클레이토스의 입장과 근원적 일자의 영구적 지속을 주장하였던 파르메니데스의 입장을 단순히 조합하는 것이 아니라 적절히 조화시킬 수 있었던 것은 그가 다른 사상가들과는 달리 단일한 생성근원이 아니라 통일과 분리라는 이중적 근원을 상정하였기 때문이다.[58] 다시 말해 이러한 이중적 근원은 한편으로 통일을 생성근원으로 삼을 때, 역동적이어야 하는 근원이 비 역동적인 것으로 정립됨으로써 생겨나는 모순과, 다른 한편으로 분리를 생성근원으로 삼을 때, 다른 것들을 가능케 해주는 근거가 규정 불가능한 것이 됨으로써 생겨나는 모순을 해결할 수 있었던 것이다. 더 나아가 엠페도클레스는 4원소를 하나의 통일을 이루는 '근원력들rhizómata'로, 즉 네 가지 원소가 사랑과 싸움이라는 두 가지 원리에 기초하여 서로 교차를 이루면서 한 몸체를 형성하는 우주의 기본 힘들로 규정함으로써, 플라톤과 아

58 이 같은 입장은 이미 우보 횔셔에 의해 개진된 바 있다. 횔셔는 이점을 특히 횔덜린과 연관하여 보다 구체화시킨다. Vgl. Uvo Hölscher: Empedokles und Hölderlin, Eggingen 1998, S. 8.

리스토텔레스를 비롯하여 근대와 현대 문화담론에서도 유지되는 그물망적인 결합의 사유에 초석을 마련할 수 있었던 것이다.

질적인 변화가 아니라 혼합과 분리 내지는 해체를 반복하면서 변화와 생성을 수행하는 존재자들의 형상화 원리로서 사랑과 싸움의 담론은 플라톤에게서 다소 변화된 형태로 보다 구체화된다. 플라톤은 『법*Nomoi*』에서 어느 그리스인으로 하여금 "이른바 에로스라고 불리는 것τῶν λεχομένων ἐρώτων"과 관련하여 세 가지 형태의 존재자의 결합에 대해 이야기하도록 하는데, 그 하나가 '대립으로부터 야기되는 거칠고도 위험한 것'이고, 다른 하나가 '유사성으로부터 생겨나는 부드러운 것'이라면, 제 삼의 것은 '이 둘의 혼합으로부터 생겨나는 것'[59]이라고 말한다. 그러나 이러한 세 번째 종류의 사랑은 쉽게 인식될 수 없을 뿐더러 달성하기도 어려운 바, 그 이유는 첫 번째 종류의 사랑이 사랑하는 자를 충동하면 다른 종류의 사랑이 그것을 금지하기 때문이다. 다시 말해 제3의 형태의 사랑에 이르기 위해서 사랑하는 자는 '사랑하는 대상τοῦ ἐρωμένου'의 육체를 욕망하는 것이 아니라 "관조"하며 가시적인 아름다움 대신 비가시적인 미를 함축하는 "영혼을 갈망"[60]해야 한다는 것이다.

비동일성으로 인한 대립과 분열로부터 생겨나는 '욕망으로서의 에로스'와 동일한 것들 간의 유사성으로부터 생겨나는 '배려로서의 에로스' 그리고 이 둘 간의 혼합으로부터 생겨나는 '궁극적인 에로스'가 이루는 관계는 『법』보다 이전에 쓰인 『리시스*Lysis*』와 『심포지온*Symposion*』 그리고 『파이드로스*Phaidros*』에서 보다 구체적으로 전개된 바 있다. 『리시스』에서는 에로스가 아니라 '필리아philia, φιλία', 즉 우정에 관한 논의가 전체 테마로 전개되고 있기는 하지만, 에로스와 연관하여 중요한 함의를 지니는 논의 역시 암시적으로 이루어지고 있기도 하다. 소크라테스의 입을 통해 이야기 되고 있는 '욕망으로서의 사랑'은 『법』에서 그리스인에 의해 주장되었던 '욕망으로서의 에로스'와 다소 다른 뉘앙스를 갖는다. 소크라테스에 따르면, 사랑의 대상에 대한 욕망은 꼬리에 꼬리를 물고 끝없이 이어지기 때문에, 예컨대 병든 육체는 건강을 위해 약을 욕망하고, 건강은 다시금 무언가 다른 대상을 위해 욕망되기 때문에, 근원적인 사랑의 대상이 되는 것, 즉 "최초의 사랑대상

---

59 Platon: Nomoi, 837b. (본 논문에서 사용된 저작은 Platon Werke in acht Bänden, Darmstadt 1977)

60 Platon: Nomoi, 837c.

prōton philon, πρῶτον φίλον”[61]을 상정하지 않고는 그 어떠한 욕망도 이해할 수 없다고 한다. 이러한 ‘최초의 사랑대상’으로서 소크라테스는 ‘선’을 든다. 그에 따르면, ‘선이란 오로지 자기 자신을 위해서만 사랑의 대상이 된다는 것이다.’[62] 따라서 이러한 선으로부터 자극되어 작용되는 욕망과 사랑은 무언가를 위해 욕망되고 사랑되는 것이 아니라 욕망과 사랑 그 자체를 근원으로 하는 기본원리로서, 인간으로 하여금 절대적 이념인 선 자체에 접근할 수 있도록 해주는 기제라고 할 수 있는 것이다.

근원적인 기본원리로서의 욕망과 동렬에 놓인 사랑과 이러한 사랑에 의해 매개되는 미의 관계는 『심포지온』에서 집중적으로 논의된다. 앞서 논의된 바처럼, 사랑은 무언가에 대한 사랑이며, 따라서 욕망 그 자체라고 할 수 있지만, 욕망이란 본래 욕망하는 자가 소유하고 있지 못한 것, 다시 말해 “아직 현존하고 있지 않고 완성되지 않은 것”[63]을 향한 욕망이기에, 욕망과 더불어 사랑은 결여로부터 생겨나는 것이다. 여기서 결여란 통상적인 의미에서 이야기될 수 있는 ‘무언가의 결여’를 뜻한다기보다는 결여 그 자체를 함축한다고 생각될 필요가 있다. 왜냐하면 사랑대상에 대한 소크라테스의 주장에서 암시되고 있듯이, 에로스가 갈망하는 미 자체가 에로스를 추동시키는 원인이면서, 다시 말해 사랑 대상이면서, 동시에 자기 자신 이외에는 그 어느 것을 위해서도 사랑하지 않는 에로스의 위상을 정립시켜주는 것 역시 미이기 때문이다. 갈망의 대상이자 결여 그 자체로서 존재하는 미는 이러한 미를 갈망하면서도 결코 소유하지 못하는 에로스를 아름답지도 않을뿐더러 선하지도 않으며 그렇다고 해서 추하지도 않은, ‘유한한 존재와 불멸의 존재 사이에 위치한 악마적인 사이 존재’[64]로 근거 규정해주는 것이다. 그렇다면 결여 자체로서의 미를 갈망하는 에로스가 이를 수 있는 곳은 어디인가? 소크라테스는 그것을 “미 속에서의 발생”[65]이라고 한다. 왜냐하면 ‘발생geneseos, γεννήσεως’ 또는 산출이야말로 “영원한 것이며, 또한 유한한 것 속에서 가능할 수 있는 불멸의 것”[66]이기 때문이다. 결국 유한한 것과 무한한 것, 또는

---

61 Platon: Lysis, 219d.
62 Platon: Lysis, 220b-221c.
63 Platon: Symposion, 200e.
64 Platon: Symposion, 202e.
65 Platon: Symposion, 206e.
66 Platon: Symposion, 207a.

사멸하는 것과 불멸의 것을 매개시켜주고 있는 에로스는 유한한 존재가 스스로를 유지해 나가는 방식인 바, 이것은 존재자가 신적인 것, 즉 선 내지는 미와 동일한 것으로서 존재하는 형식이 아니라, "사멸하고 쇠락해가는 존재사가 과거에 그랬듯이 또 다른 새로운 존재자를 남겨놓는"[67] 형식을 취하는 것이다.

결국 유한한 존재인 인간에게 무한한 것에 참여할 가능성을 제공해주는 '발생 또는 생성으로서의 에로스', 다시 말해 자신을 화산 속에 던져 완전히 불태움으로써 불멸에로의 참여를 감행하였던 엠페도클레스처럼 '사멸하는 것' 내지는 '죽음thanatos'을 철저히 산출해 내면서 불멸의 근원인 미와 선에 닿을 가능성을 마련해주는 에로스는 일종의 "광기"[68]와도 같은 것으로서 '자신을 과감하게 자신으로부터 분리시켜Ek-stasis' 스스로를 기꺼이 고통에 내맡기는 인간으로 하여금 항상 동일하게 존재하지 않는 가시적 미에 대한 주시를 통해 근원적이고 "참된 미"[69]를 '상기'시키도록 해주는 것이다. 불멸의 것과 이러한 불멸의 것에 이르기 위해 반드시 천착하여 접전을 벌여야만 하는 타나토스 그리고 타나토스를 철저하게 산출하고자 하는 에로스와 이러한 에로스의 존재근거이자 존재목적인 미는 에로스적인 미의 이념을 이루는 주요 계기들인 것이다.

그러나 이처럼 해석학적으로 재구성된 에로스 담론의 종합적 틀에도 불구하고 플라톤에게서는 아이러니한 분위기가 감돌고 있다. 예컨대 강렬한 고통이나 커다란 만족의 순간 "그것의 가장 강력한 동인이 되는 것은 가장 판명하고 가장 실재적인 것"[70]이라고 생각하며 이러한 고통과 만족으로 인해 영혼과 육체가 서로 떼어놓을 수 없을 정도로 결합되어 있는 존재가 바로 인간이며, 따라서 이러한 인간에게 유일하게 가능할 수 있는 태도는 '생의 마지막 순간에 신적인 것과 유사한 것에 이를 수 있다는 믿음을 가지고서 그것을 관조하며 사는 것'[71] 혹은 "죽음을 위해 애쓰는 것"[72]이라거나, 불확실하고 불완전하며 불분명한 감각적 육체로부터 벗어나 항상 변함없이 동일한 모습을 간직하고 있는 영혼의 순수한

---

67 Platon: Symposion, 208a-b.
68 Platon: Phaidros, 249e.
69 Platon: Phaidros, 249d.
70 Platon: Phaidon, 83c.
71 Platon: Phaidon, 84a-b.
72 Platon: Phaidon, 81a.

상태를 추구하는 것이야 말로 철학에게 주어진 과제인 동시에 철학하는 사람의 존재이유가 되지만 육체로부터 완전히 벗어날 수 없는 존재에게는 가능한 한 비육체적인 상태를 유지하려고 하는 노력하는 것, 혹은 "죽은 존재로 있고자 하는 것"[73]이 유일하게 가능한 태도라는 것이다. 다시 말해 철학이 불가능하다는 사실을 인식하는 것이야말로 철학을 가능케 해주는 것이라는 아이러니, 즉 철학자의 아이러니가 철학의 시초부터 드리워져 있는 것이다.

4.2 노발리스의 달콤한 고통과 헤세의 억지유머

플라톤과 헤르만 헤세 사이에는 2천 년이라는 시간적 간극이 존재하지만, 헤세보다 백여 년 전의 노발리스나 헤세 자신에게서 물리적 시간이 아니라 플라톤적인 영원의 시간이 진정한 시간감각이라고 여겨졌다는 점에서 플라톤과 노발리스 그리고 헤세를 21세기인 지금에 하나의 맥락하에서 다루는 데에는 아무런 문제가 없을 것이다. 물론 그 맥락이 영원불멸에의 동경과 관련되어 있을 때 그렇다. 헤세와 낭만주의, 특히 노발리스와의 관계는 헤세 연구자들에 의해서만이 아니라[74] 헤세 자신에 의해서도 여러 번 여러 형태로 언급된 바 있다. 그중에서 타나토-에로스적인 본 논문의 논의맥락과 연관될 뿐 아니라 노발리스 사상과의 이념적인 공통의 지평을 드러내주는 주장을 여러 문학단상들에서 개진한다. 그에 따르면, 노발리스에게서 시작되어 노발리스에게서 사멸한 "진정한 낭만주의"는 "시간과 장소의 영향권을 넘어 영원한 법칙들이 지배하고 있으며, 이러한 영원한 법칙들의 정신은 모든 개별 영혼 속에서 아직 전개되지 않은 채로 기거하고 있다는 사실, 그리고 인간의 교양을 높이고 정신적으로 심화시키는 모든 활동은 이러한 정신을 각자의 고유한 소우주 속에서 인지하고 자기 자신을 의식하며 그것으로부터 새로운 인식의 척도를 간취해내는 것에 달려 있다는 사실"[75]에 놓여 있다고 한다.

인간이라는 소우주를 통해 '영원한 법칙들의 정신'과 마주하고자 하는 헤세의 노력은

---

73 Platon: Phaidon, 67e.

74 Georg Wenzel: Novalis in den Anschauungen von Ricarda Huch, Thomas Mann und Hermann Hesse (Halle an der Saale: Stekovics, 1997).

75 Hermann Hesse: Schriften zur Literatur. Erster Band(이후로는 SzL로 약칭), Frankfurt a.M 1970, S. 108-109.

1927년 헤세의 소설 『황야의 이리』가 1974년 영화화된 작품의 포스터

그의 작품 『황야의 이리*Steppenwolf*』에서 집중적으로 전개되고 있다.

헤세는 소설 속에 삽입된 「황야의 이리에 관한 논문*Traktat vom Steppenwolf*」을 비롯하여 소설 전체가 '정신과 예술 및 불멸의 존재들'을 대상으로 하고 있으며, 소설에서는 황야의 이리의 고통의 세계와 초개인적이고 초시간적인 믿음의 세계가 대비되는 가운데 주인공의 고통이 묘사되고 있지만, 그렇다고 그 소설이 "절망의 책"으로 여겨지는 것이 아니라 "믿음의 책"(SzL 53)으로 생각되어야 한다고 말한다. 다시 말해 소설에서 묘사되는 황야의 이리의 병적인 위기는 "죽음에 이르는 병적 위기가 아니라 오히려 그 반대, 즉 치유"(SzL 53)라는 것이다. 그렇다면 헤세가 말하는 믿음과 치유란 무엇에 대한 믿음이며 무엇의 치유를 의미하는 것일까? 물론 그는 "예전에는 좋았고 지금은 지옥이 되어버린 것이 아니라 매 순간 언제나 불완전하고 더럽혀진" 세상을 감내하기 위해서는 '불멸에 대한 믿음'과 '사랑의 마적인 기술에 대한 믿음'(SzL 77)이 필요하다고 말하고 있기는 하지만, 과연 노발리스의 낭만주의정신과 결부되어 있는 세상의 감내와 사랑에 대한 치유의 함의는 무엇일까?

근대의 분열상을 직시한 노발리스 역시 조화로운 고대 이후의 "후세인들이 자신들의 정신의 분산된 색조들을 다시금 혼합하여 자신들의 의도에 따라 고대의 단순명료한 자연상태를 산출해내거나 아니면 자신들 가운데서 다채로우면서도 새로운 결합들을 야기시킬 능력을 상실한다면, 그것은 후세인들의 병든 성향"[76]일 뿐이라고 말하지만, 그렇다고 해서 이러한 병든 성향이 절망적인 것은 아니라고 생각한다. 왜냐하면 인간에게는 '무한한 욕망'과 '하나 됨을 위한 놀랄 만한 사랑'(NS I 96)이 존재하기 때문이다. 단지 인간에게 결여된 것, 혹은 다시금 회복되어야 하는 것은 "자연의 은밀한 생성적 짜임에 대한 달콤한 고

76 Novalis: Schriften. Erster Band. Das dichterische Werk(이후로는 NS I로 약칭), hrsg. v. Paul Kluckhohn und Richard Samuel, Stuttgart 1960, S. 82-83.

통의 열정die süße Leidenschaft für das Weben der Natur"(NS I 96)이라는 것이다.

파편화된 근대의 분열상 앞에서 고대적인 것의 단순한 모방이나 무원칙적인 새로운 것의 추구로부터 거리를 두면서, "이미 받아들여진 것과 실증적인 것에 의해 질식되거나" 아니면 학습된 모든 것과 주어져 있는 실증적인 모든 것에 대항하여 "스스로를 생동적인 힘으로서 맞세우거나"[77] 하는 선택의 상황에 놓여 있는 근대인들에게 "죽은 것의 실재적인 다변적 통일을 통해 죽은 것을 살려내는"[78] 특별한 행동방식을 제기한 후에 이러한 행동방식의 기저에 놓여 있는 생동적인 힘의 원리를 '대립된 것과 통일된 것의 조화'[79]로 규정한 횔덜린처럼, 노발리스는 『자이스의 도제들*Lehrlinge zu Sais*』에서 유한한 존재인 인간이 본래적인 근원적 상태를 회복하기 위해서는 존재의 근원 혹은 신적인 것을 상징하는 숫처녀에게 드리워진 베일을 걷어내어 그것과 직접 대면해야 함에도 불구하고 그러지 못한다면, 과감하게 "불멸의 존재가 되려고 시도해야 한다"(NS I 82)라고 말한다. 이를 위해서는 무엇보다 "우리를 동요시키는 것의 총괄개념"으로서 "감각기제들이라 불리는 우리 육체의 지절들과 직접적인 관계에 놓여 있는"(NS I 97) '자연'을 파악할 필요가 있다고 한다. 인간과 자연의 조화로운 통일이 상실되었음에도 불구하고 본래적인 자연 상태를 '기억'[80] 해낼 가능성이 존재하는 것은 인간이 바로 자연의 거울이기 때문이다. 따라서 인간의 기본적인 상태에 대한 파악은 동시에 자연 자체에 대한 파악이기도 한 것이다. 그렇다면 노발리스는 인간적 자연을 어떻게 파악하고 있는 것일까?

노발리스는 우선 한 도제의 목소리를 빌어 다음과 같이 주장한다: 외부세계와 내부세계가 이루는 내적으로 생동적인 상태에 존재하는 인간이 "이러한 상태를 영구화시켜 이것을 자신의 감각적 인상들 전체로 확산시키려고 한다는 것, 그리고 그러한 두 세계 사이의 다양한 결합들을 추적해나갈 뿐 아니라 그것들의 법칙들 및 그것들 간의 친근감과 적대감들

---

77 Friedrich Hölderlin: Entwürfe zur Poetik, Historisch-Kritische Ausgabe Bd. 14, hrsg. v. D. E. Sattler, Frankfurt a.M.: Stroemfeld/Roter Stern, 1979, S. 95.

78 Friedrich Hölderlin: Entwürfe zur Poetik, S. 96.

79 Friedrich Hölderlin: Entwürfe zur Poetik, S. 311.

80 이미 플라톤에게서 기억 내지는 상기는 태어남과 동시에 상실된 것, 즉 이념적 근원을 회복시킬 계기를 마련해 주는 작용으로 규정되었으며(Vgl. Phaidon 75b-e), 슐레겔과 노발리스에게서는 인간과 자연이 조화로웠던 상태를 내재화시켜 아직 전개되지 않은 새로운 의미의 조화에 대한 예감과 쌍을 이루는 개념으로 사용된다(Vgl, 김윤상: 전기 낭만주의의 이념적 사유공간, 독일문학 제89집, 2004, 226ff.).

을 규명하는 데에 있어 결코 지치지 않는다는 것은 자연스러운 일"(NS I 97)이다. 이에 대해 노발리스는 두 번째 도제의 입장을 조심스레 병치시킨다: "자연의 외적인 힘들과 현상들로부터 그처럼 자연을 결합시키려고 하면서 자연을 [···] 어떨 때는 놀랄 만하게 형상화된 것이고, 어떨 때는 이원성 내지는 삼원성이라고 [···] 주장하는 것은 너무 과한 주장이다. 오히려 자연이란 무한히 다양한 본질들의 불가해한 통일의 산물이자, 정신세계의 놀라운 끈이며, 무수히 많은 세계들의 통일점인 동시에 접점이라고 말하는 것이 좀 더 설득력이 있는 주장일 것이다"(NS I 98). 끝없는 분열과 분산을 인간적 자연의 본성으로 보고자 하는 첫 번째 도제의 입장과 다양성들과 차이들의 통일로 보고자 하는 두 번째 도제의 입장에 노발리스는 세 번째 도제의 입장을 대치시킨다: "과감하게 시도되도록 해보라. 영리한 어부가 던지는 그물망이 보다 더 어부의 의지에 따라 짜여 있으면 있을수록 고기잡이는 더욱 더 많은 운을 가져다 줄 수 있을 것이다. [···] 새로운 판타지를 통해 사물들 위로 거미줄을 치는 사람은 누구나 환영이다"(NS I 98). 이러한 세 번째 도제의 말에 이어 노발리스는 이들 세 도제들의 대화에 촉진제가 될 만한 의견을 다른 한 도제를 통해 말하도록 한 후, 첫 번째 도제로 하여금 대화의 전환점이 될 만한 결정적인 테제를 개진토록 한다: "자연을 파악하기 위해서 우리는 자연을 그 전체 과정 속에서 내적으로 생성되도록 놔두어야만 한다. 이러한 작업을 수행하는 데 있어서 우리가 해야만 하는 일은 우리 스스로를 단지 우리와 동일한 존재들에 대한 신적인 동경과 그러한 존재들을 알아차릴 수 있는 필수조건들로부터 규정되도록 놔두는 것이다. [···] 생각하는 인간은 자신의 현존재의 근원적인 기능으로, 창조적인 관찰로 회귀하는바, 이러한 회귀지점은 과거 산출작용과 앎의 과정이 가장 놀랄 만한 다변적 결합 속에서 존재했던 지점인 것이다. [···] 그리하여 그가 이러한 근원적 현상Urerscheinung의 관조Beschauung 속에 잠기게 된다면, 새로이 생겨나는 시공간들 속에서 마치 헤아릴 수 없을 정도로 다채로운 연극과도 같이 자연의 발생사가 그 앞에서 펼쳐질 것이며, 무한한 유동성 속에서 자리 잡고 있는 각각의 지점들은 그에게 '사랑의 창조적 정신Genius der Liebe'의 새로운 현현 내지는 너와 나의 새로운 결합이 될 것이다"(NS I 101). 결국 노발리스에게 있어서 산출작용과 앎의 작용이 역동적인 결합관계를 이루는 존재의 근원적 기능에 대한 관조, 즉 사랑의 창조적 정신은 인간이 회복해야 할 인간자신의 기본 조건인 것이다. 그러나 노발리스가 보기에 이러한 기본 조건은 그리 쉽사리 달성될 수 있는 것이 아니다: "고요한 관조의 기술 내지는 창조적인 세계관찰의 기술은 쉬운 것이 아니며, 그것을 실행하기 위해서는 끊임없이 진지하게 숙고하고 엄밀하게 합목적적인 태도를 취할 필요가 있다"(NS I 101-102).

인간의 본래적 상태, 즉 자연의 거울로서의 인간적 자연의 근원적 기능을 회복시키기 위해서는 무엇보다 '자연을 그 과정 속에서 생성되도록 놔두며', '우리 자신을 단지 우리와 동일한 존재들에 대한 신적인 동경으로부터 규정되도록 놔두어야 한다'라고 주장하면서 '달콤한 고통의 열정'을 통해 혹은 존재의 근원적 기능에 대한 관조를 통해 사랑의 창조적 정신의 현현을 추구하였던 노발리스처럼, 헤세 역시 본성적 결핍이 아니라 "조화에 이르지 못한 풍부한 재능들과 힘들"[81]에 근거하는 병적 위기의 주인공 하리 할러로 하여금 "고뇌에 찬 영원한 격정의 운동"(Sw 59)을 통해 "기꺼이 죽음을 준비하고 의지하도록 해주는 고통을 동경하도록"(Sw 192) 함으로써, 혹은 할러의 '거울'과도 같은 존재인 헤르미네로 하여금 "죽음에 대한 동경"(Sw 197)을 이야기하도록 함으로써, "에로스에 의해 개시되는"(Sw 181) '순간적 황홀경 상태'의 영원불멸성에 이르고자 하였다. 결국 '자연의 수많은 힘들의 무한히 다양한 분열'을 파악하지 못하는 사람에게는 "죽음을 찧어내는 무시무시한 방아로, [···] 끝없는 소용돌이의 연쇄로, [···] 불행을 배태한 불가해함으로"(NS I 88) 여겨지지만 그러한 힘들 및 현상들과 '유희를 즐기는 사람'(NS I 80)에게는 '무수한 세계들의 접촉점'으로 감지되는 자연을 능동적으로 감내하고자 한 노발리스와 '시간과 가상 너머에 있는 영원의 왕국'(Sw 197) 때문에 죽음을 동경하는 하리 할러로 하여금 '우리의 고귀한 지위에 대한 기억으로서의 노발리스적 고통'(Sw 23)과 같은 맥락에서 '끝까지 고통을 음미'(Sw 30) 하도록 한 헤세에게는 갈망의 대상이자 결여 그 자체로서 존재하는 영원불멸의 상징인 미를 동경하면서 '유한한 존재와 불멸의 존재 사이에 위치한 악마적인 사이 존재'로서 "유한한 것 속에서 가능할 수 있는 불멸의 것"인 끝없는 '산출'을 감행하는 플라톤적 에로스의 이념이 관철되고 있는 것이다.

'죽음 thanatos'을 철저히 산출해내면서 불멸의 근원인 미와 선에 닿을 가능성을 마련해 주는, 일종의 "광기"와도 같은 플라톤적 타나토-에로스는 "고뇌의 천재Genie des Leidens"

---

81 Hermann Hesse: Steppenwolf (이후로는 Sw로 약칭), Frankfurt a.M. 1974, S. 16.

인 할러를 휘감고 있는 역동적 기운이라고 할 수 있다. 앞서 노발리스의 'Genius der Liebe'라는 말이 "사랑의 창조적 정신"으로 번역되어야 했던 것처럼, 할러의 "고뇌의 천재"라는 말 역시 '고뇌의 창조적 정신'이라는 함의를 지닌다고 해야 할 것이다. 왜냐하면 그는 니체적인 의미에서 "창조적이고 무한하며 대단한 고뇌의 능력"(Sw 17)을 함양해왔기 때문이다. 그렇다면 이러한 그의 고뇌가 향하고 있는 곳은 어디인가? 몇몇 묘사들이 소시민성에 대한 혐오와 분노를 나타내주는 것처럼 보이지만, 헤세는 이보다 훨씬 더 나아간다. 비록 황야의 이리 하리 할러의 '영혼의 병'이 "시대 자체의 병이자 그가 속한 세대의 노이로제"(Sw 30)로 묘사되며, 그 스스로가 자신을 "정처 없는 황야의 이리이자 소시민적 세계의 고독한 증오자"(Sw 36)로 규정하고 있기는 하지만, 고뇌에 찬 그의 시선은 "우리 시대, 우리의 정신성, 그리고 우리 문화의 결핍과 절망보다 훨씬 더 나아가 모든 인간 존재의 심장에까지 이르고"(Sw 15) 있으며, 그에게서 시민성 자체는 "항시 현존하는 인간적 상태이자 […] 균형의 노력으로, 또는 인간적 태도의 수많은 극단들과 대립쌍들 사이에서 균형을 이루려는 노력"(Sw 68)으로 여겨지고 있는 것이다.

이러한 시민성은 일의적 규정에 내맡겨질 수 없어 보이는 황야의 이리의 영혼을 판가름하는 일차적인 잣대의 역할을 한다. '신적인 것에 접근하려는 시도 내지는 정신적인 것에 헌신할 가능성을 지닌 인간유형'과 '감각의 요구와 충동의 삶에 자신을 내맡길 가능성을 지닌 인간유형' 사이에서 '시민의 유형'은 "적당히 부담 없는 영역"에서 삶을 영위할 수 있다. 왜냐하면 그의 이상은 무언가에 대한 '헌신'이 아니라 "자아의 유지"(Sw 69)이기 때문이다. 그러나 이러한 자아의 유지는 "삶과 감정의 강도를 희생시키는 대가"(Sw 69)로만 얻어지는 것이며, 따라서 '시민의 유형'은 "박약한 삶의 의지의 산물"(Sw 69)이다. 그럼에도 불구하고 시민성이 여전히 살아남아 강력하게 번성한 이유는 무엇일까? 그것은 바로 "시민성 자체의 모호성으로 인해 시민성에 포함될 수 있었던 수많은 아웃사이더들"(Sw 70), 즉 황야의 이리들 덕택이라는 것이다. "법과 미덕 그리고 상식을 경멸하지만 시민성에 어쩔 수 없이 갇혀서 이로부터 빠져 나올 수 없는 존재"(Sw 70)인 황야의 이리 하리는 겉보기에 시민성을 유지시켜주는 '시민유형의 인간들'과는 달리 진정한 의미의 시민성이라고 잠정적으로 규정될 수 있는 상태, 즉 자아를 희생시키는 대가로만 얻어지는 탈자적 상태를 유지시켜주는 존재인 것이다. 그렇다면 하리 할러의 고뇌는 어디로 향하고 있는 것일까?

헤세의 하리 할러는 산출작용과 앎의 작용이 역동적인 결합관계를 이루는 존재의 근원적 기능에 대한 관조, 즉 사랑의 창조적 정신을 자신의 기본 조건으로 삼아야 하지만 실행의 어려움 때문에 끊임없는 숙고와 엄밀한 합목적적인 태도를 취해야 하는 노발리스적 인간과는 다소 다르게, 그렇지만 본질적으로는 유사한 맥락에 놓여 있다. 하리 할러는 무엇보다 자기 자신을 '증오와 부정의 대상'(Sw 17)으로 삼는 존재, 즉 "자살자의 삶"(Sw 28)을 사는 존재이다. 이러한 삶은 "지옥을 가로질러 […] 악을 끝까지 감내하려는 의지"(Sw 31)의 삶이기는 하지만, 고통 없는 만족의 상태가 아니라 영원한 고통의 삶이자, '달성된 자유가 죽음을 의미하는 삶'(Sw 61) 혹은 '고독의 기운과 자살의 충동이 긴장을 이루는 삶'(Sw 62)이다. 심리적으로나 물리적으로가 아니라 "형이상학적으로"(Sw 63) 이해되어야 하는 자살의 충동에 사로잡힌 존재는 한편으로는 마치 플라톤의 『심포지온』에서 묘사된 인간존재, 즉 오만불손으로 인해 신전을 취하고자 한 죄의 처벌로서 영원히 자신의 반쪽을 찾아 헤매야 하는 존재처럼, "개체화의 죄책감에 사로잡힌 존재"로서 자신을 해체시켜 '어머니와 신과 우주로 회귀하고자 하는'(Sw 64) 존재, 간단히 말하자면, "충동적이고 거칠며 혼돈스러운 모든 것"(Sw 80)을 담지하는 이리 같은 존재이다. 반면 하리 할러는 "사상과 감정 및 문화 그리고 길들여지고 순화된 자연의 세계"(Sw 75), 즉 인간의 면모를 갖고 있기도 하다. 그러나 "이리와 인간, 충동과 정신의 이분법적 규정"(Sw 75)은 하리 할러와 같은 인간유형 내지는 이러한 인간의 고통의 원천을 설명하기 위해 '현실에 폭력을 가하여 인위적으로 단순화시키는 행위'(Sw 75)와도 같은 것이다. 노발리스에게서 "존재와 비존재 사이의 부유"[82]라는 기본원리에 근거하는 것으로서 인간의 삶에 의해 비춰지는 "우주의 삶이 수천의 목소리로 이루어진 영원한 대화"(NS I 107)이듯이, 하리 할러는 "두 개의 본질이 아니라, 수백 수천의 본질들로 이루어져 있으며, 그의 삶은 […] 수천 가지 본질들 사이에서 수많은 극단들 사이에서 진동하는 것이다"(Sw 76). 아니 인간 자체가 "수많은 실타래들로 이루어진 그물망"(Sw 79)과도 같은 존재인 것이다.

끝없이 부유하며 '과감하게 자신을 자신으로부터 분리시켜 영혼의 혼돈상태를 통찰해야 하지만'(Sw 73) '자기에 대한 절박한 매달림이 영원한 죽음에 이르는 가장 확실한 길이

---

82 Novalis: Schriften. Zweiter Band. Das philosophische Werk. I, hrsg. v. Paul Kluckhohn und Richard Samuel, Stuttgart 1965, S. 106.

라는 사실'과 '죽을 수 있다는 것이 변화에로의 자아의 영원한 헌신을 영원불멸로 이끈다는 사실'(Sw 82)을 외면하는 하리 할러에게 유일하게 가능한 "화해의 탈출구", 혹은 고뇌를 통해 "강인하고 탄력적이게 된"(Sw 72) 정신이 이르는 곳은 어디일까? 그것은 다름 아닌 "유머"이다. "아마도 인간존재의 가장 고유하고 가장 창조적인 능력"일 수 있는 유머는 '극단적인 대립들을 긍정가운데서 서로 공존하게 해주는 것'(Sw 72)으로서 '삶의 수많은 이미지들이 에로스에 의해 마술처럼 개시된 순간'(Sw 181)이나 고통의 극단 내지는 아름다움과 성스러움의 추구를 넘어서 '망아적 이미지의 세계가 느껴지는 순간'(Sw 199), 혹은 모든 것이 에로스에 의해 두루 비춰져서 '자신 앞에 있는 존재의 모든 것이 사랑스러운 유혹으로 변하고'(Sw 214) 자신이 사랑하는 대상과 '혼연일체가 되었다고 여겨지는 순간'(Sw 219)이나 심지어 '시간이 존재하지 않는 영원불멸의 세계가 바로 자신 속에 있다'(Sw 224)는 에로스적 황홀경의 순간조차 멈추지 않고 부유하는 '삶의 억지유머'(Sw 276)인 것이다. 이것은 노발리스의 『자이스의 도제들』에 삽입된 '히야신스와 로젠블뤼첸' 동화에서 우의적으로 묘사된 사랑의 구조와도 통한다. '사물들의 근원Mutter der Dinge'(NS I 93) 내지는 "성스러운 여신"(NS I 94)을 찾아 '죽도록 사랑했던 로젠블뤼첸'(NS I 92)을 뒤로 한 채 "내적인 동요"를 지나 "조용하지만 강한 본성"에 이르는 먼 여정을 떠나는 히야신스는 천상의 매혹적인 향기 가운데서 잠이 든다. 그러고 나서 그는 가장 성스러운 것으로 인도되는데, 이때 그를 인도한 것은 바로 꿈이었다. 드디어 그는 그토록 갈망했던 'Jungfrau' 앞에 이르게 되었다. 그러나 그가 'Jungfrau' 앞에 드리워져 있던 베일을 걷어내는 순간 로젠블뤼첸이 자신의 팔에 안기게 되었던 것이다. 즉 유한한 존재자가 영원불멸을 상징하는 사물의 근원에 다다랐다고 여기는 순간조차 영원불멸성은 직접적으로 현현하는 것이 아니라, 베일을 사이에 두고서 존재하며, 이러한 베일이 걷어내어지는 순간 신성이 아니라 '생생한 신적인 산출'이 모습을 드러낸다는 것이다.

결국 결여 자체로서의 궁극적인 미를 향해 있지만 발생 내지는 산출운동, 즉 타나토스의 산출만을 만나면서 유한한 존재에게 유한성 내에서 영원불멸성에로의 접근가능성을 제공해주는 플라톤의 에로스, 자연을 발생되도록 놔두는 동시에 우리 자신을 신적인 동경에 의해 규정되도록 놔두면서 산출작용과 앎의 작용이 다변적인 결합을 이루는 존재의 근원적 기능에 대한 관조를 통해 혹은 무한히 이어지는 달콤한 고통을 통해 작용되는 노발리스의 사랑의 정신, 궁극적인 영원불멸성을 향해 '끝까지 죽음을 음미하는' 황야의 이리로 하여금 그물망처럼 얽혀 있는 다양한 본성들의 실타래를 하나하나 풀어 전개시키도록 하여 죽음과 가장 가까이 붙어 있는 탈자적 세계를 바라보도록 해주는 헤세의 에로스적 열정은 모두 유한한 현실적 삶에 깊이 천착하여 철저하게 죽음을 죽게 놔둠으로써, 유한한 현실 속에서 무한한 영원에 참여할 가능성 마련해주는 '타나토-에로스적인 미의 실체들'인 것이다. 그리고 이러한 타나토-에로스적 미의 힘겨운 감행은 '죽음을 위해 애써야 하는 삶의 아이러니', '영원불멸을 추구하도록 함으로써 비로소 유한한 삶을 가능하게 해주었던 베일을 걷어내는 달콤한 고통', '고통의 끝과 영원불멸성이 만나는 순간에 몰입과 몰두로부터 자유롭도록 해주는 억지유머' 등에 의해 감행될 만한 것으로 유지되는 것이다.

4.3 타나토-에로스적인 미

플라톤의 에로스 개념 및 노발리스와 헤세의 에로스적 고통의 열정에 대한 지금까지의 논의로부터 우리는 다음과 같은 현재적 함의들을 추론해볼 수 있을 것이다.

첫째, 서구 정신사에서 중요한 담론을 형성해왔던 에로스적 이념은 엠페도클레스로부터 플라톤을 지나 노발리스와 헤세에 이르기까지 정반합의 도식적 변증법의 구조를 지니지 않는다는 것이다. 그 이유는 무엇보다 사랑 개념이 항상 싸움이라든가, 분리 내지는 죽음이라는 개념과 중첩되어 기능해왔기 때문이다. 말하자면 사랑을 근원적인 힘 내지는 원리로 보려고 할 때 싸움 내지는 분리 혹은 죽음 역시 동일한 근원으로, 좀 더 정확히 말하자면 '유사원리'로 함께 이야기되어야 하는 것이다. 플라톤의 미의 이데아, 노발리스의 근원적 미의 현상, 헤세의 축제적 도취의 순간 등은 두 가지 혹은 그 이상의 대립들의 통일이 아니라, 에로스적 미의 근거일 뿐이며, 그 작용 기반 내지 공간은 타나토-에로스적인 미가 되는 것이다.

둘째, 기만적이고 감각적인 육체로부터 순수한 영혼의 상태에 이르러야 함에도 불구하고 고통과 만족으로 인해 영혼과 육체가 서로 떼어놓을 수 없을 정도로 결합되어 있는 존재자에게 '생의 마지막 순간에 신적인 것과 유사한 것에 이를 수 있다는 믿음'을 가지고서 그것을 관조하며 사는 삶, 즉 죽음을 위해 애쓰는 삶이나, 한편으로 자연을 발생되도록 놔두고, 다른 한편으로 자신을 신적인 동경에 의해 규정되도록 놔두면서 산출작용과 앎의 작용이 다변적인 결합을 이루는 존재의 근원적 기능을 관조하도록 하는 것, 또는 영원불멸성을 향한 삶이 고통과 죽음을 끝까지 밀고나가고자 하는 삶이라는 생각 등에서 공통적으로 내재해 있는 문제의식은 바로 'Leiden' 개념에 대한 능동적인 파악이다. 지금까지 우리는 이 개념을 '외적인 자극에 대해 수동적으로 감내하고 참거나 고통을 입는다'는 식으로 이해하는 데 익숙해져 있다. 힘과 욕구 또는 의지는 능동적인 것으로 생각되곤 한다. 그러나 이러한 생각은 근본적으로 재검토될 필요가 있는 것이다. 현대의 중요한 문화이론가 중의 한 명인 이탈리아 철학자 아감벤Giorgio Agamben에 따르면,[83] 본래 아리스토텔레스부터 '가능태dynamis' 개념, 즉 '능력이나 힘Potenz' 개념은 'potentia passiva'와 'potentia activa'라는 이중적 함의를 자체 내에서 통일시키고 있었으며, 칸트에게서도 주체는 자신의 '순수한 수용성reine Rezeptivität'을 '근원적인 자기 감화ursprüngliche Selbstaffektion'로 생각하면서, 이런 방식으로 자기 자신을 표상하고 스스로를 '감내하며erleiden' 세상에 자신을 개시한다고 규정되었다는 것이다. 아리스토텔레스에게서 "'자기 증여Selbst-Gabe'이자 '행위에 자신을 내맡기기ein Dem-Akt-sich-Übergeben'"[84]로 규정된 바 있는 이러한 '감내' 개념은 20세기에 특히 프랑스 사상가들에 의해 수동성을 특권화하는 형태로 진행되었다고 한다.[85] 그러나 비록 이러한 문제의식을 철저하게 현상학적으로 분석한 바 있는 후설을 간과하고 있기는 하지만,[86] 아감벤은 니체에게서 이미 수동성과 능동성이 조화를 이루는 'Leidenschaft' 개념이 존재했다고 하면서 니체의 개념인 힘에의 의지를 '스스로를 감화시키는 감내의 격정Leiden-schaft, die sich selbst affiziert'으로 해석하고자 한다. 결국 'Leiden' 내지는 'Leidenschaft' 개념이 능동적인 것으로도 이해됨으로써, 사랑과 증오, 영원불멸과 죽음 뿐 아니라 삶에 대한 기본적인 정향 역시 새로이 파악될 가능성이 마련될 수 있는 것이다.

---

83 Giorgio Agamben: Das unvordenkliche Bild, in: Bildlichkeit, hrsg. v. Volker Bohn, Frankfurt a.M. 1990, S. 549-552.

84 Aristoteles: Von der Seele, 417b 2-16(Giorgio Agamben: Das unvordenkliche Bild, S. 551에서 재인용).

85 아감벤은 바타이유(Bataille)의 '탈자 개념', 레비나스(Lévinas)의 '수동성 개념', 데리다의 '원 흔적 개념', 장-뤽 낭시(Jean-Luc Nancy)의 '전율하는 주체성', 하이데거의 '죽음에의 존재' 내지는 '고유한 결단' 등을 예로 들고 있다.

86 Vgl. Edmund Husserl: Aktive Synthesen: Aus der Vorlesung "Transzendentale Logik" 1920/21, Ergänzungsband zu "Analysen zur passiven Synthesis", Husserliana Bd. XXXI, hrsg. v. Roland Breeur, Dordrecht/Boston/London 2000.

5. '아키-텍토닉'으로서의 표현

의미론적 역사학자인 코젤렉에 따르면, 18세기를 기점으로 하여 근대인들의 경험 속에서 "의식의 공간"인 동시에 "활동의 공간"으로서 "역사 일반"이라는 집합적 단수 개념의 등장과 더불어 이전의 모든 사건들, 즉 '역사들'은 퇴색되고, 역사적 사건들의 의미론적 구조들에 초점이 맞춰진 역사철학이 개시되었다고 한다.[87] 근대적 담론들의 역사의 출발점에서 역사는 "더 이상 자연적 규정들로부터 추론될 수 없고 인과적으로도 충분히 설명될 수 없는 과정"으로 파악되었으며, 역사의 주체는 "그러한 과정을 확정지음 없이 그것에 대한 반성을 통해서만 규정될 수 있었다"(Koselleck 221)는 것이다. 그러나 이러한 근대적 역사 개념은 출발부터 역사를 "전체로서 생각해야 한다"는 필연성과 그럼에도 불구하고 그것을 "결코 완결된 것으로서 정립할 수 없다"(Koselleck 222)고 하는 현실성 사이의 대립적 긴장관계를 내포하고 있었다. 이러한 상황은 근대인들에게 목적론적 세계관이 인간화되고 합법칙적 진보로부터 자유롭게 된 대가치고는 너무도 힘겨운 상황이었으며, 다원화와 다의화의 문화공간에 살고 있는 우리에게도 여전히 채무로서 부과되어 있다.

그러나 만일 이러한 내적인 대립적 긴장관계가 역사적 삶의 기본 틀로 생각될 수 있다면, 그리하여 이로부터 삶의 가능성 근거가 마련된다면, 그것은 기꺼이 떠안을 수 있는 채무일 수 있을 것이다. 이러한 문제의식에서 본 장에서는 과거-현재-미래라는 단선적 역사의식과 거리를 두면서 역사에 대한 능동적인 반성을 통해 구성되는 '의미연관'의 분석 틀을 마련하기 위한 목적으로 18세기 중엽에 그 틀의 원형을 제시했다고 여겨지는 빙켈만의 고전주의 미학이 논의될 것이다. 빙켈만의 예술사와 고전주의 미 이념에 대해서는 지금까지 많은 연구들이 진행되어왔지만, 그의 미학에 내재해 있는 방법론적 기초와 현대적 함의에 관해서는 거의 연구된 바가 없다. 특히 이러한 측면과 관련하여 본 장에서는 현상과 본질, 가상과 실재, 이미지와 원상 등의 이원론적 체계를 문제시하면서 다양한 접근들을 시도하고 있는 현재의 문화적 담론들에 이론적 틀을 제시하고자 하는 의도하에, 근대 이래로 방법론적 틀 내지는 예술구성의 틀로 이해되어왔던 '아키텍토닉Archi-tektonik'을 논

---

87 Reinhart Koselleck: Geschichte, Geschichten und Formale Zeitstrukturen (이후로는 Koselleck으로 약칭), in: Geschichte–Ereignis und Erzählung. Poetik und Hermeneutik Bd. 5, hrsg. v. Reinhart Koselleck und Wolf-Dieter Stempel, München 1973, S. 211.

의맥락의 근간으로 삼는다. '아키텍토닉' 혹은 '텍토닉' 개념은 철학에서는 칸트 이래로, 건축예술에서는 쉥켈 이래로 본격적으로 논의되었으며, 하이데거에 이르게 되면 이 둘의 매개형태로 보다 구체화된다. 그러나 이들에 의해 이루어진 개별적인 논의들은 이미 빙켈만의 고전주의 미학에 함축되어 있다. 따라서 본 장에서는 시기적으로가 아니라 내용적으로 볼 때 순차적이라는 의미에서 먼저 칸트, 쉥켈, 하이데거를 다루고, 그러고 나서 이들의 접점을 매개로 하여 빙켈만이 다뤄질 것이다.

5.1 '아키-텍토닉' 논의의 접점

5.1.1 근대적 이념체계로서의 아키텍토닉: 칸트

근대적 의미에서의 아키텍토닉에 대한 논의는 라이프니츠Gottfried Wilhelm Leibniz(1646-1716)에게서 시작된다. 그에 따르면, 신이 '우주를 지었던 건축가라면, 인간은 이것을 모방하여 세계를 형성시키는 존재'[88]라는 것이다. 따라서 라이프니츠에게 있어 아키텍토닉은 기계적인 자연체계를 넘어서 세계구성의 목적과 관계되는 것으로 파악될 수 있었다. 이와 같은 맥락에서 계몽주의 철학자인 볼프Christian Wolff(1679-1754)는 아키텍토닉에 '세계의 기본 틀과 구조 및 그것의 완전성을 파악하는 이성의 체계'[89]라는 위상을 부여하였다. 그 결과 아키텍토닉이라는 학문은 이성의 선험적 원리에 따른 구성인 동시에 제일철학으로서의 존재론과 동일시되었다.

칸트는 이러한 전통을 비판적으로 계승하여, 이성의 능력을 아키텍토닉의 규율들에 따라 구성되는 체계로 이해하면서 아키텍토닉을 "다양한 체계들의 기술Kunst der Systeme"[90]로 규정한다. 인식의 단순한 집적물로 이루어진 체계와는 달리, 이성의 체계는 인식의 본질적인 목적들을 촉진시키는 체계로서, 하나의 이념하에서 다양한 인식들을 통일시킬 수 있어야 한다. 따라서 이성은 하나의 목적에 의거하여 "다양성의 범위와 부분들 간의 위치를 선험적으로 규정하는 전체의 형식"(KrV B 861)을 지니는 것이다. 여기서 목적의 통일이 갖는 의미를 칸트는 다음과 같이 설명한다: "모든 부분들이 상호관계의 이념하에서 관계하는 목적의

88 Gottfried Wilhelm Leibniz: Nouveaux Essais IV, cap. 3, § 27, Akademie Ausgabe, Reihe 6, Bd. 6, Berlin 1962, S. 389.

89 Christian Wolff: Vernünftige Gedanken von Gott, der Welt und der Seele des Menschen, auch von allen Dingen überhaupt, Gesammelte Werke Abt. 1 Bd. 2, Hildesheim 1997, § 169.

90 Immanuel Kant, Kritik der reinen Vernunft, S. 695.

통일은 각 부분이 다른 부분들의 인식과정에서 측정될 수 있도록 해준다. 그리하여 완전성을 우연히 추가하거나 불특정한 완전성의 정도가 전제되는 일은 […] 일어나지 않게 된다. 전체는 '쌓이는 것coacervatio'이 아니라 '정교화articulatio'되는 것이며 외적으로가 아니라 내적으로 성장하는 것이다"(KrV B 861). 결국 이성은 각 부분들에 일정한 가치를 부여해주는 동시에 이러한 가치들이 상호관계 속에서 이루는 전체 내에서 다시 이것들을 측정할 수 있도록 해주는 부분과 전체의 가능성 근거인 동시에 측정척도가 되는 것이다.

이러한 이성의 이념이 실현되기 위해서는 일정한 도식이 마련되어야 한다. 칸트는 경험적으로 우연히 생겨나는 의도들에 따라서가 아니라, "이성의 주된 목적으로부터, 즉 이성의 이념에 따라" 구성되는 도식을 "아키텍토닉한 통일"(KrV B 861)에 기초해 있는 도식으로 규정한다. 이성적 목적에 부합하는 아키텍토닉한 도식, 즉 '순수이성의 아키텍토닉'(vgl. KrV A 845-849)은 "전체의 윤곽과 부분들로 정교화되어 있는 전체의 분할을 이념에 부합되게 선험적으로 담지하고 있어야 하는 것이다"(KrV B 862). 결국 인식이 실재화되기 전에 이미 개별 부분들의 위상과 상호관계 그리고 이것들이 이루는 전체의 틀을 선험적으로 간직한 이성의 아키텍토닉은 "모든 부분들이 현미경으로도 알아차릴 수 없을 만큼 잘 감싸여진 채 은폐되어 있는 씨앗"(KrV B 862)과도 같은 이성의 이념을 근간으로 하여 정교화Artikulation와 내적인 증진inneres Wachstum 방식으로 작동되는 '인식의 과학적 체계'이자 '방법론'(vgl. KrV B 860)인 것이다.[91]

5.1.2 근대적 건축체계로서의 텍토닉: 쉥켈

낭만주의적 고전주의 이념에 입각하여 근대 건축의 영역에서 고대 그리스의 예술이념을 최초로 부활시켰을 뿐만 아니라 아키텍토닉 체계의 근거들을 정립하였던 건축가는 'Neue Wache(1816)', 'Berlin Schauspielhaus(1821)', 'Friedrich Werder Kirche(1825-1830)', 'Altes Museum(1830)' 등과 같은 근대적인 고전주의 건축물로 잘 알려진 쉥켈이다.[92]

---

91 통일적인 이성체계의 구축원리이자 체계철학으로서의 아키텍토닉에 대한 논의로는 Elfriede Conrad: Kants Logikvorlesungen als neuer Schlüssel zur Architektonik der reinen Vernunft, Stuttgart-Bad Cannstadt 1994와 Architektonik und System in der Philosophie Kants, hrsg. v. H. J. Fulda und J. Stolzenberg, Hamburg 2001 참조.

92 Henry-Russell Hitchcock: Architecture: Nineteenth and Twentieth Centuries, Yale University Press: New Haven and London 1977(first published 1958 by Penguin Books Ltd), pp.57-58.

Karl Friedrich Schinkel, 「Neue Wache」 (1816)

Karl Friedrich Schinkel, 「Schauspielhaus Berlin」 (1825)

초기에 쉉켈은 고대예술의 모범성이라는 확고한 원칙에 입각하여 동시대 건축의 기반을 세우고자 하였던 에르트만스도르프F. W. v. Erdmannsdorff나 길리 부자David und Friedrich Gilly와 같은 고전주의 건축가들에게서 영향을 받았지만, "빙켈만의 영향하에서-순수하게 건축적인 문제들을 넘어-고대 그리스에서의 예술적이고 문화적이며 사회적인 삶의 연관에 관심을 돌리게 되었다."[93]

Karl Friedrich Schinkel, 「Altes Museum」 (1830)

이러한 그의 이념은 1803년에 기획되어 근 30여 년간 지속되었음에도 불구하고 미완으로 남아야 했던 『아키텍토닉 교과서*Das Architektonische Lehrbuch*』[94]에 구체적으로 서술되어 있다. 우선 그의 건축적 이상의 기본구성요소들을 여러 단장들에 기초하여 재구성해보자면 다음과 같다. 건축 역시 포함되는 예술의 임무는 "이념으로 침잠된 자연대상의 본질을 묘사하는 것"(AL 19)에 있다. 이러한 묘사는 대상의 가치를 드러낼 수 있는 고유한 "특성Charakter"(AL 20)의 표현에 맞춰져 있어야 한다. 왜냐하면 "조형예술의 이상은 특성이 가지

---

93 Marlies Lammert: Gesichtspunkte der Architekturentwicklung am Ende des 18. Jahrhunderts in Berlin im Hinblick auf Karl Friedrich Schinkels Tätigkeit, in: Karl Friedrich Schinkel, 1781-1841, Berlin 1981, S. 379.

94 Karl Friedrich Schinkel: Das Architektonische Lehrbuch(이후로는 AL로 약칭), hrsg. v. Margarete Kühn, Deutscher Kunstverlag 2001.

는 최고의 진리에 놓여 있기"(AL 20) 때문이다. 또한 대상의 특성은 "대상 자체의 부분들이 이루고 있는 절대적 질서"(AL 20)에 기초해 있다. 그리하여 절대적 질서를 담지하고 있는 자연적 대상의 고유한 가치를 묘사하는 것은 예술이라는 최고의 정신적 활동의 "목적"(AL 20)이 되는 것이다. 이러한 예술의 기본구성요소들을 기반으로 하여 쉉켈은 건축예술의 원리를 다음과 같이 규정한다. 첫째, "축조Bauen라 함은 다양한 재료들을 특정한 목적에 부합되는 전체로 결합시키는 것을 말한다"(AL 21). 따라서 축조의 기본원리는 "합목적성"(AL 22)이다. 둘째, 합목적성은 "공간분할 혹은 계획의 합목적성, 계획에 적합한 재료의 결합이나 재료의 구성의 합목적성, 장식의 합목적성"(AL 22)이라는 세 가지 관점에 따라 고찰될 수 있다. 결국 전체의 윤곽과 부분들로 정교화되어 있는 전체의 분할을 이성적 목적에 부합되게 담지하고 있는 칸트의 이성의 아키텍토닉처럼, 쉉켈 역시 공간분할과 재료들의 결합관계를 선험적으로 담지하는 합목적성에 의거하여 자신의 축조체계의 골간을 구상하였던 것이다.

이러한 쉉켈의 건축예술 기본 이념은 프로이센의 추밀고문관이자 베를린 조형예술 및 건축 아카데미 교수였던 알로이스 히르트Aloys Hirt의 주저인 『고대인들의 기본원칙들에 의거한 건축예술*Baukunst nach den Grundsätzen der Alten*』(1809)에 대한 논박을 통해 보다 구체화된다. 이미 빙켈만, 괴테, 셸링등과 같은 입장을 견지하고 있었던 쉉켈은 '예술schöne Kunst' 이란 "당대의 활동들에 대한 비판"이 되어야 한다고 하면서, 특정한 사태가 "예술의 옷"과 잘 어울린다면, 그 사태는 "고전적"(AL 27)일 수 있다고 말한다. 따라서 현재의 건축은 우리의 고안물이 아니라 우리에게 전해져온 유산일 뿐이며, 이미 고대인들에게서 규율과 법칙 그리고 기본원리들이 만들어져서 건축예술의 이상이란 과거에 달성된 것이나 다름없다는 히르트의 주장에 대해 쉉켈은 다음과 같이 논박할 수 있었다:

> "우리가 건축에 있어서 고유하지 않다고 고백하는 것은 오히려 우리로 하여금 우리의 고유성에 부합하는 건축을 찾도록 고취시키는 말이다. 단지 나중시대의 편견들을 가지고 역사에 물음을 던지는 사람은 모방의 노예가 될 뿐이다 [⋯] 건축예술 전체에 있어 완성이라는 말은 무한한 시간계열로 뻗어 나갈 것이다. 즉 여기서 말하는 완성이란 세계의 특정한 개별 국가가 처해 있는 상황의 관계에 따라 이야기될 수 있는 완성일 뿐이다"(AL 28).

“히르트는 건축예술의 기술적인 측면만을 고려했을 뿐, 이 예술에서 […] 이념들의 표현이 갖는 중요성은 전혀 고려하지 않은 것 같다”(AL 29).

시대를 초월하는 완전성이란 인간과 자연 모두에게 근거로서 존재하는 “근원적 자연 Urnatur”(AL 35) 혹은 “형식의 ‘내적인 유기체der innere Organismus’”(AL 36)라고 할 수 있는바, 어느 때고 작용할 수 있는 이러한 생성근거를 기초로 하여 건축예술은 자연적 산물인 인간을 지나 신적인 영역에 이르게 됨으로써 진정한 미를 구현할 수 있다는 것이다. 따라서 그리스 건축예술이나 당대의 유럽건축예술은 모두 “구성의 필연적인 것을 미적으로 형상화시킨다”(AL 114)는 기본원리를 공유하고 있다는 점에서 동일하게 근원적일 수 있는 것이다.

원리로서의 고전주의적 미 개념에 의거한 이 같은 건축예술의 이념은 괴테[95]뿐만이 아니라 결정적으로 빙켈만의 영향하에서 형성될 수 있었다. 빙켈만처럼 그 역시 단순성과 ‘예술적 고요Kunstruhe’를 역동성의 표현과 더불어 미의 기본조건으로 보았다. 그에 따르면, “가장 단순한 방식으로 작용하는 중력의 법칙에 따라 운동이 일정한 양에 의해 저지되는 곳에서만 […] 우리가 느끼기에 완전한 고요가 존재한다.” 그러나 이때의 고요는 “운동에 대항하는 운동이 정립될 때”(AL 59)의 고요로써, 원주Säule와 평방Architrave에서처럼 “확고한 기반 위에 내리누르고 있는 수직적 압력”(AL 71)[96]과도 같이 활동과 고요가 평형을 이루는 긴장관계를 의미한다. 역동성이 예술적인 고요 속에서 긴장을 이루고 있는 이러한 건축예술의 표현원리는 결국 그의 텍토닉의 근간을 이루게 된다.

슁켈의 텍토닉은 건축 구조물의 예술적 현상이라는 객관화된 표상과 자연법칙에 기초하여 새로운 의미의 질서개념을 체현하고 있다. 특히 슁켈은 바로크 예술에서 작품과 세계질서 사이의 조화로운 일치로서 비율이론이 중요한 역할을 했다는 점에 착안하여, 이러

---

95 슁켈은 실제로 괴테의 『친화력』, 『색채론』, 『격언과 성찰』 등으로부터 직접적인 자극을 받았으며, 직접 괴테를 만나서 고전주의에 관한 대화를 나누기도 했다. Vgl. AL 39.

96 20세기 모더니즘 건축에서 슁켈의 이념을 잇고 있는 건축가는 바로 미스 반 데어 로에Mies van der Rohe이다. 그는 “당대의 기술적 역량, 아방가르드 미학 그리고 고전적 낭만주의의 텍토닉 유산”과 씨름하면서 고유한 건축양식을 발전시켰다. 예컨대 그의 ‘로자 룩셈부르크와 칼 리프크네히트 추모비’ 같은 경우, 벽돌로 이루어진 장방형의 조적구조는 비텍토닉한 표현을 통해 텍토닉의 효과를 내고 있는 작품이라고 할 수 있다. Vgl. Kenneth Frampton: Studies in Tectonic Culture. The Poetics of Construction in Nineteenth and Twentieth Century Architecture, The MIT Press, 1995, pp.159-207.

한 비율이론을 자신의 텍토닉에 적용시킨다. 그에 따르면, "건축학적인 구성요소들의 목적은 건축의 모든 대상들에 적용되는 것으로서, 전체나 부분들을 한정짓고, 마무리하며 완성시키는 것이자, 개별적인 것을 분리시키고 보나 확고하세 부각시키는 것과 관계되며, 때로는 체적의 폭을 분할하는가 하면, 때로는 분할된 체적을 일정하게 조여 매는 것에도 관계된다"(AL 83). 부분과 전체의 조화로운 비율을 현상적 체적과의 관계 속에서 측정할 수 있도록 해주는 텍토닉의 목적은 역동성의 완전한 표현이라는 그의 미적인 이상과 관계된다. 다시 말해 건축물의 본질적 의미도 아니고 그렇다고 단지 건축물의 드러난 외관도 아닌 텍토닉한 체적구조는 "전체 역사와 전체 자연 그리고 관계들에 대한 전체 느낌을 하나로 포괄하고 있는 미"(AL 115)를 중심으로 각 구성요소들과 전체가 조화로운 비율로 구성되어 있는 근원적 구조인 것이다. 결국 본질과 현상의 이분법적 한계를 넘어서 있을 뿐 아니라, 자연과 인간 모두의 삶 속에서 정교화와 집적의 형태로 내재해 있는 '근원적 텍토닉'은 어느 시대고 적용될 수 있는 문화공간의 규정척도인 동시에 창출척도가 되는 것이다.

5.1.3 축조와 거주 그리고 사유: 하이데거

'아키-텍토닉'의 문제사적 맥락에서 18세기에는 칸트가 위치해 있고 19세기에는 쉉켈이 위치해 있다면, 20세기에는 하이데거가 위치해 있다. 잠정적으로 규정해보자면, 그는 칸트와 쉉켈의 매개적 위치에 있다고 할 수 있는바, 왜냐하면 그에게서 텍토닉은 테크닉의 본래적 의미에 기초하여 존재의 가능성 근거이자 근원적 드러남의 방식으로 규정되고 있기 때문이다.

1951년 독일 다름슈타트에서 개최된 한 회의에서 하이데거는 문화적 공간개념의 기본틀을 제시한 바 있다. 우선 그는 짓고 세우며 축조한다는 의미를 가지는 'bauen'이 존재한다는 뜻을 지니는 'bin'과 동일한 어원을 지니며, "내가 존재하는 방식die Art, wie ich bin"이 '거주하다wohnen'는 뜻을 지니는 'buan'에 다름 아니기 때문에, "인간으로서 존재한다 Mensch sein"[97]는 의미를 지니는 'bauen'이 가능하기 위해서는 'wohnen'이 전제되어야 한다고

97 Martin Heidegger: Bauen Wohnen Denken(이후로는 BWD로 약칭), in: Vorträge und Aufsätze, Pfullingen 1978 (4. Auflage), S. 141.

주장한다. 그러나 일상에서 'bauen'은 "이미 거주된 것das im vorhinein Gewohnte"으로 경험됨으로써, 'bauen'의 근원적 의미인 'wohnen'은 망각 속에 빠져들게 된다는 것이다. 여기서 하이데거는 결정적인 논거를 제기한다. 즉 "거주는 인간의 존재로서 경험되지 못할 뿐 아니라, 결코 완벽하게 인간존재의 기본특징으로서 생각되지도 못한다는 것이다"(BWD 142). 말에 거주하여 말의 고유한 의미를 축조시키는 언어의 경우, 말해진 것은 의도된 것을 위해 쉽게 망각 속으로 빠져들게 되듯이, 존재의 의미를 축조시키는 거주의 경우, 거주된 것만 전면에 드러나고 거주 자체는 망각되는 것이다.

그렇다면 거주는 어떠한 방식으로 이루어지는가? 하이데거에 따르면, '인간으로서 존재한다'는 것은 "지상에 거한다는 것auf der Erde sein"(BWD 143)을 의미하며, 이것은 다시 '하늘 아래 거하는 것unter dem Himmel sein'(BWD 143)을 뜻하기 때문에, 지상과 하늘, 인간적인 것과 신적인 것은 사원적 통일을 이루는 것이다. 그러나 이러한 사원적 통일, 즉 "4의 단순성Einfalt der Vier" 혹은 "사각성das Geviert"(BWD 144)은 사유의 대상이 될 수 없다. 왜냐하면 사원성은 거주에 의해 사물들 속에서 보호되고 보존되기 때문이다. 이러한 보호와 보존으로서의 거주가 바로 축조이다. 결국 축조는 사원성을 보존하고 있는 사물들에 건물의 위상을 부여하는 생산적 활동인 것이다.

사원성을 보존하는 이러한 사물은 어떠한 본질을 지니는가? 그것은 우선 일정한 '거처Stätte'를 마련해주고 있다는 의미에서 장소의 함의를 지니며, 또한 일정한 테두리 내에 둘러쳐 있다는 의미에서 '공간Raum'의 함의를 지닌다. 그리고 공간은 일정하게 벌어진 거리를 기반으로 하고 있다는 의미에서 "사이공간Zwischenraum"인 동시에, 다차원적 다양성이라는 의미에서 "순수한 연장reine Ausdehnung"(BWD 150)이기도 하다. 이러한 공간은 인간과 별개의 것일 수 없다. 일정한 테두리 내에 둘러쳐져 있는 공간이란 인간적인 방식으로 이루어진 공간화이며, 어떤 특정한 인간이란 항상 "사물들 내에 보존되어 있는 사각성에 머물고 있다"(BWD 151)는 의미를 동반하기 때문이다. 예를 들어, 우리가 하이델베르크에 있는 다리를 생각할 때, 그 장소에 대한 생각은 이 자리에 있는 사람들이 하는 단순한 체험이 아니라, "우리의 사유가 이 장소와의 거리를 자체 내에 견지하고 있다"(BWD 151)는 사실을 함축하고 있는 것이다. 그리하여 거리의 견지를 통해 생겨나는 공간 속에서 우리는 무심코 그 다리 위를 거니는 사람들보다 그 다리에 훨씬 더 가까이 있을 수 있는 것이다.

결국 거리유지방식이기도 한 인간의 존재방식에 의거하여, 다시 말해 거주방식에 의거하여 구성되는 공간은 인간과 사물이 근원적으로 만나는 장소라고 할 수 있는 것이다.

이 같은 맥락에서 하이데거가 말하고자 하는 고유한 의미의 축조는 무엇인가? 그에 따르면, 사각성 내지 사원성에 거처를 부여하는 장소들이 결국에는 축조에 의해 건립되는 것이기 때문에, 축조는 사원성의 통일을 이루는 단일한 단순성으로부터 "장소의 건립을 위한 지시를 받으며", "이미 형성된 장소들을 통해 둘러쳐져 있는 공간들을 측정할 척도를 사각성으로부터 넘겨받는다"(BWD 153). 그리하여 사원적인 통일을 보호하는 거주의 본질이 건축물 속에 각인되어 있을 때, 축조의 생산적 활동은 사각성의 진정한 의미에 부합되는 것이다.

사각성의 의미에 부합되는 축조의 생산은 다른 한편으로 고대로부터 근대까지 이어져 오는 '테크네techne'의 역사와 관계된다. 본래 예술이나 수공예와는 다른 의미를 지니는 '테크네'는 "무언가를 이러저러한 것으로 현존 속에서 나타나도록 함"(BWD 154)이라는 뜻을 가지고서 예로부터 "건축의 텍토닉한 것 내에서im Tektonischen der Architektur"(BWD 154) 유지되어왔다. 그러나 축조의 생산이 이처럼 '무언가를 나타나도록 함'이라는 의미에서만 이해된다면, 적절한 규정이 될 수 없을 것이다. 왜냐하면 축조는 사원적 통일을 보존하는 사물들로서의 장소들이 인간의 다양한 존재방식을 통해 공간화되어 이로부터 생겨나는 공간들이 서로 접합됨으로써만 비로소 장소들을 건립할 수 있기 때문이다. 따라서 "축조의 본질은 바로 '거주되도록 함Wohnenlassen'"(BWD 154)인 것이다.

하이데거의 이러한 '텍토닉의 이념'으로부터 우리는 '문화공간의 근원적 체계로서의 아키-텍토닉'의 기본 틀을 추론해볼 수 있을 것이다. 사원성의 구성요소인 땅과 하늘 그리고 인간적인 것과 신적인 것을 현실세계와 이상세계 그리고 현실의 인간과 이상적인 인간상으로 대치시키고, 이것들의 통일인 사원성 혹은 사각성을 각 요소들의 동시성으로 대치시키며, 사원성을 보존하고 있는 사물로서의 장소에 의해 둘러쳐진 공간이 시간을 초월하여 언제고 존재할 수 있는 문화공간으로 대치될 수 있다면, 이로부터 우리는 사원성 내지 사각성이라는 단일한 단순성이라는 체계구성적 근거이자 척도를 기초로 하여 매 시기의 문화공간들을 근거 규정하는 근원적 체계를 구성해낼 수 있을 것이다. 이러한 체계는 시공간적으로 멀리 떨어져 있건 가까이 있건 간에 사람들의 다양한 존재방식에 의해 생성되는 공간들이 어우러져 관계를 맺을 때 가능한 장소의 축조, 다시 말해 문화공간의 거주를 통해 가능해지는 문화적 기반의 축조를 근거 규정하는 동시에 점검할 수 있다는 의미에서 문화공간의 '근원적 축조체계Archi-tektonik'로 규정될 수 있다. 이미 아리스토텔레스와 사포에게서 '텍톤tecton'이 목수인 동시에 시인을 뜻하였듯이, '아키-텍토닉'은 문화예술의 존재방식이자 문화예술 전반을 기초 짓는 방법론적 틀인 것이다.

5.2 '아키-텍토닉'의 아르케: 빙켈만의 고전주의적 미의 이념과 '표현의 변증법'

펼쳐져서 형성되기만을 기다리는 씨앗과도 같은 이성의 이념을 근간으로 하여 '정교화 Artikulation'와 '내적인 증진inneres Wachstum' 방식으로 작동되는 '인식의 과학적 체계'로서의 칸트의 아키텍토닉, 역사와 자연 그리고 인간관계를 이상과 본질의 접점으로서의 체적 구조구성에 의거하여 표현하고자한 쉥켈의 텍토닉 그리고 문화공간의 구성체계로서의 하이데거의 텍토닉은 빙켈만Johann Joachim Winckelmann(1717-1768)의 고전주의 미학을 근원적 텍토닉의 원형으로 이해하는 동시에 다시금 현재의 문맥으로 재활성화시킬 수 있는 매개들이라고 할 수 있다.

빙켈만의 사유방식과 예술사관은 우선 괴테시대의 정신사적인 맥락을 해명하는 데에 있어 중요한 위상을 지닌다. 왜냐하면 그는 인위적 체계구성에 짜맞춰진 예술사가 아니라, 역사적인 고찰방식을 근간으로 하여 단순한 예술체계구성을 넘어서고자 하였기 때문이다. 다시 말해 그는 예술작품들을 더 이상 "규범미학의 초시간적 패러다임들"이 아니라 "역사적인 맥락에 의거하여"[98] 판단하였던 것이다. 예술고찰에서 체계적인 동시에 역사적인 사유를 구성하려는 노력이 빙켈만에 의해 비로소 열리게 되었다고 한다면, 결국 "레싱과 헤르더로부터 괴테와 실러를 지나 훔볼트와 슐레겔에게까지 이르는 독일 정신사에 있어 가장 중요한 시기에 이들 모두에

페르디난드 하트만(Ferdinand Hartmann)의 빙켈만 초상화 (1794)

98 Peter Szondi: Poetik und Hermeneutik I, Frankfurt a.M. 1974, S. 24.

게 결정적인 자극을 주었다고 평가될 수 있는 빙켈만의 위상은", "그 어떤 문학사 서술이나 예술사 서술에서도 빠져서는 안 되는 공통의 지점"[99]을 형성하는 것이다.

그러나 괴테시대의 정신사 형성에 기여한 이 같은 측면이외에도 빙켈만의 사유방식과 예술사관은 예술문화일반을 근거 규정할 수 있는 방법론적 기초의 형성에도 결정적인 기여를 하였다. 빙켈만은 주저인 『고대 예술사*Geschichte der Kunst des Altertums*』[100]에서 예술의 형이상학적 기초에 대한 정의로부터 논의를 시작한다:

> "도판에 의존하는 예술들은 모든 고안물들이 그렇듯이, 필연적인 것과 더불어 시작되었다; 그러고 나서 사람들은 미를 추구하였으며, 마지막으로 결국 불필요한 것이 이어졌다. 이것이 바로 예술의 가장 핵심적인 세 단계이다.
>
> 가장 오래된 문헌들이 전하는 바에 따르면, 최초의 형상들은 표현된 인물이 우리에게 어떠한 모습으로 보이는지가 아니라, 그가 어떤 사람인지를 나타내주며, 그의 자태가 아니라 윤곽만을 나타내주고 있다고 한다. 사람들은 점차 형태의 단순함으로부터 올바른 척도를 가르쳐주는 관계들에 대한 연구로 이행하였으며, 이러한 연구는 사람들로 하여금 위대성 자체를 예술 속에서 과감히 시행하도록 만들었다. 그 결과 예술 자체는 위대함에 이르렀으며, 결국 그리스인들을 통해 최상의 미에 도달하였던 것이다. 그러나 미의 모든 부분들이 통일을 이루고 나서 그리고 단지 그것을 장식하려는 노력들만이 이루어지게 되었을 때, 예술은 불필요한 것으로 빠져들게 되었으며, 그 결과 예술의 위대성은 상실되고 결국 예술의 완전한 몰락이 이루어졌던 것이다.
>
> Die Künste, welche von der Zeichnung abhängen, haben, wie alle Erfindungen, mit dem Notwendigen angefangen; nachdem suchte man die Schönheit, und zuletzt folgte das Überflüssige: dieses sind die drei vornehmsten Stufen der Kunst.
>
> Die ältesten Nachrichten lehren uns, daß die ersten Figuren vorgestellt, was ein Mensch ist, nicht wie er uns erscheint, dessen Umkreis, nicht dessen Ansicht. Von der Einfalt der Gestalt ging man zur Untersuchung der Verhältnisse, welche Richtigkeit lehrte, und diese machte sicher, sich in das Große zu wagen, wodurch die Kunst zur Großheit und endlich unter den Griechen

---

99 Hinrich C. Seeba: Johann Joachim Winckelmann. Zur Wirkungsgeschichte eines 'unhistorischen' Historikers zwischen Ästhetik und Geschichte, in: Deutsche Vierteljahrsschrift für Literaturwissenschaft und Geistesgeschichte, 56 Jg. Sep., Stuttgart und Weimar 1982, S. 168.

100 Johann Joachim Winckelmann: Geschichte der Kunst des Altertums(이후로는 GK로 약칭), Wien: Phaidon Verlag, 1936.

stufenweise zur höchsten Schönheit gelangte. Nachdem alle Teile derselben vereinigt waren und ihre Ausschmückung gesucht wurde, geriet man in das Überflüssige, wodurch sich die Großheit der Kunst verlor, und endlich erfolgte der völlige Untergang derselben"(GK 25).

여기서 빙켈만은 무엇보다 '예술이상Kunstideal'과 '예술사Kunstgeschichte'를 서로 결합시키고 있다. 우선 예술이 예술이상과 관련하여 고찰될 때, 모든 예술의 기저에는 다음과 같은 내적인 구조가 자리 잡고 있음을 알 수 있다. 즉 그것은 최초의 단계로서의 필연적인 것이 마지막 단계로서의 불필요한 것과 더불어 중간 단계에 속하는 미의 이상으로 응집되는 삼원적 구조이다. 쉉켈의 건축 이념의 형성에도 결정적인 기여를 하였던 것으로, 이러한 삼원적 구조는 예술이 역사적으로 고찰된다고 해도 변함없이 유지된다. 왜냐하면 필연적인 것에 부합되는 최초의 예술작품들은 무규정적이고 단순한 것이며, 불필요한 것에 부합되는 마지막의 예술작품들은 완성된 미에 대한 장식이기 때문에, 그리스 예술은 단선적인 의미로 파악된 역사적 발전과정에서 시기적으로 중간에 속하긴 하지만 빙켈만적인 의미로 파악된 예술사의 발전과정에서는 발전의 정점일 수 있는 것이다. 단선적인 발전의 의미와는 달리 발전 자체의 자기 발전의 의미로 파악될 수 있는 예술사의 발전이 가능할 수 있는 것은 빙켈만에 따르면, "모든 민족이 필연적인 것에 대한 최초의 맹아를 자기 자신에게서 발견해왔기 때문이다"(GK 26). 이성의 씨앗의 발현이라는 칸트의 체계이념을 선취하는 이러한 통찰을 통해 결국 빙켈만은 미의 형이상학과 예술의 역사적 고찰을 통일시키는 새로운 사유방식의 기초를 마련할 수 있었던 것이다.

그리스인들에게서 "형상의 근원적 창조와 탄생"(GK 27)이 가능할 수 있었던 것은 그들에게 부여되어 있는 "부드럽고 순수한 하늘" 때문이었다. 자연친화적 환경과 그것에 대한 정확한 관찰은 그리스인들의 보편적 교양만이 아니라 아름다우면서도 모범적인 육체의 형성에 영향을 미칠 수 있었으며, 심지어 "얼굴모양", "입술모양" 그리고 "혀의 신경들"마저도 기후적이고 풍토적인 영향하에서 모범적인 형태로 형성될 수 있었다. 그리하여 그리스 예술가들은 주어진 자연에 부합되게 형성된 아름다운 육체를 예술창작의 대상으로 삼아 최고의 미적인 예술작품을 만들 수 있었으며, 이를 통해 "고귀한 형태"[101]가 마련될 수 있었던 것이다.

---

101 Johann Joachim Winckelmann: Gedanken über die Nachahmung der griechischen Werke in der Malerei und Bildhauerkunst

그러나 아름다운 형상의 근원적 창조와 탄생이 단지 자연적인 조건하에서만 가능할 수 있었다고 주장된다면, 그리스 예술이 갖는 근원성은 불충분한 규정이 될 것이다. 왜냐하면 자연 상태의 시공간적인 일회성은 체계적이고 역사적인 의미로 이해되어야 하는 예술의 근원성과 모순되기 때문이다. 이러한 이유로 『회화와 조각에서 그리스 예술작품들의 모방에 관한 성찰*Gedanken über die Nachahmung der griechischen Werke in der Malerei und Bildhauerkunst*』에서 빙켈만은 예술의 근원이 갖는 '근원적 발생성Ur-sprünglichkeit'을 제기한다. "이처럼 자연을 관찰할 기회들이 일상화됨으로써, 그리스 예술가들은 한 걸음 더 나아갈 수 있었다. 즉 그들은 육체의 개별 지절들과 전체적인 관계들의 다양한 아름다움들에 관한 보편적인 개념들을 창출해내기 시작하였던바, 이러한 개념들은 자연자체를 능가하는 것이었다. 그것들의 근원상은 오성 속에서 구상된 정신적 자연이었다"(GN 10). 즉 모범적인 예술작품들의 산출을 위한 물질적 기반을 이루는 친화적 자연의 기저에는 자연에 대한 정확한 관찰로부터 형성되는 정신적 자연이 근원상으로서 자리 잡고 있다는 것이다. 여기서 우리는 그리스 예술의 근원성이 실제 역사발전의 첫 단계가 아니라, '예술이라는 구동체계의 근원적 체계성'과 관계된다는 것을 알 수 있다.[102]

그렇다면 어떠한 조건하에서 그리스 예술에 예술의 근원성이 부여될 수 있는 것인가? 첫 번째 조건으로서 빙켈만은 예술창작의 원칙을 든다. 즉 그리스 예술가들은 자연을 충실히 모방해야만 하며, 이것은 그들에게 "자연을 가장 잘 모방하지 않을 경우 처벌받을 수도 있는 법"과도 같았기 때문에, 그들은 "인물들을 유사하게 그리고 동시에 보다 아름답게 묘사"(GN 10-11)해야만 했다.

두 번째 조건은 "교육과 법체계 그리고 통치"를 통한 "자유"(GK 41)이다. 자유롭게 이루어지는 교육과 법체계 그리고 통치의 분위기에 그리스인들은 "자유로이 사고하는 방식"(GK 41)을 익힐 수 있었으며, "생각하는 사람들"(GK 134)로서 자신들의 상상력을 과장 없이 발전시킬 수 있었다. 빙켈만에 따르면, 이러한 자유로운 사유방식은 그리스 예술가들

(이후로는 GN으로 약칭), hrsg. v. Ludwig Uhlig, Stuttgart 1969, S. 5.

102 스쫀디는 빙켈만 자신이 극복할 수 없었던 의고전주의적 한계를 "그리스적인 것을 유일한 것으로 인식했다는 것과 그것의 모범성을 정언명제처럼 가정했다는 것 간의 […] 모순"으로 규정하였다(Peter Szondi: Poetik und Hermeneutik I, Frankfurt a.M. 1974, S. 30.). 이것은 예술이 갖는 근원적 발생성의 측면에 대한 간과로 여겨진다.

에게 예술창작을 위한 탁월한 재능을 가져다줄 수 있었다고 한다. "엄격한 법체계에 묶여서 […] 욕구와 즐거움으로 창작할 수 없었던"(GK 47-48) 이집트 예술가들에게서와는 달리, "예술의 우선적 지위를 가능케 해주었던 가장 중요한 원인"(GK 130)인 자유는 그리스 예술가들로 하여금 완전한 미를 실현할 수 있게 해주었다. 결국 그리스 예술의 완전한 미는 앞서 언급된 바 있는 자연적인 조건 및 모방과 자유라는 사회적 조건으로부터 발생적으로 형성될 수 있었으며, 이러한 조건하에서 생산된 예술작품들에는 시대를 초월하는 예술의 구조형식의 모범성이 부여될 수 있는 것이다.

예술의 이러한 체계적이고 발생론적인 조건들에 근거하여 빙켈만은 그리스 예술을 순수하게 미학 이론적으로 접근한다. 그에 따르면, 그리스 예술작품들에 나타나는 가장 보편적인 징표는 "자세나 표현에 있어서 '고귀한 단순성과 고요한 위대성edle Einfalt und stille Größe'"(GN 20)이라고 할 수 있다.[103] 우선 도식적으로 규정해보자면, '고귀한 단순성'은 미의 형이상학과 관계되며, '고요한 위대성'은 미의 표현원리와 관계된다고 할 수 있다. 무엇보다 빙켈만은 예술가에게 "숭고한 특성들"을 부여해주는 "이상적인 미"와 "아름다운 자연"을 제공해주는 "감성적인 미"를 구분하면서, 전자로부터는 "신적인 것"이 얻어지고 후자로부터는 "인간적인 것"(GN 11)이 얻어진다고 한다. 그에 따르면, "자연의 미에 대한 모방"은 한낱 개별적인 예술소재에 불과하기 때문에(vgl. GN 13), 예술가는 감각을 통해 받아들여진 미를 자신의 오성을 통해 인식함으로써(vgl. GK 147-148), 인간적인 것을 신적인 것으로 승화시키려고 해야만 하는 것이다. 그리스 예술가들의 위대성은 그들이 '유사한 복제나 초상화'를 만든 것이 아니라, 다양한 여러 대상들로부터 특징들을 모아 이것들을 하나로 통일시킴으로써, '보편적인 미와 이것에 대한 이상적인 형상들로 이르는 길'을 내디뎠다는 데에 있다.

이러한 보편적인 미 혹은 최고의 미를 빙켈만은 다음과 같이 규정한다:

"최고의 미는 신 안에 있다. 그리고 인간적인 미의 개념은 통일성과 비분할성의 개

---

103 이러한 빙켈만의 규정은 지금껏 예술사나 문학사에서 다양하게 다뤄지기는 했지만, 정작 그의 고유한 미학이론적 입장과 연관하여 다뤄지지는 못했다. 그 이유는 아마도 '단순성'이 갖는 의미에 대한 이해가 제대로 이루어지지 못했기 때문일 것이다.

념에 의해 물질과 구분되는 최고의 본질에 보다 적합하게 그리고 보다 일치되게 사유될수록 완전해지게 된다. 이러한 미 개념은 신성을 가진 오성 속에서 구상된 최초의 이성적 창조물의 모상에 따라 작품을 탄생시키고자 하는 정신으로서, 불을 통해 물질로부터 이끌어내어진 정신과도 같은 것이다. 그러한 모상의 형식들은 단순하면서도 끊임이 없고, 이러한 통일성 속에서 다양하다. 그것들은 바로 이러한 형태로 조화를 형성하는 것이다. […] 통일성과 단순성을 통해 모든 미는 숭고하게 되는 것이다 […] 왜냐하면 그 자체로 위대한 것은 단순성을 통해 실행되고 제기될 때 더더욱 위대해지기 때문이다.

Die höchste Schönheit ist in Gott, und der Begriff der menschlichen Schönheit wird vollkommen, je gemäßer und übereinstimmender derselbe mit dem höchsten Wesen kann gedacht werden, welches uns der Begriff der Einheit und der Unteilbarkeit von der Materie unterscheidet. Dieser Begriff der Schönheit ist wie ein aus der Materie durchs Feuer gezogener Geist, welcher sich sucht ein Geschöpf zu zeugen nach dem Ebenbilde der in dem Verstande der Gottheit entworfenen ersten vernünftigen Kreatur. Die Formen eines solchen Bildes sind einfach und ununterbrochen und in dieser Einheit mannigfaltig, und dadurch sind sie harmonisch; […] Durch die Einheit und Einfalt wird alle Schönheit erhaben, […]. denn was in sich groß ist, wird, mit Einfalt ausgeführt und vorgebracht, erhaben"(GK 149).

일종의 '신플라톤주의 사상'[104]을 표방하고 있는 빙켈만의 이러한 사상은 '고귀한 단순성'의 이념적 기초라고 할 수 있다. 즉 작품의 창작은 이상적인 형상의 구상과 동시에 이루어지며, 이러한 구상이 작품 고유의 전체성을 형성시키는 데 기여함으로써, 작품의 창작은 이상적인 형상을 유기적으로 구성할 수 있는 것이다. 우리의 정신을 "확장시키는 동시에 숭고하게 만드는"(GK 150) 이러한 이중적인 과정으로부터 조화로운 상태가 이루어지는

---

104 확장된 플라톤주의로 규정될 수 있는 신플라톤주의에서는 일자의 사유를 근간으로 하는 통일성 사상이 보다 강화된 형태로 논의된다. 신플라톤주의에 따르면, 감각적 세계와 예지적 관계들에 대한 파악은 '다자성의 현상을 통일적인 형상으로 혹은 그것을 구성하는 이념들로 환원시킴으로써만' 가능해진다고 한다. 그러나 근원적이고 보편적인 통일성의 원리로서 일자는 타자 속에서 작용하며, 이러한 타자 역시 일자로 규정되어야 한다. 왜냐하면 개별 타자들 역시 근원과 관계되어 있기 때문이다. 근원과의 이 같은 관계로부터 세계는 "일자로 집중되는 동시에 이를 통해서만 존재할 수 있는 통일"로 파악되며, "우리 내부에 있는 일자"는 "인간의 자기 자신"으로 파악될 수 있다. Vgl. Werner Beierwaltes: Denken des Einen, Frankfurt a.M. 1985, S. 9-37. 요헨 슈미트는 빙켈만의 이상적 미 개념과 관련하여 그의 플라톤주의를 논증하고 있지만(Jochen Schmidt: Griechenland als Ideal und Utopie bei Winckelmann, Goethe und Hölderlin, in: Hölderlin-Jahrbuch, Bd. 28, Stuttgart und Weimar, 1992-93), 보다 강화된 통일성 사상의 측면에서 보면 빙켈만은 플라톤주의보다는 신플라톤주의에 더 가깝다고 볼 수 있다.

바, 이러한 상태는 위대함을 간직하면서 통일적이고 단순하게 모습을 드러내게 된다: "우리의 정신을 매혹시키는 이러한 조화는 무한히 단절되고 사슬로 이어져 있으며 계속해서 연마된 음조들이 아니라, 오래 동안 지속되는 단순한 특성들 속에 존재하고 있다"(GK 150).

최고의 미의 이념이 '고귀한 단순성' 속에서 근거 규정되고 있다면, 그것의 역동적인 상태는 '고요한 위대함' 속에서 고찰될 수 있다. 빙켈만에 따르면, 이러한 상태의 모방인 "표현Ausdruck"은 "우리의 영혼과 육체의 능동적이고 수동적인 상태의 모방일 뿐 아니라 행동과 격정의 모방이기도 하다"(GK 164). 예술가의 영혼의 상태는 인간적인 것을 신적인 것으로 고양시키는 과정을 함축함으로써, 미의 실현에 부합되지만, 행동과 격정의 움직임은 표현되어야 할 미에 적합하지 않을 수 있다. 왜냐하면 "바다와도 같은 미에 가장 고유한 상태"가 바로 고요이며, 이러한 고요야말로 "최고의 미 개념"(GK 165)이기 때문이다. 그러나 "가장 고귀한 미 개념을 지속적으로 추구하지 못했던" 그리스 예술가들에게서 표현이 성공할 수 있었던 이유는 "미가 표현의 저울추 역할을 했기 때문이다"(GK 165). 다시 말해 표현원리로서의 미는 영혼의 다양한 격정들 간의 불일치 속에서 그리고 표현내용과 표현되어야 할 미 사이의 불일치 속에서 작용하는 것이다. 여기서 우리는 하이데거의 '축조의 본질로서의 거주의 사유'만이 아니라, 아도르노의 '불협화음적인 미적 조화'[105]를 선취하는 빙켈만의 표현의 미학을 엿볼 수 있다. 그에 따르면, 자연적인 상태에 대한 단순한 모방에 만족하지 않고 위대함을 표현하고자 했던 그리스 예술가들에게서 "위대한 영혼의 표현"은 "아름다운 자연의 형성"(GN 20)을 능가했으며, "격렬한 격정 속에 있는" 영혼은 "통일성과 고요의 상태에서 위대한 동시에 고귀"(GN 21)할 수 있었던 것이다. 이것은 격정에 찬 육체적 고통이 고요한 형태로 대리석 속에 조각되어 있는 라오콘 상에 대한 분석에서 잘 드러나는바, 아도르노의 목소리를 통해 다음과 같이 일반화될 수 있다: "표현은 예술작품들의 탄식하는 얼굴이다. 작품들은 자신들의 시선에 응하는 사람에게 자신의 얼굴을 보

---

105 아도르노에 따르면, "미적인 조화는 완수된 것이 아니라, 광택이나 균형과 같은 것이다. 예술에서 마땅히 조화로운 것으로 불릴 수 있는 모든 것의 내부에서는 절망적이면서도 서로 모순되는 것이 살아남아 있다. 예술작품들에서는 그 구성관계를 놓고 볼 때, 자체의 형식과는 다른 모든 이질적인 것이 녹아들어 있어야 한다. 반면 그것들은 그것들이 몰아내고자 하는 것과 관련해서만 형식일 수 있다", Theodor W. Adorno: Ästhetische Theorie(이후로는 ÄT로 약칭), in: Gesammelte Schriften Bd. 7, Frankfurt a.M. 1970, S. 167-168. 결국 예술은 조화로 응결되는 것에 저항하는 불협화음과도 같은 표현을 통해 자신에게 말을 거는 것이며, 이것이 바로 "예술의 모방작용인 것이다. 그리하여 예술의 표현은 무언가를 표현하려는 행위의 대립자인 것이다"(ÄT, 171).

여준다"(ÄT 170). 격렬한 격정과 행동을 고요한 순간 속에 간직하는 표현은 이를 접하는 사람에게 자신의 얼굴을 보여줌으로써, 표현은 표현작용을 수행하게 되며, 보는 사람은 격정의 움식임을 한순간 체득하게 되는 것이다. 결국 이 같은 표현의 변증법은 최고의 미의 이념을 역동적으로 입증해주는 통로이자, 이러한 미를 실현시키는 패러다임이 되는 것이다.

5.3 사원적 단순성에 기초한 근원적 축조체계

빙켈만의 이러한 '고전주의 미학'은 어떠한 함의를 지니는가? 우선 그의 '고귀한 단순성' 개념은 현실세계와 고전적 이상세계, 그리고 현실의 인간과 이상적인 인간상을 포괄하고 있다는 점에서 지상과 하늘, 인간적인 것과 신적인 것을 아우르는 하이데거의 사각성 개념의 단순성에 부합된다고 할 수 있다. 현실세계는 역사적인 한 시기로서의 고대 그리스 시대이자 과거의 예술을 바라보는 현재의 시기일 수 있는 반면, 고전적 이상세계는 고대 그리스인들만이 아니라 현재의 사람들 역시 모범으로 삼을 수 있는 '원칙의 세계'라고 할 수 있다. 또한 현실의 인간은 실제 예술 활동을 수행하였던 고대 그리스의 예술가들만이 아니라 과거의 예술들을 판단하고 평가하는 현재의 사람들일 수 있는 반면, 이상적인 인간상은 고대 그리스에서나 지금에나 보편화된 미의 형상이라고 할 수 있다. 결국 시공간적인 과거와 현재 그리고 현실적인 활동과 이념적인 이상을 통일시키고 있는 단순성은 예술일반의 출발근거인 동시에 예술 활동을 통해 형성되는 문화공간에 대해 판단척도로서 기능하는 것이다.

이 같은 사원적 단순성은 '고요한 위대성'에 내재해 있는 표현의 변증법에 의해 역동적으로 장소화되고 공간화된다. 사원적 단순성의 한 단면으로서 격정과 행동의 생생함이 순간적으로 포착되어 고요로서 간직되어 있는 표현은 한편으로 그것을 포착하고 간직하는 예술가의 표현작용과 동시적으로 진행됨으로써, 표현의 실현과정은 표현작용과 상호 의존적인 관계를 이루면서 예술의 자기대화라는 형태로 예술의 미메시스 활동이 이루어졌으며, 다른 한편으로는 표현은 여전히 현재의 우리에게도 말을 걸면서 표현작용을 수행하고 있는 것이다.

Ludwig Mies van der Rohe, Memorial to Rosa Luxemburg and Karl Liebknecht (1926)

Ludwig Mies van der Rohe, Neue Nationalgalerie, Berlin (1967)

결국 최고의 미에 부합되는 사원적 단순성을 기초로 하여 여전히 표현작용이 수행되고 있는 문화공간을 근거 규정하는 근원적 체계는 하이데거적인 의미에서의 '근원적 텍토닉의 체계'라고 할 수 있을 것이다. 고대 그리스에서 예술가들이 '고귀한 단순성'을 표현하려고 함으로써 자신의 존재방식에 의해 생성된 공간에서 '단순성의 거처'를 축조하였을 때나, 현재의 우리가 사원적 단순성이라는 동일한 원리의 표현에 응함으로써 현재 우리의 고유한 존재방식에 의해 생성된 공간에서 단순성의 거처인 '미학적 체계'를 축조할 때나 모두 문화적 기반의 축조를 근거 규정하는 동시에 점검할 수 있는 '근원적 축조체계 Archi-tektonik'가 작용하고 있는 것이다. 실재와 가상, 원상과 이미지의 접점일 수 있는 미적인 현상의 체계로서의 '근원적 축조체계'가 근대의 문턱에 서있었던 빙켈만뿐 아니라 근대를 반성하고 있는 우리에게도 여전히 유효하다면, 우리는 이것을 현재의 문화적 담론들을 위한 이론적 틀로 조심스럽게 제기해볼 수 있을 것이다.

6. 형태: 실재를 향한 집착

헤겔 사후인 19세기 중엽 소위 헤겔의 이성체계라는 거대 담론의 종언과 더불어 유럽의 학문지형에서는 두 가지 커다란 특징적 흐름이 형성되었는데, 그 하나는 '정밀자연과학die exakten Naturwissenschaften'의 추구였으며, 다른 하나는 '역사적 의식das historische Bewusstsein'의 형성이었다. 얼핏 보기에 서로 다른 두 가지 경향으로 보이는 이러한 두 흐름들의 기저에는 '사실적인 것das Tatsächliche' 내지는 '현상Erscheinung'에 대한 집중적 관심이 자리 잡고 있었다.[106] 학문적 분석과 이해 및 설명의 대상은 이제 더 이상 거대담론의 틀이나 체계 내지는 원리들이 아니라 구체적인 사실적 현상들이라는 것이다. 더욱이 물질의 현실관계들로서의 현상들 내지는 사실들의 질서는 "현상의 배후와 현상이 맺고 있는 수직적인 관계가 아니라, 수평적인 관계, 즉 현상들이 현상들과 관계되고 나아가 현상들의 관계들로부터 설명되고 이해되는 그러한 수평적인 관계"[107]로 규정되었다. 말하자면 이러한 현상들 내지는 사실들에 대한 집중적 관심과 이를 기초로 한 정밀과학 및 역사적 의식의 논의의 발전은 새로운 물질이해를 근거로 비위계적이고 비선형적이며 그물망적인 사고체계를 지향하고 있었던 것이다.

거대 담론의 종언과 새로운 담론의 모색 간의 갈등관계는 대상과 유효범위에 있어서 모던과 포스트모던 논쟁에 못지않은 영향력을 행사하였다. 이러한 갈등관계를 지시해주는 여러 지표들이 존재하겠으나, 그중 가장 전형적인 지표 중의 하나가 바로 '형태'의 문제이다. 예컨대 바그너는 니체의 주장대로, '후기 낭만주의'의 병적인 상태 내지는 쇠진상태를 나타내주는 징표이자 19세기까지 지속된 '감정 내지는 내용의 표현으로서의 미학'의 절정이었다면, 19세기 중엽 음악미학의 선구자 중 한 사람인 에두아르트 한스릭Eduard Hanslick(1825-1904)은 음악의 독자성과 '자기지시성Selbstreferenz' 혹은 '자기목적성Selbstzweck'을 기초로 자연과학적인 엄밀한 방법에 의거한 '형식미학Formästhetik'을 주창하였다.

---

106 Ernst Wolfgang Orth: Dilthey und der Wandel des Philosophiebegriffs seit dem 19. Jahrhundert, in: Phänomenologische Forschungen Bd. 16, hrsg. v. Ernst Wolfgang Orth, Freiburg/München 1984, S. 7.

107 Ibid. S. 8.

게슈탈트 심리학(Gestaltpsychologie)

• 정의: 인간의 지각을 감각인상들 내의 구조와 질서를 형성시키는 능력으로 규정하고 이를 다루는 심리학 분야이다. 1890년경 크리스티안 폰 에렌펠즈Christian von Ehrenfels(1859-1932)가 선구자이며, 칼 슈툼프Carl Stumpf(1848-1936), 막스 베르트하이머Max Wertheimer, 볼프강 쾰Wolfgang Köhler(1887-1967), 쿠르트 코프카Kurt Koffka 등이 게슈탈트 심리학파에 속한다.

• 세 가지 게슈탈트 종류

1. 구조(Struktur, Gefüge, Tektonik): 직선의gerade, 둥근rund, 대칭의symmetrisch, 완결된geschlossen, 뾰족한spitz, 물결모양의wellig
2. 전체성(Ganzbeschaffenheit): 투명한durchsichtig, 반짝이는leuchtend, 거친rau, 노란색의gelb
3. 본질(Wesen): 특성Charakter, 습성Habitus, 감정가치Gefühlswert

• 게슈탈트 법칙

1. 근접성의 법칙(Gesetz der Nähe): 작은 간격을 가진 요소들은 함께 속해 있는 것으로 지각된다.

2. 유사성의 법칙(Gesetz der Ähnlichkeit): 서로 유사한 요소들은 그렇지 못한 요소들보다 더 함께 속한 것으로 지각된다.

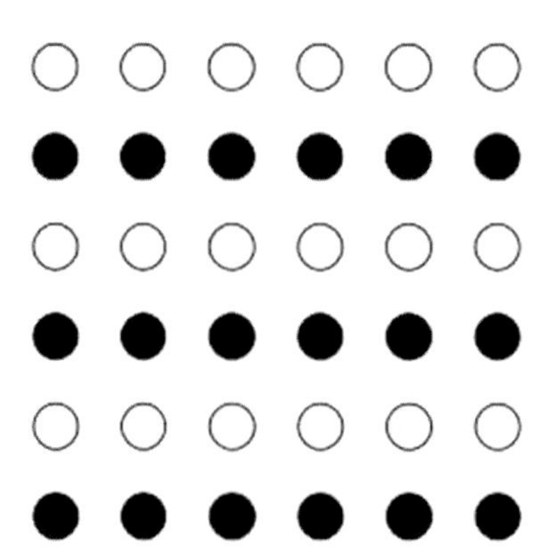

3. 완결성의 법칙(Gesetz der Geschlossenheit): 개방적인 것보다는 완결된 것으로 작용하는 구조들이 선호된다.

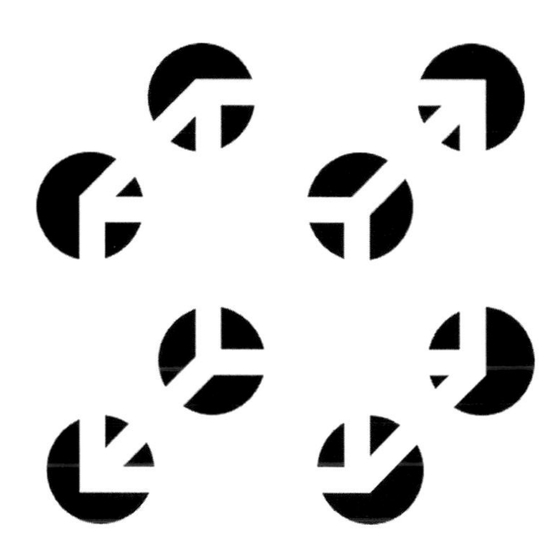

4. 좋은 형태의 법칙(Gesetz der guten Gestalt): 간단하고 명료한 구조로 이루어진 형태들이 선호되어 지각된다.
5. 공동 운명의 법칙(Gesetz des gemeinsamen Schicksals): 두 개 이상의, 동시에 같은 방향으로 움직이는 요소들은 하나의 통일체나 형태로 지각된다.
6. 연속성의 법칙(Gesetz der guten Fortsetzung): 선들은 가장 단순한 길을 따르는 것처럼 보인다. 두 선이 교차할 경우 우리는 선의 진행이 꺾인다고 지각하는 것이 아니라 두 개의 연속하는 직선을 본다.

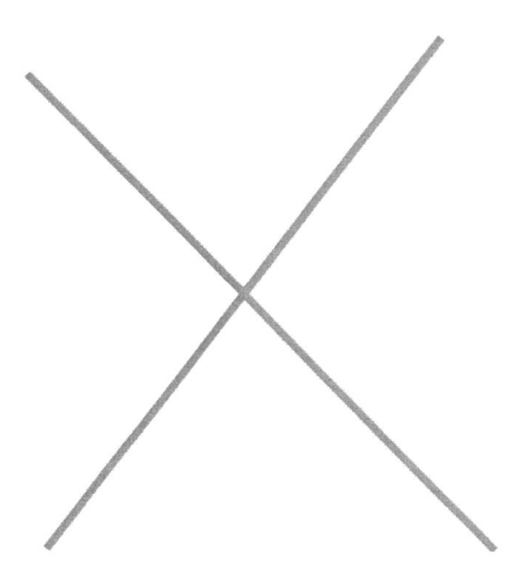

출처: https://de.wikipedia.org/wiki/Gestaltpsychologie

또한 예술사가인 한스 제들마이어Hans Sedlmayr(1896-1984)의 경우 예술작품과 세계관 그리고 지각의 삼각구도를 기초로 한 '구조분석Strukturanalyse'을 통해 예술사의 형식주의적 방법론을 완성했는데, 그에게 있어 '구조를 지각한다'는 것은 기능, 입체적 구조, 시기적 스타일, 내용 등을 통찰하기 위해 '작품에 대한 지각을 재조직화하는 것'을 뜻하는 것이었다. 말하자면 제들마이어가 생각하는 형식적 구조는 작품의 객관적 특징이 아니라, 세심하게 선택된 관점에 의거하여 묘사되는 과정에서 발생되는 특질이라고 할 수 있다. 다른 맥락이긴 하지만 이러한 문제의식은 쿠르트 코프카Kurt Koffka(1886-1941), 막스 베르트하이머Max Werthheimer (1880-1943) 등에 의해 기초된 '게슈탈트 심리학Gestaltpsychologie'에서 보다 심층적으로 논의된다. 게슈탈트 심리학의 맥락에서 예술적 게슈탈트 개념을 명료히 규정한 바 있는 예술심리학자인 루돌프 아른하임Rudolf Arnheim(1904-2007)에 따르면, 게슈탈트란 "부분들을 결정짓는 전체성"[108]을 말하는 것으로, '감각체험으로 정의된 예술작품'은 보다 높은 단계의 게슈탈트로, 그리고 예술은 "심리적 경험으로서만 존재하는 것"으로 규정되는바, 게슈탈트 이론은 바로 "이러한 경험을 산출하는 힘들"[109]을 탐구하는 것이라고 한다.

형식 내지는 형태를 둘러싼 이 같은 논의맥락의 기저에는 두 가지 근본적인 문제의식이 자리 잡고 있다. 즉 한편에서는 관념적 체계이념에 의해 전제된 실재성의 추상성으로부터 탈피하여 삶의 생생한 현실성에 학문적 논의기반을 세우고자 하는 문제의식이 존재하며, 다른 한편으로는 이러한 생생한 현실성에 대한 육체적 지각의 형식들에서 새로운 의미의 실재를 근거 규정하고자 하는 문제의식이 자리 잡고 있는 것이다. 그러한 논의맥락은 삶의 생생한 현실성에 학문적 논의기반을 세운다는 점에서 상대주의적이고 환원론적이라는 비판에 노출되어 있으며, 현실의 육체적 지각형식들에서 새로운 의미의 실재를 근거 규정하고자 한다는 점에서 극단적 주관주의라는 의심의 눈초리로부터 자유롭지 못하다. 그러나 비위계적이고 비선형적인 사유방식을 정립할 가능성 조건이 마련되었다는 점에서 그리고 불가지론적으로 전제되거나 논증의 환원적 규정근거로서만 지시되는 것이 아닌 생동적인 육체적 삶의 구성요소로서의 실재에 대한 새로운 이해가능성이 주어졌다는 점에서 형태 및 형식이 이루는 의미맥락은 당대의 시대적 한계를 넘어 현재에도 여전히 유효

108 Rudolf Arnheim: Gestaltpsychologie und künstlerische Form, in: Theorien der Kunst, hrsg. v. Dieter Henrich und Wolfgang Iser, Frankfurt a.M. 1999(Vierte Auflage), S. 132.

109 Ibid. S. 133.

한 문화적 이미지의 작용맥락으로 이해될 수 있다. 본 장에서는 19세기 말부터 20세기 초에 걸쳐 형태 및 형식의 논의맥락을 해명하면서 그 고유한 원리와 작용궤적을 드러내어 20세기 말 21세기 초 문화적 이미지론의 역사적 토대를 해명하는 작업이 이루어질 것이다.

6.1 19세기 중반부터 20세기 초반까지의 시대적 상황: 근대화 과정의 문화사적 맥락과 객관성의 이상

유럽의 19세기는 혁명의 시대라 해도 과언이 아닐 정도로 정치적 격변의 시기였다. 혁명의 소용돌이는 유럽의 여러 나라들에서 부르주아적이고 의회주의적인 자유민주주의 운동의 형태로 전개되었다. 물론 혁명의 결과는 정치적 패배였지만, '과거와의 단절'과 '부르주아 계급의 등장'을 통해 형성된 새로운 질서의 근간이 마련되었다. 왜냐하면 정치적 패배는 보다 근대적인 경제정책을 주도하게 될 부르주아 계급의 경제적 세력화에 의해 보상되었기 때문이다. 소위 산업부르주아의 세력화는 이제 산업과 교통 및 테크닉과 자연과학의 비약적인 급성장, 자본주의 산업시대 내에서 사회구조들의 급격한 변혁, 제반 산업영역들 내에서 일반국민 대중들의 집중화 현상 등과 같은 다양한 양태들로 이루어진 '근대화 과정'을 야기시키게 되었다.

1848년 혁명의 소용돌이 속에 있는 독일 베를린 (출처: wikimedia commons)

근대화 과정과 관련하여 지금까지 다양한 논의들이 이루어져 왔지만, 문화사적인 맥락에서 근대화 과정이 갖는 전형적 지표들에 대한 논의로서 눈에 띄는 최근의 탁월한 연구는 독일의 역사학자인 슐라이어Hans Schleier에 의해 이루어졌다. 그에 따르면 근대화 과정의 일반적 지표들 및 문화사적 함의들은 다음과 같이 규정될 수 있다고 한다:

1) "더 이상 국가와 정치가 관심의 한복판에 있는 것이 아니라, 역사적 사건들의 연쇄와 연관들의 발전을 설명해주는, 보다 일반화시켜 보자면, 문명의 단계들 내지는 문화의 단계들의 연쇄적 과정으로 이르게 된다고 할 수 있는 사회구조들과 사회과정들이 중심을 차지하게 된 것이다. 그리하여 지금까지의 사건사는 단지 부차적인 것으로 나타나게 된 것이다. 그리고 이와 더불어 계몽적인 사회사상은 근대화 과정과 관련하여 새로운 기능을 얻게 된 것이다."[110]
2) "근대화의 인상하에서 사람들은 경제의 역할과 경제가 역사적 상황들과 변화들에 미친 영향에 대해 연구하기 시작하였다. 또한 […] 실증주의의 영향하에서 모든 것을 경제적 관계들 및 숫자들(통계)로 소급시킴으로써 실재적이며 일정 정도 자연과학적인 역사의 토대가 얻어졌으며 이와 더불어 주관적인 판단은 제한되었다."[111]
3) "이러한 근거에서 물질문화의 발전은 점차 커다란 관심을 불러일으켰다. […] 19세기는 – 태고부터 현재의 일상적 대상들을 다루는 민속학에 이르기까지 – 여전히 상존하는 고대유물들의 수집과 기록 및 서술 그리고 보존과 구제의 시기였다."[112]
4) "문화사의 관심은 왕조들이나 위인들로부터 집단적 상황들과 행동들, 사유방식들과 관습들로 옮겨졌다. […] 문화사의 특별한 공로는 일상사의 영역에 놓여 있다."[113]
5) "경제로부터 개별 학문들과 정신적 문화에 이르기까지 역사에서 시민계급과 그 역할은 역사서술의 정당한 대상이 되었다. 도시사와 경제사, 무역사 및 기술 교통사 그리

110 Hans Schleier: Neue Ansätze der Kulturgeschichte zwischen 1830 und 1900. Zivilisationsgeschichte und Naturgesetze. Darwinismus und Kulturbiologismus, in: Historisierung und gesellschaftlicher Wandel in Deutschland im 19. Jahrhundert, Hrsg. v. Ulrich Muhlack unter Mitarbeit von Christian Mehr und Dagmar Stegmüller, Berlin 2003, S. 138.

111 Ibid. S. 139.

112 Ibid. S. 139.

113 Ibid. S. 139.

고 과학사와 예술사 및 문학사는 유산시민계급 및 교양시민계급을 중심에 놓았다. […] 게오르그 볼렌벡Georg Bollenbeck의 말대로, 교양시민계급은 일정 정도 '문화적 헤게모니'를 주창하였던 것이다."[114]

국가와 정치 대신 사회구조 및 사회과정이 역사의 중심에 등장하기 시작하였다는 점, 자연과학적인 역사인식의 대두와 주관적인 판단의 제한, 물질문화의 발전을 움직이는 양태들로서 수집과 기록 및 보존의 기능적 양태들의 정교화, 왕조사나 위인사로부터 일상사로의 역사적 시선의 이동, 문화적 헤게모니의 주체로서 시민계급의 대두 등, 근대화 과정의 문화사적인 전형적 지표들 혹은 문화사적인 역사서술의 함의들은 위계적이고 단선적인 혹은 수직적인 구조가 아니라 비위계적이고 그물망적이며 수평적인 구조를 근간으로 하는 새로운 물질적 토대와 이에 부합되는 새로운 사유방식의 전조들이라고 할 수 있다. 특히 이러한 새로운 사유방식의 형성에는 과학적 연구방법과 도구들 그리고 실험들에 기초한 학문들의 '전문화Spezialisierung'가 주도적인 영향을 미쳤는데, 슐라이어는 이러한 학문의 전문화를 이끌었던 새로운 사유방식의 일반적 지표들에 대해서도 다음과 같이 다섯 가지로 서술하고 있다:

1) "사회과학들과 정신과학들에서처럼 서술적 자연과학들에서도 새로운 연구결과들이 역사화 과정으로 이르게 되었다. 말하자면 경험적 접근, 정밀한 관찰, 측정 및 실험 등은 자연의 발전에 관한 연구의 토대가 되었다."[115]
2) "정밀 자연과학들은 자체의 결과들을 보편타당한 법칙들 위에 기초지었다. […] 다양한 범주들의 자연법칙들은 물질의 형식들과 운동들 그리고 변화들을 규정하였다."[116]
3) "비유기적인 자연만이 아니라 유기적인 자연을 위한 자연법칙들이 인식되고 실험적으로 증명될 수 있었다면, 적지 않은 자연과학자들은 그러한 자연법칙들이 일반적으로 다른 곳에 예컨대 사회사와 같은 곳에 전용될 수 있다는 생각을 갖게 되었다."[117]

---

114 Ibid. S. 140.
115 Ibid. S. 141.
116 Ibid. S. 141.
117 Ibid. S. 141.

4) "자연과학적 연구는 사변철학과 형이상학에 대한 거절을 의미했다. […] 루드비히 뷔히너Ludwig Büchner나 칼 포크트Karl Vogt 같은 이들은 공공연한 유물론을 대표하였으며, […] 칼 마르크스의 사회비판적 유물론은 과학이론보다는 사회사상에 영향을 미쳤다."[118]

5) "자연사와 문화사의 계몽적 결합은 학문들의 성공적 발전을 통해 새롭게 부각되고 새로운 의미로 강조되었다. 자연은 인간에게 영향을 미치는 환경에서 자신의 역할을 수행한다고 여겨졌으며, 사람들은 인간의 행동이 자연에게 미치는 반작용에 점점 더 주의를 기울이게 되었다."[119]

학문들의 실증적 역사화를 위해 계발된 정밀한 관찰과 측정, 미리 전제되고 규정된 자연이 아니라 개별적 현상들의 집적체로 이해된 자연에서 정밀자연과학의 토대로서 보편타당한 법칙들을 정초지어 이로부터 물질의 형식과 운동을 규정하려는 광적인 집착, 실험과 측정에 의거하여 발견된 자연법칙들의 보편타당성을 다른 학문영역들에도 전위시키고자 하는 맹목성, 유물론적 입장에서 이루어진 사변철학과 사변적 형이상학의 거부, 자연과학주도의 자연사와 문화사의 결합 등과 같은 새로운 사유방식의 지표들은 달성될 수 없는 객관성 혹은 파악될 수 없는 실재성에로의 광적인 집착의 표현들이라고 할 수 있다. 그도 그럴 것이 베를린의 '막스 프랑크 과학사 연구소Max-Planck-Institut für Wissenschaftsgeschichte'의 공동소장인 로레인 대스턴Lorraine Daston에 따르면, '객관성Objectivity'이란 19세기 중엽에 생겨난 특이한 개념으로, "외적인 대상들이 아니라 경험의 전제조건들로써 (시간, 공간, 인과성 등의) 감각형식들을 지시하였던"[120] 칸트의 객관성 개념과는 달리 19세기 중엽 이후의 객관성 개념은 "지식을 가진 사람의 자취를 지니지 않는 지식, 즉 사적인 편견이나 능란한 솜씨 혹은 환상이나 판단, 소망이나 갈망의 표징을 지니지 않는 지식"을 나타내는 개념이었으며, "추론과 해석 혹은 지성 없이 무언가를 보는 시선인 '맹목적 시선blind sight'"[121]으로서 작용하였다고 한다. 말하자면 최대한 주관성의 개입을 막으면서 실재가 실재 그 자체로서

---

118 Ibid. S. 142.
119 Ibid. S. 142.
120 Lorraine Daston and Peter Galison: Objectivity, p.30.
121 Ibid. p. 17.

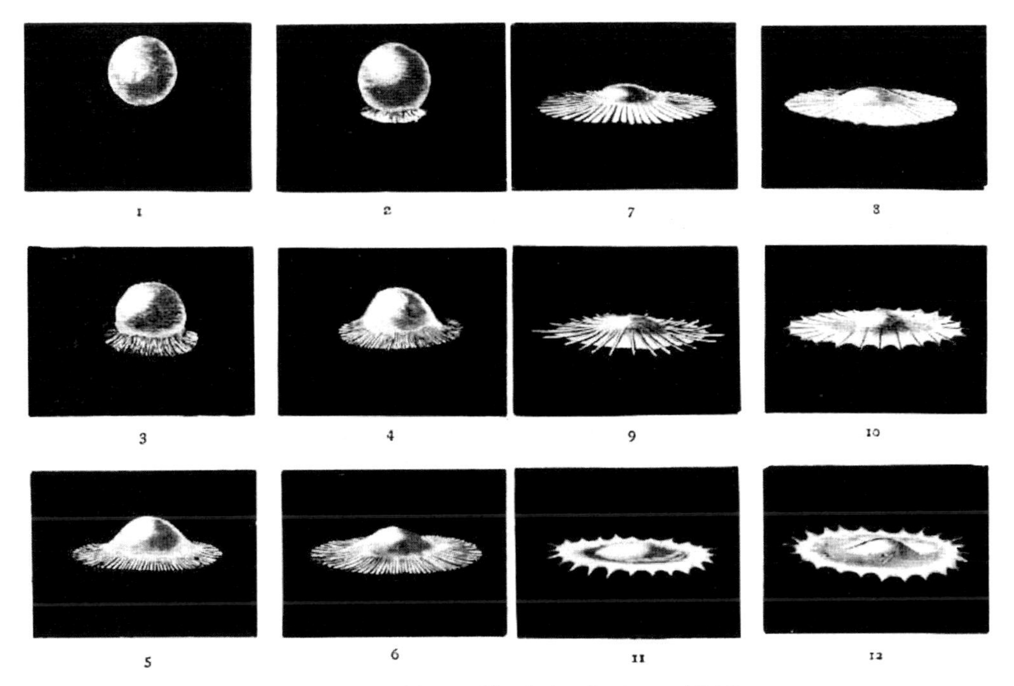

A. M. Worthington의 Splash of a Drop (1894)

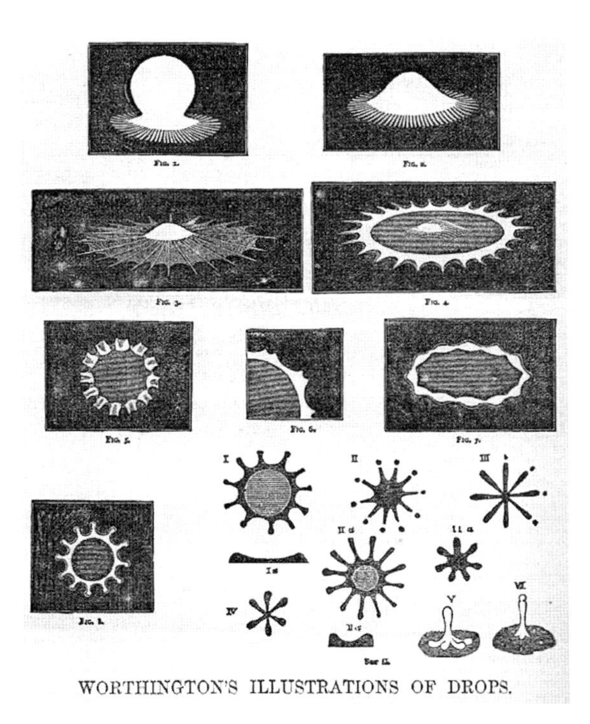

A. M. Worthington의 Illustrations of Drops

보이도록 만들고자 하는 맹목적 시선은 판단과 욕구가 배제된 생리학적인 육체적 시선 그 자체인 것이다.

결국 영원히 파악될 수 없을지도 모를 실재성에로의 광적인 집착의 기저에 놓여 있는 새로운 사유방식은 기존의 사유체계들로는 해명 불가능한 생리학적이고 육체적인 시선의 작용형식들에 대한 구조화를 목표로 할 수밖에 없는 것이다.

6.2 생리학적 시선의 체제

헤겔의 철학체계는 형이상학의 공허한 공간으로 오인되어서는 안될 만큼 이념사적으로나 현실역사의 전개에 있어서나 결정적인 의미를 지닌다. 비록 19세기 중엽 이후 헤겔의 거대담론의 종언에 대한 이야기들이 유행처럼 번지기는 했으나, 신칸트주의 철학자 캇시Ernst Cassirer의 말대로 "헤겔체계는 학문적 인식의 가장 정교하게 규정된 과제이자 가장 구체적인 과제에 길을 마련하고자 했으며", 또한 "역사에서 자연과학에 버금가는 위상을 얻어낼 뿐만 아니라, 그러한 역사 속에서 정신이 자기 자신과 자신의 본질로부터 소유하는 모든 지식의 실행과 그 고유한 표현을 보려고 했던" 사상체계이다. 여기에 바로 "헤겔에 의해 대변되는 새로운 실증적 요청이 놓여 있으며, 이러한 요청에 의거하여 그는 '정신과학'의 논리에 가장 강력하고도 지속적인 자극을 제공해주었던 것이다."[122] 그러나 유감스럽게도 자연인식의 영역에서 헤겔의 체계는 정신과학들에 행사한 정도의 영향력을 행사할 수 없었다. 캇시러의 말에 따르면, 헤겔의 제자들에게서만이 아니라 헤겔 자신에게서도 과도한 혹은 잘못된 자연인식이 이루어졌던 것이다. 과도한 자연인식이라 함은 정밀한 관찰과 증명에 의하지 않고 사변적인 태도로 자연현상들을 설명하고자 하였다는 것을 말하고, 잘못된 자연인식이라 함은 엄밀한 자연과학적 방법에 의거하여 분석되어야 할 대상이 사변적인 철학의 논증도구로 유용되었다는 것을 의미한다.

이러한 문제 상황에서 근본적인 사유방식의 쇄신을 위해 '칸트로 돌아가자!Zurück zu Kant!'라는 파롤을 주창한 최초의 사상가 중의 하나가 바로 헬름홀츠였다. 물리학자이자 의학자이

122 Ernst Cassirer: Das Erkenntnisproblem in der Philosophie und Wissenschaft der neueren Zeit. Vierter Band. Von Hegels Tod bis zur Gegenwart(1832-1932), Gesammelte Werke Hamburger Ausgabe, Bd. 5, Hrsg. v. Birgit Recki, Hamburg 2000, S. 3.

며 생리학자인 헬름홀츠는 다른 자연과학자들과는 달리 철학의 무용성을 주장한 것이 아니라 오히려 문제의 진원지라고 할 수 있는 칸트철학과 근본적으로 새로이 씨름할 필요가 있다고 역설하였던 것이다. 더욱이 그는 철학사 내에서 주관적 관념론 철학으로 애매모호하게 규정되어온 피히테의 철학, 특히 그의 감각적 지각에 관한 이론에서 당대의 '감각생리학 Sinnesphysiologie'에 의해 경험의 사태로부터 추론된 결론들과 동일한 결론들을 발견할 수 있었다. 캇시러에 따르면, 헬름홀츠의 이 같은 시도와 더불어 "경험과학과 철학이 서로 맺어질 수 있었다"라고 하면서 17~18세기에 수학과 수리물리학에 주어졌던 주도적 역할이 이제 "생리학과 심리학"[123]에 주어지게 되었다고 한다. 19세기 중반 이래로 감각생리학을 토대로 성장한 새로운 인식 개념은 실재적 현실에 접근하고자 하는 치밀하고도 집요한 장치였던 것이다.

이러한 치밀하고도 집요한 실재적 현실로의 접근방법을 시도한 전형적인 예가 바로 콩트Auguste Comte의 실증주의 철학이라고 할 수 있는데, 캇시러는 콩트의 『실증철학 강의*Cours de philosophie positive*』에 칸트의 『순수이성비판』에 버금가는 중요한 위상을 부여한다. 캇시러에 따르면, 무엇보다 실증주의는 "전적인 엄밀함 속에서 실재사태에 대한 순전한 진술로 환원될 수 없는 명제는 납득할 만한 현실적 의미를 결코 포함할 수 없다"라고 하는 근본법칙을 가지고 있다고 한다. 그러나 실증주의에서 말하는 '실재적 사태들Fakta'은 동일한 종류도 아니고 동일한 가치를 갖는 것도 아닌 "그들 각각에 내재한 보편성의 정도에 따라 일정하게 배열되어 있는"[124] 구조적 특성을 지닌다. 말하자면 개별 실재적 사태들 내에는 각자의 보편성이 존재하고 이들 보편성들 간에는 보편성의 차이를 담지하는 매개작용이 존재함으로써 개별을 아우르는 전체로서의 보편이 형성되는 것이다. 이는 '내적으로 정교화되어 있는binnen-artikuliert' 역동적 보편성을 주창한 헤겔의 논리체계와 유사하다. 그러나 그들 간에는 한 가지 중대한 차이가 존재한다. 콩트는 "관찰을 지식의 최고원리로 공표하여 사유가 관찰에 관여한다"라고 하면서도 사유에 "자기 고유의 불변의 리듬"을 인정한 반면, 헤겔에게서 이러한 리듬은 "순수한 개념의 자기운동을 통해, 말하자면 변증법적 방법의 3단계 행보를 통해 규정되어 있는 것이다."[125] 콩트가 말하는 사유의 리듬은 "단순한 것으로부터

---

123 Ibid. S. 4.
124 Ibid. S. 8.
125 Ibid. S. 9.

복합적으로 얽혀 있는 것으로 진행해 나가는 식의 구조를 갖는 현상들 자체로부터 생겨나는" 것으로서, 결국 이러한 사유의 리듬에 따라 비유기적 자연으로부터 유기적 자연으로, 다시 이러한 유기적 자연 내에서 식물과 동물의 세계로부터 인간의 세계로 나아가게 될 때, "현상들의 지속적으로 증대되는 복잡성"[126]이 산출되는바, 바로 여기에 사유의 근원적인 힘의 원천이 존재하는 것이다. 순수 개념의 자기운동을 통해 규정되는 사유의 운동이 아니라, 개별 현상들 사이에 존재하는 복잡화의 과정으로서의 실증주의적 사유는 실재적 현실로 접근하는 가장 개연적인 방법으로서, 한편으로는 "지식의 잘못된 통일경향"에 다른 한편으로는 "잘못된 다양화 경향"에 대립함으로써[127] '실증적 정신과 체계적 정신 간의 대립' 내지는 '사실적인 것과 이성적인 것 간의 대립'을 극복하고자 하는 대담한 모험이었던 것이다.

감각생리학을 기반으로 생겨난 헬름홀츠의 새로운 인식 개념방법과 실재적 사실들의 현상들 간에 복잡화 정도에 의거하여 현상들의 법칙을 해명하고자 한 콩트의 실증주의적 사유방식은 실재적 현실을 파악하고자 하는 기본목표와 이러한 목표수행의 중심을 세계가 아닌 인간에 두는 기본태도에 있어 공통적이다. 감각적 지각을 외부세계의 기호로 생각하여 지각작용들 속에서 실재관계들을 파악하려는 시도나 현상과 본질의 이분법 내지는 본질영역의 위계적 우위를 거부하고 실재적 사태들의 현상들 사이에 존재하는 비위계적인 법칙들을 파악하고자 하는 시도나 모두 그 중심에는 더 이상 관념적인 이성이나 정신에 의해 좌우되지 않고 이분법적 논리체계에 복속되어 있지도 않은 '생리학적 시선'이 자리 잡고 있는 것이다. 이런 생리학적 시선은 감각적 지각작용들 내에 존재하는 관계들이나 현상들 사이에 존재하는 관계들을 내용에 의해 규정되거나 본질성에 의해 규정된 형식들이 아니라 본래적 의미의 '실재적 형태들'로서 감지한다. 말하자면 생리학적 시선은 무언가 불특정한 사물들을 감지하기만 하고 이것들에 대한 규정은 정신에 의해 이루어지는 것이 아니라, 생리학적 시선에 의해 '실재'는 항시 '실재적 형태'로서만 직접 감지되는 것이다. 여기에 바로 비위계적이고 수평적인 그러면서도 복잡성의 정도에 따라 그물망적으로 구조화된 육체적 사유의 가능성이 놓여 있는 것이다.

---

126 Ibid. S. 9.
127 Ibid. S. 10.

6.3 형태의 현실성: 음악과 미술에 있어 자기 지시적인 형태의 실재성

19세기 초 철학자이자 교육학자, 심리학자인 헤어바르트Johann Friedrich Herbart는 헤겔과 셸링의 관념미학을 비판하고, 예술을 특정한 내용이나 본질성의 '표현Ausdruck'이 아니라 실재 존재하는 '형식Form'이라고 하면서 미적 판단은 정서적이며 감정적인 계기들에 의해 영향을 받아서는 안 된다고 주장하였다. 따라서 그에게 예술의 고유성이란 작품 내부에 있는 형식적 관계들에 있는 것이며, 미의 감정 역시 우리의 표상들 사이에 존재하는 내적인 형식적 관계들로부터 생겨나는 것으로 규정되는 것이다.[128] 헤어바르트의 영향하에서 로버트 찜머만Robert Zimmermann 역시 미적인 판단을 대상의 형식들과 관계되는 것으로 규정함으로써,[129] 미란 오로지 형식에 의해서만 만족을 주는 것이라고 한다.[130] 지벡Hermann Siebeck의 경우 미적인 것에는 무엇보다 자극을 일으키는 '수많은 형태들Gestaltfülle'이 속하며 이러한 형태들이 있고 나서 특정한 내용이 있게 되는 것이라고 한다.[131] 결국 헤어바르트 이후의 소위 '형식미학Formästhetik'적인 맥락에서 '형식' 내지는 '형태Gestalt'는 미적인 판단이나 미적인 감정을 야기시키는 실재적 틀 조건과 같은 것으로 이해되었다고 할 수 있다.

헤어바르트 및 그의 추종자들에게서 주장된 형식미학은 형식을 표상들 사이에 존재하는 내적인 것으로 규정하건 아니면 대상들의 형식으로 규정하건 간에 형식의 선재성을 전제한다. 그러나 미적인 감정 내지는 예술적 감정을 비롯하여 인간의 심리적이고 생리학적인 상태들은 이 같은 형식주의적 방법에 의해서는 포괄될 수 없는 것이다. 이미 실재적인 사회적 삶의 영역에서는 인간의 내적인 감정 상태와 대상의 접점으로서 다양한 양태의 가시화 작업이 이루어졌다. 예컨대 19세기 말 프랑스 행정관 오스만George-Eugène Haussmann은 런던과 베를린 같은 당시 유럽의 거대권력중심지들과 겨루기 위해 파리를 산업시대의 근대적 메트로폴리스의 징표로 나타내는 임무를 부여받았다. 그의 계획에 따르면 메트로폴리스 파리는 전체를 조망할 수 있도록 웅장한 시선 축 기능을 하는 건물들을 통해 구조화되고, 이렇게

128 Johann Friedrich Herbart: Psychologie als Wissenschaft. Neu gegründet auf Erfahrung, Metaphysik und Mathematik. Erster synthetischer Teil 1824, in: Sämtliche Werke, Bd. 5, hrsg. v. Karl Kehrbach, Langelsalza 1890.

129 Robert Zimmermann: Aesthetik, Wien 1865. § 351참조.

130 Robert Zimmermann: Studien und Kritiken zur Philosophie und Aesthetik, Bd. 2, Wien 1870, S. 252.

131 Hermann Siebeck: Das Wesen der ästhetischen Anschauung, Berlin 1875.

Grand Hotel in Paris, Place de l'Opera

1851년 만국 산업박람회가 열린 'Crystal Palace'

구조화되고 여러 지절들로 구획된 파리의 지역들은 근대적 도로망과 전차망으로 연결되도록 구상되었다. 그리하여 근대적 도시인들에 의해 감지되는 새로운 사회질서가 메트로폴리스 건축이라는 가시적 형태에 의해 구현되는 결과가 이루어졌던 것이다.

근대인에 의해 감지된 새로운 사회질서의 가시화 형태가 파리의 메트로폴리스 건축이라고 한다면, 산업혁명의 여파로 자본주의의 급성장과 근대화 이념의 본격화가 이루어진 시기에 고용증진과 사회 안정 그리고 예술후견인 계층의 등장과 잉여 자본의 창출이라는 중대한 효과를 내었던 영국의 '만국 산업박람회Great Exhibition'는 산업과 수공업 발전 이전과 이후의 사회경제적 조건들의 변화를 비롯하여 다가올 세기의 발전을 상징적으로 나타내주는 인간의 물질적 욕망의 파노라마 역할을 하였다.

실재적인 사회적 삶의 영역에서 이루어진 이러한 다양한 양태의 형태화 작업들에 부합되게 개별 예술의 영역들에서도 전통 미학과 거리를 두면서 예술에 대한 헤르바트르식의 형식주의적 접근방식을 반박하는 새로운 미학적 시도들이 이루어졌다. 콘라트 피들러Konrad Fiedler(1841-1895), 아돌프 폰 힐데브란트Adolf von Hildebrand(1847-1921), 하인리히 뵐플린Heinrich Wölfflin(1864-1945), 에두아르트 한스릭Eduard Hanslick(1825-1904) 등이 그 대표자들이다. 이들은 다루는 대상과 접근방식에 있어 차이가 있지만 '새로운 형식 개념에 의거하여 가시적 혹은 가청적 세계의 심리적이고 생리학적인 기초'를 정립하고자 하였다는 데에는 모두 일정 정도 공통의 지평을 이룬다고 할 수 있다(본 장에서는 새로운 의미의 예술사 연구방법의 기초를 놓았던 콘라트 피들러와 관념론적 내용미학 내지는 표현미학으로부터 벗어나 엄밀학으로서의 형식적 음악미학의 기초를 닦았던 에두아르트 한스릭에 논의의 초점이 모아질 것이다).

형식미학의 대표자로서 음악미학의 학문적 가능성 조건을 정립한 한스릭은 음악미학의 기념비적인 저서인 『음악적 미에 대하여*Vom Musikalisch-Schönen*』(1854)에서 "미적인 것에 의해 일깨워진 감각들과 관련해서만 미를 고찰하였던 기존의 미학체계의 시대는 지나갔다"[132]고 하면서 감정 내지는 내용의 표현으로서의 전통적인 음악적 미학으로부터 거리를 두고 "감정의 내용인 느껴진 것과 분리된 감정의 운동"(Hanslick MS 62)을 다루는 음악미학을 구상하였다.

---

132 Eduard Hanslick: Vom Musikalisch-Schönen. Ein Beitrag zur Revision der Ästhetik in der Tonkunst (1854) (이후로는 Hanslick MS로 약칭), Mainz 1990, S. 21.

한스릭의 『음악적 미에 대하여』 핵심내용 발췌

- “이념들, 즉 활동적이게 된 개념들은 예술적 체현의 내용이다.
  Ideen, d.i. lebendig gewordene Begriffe sind Inhalt künstlerischer Verkörperung”(p.27).
- “음악은 감정들을 일깨워서는 안 되며 감정들을 대상으로 가져서는 안 된다.
  Die Musik muss nicht Gefühle erwecken und zum Gegenstand haben”(p.32).
- “음악은 외적인 현상만을 모방하려고 노력할 수만 있을 뿐 그것을 통해 야기된 특별한 감정을 모방하려고 할 수는 없다. 눈송이의 떨어짐, 새들의 푸드덕거림, 태양의 떠오름 등을 나는 이 현상들에 유비적이며 이 현상들과 역동적으로 유사한 소리인상들을 만들어내는 것을 통해서만 음악적으로 묘사할 수 있다. 음조들의 높이, 세기, 빠르기, 리듬 등에 있어 귀에는 하나의 특정한 음악적 형상이 제공되는데, 그것의 인상은 상이한 장르의 감각지각들 서로가 달성할 수 있는 특정한 시지각과의 유비를 가질 수 있는 것이다.
  Die Musik kann nur die äußere Erscheinung nachzuahmen trachten, niemals aber das durch sie bewirkte, spezifische Fühlen. Das Fallen der Schneeflocken, das Flattern der Vögel, den Aufgang der Sonne kann ich nur dadurch musikalisch malen, dass ich analoge, diesen Phänomenen dynamisch verwandte Gehörseindrücke hervorbringe. In Höhe, Stärke, Schnelligkeit, Rhythmus der Töne bietet sich dem Ohr eine Figur, deren Eindruck jene Analogie mit der bestimmten Gesichtswahrnehmung hat, welche Sinnesempfindungen verschiedener Gattung gegeneinander erreichen können”(p.43).
- “음악은 특정하건 불특정하건 간에 그 어떠한 감정도 묘사하지 않는다.
  Die Musik schildert gar keine, weder bestimmte noch unbestimmte, Gefühle”(p.45).
- “특별히 음악적인 것이란 외부로부터 오는 내용과는 무관하게 그리고 이러한 내용을 필요로 하지 않으면서 오로지 음조들과 이것들 간의 결합 속에만 있는 미적인 것이다.
  Ein spezifisch Musikalisches: ein Schönes, das unabhängig und unbedürftig eines von aussen her kommenden Inhalts, einzig in den Tönen und ihrer künstlerischen Verbindung liegt”(p.58).
- “음조의 재료는 다양한 멜로디와 화음과 리듬에 대한 가능성을 가지고 있는 전체 음조들이다.
  Das Tonmaterial: die gesamten Töne, mit der Möglichkeit zu verschiedener Melodie, Harmonie und Rhythmus”(p.59).
  - 멜로디: 음악적 미의 기본형태
    Melodie: Grundgestalt musikalischer Schönheit
  - 화음: 수천 배의 변화와 역전과 강조와 더불어 항상 새로운 토대를 제공해줌
    Harmonie: bietet immer neue Grundlagen mit tausendfachem Verwandeln, Umkehren, Verstärken
  - 리듬: 멜로디+화음, 음악적 생명의 동맥
    Rhythmus: Melodie+Harmonie, Pulsader musikalischen Lebens
- “음악의 내용은 음조를 내면서 움직여진 형태들이다.
  Der Inhalt der Musik sind tönend bewegte Formen”(p.59).

- “우리가 음악에서의 미를 본질적으로 형태들 속에 옮겨놓음으로써, 이미 정신적 내용이 이러한 음조형태들과 가장 긴밀한 연관 속에 있다는 점이 암시되었다.

  Indem wir das Schöne in der Musik wesentlich in Formen verlegt haben, ist schon angedeutet, dass der geistige Gehalt in engstem Zusammenhange mit diesen Tonformen steht”(p.63).
- “음조들로부터 형성되는 형태들은 공허한 것이 아니라 꽉 채워진 것이며, 진공상태의 단순한 선적인 한정이 아니라 내부로부터 형상화되는 정신이다.

  Die Formen, welche sich aus Tönen bilden, sind nicht leer, sondern erfüllte, nicht blosse Linienbegrenzung eines Vakuums, sondern sich von innen heraus gestaltender Geist”(p.63).
- “음악은 이미지이다. 즉 그것의 대상을 우리는 말로 포착하지 못하는 그러한 이미지이다.

  Die Musik ist ein Bild, allein ein solches, dessen Gegenstand wir nicht in Worten fassen(p.63).

한스릭이 생각하는 '감정의 운동'은 규정되어 있지 않은 것이 아니라 일정하게 '형태화되고geformt', '규정된bestimmt' 것으로서 자체의 고유한 리듬과 고유한 목적을 갖는 것이다. 말하자면 음악적 음조는 어떤 특성한 목적을 수행하거나 특정한 내용을 전달하기 위한 수단이 아니라 그 자체로 목적이라는 것이다:

> "만일 누군가 이러한 음조재료들로 무엇이 표현되는가라고 묻는다면, 그 대답은 바로 '음악적 이념들(Musikalische Ideen)'이라고 할 수 있을 것이다. 그러나 완벽하게 현상된 음악적 이념은 이미 독자적인 미이며, '자기목적(Selbstzweck)'이다. 그렇지만 그러한 이념은 감정들이나 생각들의 묘사를 위한 수단이나 재료가 결코 아니다.
>
> Fragt es sich nun, was mit diesem Tonmaterial ausgedrückt werden soll, so lautet die Antwort: Musikalische Ideen. Eine vollständig zur Erscheinung gebrachte musikalische Idee aber ist bereits selbständiges Schöne, ist Selbstzweck und keineswegs erst wieder Mittel oder Material der Darstellung von Gefühlen und Gedanken"(Hanslick MS 75).

규정되고 일정하게 형태화된 감정의 운동으로서 다른 어떤 것에 의해서도 위계적으로 규정되지 않는 자기 목적적인 음조의 형식은 한마디로 "음조를 내면서 움직여진 형식들Tönend bewegte Formen"이라고 할 수 있으며, 이것이야말로 "음악의 유일한 내용이자 대상"(Hanslick MS 75)이라고 할 수 있다. 음조들로부터 형성되는 이러한 '음조를 내면서 움직여진 형식'은 "텅 빈 형식이 아니라 채워진 형식, 즉 진공상태의 직선상의 한정이 아니라 '내부로부터 형태화되는 정신sich von innen heraus gestaltender Geist'"(Hanslick MS 78)인 것이다.

여기서 한스릭의 음악미학이 관념론적 전통에 여전히 머물러 있다고 성급하게 판단 내려서는 안 된다. 왜냐하면 당대의 엄밀 자연과학적 입장에 의거한 학자들과 마찬가지로 그 역시 '비과학적인 감각미학의 지배를 청산'하고 '미를 그것의 근원적으로 고유하면서도 순수한 요소들 속에서 연구'(Hanslick MS 21)하려는 태도를 가지고 있기 때문이다. 그는 음악이 우리의 신경체계에 집중적인 영향을 준다고 하면서 생리학적이고 심리학적인 관계를 분석한다. 그중에서도 생리학은 음악의 음조와 신경체계의 관계에 대한 분석에서 중요한 역할을 한다고 한다:

"생리학을 통해 우리는 우리가 음조로 감지하는 것이 신경들의 실체 내에서 혹은 최소한 중추기관들 내의 청신경 내에서 이루어지는 분자운동이라는 사실을 안다. 또한 생리학은 청신경의 섬유소들이 다른 신경들과 연결되어 있어서 청신경의 자극들을 다른 신경들로 전달해준다는 사실만이 아니라, 이와 더불어 청각이 소뇌와 대뇌, 후두부, 폐 그리고 심장 등과 결부되어 있다는 사실 역시 알게 해준다.

Die Physiologie weiß, daß das, was wir als Ton empfinden, eine Molekularbewegung in der Nervensubstanz ist, und zwar wenigstens ebensogut als im Akustikus in den Centralorganen. Sie weiß, daß die Fasern des Gehörnervs mit den anderen Nerven zusammenhängen und seine Reize auf sie übertragen, daß das Gehör namentlich mit den kleinen und großen Gehirn, dem Kehlkopf, der Lunge, dem Herzen in Verbindung steht"(Hanslick MS 119).

그러나 음과 신경체계 간의 관계를 설명하는 데에 있어 이처럼 생리학이 중요한 역할을 함에도 불구하고, "음악이 이러한 신경들에 영향을 미치는 특수한 방식, 화음과 리듬과 악기들과 같은 특정한 음악적 요소들이 다양한 신경들에 영향을 미치는 다양한 방식"은 여전히 생리학에 의해 해명될 수 없으며, "음악적 청각은 청신경과 연관된 신경들 모두에 분배되는가 아니면 몇몇 신경들에만 분배되는가? 그리고 그 분배의 강도와 속도는 어떠한가? 뇌는 어떤 음악적 요소들에 의해 촉발되고 심장이나 폐로 이르는 신경들은 어떤 음악적 요소들에 의해 촉발되는가?"(Hanslick MS 119-120) 하는 문제들은 생리학이 대답할 수 없는 물음들인 것이다. 한스릭에 따르면, "생리학이 음악학에 제공해주는 것은 (음악의 생리학적 측면과 연관하여) 잘못된 추론들로 이르지 않도록 해주는 객관적 근거들의 활동영역"(Hanslick MS 123)이다. 말하자면 음악의 형식적 관계들의 고유한 체계가 존재한다는 것이다.

유감스럽게도 한스릭은 앞서 언급된 바 있는 음악적 형식의 주체인 '내부로부터 형태화되는 정신'이 '음조를 내면서 움직여진 형식들' 속에서 어떻게 형태화되는지, 그리고 이러한 '형태화를 수행하는 객관적 활동'은 무엇인지 명확하게 해명하지는 못하였다. 더 나아가 시문학에서의 문장구조와 같이 다른 예술 영역들에서 존재하는 논리적 구조에 유비적인 '음악의 고유한 논리적이고 문법적인 구조', 즉 "음조군의 이성적으로 완결된 것das vernünftig Abgeschlossene einer Tongruppe"이 갖는 의미는 무엇인지 명확한 설명이 이루어지지 못하고 있다. 그럼에도 불구하고 한스릭의 음악미학이 갖는 의미는 무엇보다 음악학의 독자적 위상 정립을 통해 예술들 내에서 그리고 예술과 다른 영역들 간에 존재하는 위계질서를 타파하었다는 데 있다. 그는 음악적 테크닉이 감정의 표현 내지는 절대자의 인식을 위한 수단이 아니라 고유한 형식과 구조를 갖는다고 하면서 음악적 형식의 체계를 요소들 간의 끝없는 지시적 연쇄와 자기조직적인 형태화의 구조로 이루어진 역동적 체계로 규정한다. 그에게 있어 음악은 우리의 영혼에 작용하는 것도 정서들을 환기시키는 도구도 아닌 자체의 역학을 갖는 자유로운 형식체계로서의 실재 심리적 과정들의 '판타지Phantasie'인 것이다.

한스릭과 유사한 맥락에서[133] 시각예술의 가시성 내에 존재하는 '내적인 정교화 과정ein innerer Artikulationsprozess'과 이것의 고유한 논리를 주장하였던 예술사가 콘라트 피들러는 무엇보다 '감각지각Sinnesempfindung'을 "모든 정신적 활동과 모든 의식내용의 근원"으로 규정하여 '지성Verstand'에 대립되지 않는 고유한 인식활동의 위상을 '감성Sinnlichkeit'에 부여함으로써 칸트적인 의미의 초월철학의 이원론을 극복할 가능성을 마련하였으며, 다른 한편으로는 인식을 형태화 능력으로 규정함으로써 새로운 의미의 형식미학의 근거를 정초지었던 것이다. 그에 따르면, "감각지각 저편에서 전제될 수 있는 모든 것은 도달될 수 없는 것으로 밖에는 생각될 수 없다. 마찬가지로 감각지각의 이편에서 지각되는 모든 것은 이미 인간 본성의 산물이다."[134] 칸트식의 물자체의 이념 자체가 인식의 종합적 작용 속에 외적인 현실이 준거점으로 주어져 있다는 것을 보증해주는 것인 반면, 피들러에게서는 사유의 영역 외부에 따로 그 어떠한 본질도 생각될 수 없다. 그는 "인식하는 정신"을 "형식과 질료의 대립을 통해 초월적으로 한정되어져 있는" 것으로 규정하는 것이 아니라, 인식 자체를 "형식들의 순수한 생산능력"[135]으로 생각하는 것이다.

지성에 대립되지 않은 고유한 인식활동의 위상을 지니는 감성의 규정 및 형식들의 순수한 생산능력으로서의 인식의 규정과 더불어 피들러는 예술작품의 고유한 형태화 작용을

133 이 둘 간의 관계에 대해서는 Philippe Junod: Transparence et Opacité. Essai sur les fondements théoriques de l'Art Moderne. Pour une nouvelle lecture de Konrad Fiedler, Genf 1976 참조.

134 Konrad Fiedler: Über Kunstinteressen und deren Förderung, in: Schriften zur Kunst Bd. 1, hrsg. v. Gottfried Boehm, München 1991 (2. verbesserte und erweiterte Auflage), S. 73.

135 Gottfried Boehm: Einleitung, in: Konrad Fiedler. Schriften zur Kunst Bd. 1, S. XLIX.

정교화한다. 피들러에 따르면 무엇보다 형태들은 '표현운동Ausdrucksbewegung'이라는 특징적인 활동과정에서 얻어지며, 표현운동은 다음과 같은 특징을 지닌다:

> "표현운동은 정신적인 유래를 갖는 내용이 신체기관들의 운동 속에서 자신의 현존재의 징표인 자신의 의미의 표현을 마련해놓는다는 것을 의미할 수 없다. 오히려 우리는 표현운동 속에서 '심리-물리적 과정(psycho-physischer Prozess)'의 발전 단계만을 인정할 수 있으며, 그것의 의미는 다음과 같이 파악되어야만 할 것이다. 즉 감각신경들의 자극과 더불어 시작되는 육체적 과정이 직접적으로 생성되는 외적인 운동 속에서 전에는 달성되지 못했던 발전 단계에 도달하는 것과 마찬가지로, 우리가 그러한 생명과정의 내적인 측면으로서 의식하게 되는 정신적 과정 역시 표현운동 속에서 오로지 그 속에서만 경험할 수 있는 발전을 경험하게 되는 것이다.
>
> Der Sinn der Ausdrucksbewegung kann also nicht der sein, daß sich ein Inhalt geistiger Herkunft in einer Bewegung körperlicher Organe ein Zeichen seines Daseins, einen Ausdruck seiner Bedeutung verschaffte, vielmehr können wir in der Ausdrucksbewegung nur eine Entwicklungsstufe eines psychophysischen Prozesses anerkennen, und müssen den Sinn derselben so fassen: gleichwie der körperliche Vorgang, der mit der Erregung der sensiblen Nerven beginnt, in der äußerlichen, unmittelbar wahrnehmbar werdenden Bewegung zu einer vorher noch nicht erreichten Entwicklungsphase gelangt, so erfährt auch der seelische Vorgang, dessen wir uns als der gleichsam inneren Seite jenes Lebensvorganges unmittelbar bewußt werden, in der Ausdrucksbewegung eine Entwicklung, die er eben nur in ihr erfahren kann."[136]

이러한 심리-물리적 표현운동 속에서 그리고 이러한 표현운동을 통해서 이전에는 존재하지 않았던 형상이 생성되는 것이다.

예술 역시 이러한 표현운동의 형태를 따른다. 인식의 종합적 작용의 현실적 준거점으로 규정되어온 물자체의 이념을 거부하면서 동시에 인식자체를 독자적 형식들의 순수한 생산능력으로 규정하였던 피들러는 예술적 생산역시 특정한 내용이나 본질을 담지하는 혹

---

136 Konrad Fiedler: Über den Ursprung künstlerischen Tätigkeit, in: Schriften zur Kunst Bd. 1, hrsg. v. Gottfried Boehm, München 1991, S. 116.

은 동일하게 모방하는 "노예적 모방sklavische Nachahmung"이 아니라 "자유로운 형태화freie Gestaltung"[137]라고 한다. 예술적 생산을 자유로운 형태화로 규정한다는 것은 예술적 생산을 통해 무언가가 형태화된다는 것이 아니라 예술적 생산 그 자체가 바로 형태화이라는 말이다. 이 점을 피들러의 말을 통해 좀 더 구체화시켜보자면 다음과 같다:

> "예술은 예술적 활동 이전에 그리고 이러한 활동과는 독립적으로 예술에 의해 비로소 발견되는 형태들과 관계되는 것이 아니다. 예술적 활동의 처음과 끝은 예술을 통해 비로소 현존재에 이르게 되는 형태들을 창조해내는 데에 있다. 예술이 창조해내는 것은 예술 없이도 존재하는 다른 어떤 세계 이외의 두 번째 세계가 아니다. 오히려 예술은 예술적 의식을 통해 그리고 예술적 의식을 위해 세계를 산출해낸다.
>
> So hat es die Kunst nicht mit Gestalten zu tun, die sie vor ihrer Tätigkeit und unabhängig von derselben vorfindet, sondern Anfang und Ende ihrer Tätigkeit liegt in der Schaffung der Gestalten, die durch sie überhaupt erst zum Dasein gelangen. Was sie schafft istnicht eine zweite Welt neben einer anderen, die ohne sie existiert, sie bringt vielmehr überhaupt erst die Welt durch und für das künstlerische Bewußtsein hervor"(Fiedler BWK 32).

예술에 의해 형태들이 창조된다는 말은 형태들이 예술에 의해 비로소 형태화된다는 단순한 의미가 아니라 예술적 활동이 형태화 작용에 다름 아니라는 의미이자 세계의 산출과정에 다름 아니라는 의미인 것이다. 이러한 형태화 작용 내지는 세계의 산출과정으로서의 예술적 활동은 순수한 의미에서의 형식의 창출과정이다:

> "예술적 활동은 어떤 식으로든 인간의 정신적 소유가 되는 물질적인 것과 관계된 것이 아니다. 이미 그 어떤 정신적 과정에 복속되어졌던 것은 예술적 활동을 위해서는 무용한 것이다. 왜냐하면 예술적 활동 자체는 인간의 정신적 소유가 직접적으로 풍성해지도록 해주는 과정이기 때문이다. 말하자면 인간의 정신이 아직 건드리지 않은 것은 예술의 활동에 의해 자극되는 것이며, 아직 그 어떤 방식으로도 인간의 정신적 작용

137 Konrad Fiedler: Über die Beurteilung von Werken der bildenden Kunst(이후로는 Fiedler BWK로 약칭), in: Schriften zur Kunst Bd. 1, hrsg. v. Gottfried Boehm, München 1991, S. 30.

을 위한 대상으로서 존재하지 않는 것을 위해 예술적 활동은 그것이 인간의 정신적 작용을 위한 대상이 되도록 일정한 현존재의 모습에 이르게끔 해주는 형식을 창조하는 것이다. 예술적 활동은 형식 내지는 형태로 하강하기 위해 사상들 내지는 정신적 산물들로부터 시작하는 것이 아니라, 무형식적이고 무형태적인 것으로부터 형식과 형태로 상승하는 것이며, 이러한 도정에 바로 예술적 활동이 갖는 총체적인 정신적 의미가 놓여 있는 것이다.

so hat sie es auch nicht mit einem Materiale zu tun, das schon irgendwie zum geistigen Besitz des Menschen geworden wäre; was schon irgend einem geistigen Prozesse unterlegen hat, ist für sie verloren; denn sie selbst ist ein Prozeß, durch den der geistige Besitz des menschen unmittelbar bereichert wird; das vom menschlichen Geiste noch Unberührte ist es, was ihre Tätigkeit erregt, für das, was noch in keiner Weise für den menschlichen Geist existiert, schafft sie die Form, unter der es für den menschlichen Geist zum Dasein gelangt. Sie geht nicht vom Gedanken, vom geistigen Produkte aus, um zur Form, zur Gestalt hinabzusteigen, vielmehr steigt sie vom Form- und Gestaltlosen zur Form und gestalt empor, und auf diesem Wege liegt ihre ganze geistige Bedeutung"(Fiedler BWK 32).

예술적 활동은 사물이든 감정이든 간에 무언가 무정형의 것이 정신적 작업의 대상이 되게끔 하기 위해 그것으로 하여금 일정한 현존재에 이르도록 해주는 형식을 창조해내는 작업이며, 이러한 의미에서 예술적 활동은 가장 근원적인 활동이라고 할 수 있다. 그렇다면 이러한 예술적 활동은 어떠한 양태를 지니는 것일까?

무엇보다 예술적 활동은 정신적 활동의 규제하에 있는 혹은 정신적 활동을 위한 도구나 자료제공의 역할을 하는 부차적이고 부속적인 의미를 갖는 것이 아니라, 오히려 정신적 활동의 작용근거이자 틀을 제공해주는 근본적인 의미를 갖는다. 따라서 예술적 활동은 정신적 활동의 우위에 기초한 기존의 이분법적 위계질서와는 다른 메커니즘을 가질 것이다. 우선 한 가지 분명한 사실은 예술적 활동이라는 것 자체가 유한한 것이 아니라는 점이다. 앞서 언급된 바 있듯이 예술은 근본적으로 세계를 산출하는 과정이기 때문이다. 그러나 이러한 사실은 기존의 입장과는 다소 다르다. 즉 예술에 의한 세계 산출이 의미하는 것은 관념적이고 추상적인 의미의 무한성의 산출이 아니라 끊임없는 변화의 도정에 있는 현상영역의 무한성의 파악인 것이다.

"인간은 매 형태마다 무정형의 덩어리로부터 일정한 형태의 의식으로 상승하도록 하지만 무정형의 덩어리 자체는 고갈되지 않고 남아 있다. 따라서 인간의 예술적 활동이 언젠가 궁극적인 최상의 목표에 도달할 수 있으리라고 생각하는 것은 지나친 자부심이 아니라 근시안성이라고 할 수 있다. 인간은 예술적 활동에 의해서만 세계를 아는 것이며, 예술적 활동이 인간의 의식에게 미지의 영역들을 확보해주기 전까지는 어떤 영역들이 그에게 미지의 은폐된 영역인지 알지 못한다. […] 예술가가 세계에 대한 지배권을 더 넓게 확장시키면 확장시킬수록 세계의 한계들은 그의 눈앞에서 점점 더 뒤로 물러난다. 그리하여 현상들의 왕국은 그에게 무한한 것이 된다. 왜냐하면 현상들의 왕국은 그의 무한한 활동하에서 생겨나기 때문이다.

Indem der mensch Gestalt auf gestalt aus der formlosen Masse in sein Bewußtsein heraufsteigen läßt, bleibt die Masse doch unerschöpft. Es ist nicht Vermessenheit, sondern Kurzsichtigkeit, zu meinen, die künstlerische Tätigkeit des Menschen könne jemals ihr letztes, höchstes Ziel erreichen. Nur durch sie kennt der Mensch die Welt und er weiß nicht, welche Regionen ihm dunkel und verborgen sind, ehe sie nicht die künstlerische Tätigkeit seinem Bewußtsein erobert hat. […] je weiter der Künstler seine Herrschaft über die Welt ausdehnt, desto weiter fliehen auch die Grenzen der Welt selbst vor seinem Auge zurück. Das Reich der Erscheinungen wird ihm grenzenlos, weil es unter seiner grenzenlosen Tätigkeit entsteht"(Fiedler BWK 35).

현상영역의 무한성의 파악과 궤를 같이 하는 예술적 활동의 무한한 활동은 다시금 세계라는 무한한 잠재태의 실현과 동시적으로 작용하면서 자기 지시성과 자기목적성 그리고 열려진 완결성이라는 예술 활동 고유의 기본원리들을 정교화시킨다. 아울러 이러한 원리들의 기저에 놓여 있는 기본 메커니즘인 형태화와 점진적 자기 조직화의 동시적 구조가 예술적 활동을 통해 모습을 드러낸다. 예술가에 의해 세계의 지배권이 규정됨으로써 드러나게 된 현상의 세계는 보다 더 깊어지고 넓어진 세계지배를 통해 드러나게 되는 세계에 비해 불완전하거나 미진한 것일 수 없다. 이러한 생각은 예술가의 세계지배를 전제된 완결성의 시각에서 보았을 경우에 가능한 생각일 뿐, 예술적 활동 자체의 무한성과 이러한 활동의 정도에 의해 개시되는 현상영역의 무한성을 고려해본다면, 예술가에 의해 형태화된 것은 그 순간의 현상의 무한성의 표현 자체라고 할 수 있기에 완전/불완전 내지는 충족/미흡의 잣대로 판단될 수 있는 것이 아니다. 이 점은 다음과 같은 피들러의 언급에서 명확해진다:

"예술작품은 개인의 예술적 활동의 총합이 아니라, 전체로는 표현될 수 없는 것에 대한 단편적인 표현이다. 예술가가 자신의 본성에 의해 추동되어 발전시키는 내적인 활동은 단지 이따금씩만 외적인 예술적 활동으로 고양되며, 이러한 예술적 활동은 전체 예술 활동과정이 아니라 단지 특정 단계의 예술 활동만을 재현해줄 뿐이다. 그것은 예술적 의식세계에로부터 나오는 형상을 가시적이고 전달 가능한 표현으로 가져감으로써 예술적 의식세계에 대한 통찰을 개시한다. [⋯] 예술작품은 상대적인 정도로 고양된 예술적 의식의 표현이다. 예술적 형식은 이러한 의식을 위한 직접적이고 유일한 표현이다.

Das Kunstwerk ist nicht die Summe der künstlerischen Tätigkeit des Individuums, sondern ein bruchstückartiger Ausdruck für etwas, was sich in seiner Gesamtheit nicht ausdrücken läßt. Die innere Tätigkeit, die der Künstler, getrieben von seiner Natur, entwickelt, steigert sich nur hie und da zur äußeren künstlerischen Tat, und diese repräsentiert nicht die künstlerische Arbeit in ihrem gesamten Verlaufe, sondern nur in einem bestimmten Stadium. Sie eröffnet den Blick in eine Welt des künstlerischen Bewußtseins, indem sie eine Gestalt aus dieser Welt zum sichtbaren mitteilbaren Ausdruck bringt. [⋯] Das Kunstwerk ist der Ausdruck des zu einer relativen Höhe gesteigerten künstlerischen Bewußtseins. Die künstlerische Form ist der unmittelbare und einzige Ausdruck für dieses Bewußtsein"(Fiedler BWK 36).

매번 다를 수 있는 예술적 의식의 표현이 예술가에 의해 형태화된 세계의 일정한 개시이며, 이러한 개시는 다시금 예술작품이라는 순간적으로 형태화된 현상의 모습이라고 할 때, 예술작품의 내용과 형식의 관계는 내용 내지는 본질 중심의 전통적인 내용미학이 아닌 혹은 이를 넘어서는 새로운 틀에 의해 파악되어야 한다. 말하자면 예술적 활동에 의해 개시되는 세계는 항상 규정된 형식 내지는 형태의 모습을 지니며, 형식을 통해 내용규정이 이루어짐으로써 예술적 활동과 이를 이끄는 예술적 의식 그 자체가 다름 아닌 예술작품인 것이다. 그리하여 '대상-예술작품-대상인식'이라는 '예술작품에 의한 대상과 대상인식의 매개' 구도대신에 예술 활동을 주도하는 예술의식이 세계인식이고 이는 또 다시 예술작품이기도 하다는 '세계와 예술작품과 예술의 공가능성'이라는 구도가 가능해지게 되는 것이다:

"예술작품은 표현 없이도 현존재를 가질 수 있는 것에 대한 표현도 아니고 예술적 의식 내에서 살아가는 형상의 모방도 아니다. 만일 그렇다면 예술작품의 산출은 예술가 자신을 위해서는 필연적이지 않을 것이다. 오히려 예술작품은 개별 경우들에 있어 개인이 달성하는 최고의 발전단계에서의 의식과도 같은 예술적 의식 자체이다.

Das Kunstwerk ist nicht ein Ausdruck für etwas, was auch ohne diesen Ausdruck ein Dasein hatte, ein Abbild der im künstlerischen Bewußtseins lebenden Gestalt－dann wäre die Hervorbringung des Kunstwerks für den Künstler selbst nicht notwendig－, vielmehr ist es das künstlerische Bewußtsein selbst, wie es im einzelnen Falle zur höchsten dem Individuum erreichbaren Entwickelung gelangt"(Fiedler BWK 36).

예술적 의식이 예술작품이라고 할 때, 그리고 더 이상 예술이 특정한 정신적 형상의 모방이 아니라고 할 때, 예술적 정신은 작품이 만들어지기 이전부터 이미 작품을 통해 가시화되는 작품의 소재와 하나가 되는 것이다. 왜냐하면 "예술가의 정신적 과정은 예술작품 내에서 가시적 현상으로 나타나는 소재와는 다른 그 어떤 것과 관계되는 것이 아니기" 때문이다. 결국 "예술작품의 내용은 형태화 작용 그 자체에 다름 아닌 것이다"(Fiedler BWK 37).

6.4 형태와 이미지 작용

19세기 말 독일의 경제부흥과 더불어 독일 대학들에서 이루어진 자연과학적 성과들은 인문과학 및 사회과학의 비판적 저력과 범위 확장의 시도에 대척점을 이루게 되었다. 그러나 그 이후 불어 닥친 경제위기와 실증주의에 대한 문화적 염세주의로 인해 '근대적 존재의 불안정과 불확실성'이 증대되었다. 그 결과 사변적이고 형이상학적인 미학체계들은 불필요한 것으로 간주되었고, 대신 실험적이고 경험적인 미학(그 대표자들로는 페히너G. Fechner, 헬름홀츠H. v. Helmholtz, 찜머만R. Zimmermann 등이 있다)이 대두되었다. 그러나 이러한 실증주의적이고 과학적인 예술 및 미학관 역시 일면적이라고 비판받기 시작하였으며, 그 결과 칸트와 피히테 그리고 헤겔 등의 관념론적 전통을 잇는 동시에 과학적인 학문성을 고려하는 새로운 예술론적 논의들이 대두되었다. 예술사 연구에서는 알로이스 리글Alois Riegl(1858-1905), 하인리히 뵐플린, 콘라드 피들러, 아비 바부르크Aby Warburg(1866-1929), 에르빈 파노프스키Erwin Panofsky(1892-1968) 등이 예술사 연구방법의 패러다임 전환을 시도한 인물들이며, 음악미학의 경우 에두아르트 한스릭, 헤르만 폰 헬름홀츠 등이 그에 상응하는 역할을 하였다. 이들에게는 다른 어떤 것보다 형식 내지는 형태가 갖는 이미지성, 말하자면 전통적

Alexander Eliasberg의 파울 클레 사진 (1911)

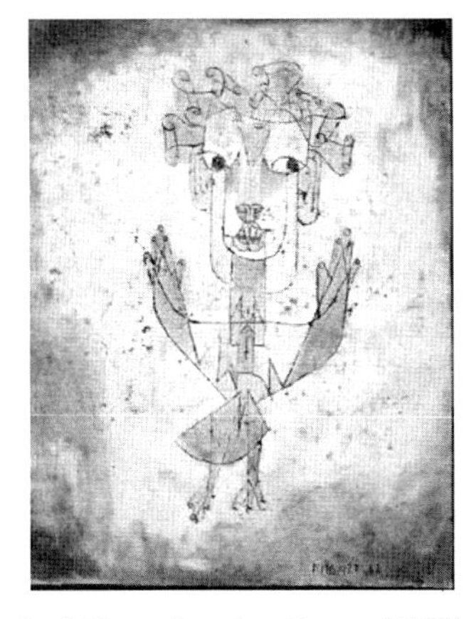
Paul Klee, Angelus Novus (1920)

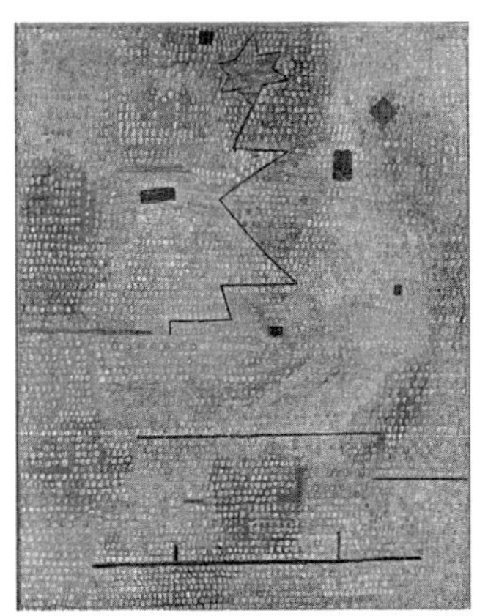
Paul Klee, Aufgehender Stern (1931)

인 이분법적 위계질서로부터 벗어나 독자적인 결합과 치환의 관계적 특성이 핵심을 이루며, 또한 이러한 이미지성을 근간으로 하는 형태는 '본질적 실재'[138]로 이해되었던 것이다.

이후 예술작품의 형식적 측면을 강조하면서 세계산출과 무정형의 정형화를 수행하는 새로운 의미의 형식을 주장하였던 피들러와 같은 맥락에서 나중에 파울 클레Paul Klee(1879-1940)는 "예술은 가시적인 것을 재생산하는 것이 아니라 가시화시키는 작용을 한다.Art does not reproduce the visible, it makes visible"라는 말과 더불어 예술이 갖는 '가시화 작용의 가능성 조건'이라는 의미를 함축적으로 설파하였다.

미술사가인 뵐플린 역시 개별 사실들의 단순한 연대기 대신에 '스타일의 역사'를 강조하면서 특정 시기의 다양한 작품들 내에 놓여 있는 '역동적이고 변화무쌍한 내적인 세계관'형식에 주목하였으며, 리글은 '장식ornament'이라는 예술형식이 고유한 발전역

Wassily Kandinsky, Sign (1925)

138 힐데브란트는『조형미술의 형식*Das Problem der Form in der bildenden Kunst*』(1893)에서 다음과 같이 말한다: "우리는 [···] 한정된 공간의 표상으로서의 형식표상을 사물의 본질적 내용 또는 본질적 실재로 파악해야 한다", 힐데브란트,『조형미술의 형식』, 조창섭 역, 민음사, 1989, p.18.

사를 지니고 있다고 하면서 형식주의적 예술사를 주창하였다. 결국 대략 19세기 중반 이후부터 20세기 초반까지 소위 모더니즘 시기의 예술영역들에서 이루어진 형식 내지는 형태에 관한 논의는 이분법적 위계질서로부터 탈피하여 본질적 실재성으로 이해되는 동시에 독자적인 결합과 치환의 논리를 가진 형식 내지는 형태의 이미지적 특성을 정립하였던 것이며, 이러한 성과는 20세기 말 소위 '이미지적 전환'을 선취하는 결정적인 역사적 전거라고 할 수 있을 것이다.

Franz Marc, Die gelbe Kuh, (1911)

20세기 말 21세기 초 비위계적이고 비선형적인 사유방식에 기초한 이미지 문화의 가능성 조건을 논하는 데 있어 다시금 19세기로 돌아가야 하는 이유가 여기에 있는 것이다.

7. 주체/몸/예술: 정상적인 것과 비정상적인 것의 접점

전통 형이상학에 대한 근본적인 문제제기와 더불어 20세기 말 소위 인문학의 '문화적 전환'의 경향에 부합되게 그동안 개별적 테마로 다뤄지거나 부차적이고 부수적인 효과로만 여겨져 왔던 언어, 신화, 종교, 윤리, 감각적 지각, 예술 등은 이제 다양한 학제적 맥락에서 핵심적인 테마들로 다뤄지게 되었다. 한편으로 이러한 움직임은 아마도 실재와 가장 밀착해 있는 영역들이 전통적으로 지배적인 거대담론들의 관철과정에서 도구적으로만 혹은 부수적인 효과의 측면에서만 고려되어져 왔다는 사실에 대한 반성의 결과라고 할 수 있지만, 다른 한편으로 인문학에 드리워져 있는 사회적 무용성의 신화를 걷어낼 수 있는 단초로서 자리매김할 수도 있는 것이다.

전통적인 인문학 내지는 정신과학에 규정되어 있는 사회적 무용성의 유효범위는 규범적인 개념사용의 고립화, 신, 진리, 의미 등의 초월적 시니피앙의 내재화 및 이와 더불어 이루어진 실재적인 것의 외재화, 분과학문들의 상호경계 설정으로 인한 유동적 가치들의 소실 등을 포괄하며, 이러한 유효범위 내에서 전통적 인문학 내지 정신과학은 학문적 고립화 및 비현실적 주변부화 그리고 비생산적이고 비실증적인 관념화의 신화에 사로잡혀 있는 것으로 여겨지게 되었다. 이 같은 사회적 무용성이 단지 전통적인 인문학 내지는 정신과학에 덧씌워져 있는 것인지 아니면 그 자체 내에서 필연적으로 발생될 수밖에 없었던 것인지는 쉽게 해명될 수 있는 문제가 아닌 것 같다. 다만 최근 자체의 존립근거에 대한 해명을 요구받고 있는 것처럼 여겨질 정도로 근본적인 변신의 몸부림을 보여주고 있는 인문학 내에서의 다양한 시도들이 어떠한 성과를 내느냐에 따라 그러한 사회적 무용성의 신화가 외부에서 정당한 근거 없이 덧씌워진 것인지 아니면 필연적인 귀결인지가 밝혀지게 될 것이다.

아직까지 뚜렷한 성과를 보여주지는 못하고 있지만 다양한 양태들로 진행되고 있는 시도 중에서 감각적 지각과 관련된 논의는 인문과학적인 측면에서만이 아니라 사회과학적인 측면과 자연과학적인 측면에서도 가장 두드러진 문제위상을 이룬다. 예컨대 촉각, 시각, 후각 등의 감각들에 의해 '외부로부터' 객관적으로 접근될 수 있는 '육체Körper'와 구별되게 '몸Leib'은 육체와 정신의 이분법에 기초한 형이상학적 담론을 문제시하는 계기일 뿐 아니라 성적 이데올로기의 체현 장소이자 복합적인 감각기능 수행체로 규정되고 있는 것이다.

주관성의 원천이자 분명한 증거로서의 '몸'은 '파토스적 실존방식들'을 개인의 자기동일적 구성인자로서 파악하는 자기이해의 가능성 조건이며, 인간이 자신의 몸에서 경험하는 것 혹은 그의 몸에서 일어나는 것, 예를 들면 불안, 고통, 배고픔, 갈증, 두려움, 불쾌감, 피곤함, 욕망, 슬픔, 수치심, 분노 등과 같은 다양한 현상영역들에 대한 몸의 '감지'는 모든 인간의 일상적 삶에 속하는 것이다. 그러나 이러한 몸의 감지는 굴곡진 역사적 스펙트럼을 갖는다. 몸의 담론은 정신과 육체의 이분법 이전의 통일적인 인간학적 근거에 기초해 있던 고대 그리스의 문화적 분위기를 지나 육체와 정신의 급진적인 분리에 의거하여 은폐의 수난을 겪었던 초기 기독교시기부터 근대 초까지의 시기를 거친 후, 다시 한번 유사한 형태를 반복한다. 즉 몸의 담론은 정신의 자연화와 자연의 정신화의 동시적 통일을 지향한 고전주의와 경험적 분석 및 실험에 의거하여 정량화의 이상에 대한 집착으로 점철된 모더니즘 시기를 거치면서 20세기 중반 이래로 이성중심적이고 육체혐오적인 철학에 의해 밀려난 소위 '부수적 담론들'을 대표하는 가운데 다시금 핵심적인 문화담론의 주요 문제가닥으로 대두하게 된 것이다.

이러한 몸의 담론과 관련된 테마 중에서 사회사적인 측면과 과학사적인 측면만이 아니라 인간학적인 측면에서도 다양한 문제들의 접점을 이루는 테마가 바로 '정상과 비정상의 역학 혹은 생리학과 병리학의 역학'이다. 독일 '사회법전Sozialgesetzbuch'의 제5권인 '의무보험법' 제27조에 따르면, "병을 인식하고 치료하며 병의 악화를 방지하거나 병의 고통을 감소시키기에 필수적일 경우 병원치료에 대한 요청이 이루어질 수 있다"라고 한다. 이러한 규정에서는 병이 정확히 무엇인지 정의되고 있지 않다. 그 이유는 아마도 병이라는 말이 불특정한 법 개념이며 전문적 감정에 의거한 심판관의 판결을 통해 비로소 구체화될 수 있을 것이기 때문이리라. 의무보험법에서 심판관의 판결이 함축하고 있는 것은 치료의 필요성과 노동 불능을 결과로서 갖는 정신적이거나 육체적인 불규칙 상태가 바로 병이며, 이러한 불규칙 상태를 확정짓기 위한 잣대는 다름 아닌 '정상적인 육체적 혹은 심리적 기능들을 수행할 수 있는 건강한 인간의 모범'이라는 것이다. 그러나 이때 불규칙성의 판단 근거는 소위 정상성으로부터의 이탈 여부이며, 이는 다시금 특정 신체기관의 기능저하의 정도에 의존해 있는 것이다. 결국 정상과 비정상의 판가름은 비정상의 정도에 기초한 정상성이라는 패러독스를 기준으로 이루어지는 것이다.

보다 근본적인 규정을 필요로 하며 동시에 순환론적 원환의 숙명적 고리에 얽매여 있는

'정상적인 것과 비정상적인 것의 역학'은 이미 고전주의 시대 이래로 과학적 논의의 핵심적 쟁점 중의 하나이자 문학적 형상화의 주요테마로 기능하였을 뿐 아니라, 또한 사회적 삶의 조절기제로 작용하기도 하였다. 이러한 문제, 특히 후자와 관련해서는 이미 푸코가 상세히 다룬바 있으나 '심리생리학적이고 심리병리학적인 차원'에 관한 포괄적인 논의는 아직 본격적으로 이루어지지 않고 있는 상황이다. 이를 위해서는 생리학과 심리학 및 신경과학의 문화사적 맥락과 문학 및 철학사 내에서의 자연과학과 자연철학적 차원의 맥락이 통합적으로 조명될 필요가 있다. 본 장에서는 이러한 거시적 차원의 핵심적인 국면으로서 문화사적 차원에서 정상적인 것과 비정상적인 것의 구분이 이루어진 맥락을 그 생성배경과 주도적인 동기들 및 기본 개념들의 작용연관에 따라 현재적인 의미로 드러내고 이를 기초로 일종의 생리학으로서의 예술에 있어 정상적인 것과 비정상적인 것이 갖는 의미에 대해 고찰하는 작업이 이루어질 것이다.

7.1 정상성과 비정상성 문제의 생성배경

과학사적인 맥락에서 생명과학의 분야들인 '생리학Physiologie'과 '병리학Pathologie'의 결합은 17세기까지 거슬러 올라간다. 생명과학의 역사에서 사변적인 전통으로부터 거리를 두고 실험과 관찰에 의거한 분석적 사유의 토대를 닦았던 영국의 의학자 사이든햄Thomas Sydenham(1624-1689)은 기본적으로 히포크라테스의 '체액병리학Humoralpathologie'의 기본원리에 따라 인간 육체의 본질과 건강 및 병의 관계를 규정한다. 히포크라테스Hippocrates(B.C. 460-B.C. 370)에 따르면, "인간의 육체는 혈액, 점액, 황담즙, 흑담즙을 가지고 있으며, 이러한 네 가지 체액들이 인체의 본질을 형성하는바, […] 이러한 체액들이 서로 올바른 관계를 이루면서 완벽하게 혼합되어 있는 경우 인간은 건강한 것이며, 이러한 체액 중의 어느 것이 육체 내에서 보다 적거나 보다 많을 경우, 혹은 육체로부터 분리되어 있을 경우 내지는 다른 체액들과 혼합되어 있지 않을 경우 인간은 병든 것이다."[139] 말하자면 인체의 본질을 이루는 기본적인 체액들의 양적인 관계의 차이에 따라 건강과 병이 구별된다는 것이다. 중세

---

139 Hippocrates: De natura hominis. IV 3; VII 20-21 (Regina Hell: Der Säftebegriff in den Schriften Thomas Sydenhams, med. Diss., Tübingen 2002, S. 37에서 재인용). 갈레노스Galenos von Pergamon(129-216)는 이를 보다 구체화시켜 네 가지 체액들의 특성을 정교화하였다. Regina Hell: Der Säftebegriff in den Schriften Thomas Sydenhams, S. 43.

를 거치면서 '심리-육체적인 구성 원리psycho-somatisches Konstitutionsprinzip'[140]를 기초로 보다 정교화된 이러한 체액병리학적 사유는 다소 변형된 형태로 사이든햄에게서 지속된다. 사이든햄에 따르면, 병의 원인은 주로 "체액들의 소화불량"[141]에 기인하며 체액들이 신체 속에서 쌓이게 되어 썩게 됨으로써 병이 생겨나게 된다고 한다. 그러나 전통적인 체액병리학의 지평에 속해 있는 것처럼 보이는 이 같은 사이든햄의 사유에는 근본적으로 새로운 근대적 단초가 내재해 있다. 즉 그는 윌리엄 하비William Harvey(1578-1657)의 혈액순환체계의 발견에 기초하여 심리적인 차원만이 아니라 육체적인 차원의 기본체계로서 중심 없이 유동하는 순환체계를 구상하였던 것이다. 이제 단순히 양적인 정도 차이에 의해 파악되어왔던 건강과 병의 관계는 끊임없이 순환하는 양적인 흐름의 정도 차이에 의해 새로이 규정될 수 있었던 것이다.

심리-육체적인 구성 원리에 기초한 이 같은 체액병리학적 사유는 이후 18세기 말과 19세기 초에 이르면 정상적인 발전과정들과 비정상적인 발전과정들의 형식적 정도 차이에 기초한 '병리학적 생리학'의 사유로 구체화된다. 예컨대 독일 의학자 라일Johann Christian Reil (1759-1813)은 병을 "유기적 물질의 형식과 혼합에 있어서의 변화"로 규정하면서 "육체의 미지의 힘들 내에서의 변화된 상태가 그러한 물질 내에서의 변화를 야기시킨다고 믿는 것은 오류"[142]라고 주장하였다. 말하자면 생리학과 병리학의 경계소멸의 기저에는 정신과 육체의 이분법적 사유를 넘어선 심리와 몸의 순환적 사유가 자리 잡고 있는 것이다. 독일의 의학자 비르코프Rudolf Virchow(1821-1902) 역시 정상적인 것과 병적인 것의 균열을 삶이라는 상위개념을 통해 메우고자 하였으며,[143] 독일의 생리학자 뒤 부아-레이몽Emil Du Bois-Reymond(1818-1896)은 병리학을 정상적 해부학 및 생리학과 동일한 학문분과로 보면서 "철학적 고찰에 있어 […] 인간의 육체 내에서 일어나는 규범으로부터의 이탈과 낯선 천체를 통한 행성체계의 장애 사이에 아무런 차이가 없듯이, 암종양이나 괴물적 형상과 불규칙적인 결정형성 사이에도 아무런 차이가 존재하지 않는다"[144]라고 주장하였다.

---

140 심리-육체적인 구성유형과 중세의 체액론에 대해서는 Dietlinde Goltz: Der Artikel, 'Säfte, Säftelehre', in: Historisches Wörterbuch der Philosophie, Joachim Ritter und Karl Friedrich Gründer(Hrsg.), Bd. 8, 1992.

141 Thomas Sydenham: Sämtliche medizinische Schriften, Bd. II, übers. v. J. Kraft, Ulm 1838-39, S. 174.

142 Wolf Lepenies: Das Ende der Naturgeschichte, Frankfurt a.M. 1978, S. 179에서 재인용.

143 Ibid. S. 194.

144 Emil Du Bois-Reymond: Reden, Leipzig 1912, S. 586.

그러나 이 같이 양적인 정도 차이에 의거한 정상성과 비정상성의 관계에 대한 이해는 이미 19세기 중엽부터 새로운 이해지평을 배태하고 있었다. 실증주의 사회학의 기초자였던 콩트Auguste Comte(1798-1857)는 정상성의 개념이 함축하고 있었던 실증성을 근본적으로 달리 보고자 했던 것이다. 즉 병리학과 생리학, 비정상과 정상, 혹은 병과 건강의 관계를 묘사할 때 그는 양자를 등위적으로 파악한 것이 아니라 생리학과 정상성 그리고 건강에 차이와 구분의 잣대라는 위상을 부여한 것이다. 말하자면 '정상적인normal'이라는 말에 '규범적인normative'이라는 함의가 더해지게 된 것이다. 따라서 정상적이고 건강한 것이 별다른 변화 없이 양적인 측면에 따라 파악되는 것과는 달리, 비정상적이고 병적인 것은 질적인 함의, 즉 부정적인 함의를 얻게 되었으며, 그 결과 "과잉, 불균형, 부조화"[145]로 특징지어지게 된 것이다. 그렇다면 과연 무엇이 콩트로 하여금 정상성과 비정상성의 양적인 실증적 차이로부터 질적인 실증적 차이로 나아가게 한 것일까? '지성과 감성 현상들에 대한 실증적 연구를 통해 궁극적으로 생물학으로부터 사회물리학으로 나아가고자 한'[146] 콩트는 생물학과 사회학의 상보관계에 기초하여 병리학적 현상들의 분석을 통해 사회적 실제상황을 설명하고자 한 것이며, 정상성과 비정상성의 양적인 차이에 기초한 '질병분류학적인 원리nosologisches Prinzip'는 사회분석에 부적합한 것으로 여겨졌던 것이다.

정상성과 비정상성의 역관계에 관한 실증주의적인 사고는 20세기 초 프랑스 철학자이자 의사였던 캉기옘Goerges Canguilhem(1904-1995)에 의해 다시 한번 새로운 국면을 맞이하게 된다. 캉기옘은 전통적인 실증주의적 사고에 대립하여 결코 환경과의 예정조화를 이루지 않는 생명체를 상정하면서, 병의 상태를 성립시키는 것은 규범적 정상성이 아니라 '고통'이라고 주장한다. 각각의 환자들은 저마다 다른 경우를 나타내며 따라서 각각의 경우는 고유한 특수성을 보여준다는 것이다. 캉기옘은 실증주의적 정상성 이해가 의미론적 혼란을 초래했다고 하면서 '변칙적 이상형성anomaly' 개념에 주목한다. 즉 "직접적으로 유전적인 변칙적 이상형은 그 자체가 변이이기 때문에, 즉 평균적인 차원에서 가장 빈번하게 나타나는 특성들의 그룹으로 정의되는 특수한 유형으로부터의 일탈이기 때문에 병리적이지

---

145 Wolf Lepenies: Das Ende der Naturgeschichte, S. 189.

146 Auguste Comte: The Positive Philosophy of Auguste Comte, Vol. II, trans by Harriet Martineau(George Bell & Sons: London, 1896), Batoche Books, Kichener 2000, p.43.

않은 것이다."[147] 말하자면 '변이'는 '비정상abnormal'이 아니라 '다양성'이며, 이러한 다양성은 병적인 것이 아니라는 말이다. 더 나아가 캉기옘은 보다 급진적인 의미전환을 시도한다. 살아 있는 모든 생명체는 저마다 자기 고유의 특수성을 가지고서 각기 일정한 차이를 드러내고 있기에, "주어진 상황에서 모든 생명체가 처해있는 상태는 일반적으로 말해 항상 '정상적'이다. […] 즉 '비정상적'인 것은 없다고 말해야만 할 것이다. […] 생물학적이고 사회적이며 심리학적인 관점에서 볼 때, 병리학적 상태는 결코 규범 없는 상태가 아니다. […] 생명이 있는 곳에는 항상 규범들이 존재한다. 생명은 양극화된 활동성이자 역동적인 양극성으로서 본질적으로 규범들을 성립시키기에 충분하다. 그러므로 정상적인 것은 생명의 보편적 범주이다. 그리하여 병리학적인 것을 정상적이라고 부르는 것은 결코 터무니없는 말이 아니다."[148] 캉기옘에게 있어 정상성이 의미하는 것은 변화하는 가변적 환경에 적응하는 능력, 즉 활동성과 탄력성의 함의를 지니는 환경적응력이다. 삶의 특정한 규범들, 즉 이상적이거나 병적인 규범들이 안정성과 생산성 혹은 가변성에 있어 이전의 규범들에 비해 열악한 상태에 처해 있다면, 그것들은 병적인 것이며, 동일한 환경 내에서 동등하거나 우세하다면 정상적인 것이다. 말하자면 순수하게 객관적으로 병적인 것은 없는 것이다. 대신 정상적인 것을 넘어서는 그 무엇이 존재하는바, 그것은 바로 삶 자체로 하여금 한 순간도 머물지 않게 하고 하나의 형태로 고정되게 하지도 않으며 부단히 새로운 조건에 적응할 수 있게 해주는 "미래에 교정될 수 있는 가능성이 항상 열려져 있는 모든 정상성" 내지는 "진정한 규범성"인 "건강"[149]이다. 그리하여 건강이라는 '규범성normativity'에 근거한 '정상성normality'으로서의 삶은 자연법칙들의 고정된 조합이 아니라, 끝없이 유동하는 '파토스Pathos'인 것이다. 결국 캉기옘은 삶 내지는 생명의 보편적 범주로서 정상성 개념을 상정함으로써, 이상적이고 병리학적인 것을 아우르는 '상황적 행동'으로서의 정상적인 것의 작용가능성을 암시하고 있는 것이다.

---

147 Georges Canguilhem: A Vital Rationalist. Selected Writings from Georges Canguilhem, ed. by François Delaporte, Zone Books: New York, 1994, p.353. 어원적으로 볼 때 'anomal'이라는 말은 그리스어의 'an-omalos', 즉 질적인 차이가 없는 불균등을 의미하는 반면, 'anormal'은 그리스어의 'a-norma'에서 기인하는 말로서 질서로부터의 이탈 내지는 불규칙성을 의미한다.

148 Ibid. p.351.

149 Ibid. p.352.

7.2 생리학으로서의 예술에 있어 정상적인 것과 비정상적인 것에 대하여

17세기 말에서 20세기 초까지 정상성과 비정상성의 역관계에 대한 '인간과학Wissenschaft vom Menschen'적 차원 내지는 '생명과학Wissenschaft vom Leben'적 차원을 살펴본 바와 같이 정상성과 비정상성의 담론 자체는 굴곡진 역사적 스펙트럼을 갖는다. 즉 17세기 말과 18세기에 병리학과 생리학의 분리에 기초하여 단순히 양적인 정도 차이에 의해 파악되어왔던 건강과 병의 관계는 세기말과 19세기 초에 이르면 병리학과 생리학의 일원론적 체계에 기초하여 정상적인 발전과정들과 비정상적인 발전과정들의 형식적 정도 차이에 기초한 '병리학적 생리학'의 사유로 구체화되며, 다시 19세기 중반으로부터 20세기 초중반에 이르면 수많은 '이상'들과 '병리적인 현상들'을 아우르는 역동적 정상성으로서의 삶에 근거한 '생기론적 이성의 사유'로 이르게 된다.

7.2.1 19세기 초 병리학적 생리학의 사유에서 정상적인 것과 비정상적인 것

이러한 정상성과 비정상성의 역관계에 관한 담론은 예술 담론의 인간학적 차원과 일정 정도 유사한 역사적 지평을 갖는다. 18세기 말 이래로 양적인 정도 차이에 의거한 정상성과 비정상성의 관계에 대한 이해는 이미 19세기 중엽 콩트에게서 그 둘 간의 질적인 실증적 차이로 이행하게 됨으로써, 근본적으로 새로운 지평에 놓이게 되었듯이, 문학예술의 영역에서도 정상적인 것과 질적으로 구별되는 비정상적인 것에는 '초감각적 통찰 내지는 예술가적 기질'과 '감각적 열정'이라는 이중적 함의가 부여되기 시작하였던 것이다.

이에 대한 논의에 앞서 우선 정상적인 것의 위상변화와 관련한 논의가 이루어질 필요가 있다. 정상적인 것과 비정상적인 것의 질적인 구분과 연관된 중요한 단초는 낭만주의 자연철학자이자 의사인 슈베르트Gotthilf Heinrich von Schubert(1780-1860)의 심리병리학적 사유이다. 슈베르트는 병을 건강과는 구별되는 독자적인 고유한 특성을 지니는 상태로 규정한다. 말하자면 병의 상태에서는 "전혀 다른 힘들과 능력들을 가진 전혀 다른 사람"[150]이 나타난다고 한다. 특히 '자성적이고-몽유병적인magnetisch-somnambul' 현상들과 관련하여 그는 다음과 같이 주장한다: 건강과 '정신적 병seelische Krankheit'은 "각각 독자적으로 존재하면서 서

---

150 Gotthilf Heinrich von Schubert: Die Symbolik des Traumes, Bamberg 1814 (photomechan. Reprint: Heidelberg 1968), S. 106.

로 연관되지 않는 일련의 상태들의 계열을 형성한다. 몽유병환자는 오늘 다시금 '자성적 잠의 상태Zustand des magnetischen Schlafes'에 처해지자마자 어제와 그 이전에 이러한 상태에서 행하고 말했던 모든 것을 기억해낸다. [···] 그리하여 오늘과 어제 깨어 있던 상태와 마찬가지로 자성적 잠의 상태들은 명확한 기억을 통해 서로 내적으로 긴밀하게 연관되는 것이다."[151]

정신적인 건강과 병의 이 같은 구분은 '심리학Psychologie'과 '심리병리학Psychopathologie'의 구별을 야기하게 되었는데, 말하자면 심리학이 '건강한 정신적 삶gesundes Seelenleben'을 다루는 학문으로 정초되기 시작했다면, 심리병리학은 전적으로 심리적인 병들만을 치료하는 분야로 규정되었던 것이다. 따라서 과거 병리적인 것에 놓여 있었던 인식론적 가치는 정상적인 것과 결부된 심리적인 것의 인식론적 가치에 비해 가치 절하되기 시작하였으며, 같은 맥락에서 이제 심리병리학적인 것은 심리학적인 것을 기준으로 평가되기 시작하였다. 예컨대 경험적 정신과학으로서의 심리학을 통해 철학의 위상을 쇄신함과 아울러 독일관념론 내에서 실증적이고 분석적인 학문적 기반을 세웠던 헤르바르트Johann Friedrich Herbart(1776-1841)는 "우리 안에서 일어나는 현상들에 대한 일반적인 법칙들을 인식하는 정도로 [···] 타인들의 정신상태가 통상적인 것으로부터 아주 멀리 이탈해 있는 경우라고 할지라도 그러한 정신 상태를 위와 동일한 법칙들에 근거하여 훨씬 더 잘 이해하고 더 잘 설명하는 것이 가능해지게 될 것임에 틀림없다"[152]라고 주장하였다. 또한 헤르바르트와 동시대인으로서 정신과 의사였던 나세Christian Friedrich Nasse(1778-1851)는 "인간본성의 올바른 균형"에 대한 연구가 이루어짐으로써만 "모든 주변적인 이탈현상들이 인식되고 평가될 수 있다"[153]고 생각하였다. 그렇다면 측정 및 인식기준이라는 위상이 부여된 정상적인 것에 비해 심리병리학적인 것 내지는 비정상적이고 일탈적인 것은 어떠한 위상을 갖게 되었던 것일까?

비정상적인 것에 부여된 새로운 위상을 규정하기 위해서는 다시금 슈베르트의 심리병

---

151 Ibid. S. 107.

152 Johann Friedrich Herbart: Psychologie als Wissenschaft. Neu gegründet auf Erfahrung, Metaphysik und Mathematik. Erster synthetischer Teil 1824, in: Sämtliche Werke, Bd. 5, hrsg. v. Karl Kehrbach, Langelsalza 1890, S. 194f.

153 Christian Friedrich Nasse: Die Aufgabe der Anthropologie, in: Christian Friedrich Nasse (hrsg.), Zeitschrift für die Anthropologie, Jg. 1823, 1. Vierteljahresheft, Leipzig 1823, S. 15f.

리학적 사유로 돌아갈 필요가 있다. 당대의 낭만주의와 셸링의 자연철학에 기초하여 그는 시민사회에 내재한 이성적 합리주의와 그 뒤안길을 사회병리학적인 측면에서 고찰할 수 있었다. 말하자면 멜랑콜리와 광기 같은 정신병으로부터 사회적인 아웃사이더들의 정신 상태에 이르는 심리적 작용 공간이 시민사회에서 야기되었음에도 불구하고 시민사회 내에서 '비공간'을 형성하는 모습을 부각시키면서 이러한 상태를 그는 예술가의 심리상태와 비교하고자 했던 것이다. 그리하여 그는 정신적인 능력들이 병적으로 고양된 상태가 예술이나 종교의 상태에 부응한다고 생각하면서 이러한 상태에 모순되는 상태가 바로 현세의 행복이라든가 이성적인 분별력을 위한 태도라고 규정하였다. 말하자면 예술이나 종교는 '삶의 궁핍함 속에서는 결코 꽃피울 수 없으며',[154] 세속적이고 시민적인 제한된 형태의 실존으로부터 벗어나거나 최소한 이탈된 사람만이 실제로 예술적이고 종교적으로 고양된 상태에 도달할 수 있다는 것이다. 슈베르트의 이 같은 견해는 예술가와 정신병자가 정신 상태의 측면에서 서로 유사하다는 것을 이야기하는 것에 한정되는 것이 아니라, 그 둘이 생리학적인 차원에서 친족적인 관계에 놓여 있다는 것을 암시하고 있는 것이다.

이 점은 정신과 의사였던 혼바움Carl Hohnbaum(1780-1855)에게서 보다 명확히 제기된다. 혼바움에 따르면, 정신병자들과 마찬가지로 예술가들 역시 극히 드물게만 "통상의 생활환경들을 통해 결부되거나" 혹은 "국가의 공공기관의 강제나 다른 형태의 시민적 용무에" 종속된다고 한다. 따라서 "그러한 유의 사람들이 행하는 보다 높은 이상적 세계에 대한 추구는 이 지구상에서 결코 만족될 수 없다. […] 일반적으로 예술적 천재성은 그 자체로 이미 인간정신의 병든 상태인 것처럼 보인다. […] 정신적 완전성의 최고의 신적인 번뜩임을 그의 가슴 속 한가운데에 자리 잡게 하고 동시에 그러한 번뜩임을 다른 이들 속에서도 불붙게 하기 위해 인간의 정신 자체는 병들어야 한다"[155]는 것이다.

물론 이 같은 다소 파격적인 주장에도 불구하고 슈베르트나 혼바움 모두 예술이건 종교이건 혹은 정신적 능력들이 병적으로 고양된 상태이건 간에 이러한 상태에 처해진 사람들의 추구는 항상 시민적 이성성의 영역 내에서 이루어져야 한다고 주장하였으며, 어떤 형

---

154 Gotthilf Heinrich von Schubert: Ansichten von der Nachtseite der Naturwissenschaft, Dresden 1808, S. 308ff.

155 Carl Hohnbaum: Ueber die poetische Ekstase im fieberhaften Irreseyn, in: Christian Friedrich Nasse (hrsg.), Zeitschrift für psychische Aerzte, 1. Bd., 3. Heft, Leipzig 1818, S. 317ff.

태의 삶이든 시민적 삶과 전적으로 단절하거나 그러한 삶으로부터 완전히 벗어나는 것을 옹호하지는 않았다. 그럼에도 불구하고 19세기 초 이래로 인식 및 측정기준의 위상이 부여된 정상적인 것과 예술가석 기실 내지는 감각적 열정의 위상이 부여된 비정상적인 것의 질적인 차이가 이루어짐으로써, 한편으로는 시민적 질서의 형식적 기틀을 세워주었던 정상성이라는 생리학적 토대가 성립되었다면, 다른 한편으로는 그러한 시민적 질서의 실증적 기반이자 이러한 질서 내에서 이러한 질서를 넘어서고자 하는 '이상성Anomalität'으로서의 비정상성이라는 또 다른 (병리)생리학적 토대가 정초될 수 있었던 것이다.

7.2.2 생기론적 이성의 사유에서 정상적인 것과 비정상적인 것

19세기 중반부터 20세기 초반까지는 심리학의 역사에서 일대 전환점을 이루었던 시기로서, 이 시기에는 '감각생리학sensorische Physiologie'으로부터 실험적 테크닉들이 심리학에 도입됨으로써, 심리학의 정밀과학적 토대가 마련되었다. 요하네스 뮐러Johannes Müller, 구스타프 페히너Gustav Fechner, 빌헬름 분트Wilhelm Wundt, 헤르만 로체Rudolph Hermann Lotze, 헤르만 폰 헬름홀츠 등과 같은 연구자들의 노력을 통해 심리적인 것에 대한 연구는 자연과학적인 측정과 분석의 체계에 내맡겨지게 되었으며, 그 결과 자연과학적인 생리학적 심리학의 기틀이 마련될 수 있었다. 이러한 연구자 중에 가장 선두에 섰던 사람으로서 현재까지도 영향력을 미치고 있는 이가 바로 로체Rudolph Hermann Lotze (1817-1881)이다. 그는 자신의 주저인 『의학적 심리학 혹은 영혼의 생리학*Medizinische Psychologie, oder Physiologie der Seele*』(1852)에서 다음과 같이 정신과 육체의 생리학적 규정을 시도한다:

> "[…] 우리에게 '육체적 삶(das leibliche Leben)'은 일련의 과정들의 체계적 결합의 모습을 제공해주는바, 이러한 과정들을 통해 형식과 내용의 측면에서 정확히 예정된 결과물, 즉 유기체와 그 기능들의 '정상적 형태(die normale Gestalt)'는 지속적으로 유지되고 재생산되는 것이다. (반면) '심리적 삶(das psychische Leben)'은 우리에게 극히 '이상적인(abweichend)' 인상을 준다. 그것에는 약간의 수단들만이, 즉 일반적인 능력들만이 부여되어 있을 뿐으로, 그 능력들이 적용됨으로써 비로소 내적인 상태의 의미 있는 내용이 드러날 수 있는 것이다.
>
> […] bietet uns daher das leibliche Leben das Bild einer systematischen Verbindung von

Prozessen, durch welche ein in seinen Formen und in seinem Inhalte genau vorherbestimmtes Ergebnis, die normale Gestalt des Organismus und seiner Funktionen, beständig unterhalten und wiedererzeugt wird. Einen sehr abweichenden Eindruck macht uns das psychische Leben. Nur eine Anzahl von Mitteln ist ihm gegeben, allgemeine Fähigkeiten, aus deren Anwendung der bedeutungsvolle Inhalt des inneren Daseins hervorgehen."[156]

비록 육체적 삶이 정상적 형태로 그리고 정신적 삶이 이상적인 형태로 규정되고 있기는 하지만 로체의 이 같은 규정은 '이상들'과 '병리적인 현상들'을 아우르는 역동적인 정상성으로서의 삶 개념의 형성에 근거로서 작용하는 중요한 단초를 제공해준다. 이러한 삶 개념은 "유기체의 정상적 형태"로서 "육체적 힘들 간의 상호작용에 의해 추구되는 목표"[157]이다. 말하자면 이상적이고 병리적인 현상들은 육체의 힘들 간의 상호작용의 부분적 장애들일 뿐이며, 같은 맥락에서 건강 역시 고정된 상태가 아니라 그러한 상호작용으로 부단히 움직이는 보다 더 유연한 상태를 의미하는 것이다.

그러나 심리적 삶과 관련하여 로체는 한 가지 문제에 봉착한다. 즉 정신적인 혹은 심리적인 삶에 있어 건강과 병을 구분할 때, "개별적인 심리적 힘들이 반드시 정상적으로 다다르게 되는 곳으로서의 궁극적 형태"[158]가 결여되어 있는 것이다. 로체에 따르면, 이러한 궁극적 형태에 이르기 위해서는 두 가지 관점이 가능한데, 그 하나는 "전체 상태의 이상적 형상"을 기준으로 측정하는 관점이고, 다른 하나는 "정신에 주어져 있는 개별 수단들의 능력"[159]을 기준으로 측정하는 관점이다. 여기서 로체는 후자의 관점을 택한다. 생리학적인 연구경향에서 볼 때 후자가 더 적합하기 때문이다. 후자의 관점에서 로체는 심리적 삶 역시 다양한 정신적 능력들의 보다 유연한 전개로서의 건강과 그것들의 부분적 장애로서의 병을 포괄하고 있다고 하면서, 이것들을 판가름하는 기준을 "실제 삶으로부터 모면되는, 재획득되고 순간 포착된 균형상태"[160]로 규정한다. 그러나 이러한 기준에 따를 때, 사

156 Rudolph Hermann Lotze: Medizinische Psychologie oder Physiologie der Seele, Nachdruck der Ausgabe Leipzig 1852, Amsterdam 1966, S. 579.

157 Ibid. S. 580.

158 Ibid. S. 580.

159 Ibid. S. 580.

160 Ibid. S. 582.

실 거의 모두가 병자라고 할 수 있을 것이다. 왜냐하면 그러한 균형상태가 아무리 생리학적인 것이라고 해도 소위 그러한 '균형'은 그야말로 '이상Ideal'이기 때문이다. 그럼에도 불구하고 심리적 삶의 경우 건강한 상태와 구별되는 병적인 상태는 "육체의 영향으로부터 출발하는 내적인 과정들 혹은 저해요소들을 통해 정신의 일반적인 능력들이 순간 또는 지속적으로 새로운 건강상태를 재생산하지 못할 정도로 장애를 받는 경우"[161]로 규정될 수 있다고 한다. 말하자면 심리적 삶에서 병적인 상태가 새로운 건강상태의 재생산을 방해받고 있는 상태라고 한다면, 건강한 상태는 이러한 장애가 해소된 상태라고 할 수 있으며, 이 두 상태는 끊임없이 '균형상태'를 향해 나아가야 하는 과정 중의 상태들인 것이다.

로체의 이 같은 생리학적 심리학의 사유는 현재의 통계적이고 형식적인 의학적 사유를 훨씬 넘어선다. 현재의 의학적 사유 내에서도 병의 규정을 통해 치료행위가 이루어지도록 하는데 기준으로서 작용하는 규범들로서 특정 인구집단 내의 특정징후들을 그 빈도수분포의 조사를 통해 평가하여 이로부터 얻어낸 평균값이라는 규범과 1946년 WHO가 정한 '이상적 규범ideal norm'[162]이 존재하는데, 로체의 이상적 규범은 후자와 유사해보이지만 이를 훨씬 뛰어넘는다. WHO의 이상적 규범은 개인적인 판단에 근거하고 있으며, 또한 자연적으로 주어져 있는 규범에 의거하여 건강과 병을 판단하기 위해서는 자연과학적 인식의 다양한 국면들이 논의되어야 하는데, 현재의 자연과학적 논의의 수준에서는 '기능'과 '기능장애' 혹은 '정상적인 것'과 '병적인 것' 간의 명확한 "자연적 경계"가 불분명하며 대개의 경우 '논의의 맥락'에 따라 규정되곤 하는 상황이다.[163] 반면 로체의 이상적 규범은 유지와 재생산을 반복하는 역동적 정상성의 함의를 가지며 몸과 심리의 다양한 힘들의 유연한 상호작용의 순간포착상태이기에 '몸'과 '심리' 및 이것들이 처해 있는 '상태'들 간의 전체관계를 드러내주는 작용을 하는 것이다. 말하자면 로체의 이상적 규범의 기저에는 의료적인 판단과 치료에 근거로서 기능할 수 있는 위의 두 가지 규범 외에 제3의 규범, 즉 '개

---

161 Ibid. S. 583.

162 "Health is a state of complete physical, mental, and social well-being, and not merely the absence of disease or infirmity".

163 Dirk Lanzerath: Der Begriff der Krankheit. Biologische Dysfunktion und menschliche Natur, in: Naturalismus als Paradigma. Wie weit reicht die naturwissenschaftliche Erklärung des Menschen?, hrsg. v. Ludger Honnefelder und Matthias C. Schmidt, Berlin University Press 2007, S. 219f. 생물학적 기능의 측면에서 병과 관련된 논의로는 Robert Cummins: Functional Analysis, in: Journal of Philosophy 72, 1975, 741-764 참조.

별적인 규범'이 자리 잡고 있으며, 이것에 근거하여 병을 규정해보자면, "한 개인의 심리적이고 육체적인 상태가 그의 개별적 정상성으로부터 벗어나 있는 상태"[164]라고 할 수 있는 것이다.

개별적 정상성은 '몸의 삶'의 다양한 힘들 간에 혹은 '심리적 삶'의 다양한 힘들 간에 유연하게 이루어지는 상호작용의 보다 유연한 상태이며, 유연함이 덜해지는 순간, 말하자면 소위 병적인 상태에서 몸과 심리와 이것들이 처해 있는 상태에 대한 인식적 반성이 수행되는 것이다. 병의 이 같은 반성작용은 '몸과 심리의 육체화'라는 실재적 작용의 인식을 위한 가능성 조건인바, 오로지 특정한 육체화 양태로서만, 예컨대 '언어, 문화, 웃음, 울음'[165] 등과 같이 항시 끊임없이 변화하고 새로이 생성되는 유동적인 육체화 양태로서만 모습을 드러내는 개인으로서의 인간은 자신의 "기본적인 실존적 원리들에 대한 지식"을 항상 "그 반대의 가능성에 대한 지식"을 통해서 획득하며 "그를 둘러싼 매개"를 "세계로서, 즉 무의 텅 빈 배경 앞에 놓여 있는 현실적인 것으로서" 파악하기 때문에, "실재의 인식에는 그것의 가능한 무의 내재적 인식 역시 포함되어 있는 것이다."[166] 결국 병 내지 비정상적인 것은 인간 전체의 실존적 조건들의 실재적 상태에 대한 인식을 가능케 해주는 '실재적인 반가능성reale Gegenmöglichkeit'이라고 할 때, 이것은 고착과 정지에 대한 부단한 부정 작용이자 꿈틀거리는 생생한 실재를 받아들여 가시화시켜주는 보이지 않는 틀로서의 예술과 같은 지평에 있는 것이다. 몸과 심리의 삶 그리고 이들이 처해 있는 상태가 공동으로 형성하는 실재는 역동적 정상성이라는 기초적 실존근거와 '이상'들과 '병리적인 현상들'을 아우르는 비정상성이라는 반성적 작용 공간의 역동적 관계에 의거하여 파악될 수 있으며, 바로 여기에 생리학으로서의 예술의 함의가 놓여 있는 것이다.

---

164 Thomas Heinemann: Molekularisierung der Medizin und das ärztliche Verständnis von Gesundheit und Krankheit, in: Naturalismus als Paradigma. Wie weit reicht die naturwissenschaftliche Erklärung des Menschen?, hrsg. v. Ludger Honnefelder und Matthias C. Schmidt, Berlin University Press 2007, S. 248.

165 Helmut Plessner: Die Frage nach der Conditio humana, in: Gesammelte Schriften VIII, Frankfurt a.M. 1983, S. 195ff.

166 Ludger Honnefelder: Das Verhältnis des Menschen zu Leben, Leiblichkeit, Krankheit und Tod. Elemente einer philosophischen Anthropologie, in: Ärztliches Urteilen und Handeln. Zur Grundlegung einer medizinischen Ethik, hrsg. v. L. Honnefelder und G. Rager, Frankfurt a.M. 1994, S. 123.

7.3 삶의 생리학으로서의 예술

몸의 담론의 역사와 정상 및 비정상담론의 역사는 부분적인 차이를 갖지만 대체로 중첩된다. 몸의 담론은 초기 기독교시기부터 근대 초까지 육체와 정신의 급진적 분리에 따라 잠복기를 거쳐, 고전주의시기에 정신과 자연의 통일의 형태로, 모더니즘 시기에 정량화의 이상에 의거한 양자 분리의 형태로 진행되다가 20세기 중반 이래로 이성중심적이고 육체 혐오적인 철학에 의해 밀려난 소위 '부수적 담론들'을 대표하며 다시 핵심적인 문화담론으로 대두한다. 이와 거의 유사한 맥락에서 정상과 비정상담론은 17세기 말과 18세기에 병리학과 생리학의 분리에 기초한 단순히 양적인 정도 차이로 파악되다가 18세기 말과 19세기 초에 병리학과 생리학의 일원론적 체계에 기초하여 정상적인 발전과정들과 비정상적인 발전과정들의 형식적 정도 차이에 기초한 '병리학적 생리학'의 사유로 구체화되며, 다시 19세기 중반부터 20세기 초중반에 수많은 '이상'들과 '병리적인 현상들'을 아우르는 역동적 정상성으로서의 삶에 근거한 '생기론적 이성의 사유'로 이르게 된다. 고전주의시기 몸의 담론에서 통일의 형태로 이해된 정신의 자연화 또는 자연의 정신화가 18세기 말에서 19세기 초 정상과 비정상담론에서 정상적 발전과정들과 비정상적 발전과정들의 형식적 정도 차이의 형성과 모순되는 것처럼 보이지만, 사실 고전주의시기의 정신의 자연화 또는 자연의 정신화는 '내적인 정교화를 이루고 있는 통일'을 의미한다는 점에서 정상과 비정상의 형식적 정도 차이의 체계와 그리 멀리 떨어져 있지는 않은 것 같다. 단, 몸의 담론사에서 구체적으로 보이지 않던 예술의 '실재 규정적 측면'이 정상과 비정상담론의 역사에서 드러난다는 것이 한 가지 차이라고 할 수 있다. 이것은 "이성이 '비-의미'이자 '망각'이기 때문에 '광기'보다 더 광적이며, 광기가 […] 의미의 생생한 원천에 더 가까이 있기 때문에 이성보다 더 이성적"[167]인 것이 되는 철학의 위기를 주장하는 1960년대 말의 데리다의 진단보다 더 나아간다. 이성과 광기 내지는 정상과 비정상의 이분법적 사유체계, 혹은 이성과 정상의 절대적 기준에 의거한 구분과 배제의 사회적 규범화논리는 무한한 실재의 차이로 이루어진 삶의 생리학으로서 예술을 통해 학문적 패러다임의 측면에서나 사회조직화의 측면에서 그리고 윤리적 삶의 태도에 있어 새로운 국면으로 접어들게 되는 것이다.

---

167 Jacques Derrida: Die Schrift und die Differenz(L'écriture et la différence, Paris 1967), übers. von Rodolphe Gasché, Frankfurt a.M. 1985, S. 100.

8. 베일의 효과

서구의 정신사에서 실재하는 사물이 실재성을 띠지 않고 비실재성의 효과를 내는 사물의 예 중 가장 대표적인 것을 들면 '베일'을 들 수 있을 것이다. 베일은 베일에 가려진 혹은 가려질 대상을 가장 효과적으로 은폐시키는 수단인 동시에 가장 효과적으로 드러나도록 해주는 패러독스한 작용을 한다. 이러한 이유로 유한한 존재에게 차단되어 있는 혹은 접근될 수 없다고 여겨지는 신성, 영원성, 진리, 의미, 아름다움 등을 가장 효과적으로 드러내는 동시에 가장 효과적으로 감추는 역할이 베일에게 부여되어왔던 것이다. 베일이 아니면 그러한 절대성들은 결코 드러날 수 없으며, 마찬가지로 베일이 아니면 그러한 절대성들은 결코 감춰질 수 없을 것이다. 속이 다 들여다보이는 하늘하늘한 얇은 베일에 감싸여진 존재의 모습은 어떤 모습인지 알 것 같다고 여겨지는 순간, 바로 그 베일에 의해 '은폐된 존재' 내지는 '접근이 차단된 존재'의 모습으로 지양됨으로써, 혹은 엘 그레코의 「베일을 붙들고 있는 성 베로니카」에서처럼 한편으로는 절대적 존재자가 직접적으로 현현하는 것처럼 보임으로써 그리고 다른 한편으로는 절대적 존재의 절대성으로의 접근을 차단해주는 베일에 의해 유한한 공간 내에서 한정된 형태로 나타남으로써, '다른 존재들과 분리되어 오로지 자기 자신과만 관계를 갖는다는 본래적인 의미의 절대성'을 획득하게 되는 것이다.

이 같은 베일의 매개적 역할, 혹은 절대성이 드러나기 위한 보조적이고 기능적인 역할은 전통적으로 베일의 개념작용에 부여되어왔던 기능이다. 그러나 이러한 매개적 기능이 갖는 능동적 작용 자체에 중점이 두어질 경우, 말하자면 '절대성을 드러내주는 가능성 조건 내지는 절대성의 담지자로서의 베일의 능동적 작용'에 초점이 맞춰질 경우 기존의 '의미와 의미 담지체', '진리와 가상', '절대성과 가변적 매개' 등과 같이 위계적인 양 지절들로 이루어진 이분법 체계들은 더 이상 유효성을 갖지 못하게 된다. 말하자면 위와 같은 이분법 체계들의 양극에 위치한 상관가치들은 내용적으로는 서로 다른 층위에서 논의되어야 하는 것들로서, 단순한 기능적 연관들로서만 관계되는 것으로 이해되어야 하는 것이다. 물론 이러한 이해지평의 확장이 베일 모티브의 매 역사적 단계들에서 이루어졌던 것은 아니다. 우선 베일 모티브들이 집중적으로 문학의 테마로서 다뤄진 낭만주의 시기의 전형적 예들로부터 이야기를 풀어가보기로 하자.

El Greco, St. Veronica Holding the Veil (1580)

8.1 베일의 기능가치와 작용가치

베일 모티브의 문제의식은 오래된 의미맥락을 가지고 있지만, 근대에 들어 주요한 문학적 모티브로서 모습을 드러낸다. 그중에서도 위와 같은 의미맥락을 가장 잘 드러내주었던 사람은 바로 독일 고전주의의 대문호인 쉴러였다. 「자이스에 있는 베일에 가려진 형상*Das verschleierte Bild zu Sais*」(1795)이라는 제목의 시에서 쉴러는 애타게 앎을 갈구하는 한 젊은이의 모습을 통해 '이지스 여신의 베일'을 다음과 같이 문학적으로 형상화하고 있다:

"이러한 베일 뒤에 은폐되어 있는 것은 무엇인가?
Was ist's,
Das hinter diesem Schleier sich verbirgt?

진리라고 대답한다 [···]
Die Wahrheit, ist die Antwort [···]

그리고는 신성치 않은 죄인의 손으로
금지된 성스러운 베일을 보다 일찍 들어 올리는 자는
신성을 말한다 - [···] -
그는 진리를 본다 [···]
Und wer mit ungeweihter, schuld'ger Hand
Den heiligen, verbotnen früher hebt,
Der, spricht die Gottheit - [···] -
Der sieht die Wahrheit [···]

이런 얇은 가리개가 나를 진리와 갈라놓다니 [···]
Wenn von der Wahrheit
Nur diese dünne Scheidewand mich trennte"[168]

여신의 모습이 상징하는 진리는 베일에 가려져 있다. 베일을 걷어내는 자는 진리를 '본다.' 그렇지만 진리는 신탁의 목소리만이 말할 수 있는 것일 뿐. 진리는 직접 보일 수 있다고 이야기되는 순간 불가능한 것이 된다. 왜냐하면 벌거벗은 진리를 본다는 것은 유한한 존재자에게는 허락되어 있지 않기 때문이다. 진리는 베일에 가려진 채로만 우리 앞에 서 있으며 베일에 가려진 모습으로만 보일 수밖에 없는 것이다. 여기까지가 쉴러에게서 의도된 것이라면, 이러한 의도의 역전은 어떤 모습일까? 그것은 바로 벌거벗은 진리를 본다는 것이 불가능하다는 것을 고시하고 있는 동시에 진리를 보지 않고자 하는 노력을 암시하고

168 Friedrich Schiller: Gedichte, in: Friedrich Schiller Werke und Briefe in zwölf Bänden, hrsg. von Georg Kurscheidt, Deutscher Klassiker Verlag: Frankfurt a.M. 1992, S. 242-243.

있는 베일의 기능가치, 말하자면 '진리는 보는 것이 아니라 끊임없이 다양한 형태로 관계를 맺는 작용'이라는 사실을 드러내주는 베일의 기능가치가 바로 진리에 다름 아닌 것이다.

물론 이러한 확장된 베일의 기능가치를 직접 염두에 두지는 않았지만, 쉴러의 시 「자이스에 있는 베일에 가려진 형상」에 깊은 감명을 받고서 베일의 모티브를 보다 적극적으로 전유하고자 한 이가 바로 노발리스이다. 원래 프리드리히 폰 하르덴베르크Friedrich von Hardenberg라는 이름을 가진 노발리스는 『자이스의 도제*Der Lehrlinge zu Sais*』(1799)[169]라는 짧은 소설에서 쉴러에게서 비극적이었던 모티브를 희망적인 것으로 바꿔놓는다. 소설의 중간에 삽입된 히야신스와 로젠블뤼트헨 동화가 바로 그 모티브의 전개장소인데, 여기서 독일 전기낭만주의의 미학적 기본태도가 상징적으로 드러난다. 쉴러의 시에 나오는 지식을 애타게 갈구하는 젊은이처럼 노발리스의 『자이스의 도제』에 삽입된 동화에 등장하는 히야신스 역시 "혈기왕성한 젊은이"로서 온갖 자연 사물들과 교통하며 "그림처럼 아름다운" 모습을 지녔지만, 낯선 지방에서 온 한 남자를 만난 후로 심경의 변화를 일으켜 사랑하는 로젠블뤼트헨을 남겨 두고 집을 떠나게 된다. 이지스의 여신을 찾아가고자 한 것이다. 거칠고 낯선 곳들을 지나 결국 이지스 여신 앞에 다다르게 되었을 때, 히야신스가 여신에 드리워져 있던 하늘하늘 빛나는 베일을 용감히 들어 올리자 뜻밖에 로젠블뤼트헨이 그의 팔에 안기게 되었던 것이다.

히야신스/로젠블뤼트헨 동화에서 베일이 갖는 의미는 쉴러의 「자이스에 있는 베일에 가려진 형상」에서 베일이 갖는 의미와 전혀 다르다. 쉴러의 「자이스에 있는 베일에 가려진 형상」에서 베일이 진리와의 직접적 대면을 차단시키는 동시에 이러한 차단을 통해서만 '진리를 접하도록 해주는 매개체' 역할을 하고 있다면, 노발리스의 히야신스/로젠블뤼트헨 동화에서 베일은 인식적 진리가 아닌 직관적 진리의 매개체로서 기능하는 것이다. 여기서 인식적 진리의 매개와 직관적 진리의 매개의 결정적 차이는 바로 다음과 같은 사실에 놓여 있다. 즉 전자가 지양될 수 없는 필연적인 혹은 숙명적인 것이라면, 후자는 언제고 지양될 수 있는 것이며, 이것은 다름 아닌 사랑에 의해 가능한 것이라는 점이다. '사랑Lieben'은 '삶Leben'의 근원에 이르도록 해주는 통로 같은 것이다. 노발리스에게서 삶 개념

169 Novalis: Das dichterische Werk, in: Novalis Schriften, Erster Band, hrsg. von Paul Kluckhohn(†) und Richard Samuel, Stuttgart 1977, SS. 79-109.

이 존재하는 것과 존재하지 않는 것 사이를 부유하고 유영하는 유동적 상태를 의미한다는 사실을 염두에 둘 때, 이처럼 끝없이 '존재와 비존재 사이를 부유하는 유동적인 비결정성' 자체와 직접적으로 대면할 수 있도록 해주는 능동적 작용은 바로 '서로 간의 차이 속에서 다양하게 관계를 맺는 사랑의 작용'인 것이다.

쉴러와 노발리스의 베일 모티브가 보다 철학적으로 정제된 형태로 나타나는 곳은 하이데거의 존재론이다. 『테크닉에 대한 물음*Die Frage nach der Technik*』에서 하이데거는 "근대적 테크닉의 본질은 우리가 '틀Ge-stell'[170]이라고 부르는 것 속에서 모습을 드러내며,"[171] 이러한 '틀'은 세계 속에서 현존하게 된 모든 것이 이미 틀로 짜여 있다는 의미에서 세계 속에 존재하는 방식이라고 할 수 있다. 세계 속에서 존재하게 되는 모든 것은 일정한 모습으로 보이고 일정하게 이해되기 위해 '틀'을 필요로 하는바, 이러한 '틀'은

> "인간을 정립시키는, 즉 인간으로 하여금 현실적인 것을 질서 짓기의 방식에 따라 존립으로 드러내도록 독려하는 그러한 정립의 집결자를 의미한다. 다시 말해 틀은 근대 테크놀로지의 본질 속에서 지배력을 행사하며 그 자체로는 기술적이지 않은 그러한 드러냄의 방식을 의미한다.
>
> Ge-stell heißt das Versammelndejenes Stellens, das den Menschen stellt, d.h. herausfordert, das Wirkliche in der Weise des Bestellens als Bestand zu entbergen. Ge-stell heißt die Weise des Entbergens, die im Wesen der modernen Technik waltet und selber nichts Technisches ist."[172]

한마디로 말하자면, 근대 테크닉의 본질은 "인간으로 하여금 현실적인 것이 도처에서 [···] '존립Bestand'이 되도록 해주는 그러한 '드러냄Entbergen'의 도정으로 데려간다."[173] 한편 이렇게 인간을 '드러냄'의 도정으로 데려가는 것은 '드러냄'의 도정으로 보내는 것과 같으며, 따라서 '어떠한 길로 데려감auf einen Weg bringen'이라는 것은 '보냄schicken'과 같은 것이

---

170 국내에서는 다양하게 번역되고 있으나, 그 본래적 의미를 가장 잘 드러내주는 번역은 영어식 번역인 것 같다. 영어로는 'the enframed'로 번역될 수 있으며 이를 우리말로 다시 옮기면 '틀로 짜인 것' 내지는 그저 '틀' 정도가 될 것 같다.

171 Martin Heidegger: Die Frage nach der Technik, in: Martin Heidegger, Gesamtausgabe Bd. 7, Frankfurt a.M. 2000, S. 24.

172 Ibid. 24-25.

173 Ibid. 25.

다. 결국 '드러냄의 도정으로 보낸다'는 것은 '드러냄'의 본래적 의미로서 '드러내서 보낸다'는 말을 함축하고 있는 '생산 내지는 산출Her-vor-bringen'을 의미한다. 또한 이러한 '드러내서 보낸다'는 말을 함축하고 있는 생산은 그리스어인 'poiesis'를 의미하며, 결국 이것은 항시 인간을 관장하는 기본 작용이라고 할 수 있다.

그러나 이 같은 '드러냄의 보냄Geschick der Entbergung'이라는 일관된 기본 작용은 강제적이지 않다. 왜냐하면 그 자체가 '보내어짐'의 영역에 속하기 때문이다. 말하자면 수동적인 '드러냄의 보냄'의 영역은 다름 아닌 자유를 의미하며 이러한 자유는 "빛을 비추면서 은폐시키는 것이며, 이러한 은폐의 작용이 수행하는 비추임 속에서 모든 진리의 본질적 존재자를 가리는 동시에 베일로 하여금 무언가를 가리는 것으로서 나타나도록 하는 그러한 베일이 나부끼는 것이다."[174] 인간으로 하여금 현실적인 것에 현존형태를 부여하여 그것의 감춰진 모습이 드러나도록 해주는 테크닉은 '두드러지게 나타나게끔 만든다'는 의미의 'her-vor-bringen', 즉 '생산 내지는 산출'을 의미하며, 이것은 다시 그리스어 'poiesis'와 같은 의미지평을 갖기 때문에, 테크닉은 인간의 본질적인 기본 작용이며 이러한 테크닉의 기저에는 존재의 진리를 가림으로써만 존재의 진리를 비추면서 스스로는 은폐를 통해 진리를 비추는 작용을 하는 것으로 나타나는 베일이 자리를 잡고 있는 것이다.

한편으로는 진리의 본질적 존재를 가리고, 다른 한편으로는 진리의 본질적 존재를 가리는 중요한 작용을 통해 존재의 진리를 비추는 작용을 수행하는 베일은 '은폐를 통해 두드러지게 나타나도록 만드는 작용'인 '문학적 생산poiesis'의 기저에도 존재한다. 이 점은 존재와 사유의 관계에 대한 하이데거의 성찰에서 두드러지게 나타난다:

> "존재의 목소리를 따르는 사유는 존재에서 존재의 진리가 언어화되도록 해주는 근거인 말을 찾는다. 그리하여 역사적 인간의 언어가 비로소 말로부터 솟아나게 될 때, 역사적 인간의 언어는 정상적인 것이 된다. 그러나 이러한 언어가 정상적인 것이 될 때, 은폐된 원천의 소리 없는 목소리의 보증이 그 언어에 눈짓을 하게 된다. 존재의 사유는 말을 보호하며 그러한 보호 속에서 자신의 규정을 충족시키는 것이다. 존재의 사유는 언어사용을 위한 염려이다. 사유하는 자의 언술은 그렇듯 오랫동안 보호된 무언

174 Ibid. 26.

어성으로부터 그리고 그 속에서 비춰진 영역의 조심스러운 해명으로부터 나오는 것이다. 시인의 명명 역시 동일한 유래를 갖는다.

Das Denken, gehorsam der Stimme des Seins, sucht diesem das Wort, aus dem die Wahrheit des Seins zur Sprache kommt. Erst wenn die Sprache des geschichtlichen Menschen aus dem Wort entspringt, ist sie im Lot. Steht sie aber im Lot, dann winkt ihr die Gewähr der lautlosen Stimme verborgener Quellen. Das Denken des Seins hütet das Wort und erfüllt in solcher Behutsamkeit seine Bestimmung. Es ist die Sorge für den Sprachgebrauch. Aus der langbehüteten Sprachlosigkeit und aus der sorgfältigen Klärung des in ihr gelichteten Bereiches kommt das Sagen des Denkens. Von gleicher Herkunft ist das Nennen des Dichters."[175]

역사적 인간의 언어의 원천인 말은 존재의 사유에 의해 '감시hüten'되는 반면, 이러한 사유하는 자의 언술은 오랫동안 잘 '보호behüten'된 무언어성으로부터 나오는 것이라고 할 때, 시인의 명명 역시 가려지고 은폐된 무언어성으로부터 나온다고 할 수 있으며, 동일한 맥락에서 사유와 문학적 생산은 동일한 구조를 공유한다고 할 수 있을 것이다. 사유하는 자가 존재에 대해 말할 때, 존재에 대한 '말'이 '감시'되는 것처럼, 시인이 존재에 상응하는 '성스러운 것'을 명명할 때, 성스러운 것의 '지칭'은 베일에 가려져 고이 간직되는 것이다. 그래야만 존재에 대한 '말'이 존재 자체를 나타낼 수 있으며, 마찬가지로 성스러운 것의 '지칭'이 성스러운 것의 성스러움을 나타낼 수 있는 것이다. 이때 존재에 대한 '말'을 '감시'하는 것이 '무das Nichts'라고 한다면, 성스러움의 '지칭'을 고이 간직해주는 것은 바로 '베일Schleier'인 것이다. 하이데거는 이를 다음과 같은 압축적인 문장으로 나타낸다:

"존재자에 대한 타자로서의 무는 존재의 베일이다
Das Nichts als das Andere zum Seienden ist der Schleier des Seins."[176]

175 Martin Heidegger: Nachwort zu »Was ist Metaphysik?«, in: Martin Heidegger, Gesamtausgabe Bd. 9, Frankfurt a.M. 1976, S. 311.

176 Ibid. S. 312.

Antonio Corradini, Bust of a veiled woman (1717-1725)

8.2 베일과 그물망조직

"사회는 옷에 기초해 있다."[177] 19세기 말 카알라일은 이러한 명제를 통해 옷과 언어와 상징이 아무런 차이 없이 소통하고 있다는 사실을 주장하고자 했다. 그에 따르면, 다양한 사회들은 상징적인 동시에 물리적으로 서로 결합되어 있으며, 모든 사물들이 상징적으로 나름의 위치를 갖고 있는 만큼, 상징들 역시 사물적으로 구체적인 형상을 취하고 있다는 것이다. 말하자면 상징은 사물을 드러내는 동시에 감추고 있으며, 사물 역시 마찬가지라는 것이다.

이 같은 상징 개념과 유사한 지평에 놓여 있는 것이 바로 마르크스의 '경제 개념'이다. 마르크스에게 있어 '경제적인 것'은 근대 사회를 둘로 가르는 동시에 다시 하나로 합치고 있기도 한 '물신적인fetisch' 그물망 조직과도 같은 것이다. 여기서 잠시 마르크스의 물신성 개념이 갖는 함의를 정확히 짚고 넘어갈 필요가 있다. 마르크스가 말하는 '상품의 물신성'은 상품이 갖는 인위적이고 비실재적인 특성을 의미하는 것이 아니라, 아감벤의 지적대로, "인간 노동의 산물에는 사용가치만이 아니라 교환가치 역시 주어져 있다"[178]는 사실을 함축하고 있는 것이다. 즉 프로이트의 물신성 개념처럼, 그것에는 무언가의 현존과 그것이 부재하다는 징표가 동시에 존재한다는 것이다. 마르크스는 상품형식이 가지고 있는 이 같은 내밀한 특성을 다음과 같이 표현하고 있다:

> "상품형식의 비밀은 그것이 인간에게 자기 자신의 노동의 사회적 특성을 노동 산물의 대상적 특성으로서 그리고 이러한 사물의 사회적인 자연적 고유성으로서 되비춰주며, 그리하여 생산자들과 전체노동 간의 사회적 관계를 그들 밖에 존재하는 대상들 간의 사회적 관계로 되비춰준다는 데에 있다.
>
> Das Geheimnisvolle der Warenform besteht also einfach darin, daß sie den Menschen die gesellschaftlichen Charaktere ihrer eignen Arbeit als gegenständliche Charaktere der Arbeitsprodukte selbst, als gesellschaftliche Natureigenschaften dieser Dinge zurückspiegelt, daher auch das

---

177 Thomas Carlyle: Sator Resartus: The Life and Opinions of Herr Teufelsdröckh, in three books, London 1896, p.40.

178 Giorgio Agamben: Potentialities. Collected Essays in Philosophy, ed. and trans. by Daniel Heller-Roazen, Stanford University Press: Stanford/Califonia, 1999, p.196.

gesellschaftliche Verhältnis der Produzenten zur Gesamtarbeit als ein außer ihnen existierendes gesellschaftliches Verhältnis von Gegenständen."[179]

상품의 사용가치가 교환가치를 통해 재현되는 것, 다시 말해 특정인에게서 특정한 상품이 갖는 특정한 사용을 위한 실재적 가치가 시장의 유통과정에서 유통되기 위해 획득하는 교환가치에 의해 비실재화되는 것, 한마디로 교환가치라는 거울을 통해 사용가치를 비추는 작용은 그야말로 베일의 작용인 것이다. 마르크스가 생각하기에 자본주의 경제의 역전된 세계는 화폐의 형태로 극단화된 가치의 추상화 속에서 이루어지는 거울반사 작용에 의거하여 존재하게 된다는 것이다. 상품은 일종의 거울반사작용 속에서 '베일화', 즉 기만적 형태들을 양산하며, 인간은 그 속에서 자신의 노동의 반사된 모습을 보고 스스로를 가치형태의 기초자로 인식하는 것이 아니라, 상품물신주의의 자연주의적 기만 속으로 몰락하는 것이다. 그 결과 자본주의 사회에서 살아가는 인간은 사회적 그물망 조직의 현상적 결과인 가치의 추상화 또는 화폐를 자신의 능동적 활동과 교환관계 사이의 통약결과로, 말하자면 "사물의 사회적인 자연적 고유성"으로 오해하는 것이다. 그렇다면 마르크스가 지적하고자 했던 이러한 물신성의 베일은 인간의 전적인 오해일까? 아니면 바로 이러한 물신성의 전일적 지배하에 살고 있는 인간의 삶은 지양해야 하지만 품고 있을 수밖에 없는 실재인가? 바로 이 지점에서 실재, 진리, 삶의 개념들에 대한 전반적인 재고찰의 필요성이 대두되며, 베일이 갖는 현대적 의미지평의 가능성이 모습을 드러내는 것이다.

그 한 예가 바로 니체의 디오니소스 상이다. 『비극의 탄생*Die Geburt der Tragödie*』에서 니체는 진리와 가상, 베일과 베일에 의해 가려진 것이라는 이분법을 파괴하고 디오니소스적인 모습에서 그 두 지표들의 동일성을 찾고자 한다. 말하자면 디오니소스적인 것은 한편으로는 자기를 벗어난 '탈자적인 예술형식ekstatische Kunstform'이며 다른 한편으로는 이러한 예술형식에 의해 벗겨진 진리이기도 한 것이다. 그리하여 디오니소스적인 것은 베일이면서 베일에 의해 가려진 것이기도 하다. 이것은 니체가 갈구하던 그리스인들의 '디오니소스적 진리'이기도 한 것으로, 음악과 신화에서 전형적으로 드러난다고 한다. 니체에 따

179 Karl Marx: Das Kapital, in: MEW Bd. 23, Berlin 1979, S. 86.

르면, 현존하는 세계는 "오직 미적인 현상으로서만 정당화되어 나타난다"[180]라고 하면서, 한편으로 비극적인 신화가 우리로 하여금 확신시켜주는 것은 "추한 것과 부조화한 것das Häßliche und Disharmonische"이 근원적 의지에 의해 수행되는 예술적 유희라는 사실이며, 다른 한편으로 비극적 신화에 의해 드러나는 이 같은 디오니소스적 예술의 근원현상은 "음악적 불협화음musikalische Dissonanz"(Nietzsche GT 131) 속에서 파악된다고 한다. 그리하여 "비극적 신화가 산출하는 즐거움은 음악에서의 불협화음을 흔쾌히 느끼는 감각과 동일한 근원을 가진다. 고통 자체에서 지각된 근원적 즐거움을 가진 디오니소스적인 것은 음악과 비극적 신화의 공통적인 탄생의 모태"(Nietzsche GT 131)가 되는 것이다.

결국 디오니소스적인 것은 미적인 현상으로서만 접근 가능한 현존하는 세계의 근거이자 이러한 세계의 기저에서 삶을 살아지도록 해주는 근본적인 능력이기도 하다. 음악과 비극적 신화는 이러한 세계의 근거이자 삶의 영위능력이기도 한 디오니소스적 능력의 기본적인 표현 형태들이며 현실적인 미의 베일 자체인 것이다. 여기에 바로 디오니소스적인 베일의 미학이 자리 잡고 있는 것이다:

> "음악과 비극적 신화는 한 민족의 디오니소스적 능력을 동일한 방식으로 표현해주는 것으로서 서로 분리될 수 없다. 그 둘은 모두 아폴로적인 것 너머에 있는 예술영역에서 유래된다; 그 둘은 한 영역을 '변용verklären'시키는데, 그 영역에 있는 즐거운 화음들 속에서 불협화음과 끔찍한 세계상은 매혹적으로 점점 사라져간다; 그 둘은 불쾌함이 이루어내는 지극히 강력한 마술들을 믿으면서 그러한 불쾌함의 고통스러운 자극과 더불어 유희를 즐긴다; 그 둘은 이러한 유희를 통해 '가장 좋지 못한 세계'의 존재 자체를 정당화시킨다. 여기서 아폴로적인 것을 가늠해볼 수 있는 잣대로서의 디오니소스적인 것이 모습을 드러내게 되는데, 이때 디오니소스적인 것은 전체 현상세계를 현존으로 불러들이는 영원하고도 근원적인 예술적 폭력으로서 나타난다. 그리고 이러한 예술적 폭력의 한가운데에서는 개체화의 생기화된 세계를 삶 속에서 확고히 부여잡기 위해 새로운 미적 변용의 모습이 필요하게 된다. 만일 우리가 불협화음의 인간화를 생각해 볼 수 있다면, [...] 삶을 영위할 수 있기 위해 이러한 불협화음은 불협화음 자체의 고유

180 Friedrich Nietzsche: Die Geburt der Tragödie(이후로는 Nietzsche GT로 약칭), in: Werke in drei Bänden. Erster Band, hrsg. v. Karl Schlechta, München 1954, S. 131.

한 본질 위로 미의 베일을 드리우는 장엄한 환영(幻影)을 필요로 할 것이다. 이것이 바로 아폴로의 진정한 예술의도이다. 이러한 그의 이름으로 우리는 모든 순간 현존재를 살 만한 가치가 있는 것으로 만들어주는 동시에 현존재로 하여금 그 다음 순간을 체험하도록 촉구하는 미적 가상의 모든 수많은 환영들을 종합하는 것이다.

Musik und tragischer Mythus sind in gleicher Weise Ausdruck der dionysischen Befähigung eines Volkes und voneinander untrennbar. Beide entstammen einem Kunstbereiche, das jenseits des Apollinischen liegt; beide verklären eine Region, in deren Lustakkorden die Dissonanz ebenso wie das schreckliche Weltbild reizvoll verklingt; beide spielen mit dem Stachel der Unlust, ihren überaus mächtigen Zauberkünsten vertrauend; beide rechtfertigen durch dieses Spiel die Existenz selbst der schlechtesten Welt. Hier zeigt sich das Dionysische, an dem Apollinischen gemessen, als die ewige und ursprüngliche Kunstgewalt, die überhaupt die ganze Welt der Erscheinung ins Dasein ruft: in deren Mitte ein neuer Verklärungsschein nötig wird, um die belebte Welt der Individuation im Leben festzuhalten. Könnten wir uns eine Menschwerdung der Dissonanz denken, […] so würde diese Dissonanz, um leben zu können, eine herrliche Illusion brauchen, die ihr einen Schönheitsschleier über ihr eignes Wesen decke. Dies ist die wahre Kunstabsicht des Apollo: in dessen Namen wir alle jene zahllosen Illusionen des schönen Scheins zusammenfassen, die in jedem Augenblick das Dasein überhaupt lebenswert machen und zum Erleben des nächsten Augenblicks drängen”(Nietzsche GT 133).

마르크스적인 의미의 물신성이 전적으로 지배하는 삶은 지양되어야 하지만 품고 있을 수밖에 없는 실재라고 한다면, 불협화음과 비극적 신화로 표현되는 니체의 디오니소스적인 삶은 불쾌의 고통스러운 자극을 흔쾌히 즐기는 실재적 유희이다. 그러나 이러한 니체의 고통을 즐기는 실재의 유희는 살아지게 할 수 없을 만큼 소모적이다. 따라서 ‘가장 좋지 못한 세계’에서조차 기꺼이 살아갈 수 있기 위해 디오니소스적인 것 위로 아폴로적인 ‘미의 베일을 드리우는 과정’이 필요한 것이다. 결국 니체적인 의미의 디오니소스의 베일은 한편으로는 불협화음과 비극적 신화로 표현되는 현상하는 실재의 벌거벗은 모습이며, 다른 한편으로는 그럼에도 불구하고 기꺼이 살아갈 수 있도록 해주는 아폴로적인 감내의 베일인 것이다.

8.3 베일의 현재성: 구성적 그물망조직

에른스트 캇시러는 이 같이 베일이면서 베일에 의해 가려진 디오니소스적 진리를 보다 현대적인 맥락에서 실재화시키고자 하였다. 그는 형이상학적인 베일의 개념 대신 '상징들의 실재적 조직'에 해당되는 개념으로서 '그물망 내지는 직물조직Gewebe'이라는 개념을 사용한다. 그는 우선 아리스토텔레스의 개념론으로 대표되는 서구 형이상학을 더 이상 유효하지 않은 것으로 규정한 근대 자연과학자들의 시도에 주목한다. 그에 따르면, 근대 자연과학은 현상의 베일 이면에 존재하는 본질성을 지시하고자 하는 것이 아니라, 자연에 수학이라는 '상징적 옷'을 입힘으로써 인식이라는 것을 직물 조직을 짜는 작업으로 규정할 뿐만 아니라 더 나아가 세계위로 베일을 드리우는 작업으로 규정하고자 한다고 한다. 이 같은 근대 자연과학의 입장에 힘입어 캇시러는 베일의 모호한 실재성을 상징들의 그물망 조직으로 옮겨놓는다.

캇시러는 무엇보다 대상의 인식이 현실에 관계 맺는 방식이 현실을 그대로 모방하는 방식이 아니라 '기호적인 방식'이라고 하면서, 이미 근대과학의 시작부터 특히 갈릴레이에게서 "자연의 책은 수학적인 언어로 쓰여 있으며 오로지 수학적인 암호 문자들로만 독해 가능하다"[181]라고 주장한다. 말하자면 자연과학의 발전은 기호체계의 발전과 보조를 같이 해왔으며, "지각된 대상들의 집단"[182]으로서의 기호는 물리적 대상들과 관계를 맺는 인간의 현실적인 방식을 파악할 수 있도록 해주는 객관적 접점인 것이다. 그리하여 캇시러는 기호와 상징체계가 갖는 현실구성적인 동시에 실재조직적인 고유성을 다음과 같이 정교화시킨다:

> "기호는 생각의 단순히 우연적인 껍질이 아니라 생각의 필연적이고 본질적인 기관이다. 말하자면 기호는 완결된 채로 주어져 있는 생각의 내용을 전달하는 목적에 기여하는 것이 아니라, 이러한 내용 자체가 형성되도록 해주며 이를 통해 자신의 완전한

181 Ernst Cassirer: Philosophie der symbolischen Formen. Erster Teil. Die Sprache, Ernst Cassirer Gesammelte Werke Hamburger Ausgabe, Bd. 11, Hamburg 2001, S. 15.

182 Ernst Cassirer: Substanzbegriff und Funktionsbegriff. Untersuchungen über die Grundfragen der Erkenntniskritik, Ernst Cassirer Gesammelte Werke Hamburger Ausgabe, Bd. 6, Hamburg 2000, S. 43.

규정성을 획득하도록 해주는 기구이다. 내용을 개념적으로 규정하는 행위는 특징적인 기호로 내용을 고정시키는 행위와 함께 이루어진다. 그리하여 진정 엄밀하고 정밀한 모든 사유는 상징학과 기호학에서 비로소 근거를 발견하게 되는 것이며 그곳에 기초를 두는 것이다.

Zeichen ist keine bloß zufällige Hülle des Gedankens, sondern sein notwendiges und wesentliches Organ. Es dient nicht nur dem Zweck der Mitteilung eines fertig gegebenen Gedankeninhalts, sondern ist ein Instrument, kraft dessen dieser Inhalt selbst sich herausbildet und kraft dessen er erst seine volle Bestimmtheit gewinnt. Der Akt der begrifflichen Bestimmung eines Inhalts geht mit dem Akt seiner Fixierung in irgendeinem charakteristischen Zeichen Hand in Hand. So findet alles wahrhaft strenge und exakte Denken seinen Halt erst in der Symbolik und Semiotik."[183]

우리가 자연을 접하고 자연을 인식할 때에는 항상 벌거벗은 자연 그 자체가 아니라 '수학적인 언어로 쓰인 자연의 책'을 대상으로 삼으며, 이 같은 대상화 과정에서 이미 형성된 기호들을 가지고 현실을 규정하고 이에 대한 사유를 수행하는 것이다.

베일 개념을 보다 적극적으로 전유하여 상징들을 구성하는 구성적인 그물망조직으로서의 상징체계를 주창한 캇시러의 입장은 다소 다른 맥락이기는 하지만 발터 벤야민에게서 역동적인 형태로 나타난다. 벤야민은 에로스와 지식의 역동적인 관계를 사유하고자 한 플라톤의 입장을 주저함 없이 수용하여 미와 진리의 역동적인 관계에 대한 규정에 적용시킨다. 그에 따르면, 에로스의 시선이 진리의 객관적 존재를 미의 객관적 존재와 결합시켜주기 때문에, 진리와 미는 하나가 될 수 있다고 하면서, 진리는 진리의 베일이 유지되었을 경우에만 진리로서 남아 있을 수 있다고 주장한다:

"에로스는 […] 자신의 동경을 진리로 향하게 할 경우 자신의 근원적인 경향에 충실하게 된다. 왜냐하면 진리 역시 아름답기 때문이다. 진리는 그 자체로 아름다운 것도 아니고 에로스를 위해서 아름다운 것도 아니다. 인간적인 사랑 속에서도 동일한 관계가 지배하고 있다. 즉 인간은 사랑하는 자일 경우에 아름답지 그 자체로는 그렇지 못한

183 Ernst Cassirer: Philosophie der symbolischen Formen. Erster Teil. Die Sprache, S. 16.

것이다. 그도 그럴 것이 인간의 육체는 미의 질서보다 더 높은 질서 속에서 자신을 나타내기 때문이다. 진리 역시 마찬가지이다. 진리는 그 자체로 아름다운 것도 아니며, 진리를 추구하는 자를 위해서 아름다운 것도 아니다. 그에게 약간의 상대성의 기운이 덧붙여져 있다면, 진리에 고유한 미는 그러한 이유 때문에 결코 은유적 별칭이 되지 못했던 것이다. 자기 스스로를 묘사하는 이데아의 영역인 진리의 본질은 오히려 참된 것의 아름다움에 대한 언술이 결코 등한시될 수 없다는 것을 보증해준다. 진리 속에서 각각의 묘사의 순간은 미의 은신처로 존재한다.

Eros […] wird seinem ursprünglichen Bestreben nicht untreu, wenn er sein Sehnen auf die Wahrheit richtet; denn auch die Wahrheit ist schön. Sie ist es nicht sowohl an sich als für den Eros. Waltet doch das gleiche Verhältnis im menschlichen Lieben: der Mensch ist schön für den Liebenden, an sich ist er es nicht; und zwar deswegen, weil sein Leib in einer höheren Ordnung als der des Schönen sich darstellt. So auch die Wahrheit: schön ist sie nicht sowohl an sich als für den der sie sucht. Haftet ein Hauch von Relativität dem an, so ist nicht im entferntesten darum die Schönheit, die der Wahrheit eignen soll, ein metaphorisches Epitheton geworden. Das Wesen der Wahrheit als des sich darstellenden Ideenreiches verbürgt vielmehr, daß niemals die Rede von der Schönheit des Wahren beeinträchtigt werden kann. In der Wahrheit ist jenes darstellende Moment das Refugium der Schönheit überhaupt."[184]

벤야민에게서 진리는 진리의 베일이라고 할 수 있는 진리의 묘사가 작동하는 경우에만 진리로서 남을 수 있는 것으로 규정되며, 마찬가지로 미란 그 자체로가 아니라 진리 속에서만 순전한 것으로 존재한다고 한다. 따라서 진리의 베일로서의 진리의 묘사는 진리가 현현하는 순간의 모습이라고 할 수 있으며, 미적인 가상은 이러한 진리의 묘사에서 고유한 은신처를 갖게 되는 것이다. 결국 본질상 자기 스스로를 묘사하는 이데아의 영역인 진리는 베일이 벗겨지지 않은 비밀의 현현으로 파악되어야 하며, 이러한 진리의 비밀을 간직하고 있는 베일은 미에게 있어서는 진리가 되는 것이다. 이러한 생각은 헤겔의 명제인 '미는 진리의 가상이다Das Schöne ist der Schein der Wahrheit'라는 명제와 유사하다. 진리의 비

184 Walter Benjamin: Ursprung des deutschen Trauerspiels, in: Gesammelte Schriften in sieben Bänden, I, 1, hrsg. von Rolf Tiedemann und Hermann Schweppenhäuser, Frankfurt a.M. 1974ff, S. 211.

밀을 고이 간직하면서 진리를 비밀의 현현으로서만 드러날 수 있도록 해주는 베일 그 자체를 진리로 삼고 있는 미의 이념은 20세기 말 21세기 초 새로이 대두되는 이미지미학의 전조를 이룬다고 할 수 있으며, 이에 대해서는 벤야민의 다음과 같은 견해보다 더 나은 설명이 없을 것이다:

> "진리는 그 자체로 가시화될 수 없기 때문에 그리고 진리의 가시화는 진리에 고유하지 않은 특성에만 기초해 있을 수 있기 때문에, 미를 가상으로 만드는 이러한 공식화된 표현(미는 가시화된 진리이다.Schönheit ist die sichtbar gewordene Wahrheit.)은 결국 철학적 야만성으로 이르게 된다. 왜냐하면 그러한 야만성이 미의 진리를 드러나게 해준다는 생각이 미의 진리 속에서 자양분을 공급받게 된다고 할 경우에 철학적 야만성은 다른 어떤 것을 의미하지 않을 것이기 때문이다. 미는 다른 어떤 것을 위한 가상도 다른 어떤 것을 위한 껍질도 아니다. 미 자체는 현상이 아니라 본질이며, 본질상 베일에 가려진 채로만 자기 자신에게 동일한 것으로 남아 있는 그러한 본질이다. 그리하여 […] 미적인 가상은 어쩔 수 없이 베일에 꽁꽁 싸여 있어야만 하는 것 앞에 있는 베일인 것이다. 왜냐하면 베일이나 베일에 가려진 대상은 미가 아니며, 미는 자신의 베일 속에 있는 대상이기 때문이다.
>
> Diese Formel('Schönheit ist die sichtbar gewordene Wahrheit'), die, da Wahrheit doch an sich nicht sichtbar ist und nur auf einem ihr nicht eigenen Zuge ihr Sichtbarwerden beruhen könnte, die Schönheit zu einem Schein macht, läuft zuletzt, ganz abgesehen von ihrem Mangel an Methodik und Vernunft, auf philosophisches Barbarentum hinaus. Denn nichts anderes bedeutet es, wenn der Gedanke, es ließe sich die Wahrheit des Schönen enthüllen, in ihr genährt wird. Nicht Schein, nicht Hülle für ein anderes ist die Schönheit. Sie selbst ist nicht Erscheinung, sondern durchaus Wesen, ein solches freilich, welches wesenhaft sich selbst gleich nur unter der Verhüllung bleibt. […] der schöne Schein ist die Hülle vor dem notwendig Verhülltesten. Denn weder die Hülle noch der verhüllte Gegenstand ist das Schöne, sondern dies ist der Gegenstand in seiner Hülle."[185]

미를 특정한 내용이나 본질 혹은 이념의 전달수단이나 도구로 생각해오던 과거의 미론

---

185 Walter Benjamin: Goethes Wahlverwandtschaften, in: Gesammelte Schriften in sieben Bänden, I, 1, hrsg. von Rolf Tiedemann und Hermann Schweppenhäuser, Frankfurt a.M. 1974ff, S. 195.

을 거부하면서 벤야민은 미가 본질의 현상이 아닌 그 자체로 본질이며 베일에 가려진 상태에서만 미로서의 자기동일성을 갖는 것이라고 규정하는 가운데 베일이라는 진리와 미라는 현상이 마치 아무런 두께 없이 납작하게 포개어진 상태로 이해될 수 있는 미적 가상의 상태를 구상한다. 이러한 미적 가상의 상태는 본질과 현상이 편평하게 하나가 된 이미지의 상태와 유사한 것으로서 기존의 이분법적인 사고틀로는 이해될 수 없는 근본적으로 새로운 지평이다. 그렇다면 이러한 지평은 구체적으로 어떤 모습을 지니는 것일까? 이를 위해서 벤야민의 설명을 더 들어보기로 하자.

> "그러나 베일이 걷어질 때 미는 영원히 눈에 띄지 않는 모습으로 나타날 것이다. 여기에 바로 오래전부터 전해 내려오는 견해, 즉 베일에 가려진 것은 드러남 속에서 모습을 바꾸며 베일에 가려진 채로만 »자기 자신과 동일한 모습으로« 남아 있게 된다는 생각이 기초하고 있다. 말하자면 모든 아름다움을 마주할 때 드러냄의 이평은 베일을 걷어내는 것이 아니라, 베일에 대한 가장 정확한 인식을 통해 미에 대한 참된 직관, […] 즉 비밀로서의 미에 대한 직관에 이르러야 하는 것이다. […] 미 이외는 그 어떤 것도 아닌 오로지 미만이 베일로 감싸면서 동시에 베일에 감싸여진 채로 본질적으로 존재할 수 있기 때문에 비밀 속에는 바로 미의 신적인 존재근거가 놓여 있는 것이다. 그리하여 미 속에 서 가상은 사물들 자체의 불필요한 베일화가 아니라, 우리를 위한 사물들의 필연적인 베일화인 것이다.
>
> Enthüllt aber würde er unendlich unscheinbar sich erweisen. Hier gründet die uralte Anschauung, daß in der Enthüllung das Verhüllte sich verwandelt, daß es »sich selbst gleich« nur unter der Verhüllung bleiben wird. Also wird allem Schönen gegenüber die Idee der Enthüllung zu der der Unenthüllbarkeit. Sie ist die Idee der Kunstkritik. Die Kunstkritik hat nicht die Hülle zu heben, vielmehr durch deren genaueste Erkenntnis […] erst zur wahren Anschauung des Schönen sich zu erheben. […] zur Anschauung des Schönen als Geheimnis. Niemals noch wurde ein wahres Kunstwerk erfaßt, denn wo es unausweichlich als Geheimnis sich darstellte. […] Weil nur das Schöne und außer ihm nichts verhüllend und verhüllt wesentlich zu sein vermag, liegt im Geheimnis der göttliche Seinsgrund der Schönheit. So ist denn der Schein in ihr eben dies: nicht die überflüssige Verhüllung der Dinge an sich, sondern die notwendige von Dingen für uns."[186]

---

186 Walter Benjamin: Goethes Wahlverwandtschaften, S. 195.

베일화 작용과 베일로 스스로를 감싸여지게 만드는 작용 이 모두가 바로 미의 작용이며, 이러한 미적인 작용을 통해 드러나는 미적인 가상은 우리가 배제되어 있는 과학적 객관성을 지지대로 삼고 있는 사물들이 아니라, 눈앞에 아른 거리는 산 조르지오 마지오레를 보고 있는 우리 눈을 보여주는 듯한 모네의 그림과도 같이, 우리의 육체적 감각의 유효범위에 놓여 있는 그리고 우리의 육체적 감각의 작용에 따라 형태화되는 사물들의 베일이라고 할 수 있다. 자신을 감싸면서 동시에 감싸는 작용을 하는 베일은 현상의 감각적 감지로서 미의 작용양태인 동시에 생생한 육체적 감지를 통해 그물망적으로 구성되는 현실의 이미지적 구조화 원리인 것이다.

Claude Monet, San Giorgio Maggiore at Dusk (1908)

V. 문화적 이미지의 창조적 공간

V
문화적 이미지의 창조적 공간

1. 상실의 트라우마

'자기에게 책임이 있는 무지몽매상태로부터의 해방'이라는 모토하에 운명적 비행을 시작한 칸트의 근대적 계몽의 기획은 정신과 자연의 부조화 내지는 불일치를 극복할 가능성을 '자기반성Selbstreflexion'과 '형이상학 비판Metaphysik-Kritik' 그리고 '자신이 말하는 것을 동시에 듣기도 하는 언어적 이성의 정교화'에서 찾고자 한 헤겔의 근대비판을 비롯하여 개념들의 '도구화Instrumentalisierung', '역사화Historisierung', '정치화Politisierung' 등을 통해 '세계의 탈마법화Entzauberung der Welt'를 이루고자 한 막스 베버의 근대적 자기의식 프로젝트를 지나 의미화 작용의 기능적 가치의 상실과 더불어 이미지적인 현재적 현상 속에서 심층과 표면의 편평화를 해명하고자 하는 고트프리트 뵘의 '근대의 탈경계화Entgrenzung der Moderne'에 이르기까지 결코 치유될 수 없을 것 같은 트라우마를 드리우고 있다. 그것은 다름 아닌 '자아 내지는 주체성 상실의 트라우마'이다. 다시 말해 칸트로 대표되는 근대적 계몽 이전에 인간존재는 자기 이외의 다른 것의 권위에 의존함 없이 자신과 세계를 판단할 능력을 가지고 있다는 사실을 망각한 채, 즉 이성적 주체성을 망각한 채 초월자의 권위에 복종하는 '자기잘못의 무지몽매'의 상태에 처해 있었으나, 칸트 이후로 상실된 주체성 회복을 위해 '기억Erinnerung'과 '반성Reflexion' 또는 '자기의식Selbstbewusstsein'을 통한 초월적 내재화를 통해 마치 네덜란드 토마토처럼 지면으로부터 떨어져 주체 고유의 영역을 상성하고 이러한 초월적 주체성을 정교화시키며 유지하려고 하였다. 그러나 다양한 형태로 수행된 이러한 노력의 자취들에는 치유될 수 없는 상실의 트라우마가 드리워져 있었다. 칸트 이후의 관념론적 경향에 대한 총체적 문제제기가 이루어져왔음에도 불구하고 양 갈래로 제기된 물음을 제외하고 사정은 마찬가지였다. 즉 한편으로 주체 개념에는 과연 주체가 사물세계에 속해 있는가 하는 물음이 제기되었으며, 다른 한편으로 주체와 사물의 공통적 존재기반으로 여겨져 왔던 세계 개념의 상실과 더불어 사물들에는 주체와는 다른 작동기반을 상정해야 하지 않을까 하는 물음이 제기되었던 것이다. 그렇다면 이러한 상실의 트라우마를 치유하려는 노력은 언제 그리고 어떤 양태로 이루어져 왔을까?

상실의 트라우마를 치유하려는 노력은 짧게는 20세기 말부터 시작되었다고 할 수 있지만, 길게 잡는다면 200여 년 전부터, 그리고 본격적으로는 19세기 말부터 시도되어왔다고 할 수 있다. 200여 년 전 소위 형이상학 비판적인 전인적 인간학에서 모색된 '유사성 사유모델'로부터 19세기 말 엄밀한 정밀과학적 감각비판에 의거한 '발생적 자기조직화의 사유모델'을 지나 20세기 말 이미지적 전환 이후 문화학 내지는 문화연구의 진영 내에서의 비선형적이고 자기 지시적인 '그물망적 사유모델'에 이르기까지 여전히 진행 중에 있는 상실의 트라우마의 치유과정은 보충과 전치轉致, 혹은 자기망각적 부유와 전체의 감각이라는 고유한 형태를 지닌다. 전통 형이상학적인 이분법적 위계질서 혹은 로고스중심주의적인 배제의 사유가 진행되어왔던 역사적 도정을 다시 거슬러 올라가 간과되거나 주시되지 못했던 요소들을 보충하거나 위치 전환시킴으로써, 혹은 의미화 작용과 '위상Status' 규정이 이루어져야 할 경우 의미 규정 및 위상 규정의 유예와 더불어 의미화될 수 없는 전체감각을 작동시킴으로써, 상실의 트라우마는 역사성과 초역사성, 공간성과 탈공간성을 넘나들며 자유로운 비행을 즐긴다. 그리하여 주체성의 상실로부터 시작되어 주체성과 사물이 공통적으로 속해 있는 것으로 여겨져 왔던 세계의 상실로 이르게 된 상실의 트라우마는 결국 '우연적인 계기로 특정한 시공간에 이루어진 경험에 대한 전체적 임팩트의 이미지'인 것이며, 그러한 상실의 트라우마가 거쳐 간 개별 지점들은 특정한 역사적 시공간에 한정되는 동시에 그러한 역사적 시공간을 넘어서는 문화적 이미지들인 것이다.

Paul Klee, Was fehlt ihm?(1930)

그렇다면 이러한 문화적 이미지들의 작용 공간은 어떠한 원리와 양태를 지니며 어떠한 사유방식을 가능케 하며, 과연 그러한 사유방식에 의해 파악될 수 있는 것인가?

2. 문화적 이미지들의 작용 공간: 기본원리와 양태 및 사유방식

무엇보다 첫째로 이야기될 수 있는 문화적 이미지들의 기본원리는 바로 '유사성의 원리'이다. 끝없는 대체와 치환의 메타포적 관계 내지는 유비관계로서의 '유사성의 관계'는 플라톤에게서 규정된 바 있듯이 '바로 이것'이 아니라 모든 개별자들에게서 매번 '유사한 것'으로 뭉뚱그려 담지되는, 항상 '다른 것'으로만 규정되고 다른 것 안에서만 생성되는 '이미지' 혹은 '무'로서의 생성의 관계이다. 이러한 관계의 실질적 양태는 다양하게 전개되었다. 예컨대 괴테는 유비적 관계를 다음과 같이 규정하고 있다:

> "실존하는 각각의 것은 실존하는 모든 것의 유비이다. 그리하여 우리에게 현존재는 항상 구별된 동시에 결합된 것으로 나타난다. 우리가 철저히 유비를 따른다면, 모든 것은 동일하게 일어난다. 만일 우리가 그것을 기피한다면, 모든 것은 무한히 흩어져버리게 될 것이다.
>
> Jedes Existierende ist ein Analogon alles Existierenden; daher erscheint uns das Dasein immer zu gleicer Zeit gesondert und verknüpft. Folgt man der Analogie zu sehr, so fällt alles identisch zusammen; meidet man sie, so zerstreut sich alles ins Unendliche."[1]

실존하는 개별적인 사물은 실존하는 모든 것의 유비이기에 유비의 현실관계 속에서 우리는 매 순간 매 계기마다 전체연관을 동시에 경험하는 것이다. 또한 "유사성들의 생산에 있어 가장 최고의 능력을 소유하고 있는 존재는 바로 인간이다"[2]라고 벤야민도 규정한 바 있듯이, 유사성 관계의 형성능력은 전형적으로 인간적인 능력이자 전인적 관계를 파악하는 능력이기도 하다. 1960년대 알프레드 보임러Alfred Bäumler는 유사성관계의 발견이 기존의 전통적 사유체계에 대한 새로운 가능성 조건을 마련해준다고 하면서 다음과 같이 유사성 관계의 함의를 총괄적으로 규정한 바 있다:

---

1 Johann Wolfgang Goethe: Sprüche in Prosa, in: Frankfurter Goethe-Ausgabe I, 13, Sämtliche Maximen und Reflexionen, hrsg. v. Harald Fricke, Frankfurt a.M. 1993, S. 46.

2 Walter Benjamin: Lehre vom Ähnlichen, in: Gesammelte Schriften, Bd. II. 1, hrsg. v. Rolf Tiedemann und Hermann Schweppenhäuser, Frankfurt a.M. 1991, S. 204.

"은유적 언술방식은 보편적인 것으로서, 그것은 모든 사물들의 은폐된 통일을 밝혀준다. '유사성들'의 발견, 즉 사물들 사이에 또는 사건의 과정들 사이에 아니면 표현들 사이에 존재하는 알려지지 않은 관계들의 발견에 대한 표면상의 규범적 언술에는 합리적 이성주의의 세계상에 대립해 있는 유비의 세계상에 대한 암시 그 이상의 것이 포함되어 있다. [···] 사물들 간의 유사성들이 현현되어 나타나는 사유는 전체의 통일과 은밀한 결합관계를 맺고 있다."[3]

물론 보임러의 이러한 견해에는 다소 '비교秘教'적인 면이 존재하고, 합리주의/비합리주의라는 극단적 대립구도 설정으로 인한 문제의 단순화가 이루어지고 있으며, 더 나아가 계몽주의 후기에 유비적 사유의 비합리주의적 형태가 논해지고 있기는 하다. 그럼에도 불구하고 여기에서는 사물들 내지는 표현들 간의 전체 연관성과 비재현적인 결합성이라는 유비적 사유의 근간이 총괄적으로 규정되고 있는 것이다. 결국 우리는 비재현적인 차이들 내에서만 생성되는 이미지들 간의 유사성 관계들을 통해 혹은 그러한 이미지들 사이의 유사성들에 대한 유비적 사유를 통해 메타포적 의미효과의 연쇄사슬구조를 근간으로 하는 이미지체계가 구성된다는 것을 알 수 있는 것이다.

둘째, 문화적 이미지들이 형성하는 의미화 장은 '차이의 공간화'에 근거하여 가능성의미 내지는 의미효과를 야기시키는 생성의 사유라고 할 수 있다. 이에 대한 전거는 19세기 말 20세기 초에 이루어진 새로운 공간이해이다. 독일 수학자 베른하르트 리만Bernhard Riemann은 이미 1854년 "기하학의 기저에 놓여 있는 가설들에 관하여*Über die Hypothesen, welche der Geometrie zu Grunde liegen*"라는 제목의 강연에서 '세 개의 좌표를 가진 휘지 않은 공간이란 특수한 경우일 뿐이다'[4]라고 말함으로써, 실재공간은 더 이상 좌표체계로서 묘사될 수 없다는 것을 역설하였다. 말하자면 이제 더 이상 공간은 텅 빈 컨테이너로 생각될 수 없으며, 유클리드 기하학은 실재하는 '공간의 위상학Topologie des Raumes'을 담아내기에는 부적합하다는 것이다. 직관성과 가시성이 상실된 이러한 자연과학적 공간이해에 부합되게 정신과학과 예술의 영역에서도 다양한 공간이해의 양태들이 존재하는데, 그중에서도 특징적인

---

3 Alfred Bäumler: Das Irrationalitätsproblem in der Ästhetik und Logik des 18. Jahrhunderts, Tübingen 1967, S. 354.

4 Bernhard Riemann: Über die Hypothesen, welche der Geometrie zu Grunde liegen (1854), hrsg. v. Hermann Weyl, zweite Auflage, Berlin 1921, S. 1.

양태들로는 이성의 차원을 의미하는 심층적 차원과 감성의 차원을 의미하는 표면의 차원 간의 이분법을 극복하고 삶의 표현으로서의 단일한 표면의 미학을 추구하는 시도와 관찰자의 대상접근을 매개시켜주는 가변적 형태로서의 공간구성을 추구하는 시도가 존재한다. 전자의 예로는 릴케의 로댕분석이 전형적이다. 릴케는 로댕의 조각 작품들이 특정한 공간에 들어서 있거나 의지해 있는 것이 아니라 일정하게 공간을 가시화시키고 있다고 하면서 이러한 방식을 표면의 미학으로 규정한다:

> "로댕은 무엇보다 인간 육체에 대한 정확한 이해가 문제라는 점을 알고 있었다. 천천히 연구하면서 그는 인간 육체의 표면까지 나아갔다. 그리고 이제 그는 바깥으로부터 손을 뻗어 이러한 표면을 내부로부터 규정되고 한정된 정도와 동일하게 다른 측면에서 규정하고 한정하였다. 그가 외떨어진 길에서 더 멀리 나아가면 갈수록, 우연은 점점 더 뒤처져 있게 되었다. 그리고 한 법칙이 그를 다른 법칙에로 이끌고 갔다. 결국 그의 연구가 향한 곳은 바로 이러한 표면이었다. 표면은 빛과 사물의 무한히 많은 만남들로 이루어져 있었으며, 이러한 만남 각각은 다른 것이었고 또한 기이한 것이었다는 점이 드러났다.
>
> Rodin wußte, daß es zunächst auf eine unfehlbare Kenntnis des menschlichen Körpers ankam. Langsam, forschend war er bis zu seiner Oberfläche vorgeschritten, und nun streckte sich von Außen eine Hand entgegen, welche diese Oberfläche von der anderen Seite ebenso genau bestimmte und begrenzte, wie sie es von Innen war. Je weiter er ging auf seinem entlegenen Wege, desto mehr blieb der Zufall zurück, und ein Gesetz führte ihn dem anderen zu. Und schließlich war es diese Oberfläche, auf die seine Forschung sich wandte. Sie bestand aus unendlich vielen Begegnungen des Lichtes mit dem Dinge, und es zeigte sich, daß jede dieser Begegnungen anders war und jede merkwürdig."[5]

릴케가 보기에 로댕의 조각 작품들의 표면에서는 빛과 사물의 각기 다른 무수한 만남들이 이루어지면서 이렇게 이루어진 만남들이 두께 없는 표면에서 가장 내적인 상태의 표현으로서 비가시적인 공간을 형성한다는 것이다. 무한히 많은 빛과 사물의 만남들이 표면

---

5 Rainer Maria Rilke: Werke. Kommentierte Ausgabe in vier Bänden, Bd. IV, hrsg. v. Manfred Engel und Ulrich Fülleborn, Frankfurt a.M. 1996, S. 411.

위에서 끝없이 이어지면서 형성되는 차이들의 표면공간은 의미가 담지되는 공간이 아니라 의미효과가 생성되는 역동적 이미지들의 공간인 것이다.

Auguste Rodin, Le Baiser(1889)

반면 관찰자와 이미지 대상 사이를 매개시켜주는 것으로서 공간구성을 추구한 예로는 예술사가 알로이스 리글의 분석을 들 수 있다. 리글은 『네덜란드 군초상화*Das holländische Gruppenporträt*』(1902)에서 렘브란트의 그림들이 갖는 새로운 공간화 작용에 대해 주목한다. 리글에 따르면, 기존의 이탈리아 르네상스 시대의 중앙원근법이 관찰자를 수동적으로 일정한 관찰위치에 고정시켜놓았던 반면, 네덜란드 군초상화는 관찰자의 능동적인 관찰을 요구한다는 것이다:

> "모든 삶은 개별 자아와 그를 둘러싼 세계 그리고 주체와 객체 간의 부단한 접전이다. 문화적 인간은 그를 모든 방식으로 조건 짓고 있는 대상들의 세계에 대해 순전히 수동적인 역할을 취하는 것을 견딜 수 없다고 생각하여 그러한 세계와의 관계를 다음과 같이 고유한 의지에 따라 독자적으로 조절하고자 한다. 즉 그러한 세계 이면에서 그는 자신의 관여 없이 초래된 자연세계 외에 (넓은 의미에서의) 예술을 매개로 하여 그 자신의 자유로운 창조물로서 정립하는 또 다른 세계를 추구하는 것이다.
>
> Alles Leben ist eine unablässige Auseinandersetzung des einzelnen Ich mit der umgebenden Welt, des Subjekts mit dem Objekt. Der Kulturmensch findet eine rein passive Rolle gegenüber der Welt der Objekte, durch die er in jeder Weise bedingt ist, unerträglich und trachtet sein Verhältnis zu ihr selbständig und eigenwillig dadurch zu regeln, daß er hinter ihr eine andere Welt sucht, die er dann mittelst der Kunst (im weitesten Sinne des Wortes) als seine freie Schöpfung neben die ohne seineZutun bewirkte natürliche Weltsetzt."[6]

렘브란트의 군초상화는 관찰자로 하여금 초상화 인물들 각각이 불러일으키는 주의를 통해 관찰자 고유의 표상능력을 형성시키도록 해줌으로써 관찰자에게 이렇게 형성된 표상능력을 가지고 인위적인 기하학적 공간이 아닌 자기 고유의 공간을 창출하도록 만든다는 것이다. 여기에 바로 20세기 초 리글이 렘브란트 회화에 대한 새로운 예술사 방법론을 통해 해명하고자 한 것으로서 공간화의 표현이자 실재 작용하는 형태라는 문화적 이미지의 장인 '비유클리드적 차이의 공간화'가 갖는 의미가 있는 것이다.

---

6 Alois Riegl: Die holländische Gruppenporträt, Wien 1931, S. 280.

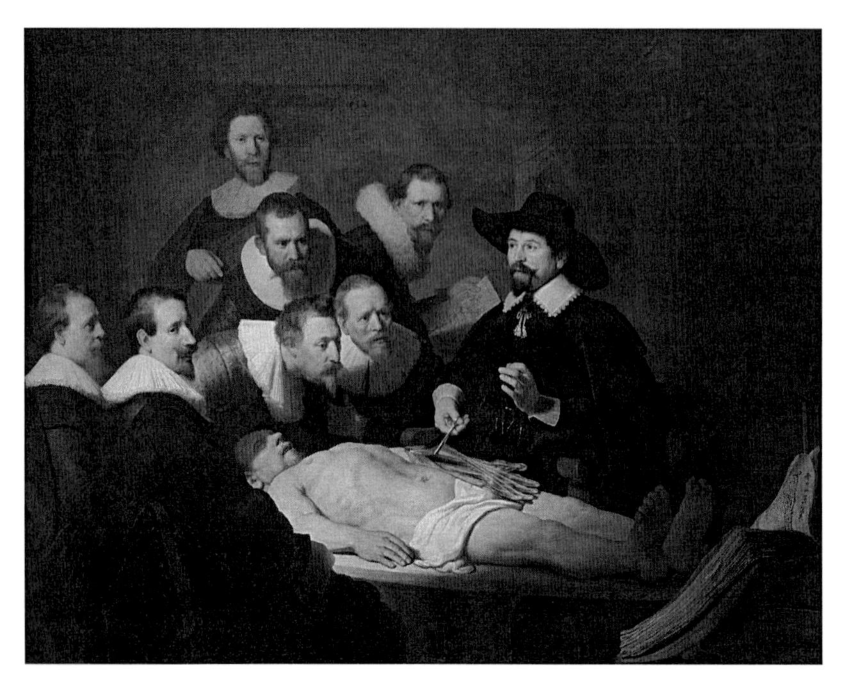

Rembrandt van Rijn, Die Anatomie des Dr. Tulp(1632)

셋째, 문화적 이미지들의 작용 공간은 이분법적 위계질서에 의거한 사유의 가능성 조건이자 작용기반으로 기능하며, 따라서 항시 이분법적 위계질서 자체를 문제시 할 수 있는 '경계의 사유'를 기초로 하고 있다. 경계의 사유의 원형적 형태는 플라톤과 괴테 그리고 하이데거에게서 찾아볼 수 있다. 플라톤에게서 '감각적 미'의 위상은 '동일자의 상기'와 '동일자와 비동일자 간의 차이의 상기'의 긴장관계 속에서 동일자의 현실적 작용 가능성을 구성하는 절대적 차이의 가능성 조건을 형성하는 것으로 규정되었다면, 괴테에게서는 본질과 현상, 의미와 전달매체, 진리와 가상의 분리된 세계를 하나로 합치시켜 관찰자의 주관적 시선과 사물의 객관적 사태의 경계로부터 사유하는 시각적 사유의 가능성 조건이 마련되었다. 20세기에 들어 이러한 경계의 사유는 하이데거에게서 전형화된다. 독일 작가이자 철학자이며 곤충학자이기도 했던 에른스트 윙어Ernst Jünger를 위한 회갑기념논문집에서 윙어가 하이데거에게 헌정한 글 「*Über die Linie*」에 대해 하이데거는 「*Über die Linie*」(1955)라는 동일한 제목의 글로 답하면서 에른스트 윙어의 '부정주의Nihilismus'와의 미묘한 차이를 부각시키는 가운데 자신의 고유한 사유방식을 드러내고자 한다. 하이데거에 따르면, 무엇보다 윙어는 니체의 해석을 수용하여 부정주의를 '최상의 가치들이 가치 절하되는 과정'

으로 이해하면서 지금까지 지속되어온 절대적 가치들이 절하되어 부정주의의 운동이 완성을 이루는 시점으로부터 논의를 시작한다고 한다. 그는 윙어가 "완성된 부정주의의 영역이 두 시대 사이의 경계를 이루며, […] 부정주의를 나타내는 선에서 부정주의의 운동이 전혀 무가치한 무 속에서 사멸하고 말지 아니면 '존재의 새로운 관심'의 영역으로 이행하는 것이 될지가 결정된다"라고 생각하면서 "우리가 과연 그리고 어느 정도로 그러한 선을 넘어서서 이를 통해 완성된 부정주의의 영역 밖으로 나아가게 될지를 인식시켜주는 징표들"[7]에 대해 논증한다고 말한다. 말하자면 하이데거가 보기에 윙어는 기존의 절대적 가치들의 가치 절하가 완성되는 지점을 부정주의의 절대적 사멸과 새로운 존재가능성의 정초 사이의 결정이 이루어지는 경계선으로 파악하면서 이러한 부정주의의 경계선을 넘어서고자 한다는 것이다. 여기서 하이데거는 자신의 사유방식의 핵심원리이자 이후 후기구조주의적 사유에도 결정적 영향을 미친 경계의 사유의 원리를 제시한다:

> "「*Über die Linie*」라는 당신 글의 제목에서 'über'가 의미하는 것은 'hinüber', 'trans', 'μετ ά'와 같은 정도를 의미합니다. 반면 앞으로 이어지게 될 (본인의) 논의는 'über'라는 말을 'de', 'περί'의 의미에서만 사용합니다. 말하자면 본인은 선 자체에 대해, 즉 완성되는 부정주의의 영역에 대해 다루는 것입니다. 만일 우리가 선의 이미지에 머물러 있다면, 우리는 그러한 선이 특정한 장소에 의해 규정되는 공간 속에서 뻗어 있다는 사실을 발견하게 될 것입니다. 그 장소는 모으는 작용을 합니다. 모은다는 것은 모아진 것을 자신의 본질 안에 지니고 있는 것입니다. 그리하여 선의 장소로부터 부정주의의 본질의 유래와 부정주의의 완성의 본질의 유래가 결과로서 나타나게 되는 것입니다.
>
> Im Titel Ihrer Schrift Über die Linie« bedeutet das über soviel wie: hinüber, trans, μετά. Dagegen verstehen die folgenden Bemerkungen das über nur in der Bedeutung des: de, περί. Sie handeln von der Linie selbst, von der Zone des sich vollendenden Nihilismus. Wenn wir beim Bild der Linie bleiben, dann finden wir, daß sie einem Raum verläuft, der selbst von einem Ort bestimmt wird. Der Ort versammelt. Die Versammlung birgt das Versammelte in sein Wesen. Aus dem Ort der Linie ergibt sich die Herkunft des Wesens des Nihilismus und seiner Vollendung."[8]

---

7 Martin Heidegger: Zur Seinsfrage, S. 386.

8 Ibid. S. 386.

통상 'über'라는 말은 '넘어서meta'를 의미하기에 윙어 역시 그 당시까지 지속되어온 서구 사상의 핵심인 부정주의를 넘어서 부정주의 밖으로 나아가고자 한다고 한다면, 하이데거는 'übcr'라는 말에 '넘어서'가 아닌 '주변에서peri' 혹은 '경계에서'라는 의미를 부여하면서 서구 사상의 핵심적 줄기인 부정주의를 그 극단까지 밀고 나아가 '완성되는 부정주의의 선'을 넘어설 수 있는 선이 아니라 '맴돌 수 있으며 경계화시킬 수 있는 영역'으로 재규정함으로써, 부정주의의 완성과 부정주의의 부정 사이에서 끊임없는 재의미화와 새로운 의미화 가능성들의 집결이 이루어지는 경계의 공간을 구성하고자 하는 것이다. 부정주의의 완성과 부정주의의 부정이라는 보이지 않는 경계는 서구의 사상적 전통 자체를 부정하고 완전히 새로운 사유의 영역으로 넘어가는 것이 아니라 부정주의를 철저히 관철시키는 가운데 부정주의와 씨름하는 자신의 모습을 축조하도록 함으로써 자기 고유의 사유방식을 구축하도록 해주는 가능화 공간인 것이다. 그리하여 이러한 경계의 사유는 이분법적 위계질서 자체를 절대적으로 도외시하는 것이 아니라 이미 그러한 질서가 형성되는 시점부터 존재하면서 그러한 질서를 가능케 해주었던 가능성 조건과 작용기반인 문화적 이미지들의 작용 공간을 근간으로 하여 기존의 질서를 재의미화시키는 작업에 있어서 필수불가결한 사유방식인 것이다.

3. 계몽의 완성?

지금까지 근대의 기획으로서 계몽의 파롤이라는 단초로부터 시작되어 모던과 포스트모던의 이념적 지형들의 교차 및 포스트-포스트 담론들의 조건들을 규정하면서 아직 그 실체가 불분명하며 일종의 형용모순으로 보이는 '포스트모더니즘 이후의 담론'을 얼기설기 엮고 있다고 여겨지는 여덟 가지 문화적 이미지들의 실타래를 풀어보는 작업이 이루어졌다. '악/법', '욕망', '이미지', '미', '표현', '형태', '주체/몸/예술', '베일' 등은 특정한 시공간에서 직접적으로 의미를 지시해주는 현상이라기보다는 역사적 '시간화'와 탈역사적인 '유연화tempérer' 사이의 긴장 속에서 끝없는 연쇄의 순간적 이미지로서 기능하면서 의미효과를 내는 문화적 이미지들이다. 물론 이런 여덟 가지 말고도 회의주의, 자유, 전쟁, 속도 등 더 많은 문화적 이미지들이 존재하지만, 이 책에서 이들 이미지들이 다뤄지지 못한 이유는 지면상의 한계 말고도 다른 곳에서 부분적으로든 전체적으로든 여러 형태로 다뤄졌기 때문이다. 이 책에서 다뤄진 문화적 이미지들은 소위 포스트모더니즘 이후의 담론이라고 할 수 있는 '완성될 수 없는 계몽의 기획'의 가능성공간의 기본원리와 양태 그리고 사유방식에 있어 일정정도 일관된 지평을 형성하는 문화적 이미지들이다.

이제 이러한 이미지들이 이루는 담론의 지형과 관련하여 본 서의 일관된 문제의 진원인 완성될 수 없는 계몽 내지는 미완의 기획으로서의 계몽의 문제에 결론적 언급이 이루어져야 할 때인 것 같다.

아도르노는 계몽의 변증법에서 계몽의 자기관계와 완성을 다음과 같이 묘사한 바 있다:

> "어떤 식으로든 민족들 자신이 창출해내는 소여된 것에 대해 민족들이 갖는 신비적일 정도로 학문적인 존경은 결국 실증적인 사태가 된다. 이러한 실증적 사태는 일종의 견고한 아성과도 같은 것으로서 이것에 대해 혁명적 환상은 스스로를 유토피아주의라고 여기며 그런 자기 자신에게 부끄러워하는 동시에 역사의 객관적 경향을 온순히 따르고 신뢰하는 형태로 변질된다. 그러한 순응의 기관이자 수단들의 단순한 구성으로서 계몽은 계몽에 적대적이었던 낭만주의자들이 말했던 것처럼 파괴적이었다. 그러나 계몽이 이들과의 궁극적인 협력을 포기하고 맹목적인 지배의 원리인 잘못된 절대성의 지양을 감행하게 될 때 비로소 본래의 자기 모습으로 돌아오는 것이다. 그러한 고집스러

운 이론의 정신이야말로 잔인무도한 진보의 정신을 그 목적 지점에서 전환시킬 수 있을 것이다.

Der mythische wissenschaftliche Respekt der Völker vor dem Gegebenen, das sie doch immerzu schaffen, wird schließlich selbst zur positiven Tatsache, zur Zwingburg, der gegenüber noch die revolutionäre Phantasie sich als Utopismus vor sich selber schäumt und zum fügsamen Vertrauen auf die objektive Tendenz der Geschichte entartet. Als Organ solcher Anpassung, als bloße Konstruktion von Mitteln ist Aufklärung so destruktiv, wie ihre romantische Feinde es ihr nachsagen. Sie kommt erst zu sich selbst, wenn sie dem letzten Einverständnis mit diesen absagt und das falsche Absolute, das Prinzip der blinden Herrschaft, aufzuheben wagt. Der Geist solcher unnachgiebigen Theorie vermöchte den des erbarmungslosen Fortschritts selber an seinem Ziel umzuwenden."[9]

"계몽은 다음의 실천적 목적들이 도달된 요원한 것으로서 모습을 드러내게 될 때, 그리고 […] 지배적인 학문에 의해 오해된 자연이 근원의 자연으로서 기억으로 불러들여지게 될 때 완성되고 지양되는 것이다.

Aufklärung vollendet sich und hebt sich auf, wenn die nächsten praktischen Zwecke als das erlangte Fernste sich enthüllen, […] die von der herrschaftlichen Wissenschaft verkannte Natur, als die des Ursprungs erinnert werden."[10]

낭만주의자들이 경고한 바 있는 파괴적인 성향을 경계하면서 동시에 맹목적인 지배와 관철을 조절함으로써 '자기잘못의 무지몽매로부터의 해방'이 의도하지 않았던 무자비한 진보의 정신을 통제하는 것이 계몽의 자기관계라고 한다면, 계몽의 완성 내지 지양은 제기된 실천적 목적이 항시 이미 달성된 것으로서도 생각될 수 있을 때, 그리고 목적 실현의 장이 실현의 매 과정마다 이미 존재하는 작용기반으로서 상기될 수 있을 때 가능한 것이다. 칸트의 말대로 인간은 이미 실현된 과제들만을 제기하는 것이기에, 문제는 그 과제들을 해결해나가는 전체 작용기반으로서의 근원적 자연을 항시 상기시키면서 자신의 모습

9 Max Horkheimer und Theodor W. Adorno: Dialektik der Aufklärung, S. 48.
10 Ibid. S. 49.

을 반추하는 일이다. 여기서 다시금 하이데거의 경계의 사유를 떠올려 볼 수 있을 것이다. 즉 계몽의 완성으로서 모던의 완성과 그에 대한 극복은 도달될 '선Linie'과 이러한 선을 넘어서는 것이 아니라, 계몽 내지는 모던의 쟁점들을 극단으로 생각될 수 있는 완성으로까지 밀고나가 그러한 쟁점들과 씨름하는 자신의 모습을 축조하는 동시에 그러한 쟁점들이 형성하는 경계의 공간을 해명하는 작업을 통해 가능할 것이다. 그리고 바로 이 같은 작업을 통해서만 맹목적인 지배에 내맡겨질지도 모르는 탈이데올로기적이고 네오리버럴한 욕망의 삶 역시 본래적인 계몽의 자기관계로 회귀될 수 있을 것이다.

저자 소개

김윤상

현 동덕여자대학교 독일어과 교수

서강대학교 영문학과를 졸업하고 동 대학원에서 독일문학을 공부하였다. 독일 브레멘 대학에서 독일 관념론과 낭만주의 비교연구(System und Genesis: zur Theorie des Systematisch-Genetischen in der deutschen Romantik und im deutschen Idealismus)로 박사학위를 취득하였다.
독일 관념론과 낭만주의 미학, 문화학적 방법론과 새로운 미학논의들에 관한 다수의 논문을 발표하였으며, 최근에는 18세기 독일계몽주의 '인간학 이념'에 내재된 융합학문적 토대와 20세기 말까지 이어지고 있는 '인간학 이념'의 논의맥락에 주목하여 통합학문으로서 '인간학적 미학'의 가능성 조건을 마련하는 연구들을 수행하고 있다.

문화이미지론

비교문화연구의 이론적 기초

초판인쇄 2018년 7월 10일
초판발행 2018년 7월 17일

저 자 김윤상
펴 낸 이 김성배
펴 낸 곳 도서출판 씨아이알

책임편집 박영지, 최장미
디 자 인 김나리, 윤미경
제작책임 김문갑

등록번호 제2-3285호
등 록 일 2001년 3월 19일
주 소 (04626) 서울특별시 중구 필동로8길 43(예장동 1-151)
전화번호 02-2275-8603(대표)
팩스번호 02-2265-9394
홈페이지 www.circom.co.kr

I S B N 979-11-5610-603-6 93190
정 가 20,000원